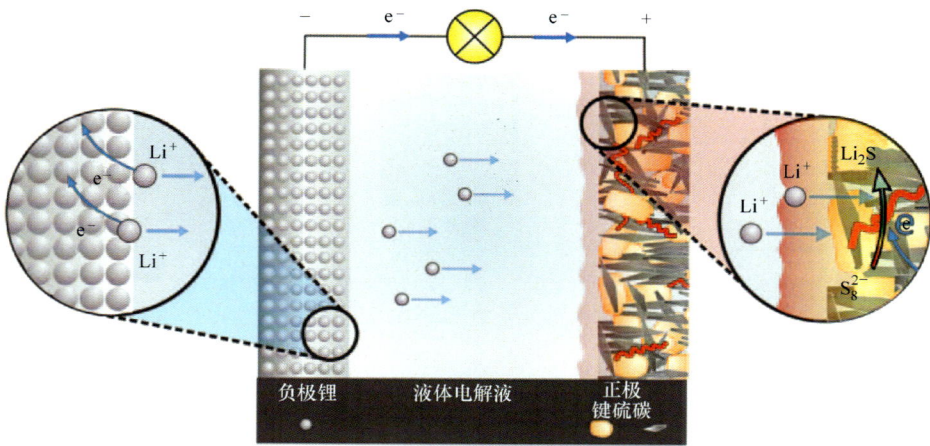

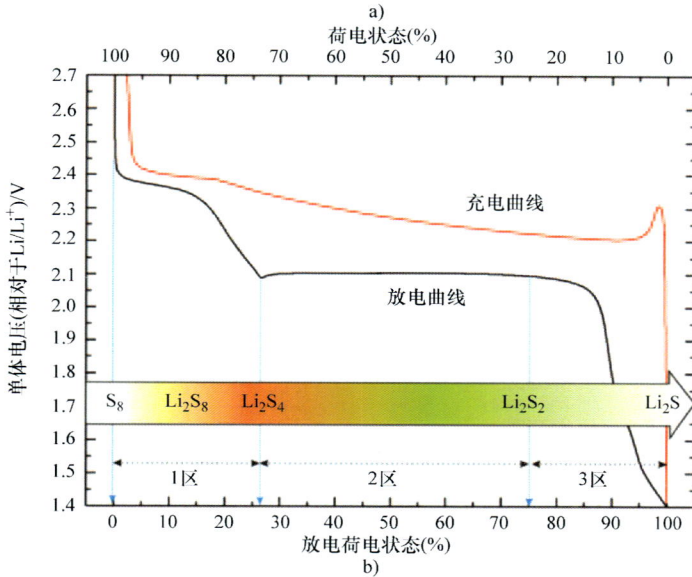

图 16.2 a) 锂硫单体的示意结构图。金属锂用作负极材料。正极由硫和碳的颗粒组成，通过键形成稳定机理　b）锂硫单体经典电压曲线（放电曲线／充电曲线）

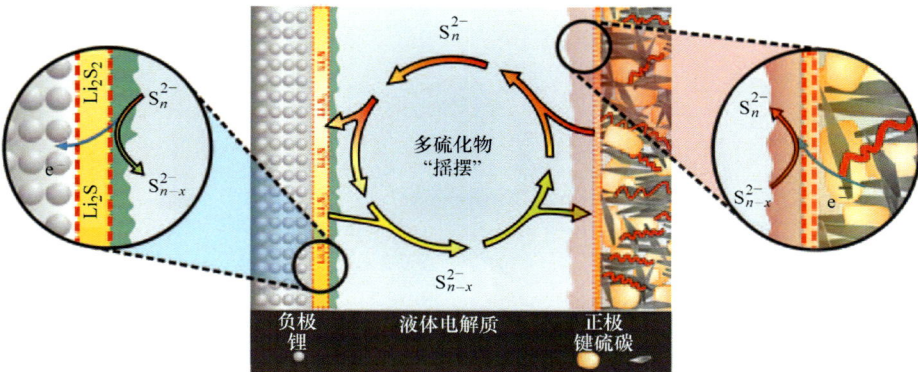

图 16.3 首先在一个玻璃盒中将锂硫电池放电。随着反应开始，正极中硫和锂形成可溶性硫化物，朝着负极扩散，详见 16.3 节摇摆机制

图 16.4 锂硫单体充电过程的摇摆机制。由于多硫化合物在电解液的溶解性，正极会损失硫，这就导致容量衰减（"Fading"），以及最终单体寿命的降低。在单体循环过程产生在正负极表面的 Li_2S/Li_2S_2 沉积

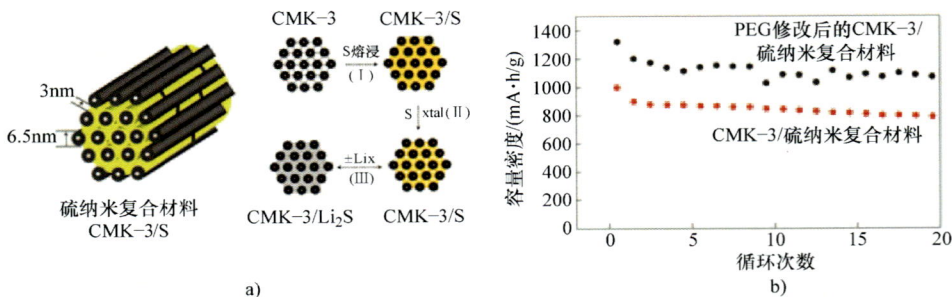

图 16.5 a) 介孔碳（CMK3）和硫生产的纳米结构正极。（Ⅰ）液体硫和碳的熔浸。（Ⅱ）硫冷却结晶（30% CMK-3/70% 硫，质量分数）。（Ⅲ）碳提供足够的自由体积，可用以补偿产生 Li_2S 体积膨胀。b）CMK-3/ 硫纳米复合材料和 PEG 修改后的 CMK-3/ 硫纳米复合材料的循环稳定性。麦克米伦出版公司（Macmillan Publishers Ltd）转载并许可修改：Nature Materials ［11］，copyright（2009）

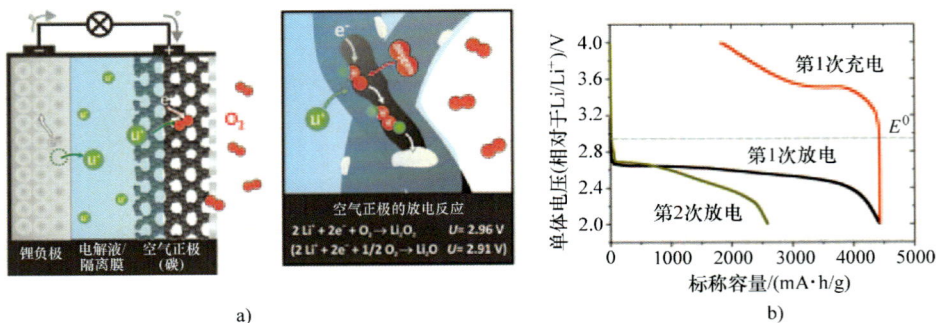

图 16.6 a）锂空气电池结构示意图和 Li_2O_2 作为放电产物的电极反应 (Oxygen Reduction Reaction, ORR) b）经典充放电曲线。标称容量所用碳材料质量。热力学计算得出的电压为 $E° = 2.96V$

汽车先进技术译丛　新能源汽车系列

锂离子电池手册

〔德〕赖纳·科特豪尔（Reiner Korthauer）主编

陈　晨　廖　帆　闫小峰　胡　伟　余长松　译

机械工业出版社

本手册介绍的锂离子电池是一种非常重要的能量存储类型，并与各行各业密切相关。由于锂离子电池快速的能量转化能力、可分体式的安装、良好的可扩展性和广泛的使用范围（包括可移动设备领域和固定设备领域），使得锂离子电池在各个行业都发挥着重要作用。这本书不仅是一本详细描述锂离子电池技术方面的手册，还对电池生产、回收、标准化、电气和化学安全方面进行了阐述，这些内容对今后新能源系统的全面建立是非常有意义的。本书适合新能源电池产业技术人员、新能源汽车行业技术人员阅读使用，也可供大专院校相关专业师生阅读参考。

图书在版编目（CIP）数据

锂离子电池手册/（德）赖纳·科特豪尔（Reiner Korthauer）主编；陈晨等译. —北京：机械工业出版社，2018.5（2024.1重印）
（汽车先进技术译丛. 新能源汽车系列）
书名原文：Handbuch Lithium-Ionen-Batterien
ISBN 978-7-111-59536-6

Ⅰ.①锂… Ⅱ.①赖… ②陈… Ⅲ.①电动汽车-锂离子电池-手册
Ⅳ.①U469.72-62

中国版本图书馆 CIP 数据核字（2018）第 062166 号

机械工业出版社（北京市百万庄大街22号　邮政编码100037）
策划编辑：孙　鹏　责任编辑：孙　鹏
责任校对：刘志文　封面设计：鞠　杨
责任印制：单爱军
北京虎彩文化传播有限公司印刷
2024 年 1 月第 1 版第 6 次印刷
169mm×239mm·21.5 印张·3 插页·430 千字
标准书号：ISBN 978-7-111-59536-6
定价：180.00 元

凡购本书，如有缺页、倒页、脱页，由本社发行部调换
电话服务　　　　　　　　　　网络服务
服务咨询热线：010-88361066　　机工官网：www.cmpbook.com
读者购书热线：010-68326294　　机工官博：weibo.com/cmp1952
　　　　　　　010-88379203　　金书网：www.golden-book.com
封面无防伪标均为盗版　　　　教育服务网：www.cmpedu.com

序

1780 年，意大利的物理学家亚历山德罗·伏打伯爵（Alessandro Volta）第一次利用"伏打堆"生成了稳定电流。这是一种利用金属铜、锌和电解质构成的电池。他制作的"伏打堆"被公认为第一个通过可存储的电化学能源生成电流，而不是通过摩擦生电来生成电流的方式。到了 1802 年，化学家威廉·克鲁克香克（William Cruickshank）发明了槽电池。槽电池是首种进入量产的电池。从那时开始，电能的利用就与开发和使用电化学储能设备密不可分。今天，我们已经习以为常地将电池以不同的形式应用于各个领域，无论是小仪器还是大设备。

近年，在公共视线中能量存储技术日渐成为大家研究的中心。全球范围内，能源供应向可再生能源转换的意义日趋重大。德国决定到 2022 年完全从核能发电脱离出来。届时，电网的很大一部分电能将由可再生能源发电提供。这同时也意味着，人们需要有足够大容量的中间存储设备稳定电网才能有效利用这些大波动的能量。也就是说，集成的能源储存系统以及分布式智能网络的集成技术将发挥关键作用。到 2030 年，全球在这个领域的投资将超过 3000 亿欧元。

本手册介绍的锂离子电池是一种非常重要的能量存储类型，并与各行各业密切相关。由于锂离子电池快速的能量转化能力、可分体式的安装、良好的可扩展性和广泛的使用范围（在可移动设备领域和固定设备领域都广泛应用），使得锂离子电池在各个行业都发挥着重要作用。

锂离子电池被认为是未来电动汽车最重要的系统。特别是由于锂电池的高能量密度，也似乎只有锂电池能够让长续航里程的电动汽车成为可能。在这种事实情况下，电池的增值份额达到整车的 40%，我们有足够的理由对锂离子电池进行非常深入的研究，从而确保最大份额的利润空间和就业岗位。德国国家电动交通平台（NPE）的专家们于 2011 年在向德国总理默克尔的报告中提到德国在电池技术的研究上有大量的迫切需求。他们也认为，德国国内以及德国企业在电池单体、电池组以及在整个电池产业链的附加值建立上都能够实现全球技术领先的地位，并提出一个双重战略的建议：优化现有解决方案和平行研究下一代的电池技术。

为了实现无排放出行，社会上各种形式的电动汽车都是一个重要里程碑。电动汽车不仅消耗"绿色电能"，同时也可以把"绿色电能"馈入电网，通过电动车辆的电池来平衡电网的能量。当电动汽车在运动状态下，电池提供能量输出让车辆运动。在车辆静止并连接电线的情况下就可以实现双向工作，当电网需要的时候，它们可以馈入一些电能来满足电网的迫切需要。

另外，固定应用环境下运行的锂离子电池是能源网络改造成功的一个关键组成部分。德国研发工作者的首要目标是让德国成为在电化学领域领先的国家，与此同时在大规模生产安全和低成本的电池系统方面成为全球的引领者。

　　这本书不仅是一本详细描述锂离子电池技术方面的手册，还对电池生产、回收、标准化、电气和化学安全方面进行了阐述，这些内容对今后新能源系统的全面建立是非常有意义的。

孔翰宁

德国国家电动交通平台指导委员会行业主席

前 言

没有电池的生活在当今世界是难以想象的。各种形式的电能储存早已经是当今日常生活中不可或缺的一部分。如果没有超过百年历史的电池技术作为支撑，笔记本电脑、智能手机和平板电脑等的成功都将不复存在。事实上，有很多种方法可以储存能源，但只有一种方式是消费者所期望的，那就是可反复充电的电池，并且放电和充电的工作只需要简单的操作就能够完成。严格意义上讲，电池并不是电能存储器，而是一种电化学能量的转换器。它的发展在过去几十年并非一帆风顺。

电池的历史，无论是作为初级或次级元件，现今也无法考证最初发明的来源。可以肯定的是，1800 年前后由伏打（1745—1827）发明了"伏打堆"。约 65 年后，大约在 1866 年，由勒克朗谢（1839—1882）公布了一篇关于初级元件的专利，即所谓的勒克朗谢元件。该元件的阳极为锌，阴极为石墨，电解质为氯化铵，在阴极与电解质的交界面使用了二氧化锰涂层。随后，加斯纳（1855—1942）进一步优化了这套系统，最终由施密特（1868—1948）在 1901 年推出了第一款基于碳锌材料的干电池。

电池的进一步发展，无论是作为主要还是次要元素，一直以来都是比较缓慢的。在比能量和比功率的提升上没有出现很大的突破。然而，电池技术和化学特性不断发展：高循环稳定性，高安全性，完全免维修都是当今几乎所有电池系统的基本要求。

20 世纪 70 年代初开始了一个新的时代。慕尼黑工业大学出现了一个全新的电池系统的想法，即用可逆的碱金属离子嵌入到阳极为碳和阴极为氧化物的锂电池。经历了数年发展后，索尼公司于 1991 年在交通领域推出了第一款商业化的锂电池。锂电池不断发展，特别是在新材料方面，它必然走向最终的成功。

如今我们正面临新的挑战：移动设备和能源供应（能量转换）的模式转变需要新的能量存储设备，它必须具备高性价比、安全、低维护成本、重量轻等特点。这些特点在某些方面相互矛盾也很难同时全部得到满足。这意味着，在研发以及在工业领域面临着巨大的压力，需要通过新技术的发展来接近这个目标。最近几年，在研发领域的活动的确有所增加，包括在大学和研究机构下所建立的新机构，但他们是否足够，还需要时间才能告诉我们答案。

这本《锂离子电池手册》为能量转换的这种模式转变的成功做出了小小的贡献。54 位作者提交的 33 章，覆盖了一个很宽广的领域，在第一时间对锂离子电池所有相关领域进行了概述：电池单元的化学性质和结构、电池生产，以及在电池系统的应用层面大家最关心的几个主要问题：安全问题、运输问题和电池回收问题。

本手册分为五个部分。第一部分对各类采取电化学方式进行能量储存的电池系统进行了概述。第二部分完整地讲述了锂离子电池的情况，最重要的材料和电池单体的部件都进行了详细的介绍。这些部件包括阴极和阳极的化学材料，以及导电盐和电解质。电池系统由单个模组构成，每个模组又由多个电池单体与必要的机械组件、电气部件构成，这部分内容用了几章来描述。最后以热管理和电池管理系统共同来结束这个部分的讲述。第三部分讲述了电池的生产以及电池制造的设备，以及必要的检测方法。第四部分讲述了电池在其整个生命周期可能会导致的涉及运输、安全、循环利用等的问题。本手册的第五部分讲述了电池在不同领域——电动车辆领域和固定设备领域——的应用情况。

本手册是为想要了解现代电池技术或需求的读者提供指导。它对锂离子电池进行了非常详细的描述，介绍了 20 多年所面临的困难及所获取的知识和经验，给电池的使用者甚至在研发领域的新人介绍这项技术的巨大潜力和可能在研发过程中被卡住的地方。这本手册并非旨在将锂离子电池的诸多技术问题从专业上探索到一个很深的深度，而是在较高的技术水平上对这个产业的特征进行诠释的参考书。

最后，我想说感谢大家对这本书的完成做出的巨大贡献。特别是每个单独章节的所有作者，我的两个秘书 Diederich 女士和 Di Bella 女士以及施普林格出版社的 Hestermann – Beyerle 女士、Kollmar – Thoni 女士和 Stegner 女士。

愿所有使用这本《锂离子电池手册》的读者能从中获得很多重要的信息，给他们的日常工作和学习带来很多阅读的快乐。

赖纳·科特豪尔

法兰克福，2013 年 10 月

编 辑 的 话

　　本手册由德文版《Handbuch Lithium – Ionen – Batterien》翻译而来。这本书由来自德国产学研的 54 位专家共同编写，对涉及锂离子电池的结构、原理、开发、生产、管理、软件、安全、回收、应用等几乎所有方面都由从事相关工作的专家进行了深入浅出的描述，读者必能从中受益！

　　本书由原任职于德国博世公司、目前任国机智骏汽车有限公司副总裁的胡伟博士推荐，并提前翻译了文前的序、前言和目录，使编辑对本书内容有大致了解，在此特别表示感谢！本书由胡伟博士和任职于德国博世公司的陈晨先生、廖帆女士、闫小峰博士，以及正在德国攻读学位的余长松先生共同翻译。其中，陈晨先生翻译了 8～16 章，廖帆女士翻译了 21～30 章，闫小峰博士翻译了 1～3 章、第 7 章和 17～20章，胡伟博士翻译了 31～33 章，余长松先生翻译了 4～6 章。他们认真细致而努力的工作，使本书能够高质量地顺利出版，对他们表示感谢！本书在翻译过程中另一位译者因家庭原因中途退出，闫小峰博士在时间极其紧张的情况下，高质量地完成了原分配给另一位译者的 17～20 章的翻译工作，特此致谢！

目 录

第四部分　其他课题

第五部分　电池应用

第一部分　储能系统/电池系统概述

第1章 储能系统/电池系统概述

Kai – Christian Möller

1.1 导言

电化学储能系统将会在未来变得越来越重要，无论是给变得越来越小，运算越来越快的移动通信和计算机提供移动电能，还是给电动工具和电动汽车提供电能，甚至为再生能源提供更大规模的能量储存系统，都会使用到电化学储能系统。本章给大家概括介绍当前最常用的电化学储能系统。首先介绍两种一次系统（一次系统就是不能或者有限可充电的系统）作为入门：一种是用于水溶性电解质的锌电池（阳极材料为锌），另一种是用于非水溶性电解质的锂电池（锂金属为阳性材料），其中还会涉及此类系统的可充电性问题。可充电电池的介绍涵盖从铅酸电池，到镍基或者是钠基的电池，再简短引申至锂离子电池。再加上关于氧化还原流电池和双层电容的介绍，读者会对和锂离子电池互相竞争和互相补充的技术种类有一个比较完整的概念。

1.2 一次系统

1.2.1 阳级为锌的电池单体

第一个具有技术意义的电池单体算是 1866 年给火车发电报和家用门铃提供电流的勒克朗谢（Leclanché）电池，它和当今继续发展起来的锌碳电池和碱性锰电池用的阳级材料相同，都是使用了锌金属。使用锌金属的一个重要原因是因为它的 $820A \cdot h/kg$ 高电量密度，和在液态电解质里面的高负电压，它的电压为相对于标准

K.-C. Möller (✉)
Projektgruppe Elektrochemische Speicher, Fraunhofer Institut für Chemische Technologie,
Parkring 6, 85748 Garching, Deutschland
e-mail: kai-christian.moeller@ict.fraunhofer.de

氢电极 $-0.76V$。配上褐石（氧化锰，MnO_2）作为阴极材料，电池单体电压会达到 $1.5V$。此类电池目前广泛用在尤其是设备电池之内，由于此类电池单体的内阻高，所以它们不能耐强电流。

现在助听器里面主流使用的锌空气电池也是利用了锌的高电量密度的特性，搭配上扩散进入到电池单体里的空气中的氧气，可以实现 $450W \cdot h/kg$ 的高能量密度。

只可惜锌金属离析性不佳，导致电化学充电性非常有限。虽然后来经历了长时间的研发努力，可是还是没有成功地将锌的离析性做进一步改善。电力燃料公司（Electrical Fuel Corp.）尝试用过另外一种方式，即把消耗掉的阳极材料通过物理替代方式进行交换，这种电池在 20 世纪 90 年代末在德国邮政的车队测试中被测试过。

1.2.2　阳级为锂金属的电池单体

锂是一种完美的阳级材料，它是非常轻的元素，具有 $3862A \cdot h/kg$ 的高电量密度，还有相对于标准氢电极非常负的氧化还原电势 $-3.05V$，由此可以达到超过 $600W \cdot h/kg$ 的能量密度。由于锂金属有很强的还原性，以至于不能使用液态电解质，而必须使用以有机溶剂为基础的电解质。和锂金属阳极材料相配的阴极材料有以下几种，绝大多数商业化的锂金属电池使用褐石作为阴极材料，这样的电极材料组合可以达到大约 $3V$ 的电压。这类电池单体常被用于相机和钟表里。另外还有使用特殊阴极材料如氯化亚砜（译者注：$SOCl_2$）或二氧化硫（FeS_2）的电池单体，被用于电子能量计数器、供暖费用分配器、医疗以及军用领域。有一种阴极材料为二硫化亚铁（FeS_2）的新型系统，其电池单体电压为 $1.5V$，和设备电池的电压相匹配，作为功率更高、更高档的碱性电池替代电池，近几年来已经被应用在照相机和摄影机里。

含金属锂的电池单体一般来说属于不可以充电类的电池单体，因为和金属锌相似，电化学离析出来的锂的晶体结构不适合于再次充放电过程。不仅如此，通过枝晶生长而解析出来的锂会刺破隔离膜，甚至会和阴极接触形成短路，引起燃烧。正是由于此类问题，莫力能源公司（Moli Energy）在 20 世纪 80 年代后期召回其生产的可充电金属锂电池。从此以后业界对此类电池技术持怀疑态度。尽管如此，一家法国公司 Bolloré，还是成功地销售了近两千台汽车，其中使用了 $30kW \cdot h$ 的锂金属聚合物电池，电池的阳极材料是金属锂，配上聚合物电解质聚氧乙烯（PEO），这种电解质对枝态结晶体的生长起到了抑制作用。

1.3　二次电池

1.3.1　铅酸蓄电池

铅酸蓄电池在当前所有重要的电池技术系统中属于最老的可充电蓄电系统。自从 19 世纪中叶开始研究，铅酸电池一直不断地经历发展，直至如今的封闭式铅酸电池（阀控式密封铅酸蓄电池，Valve Regulated Lead Acid Batteries，简称 VRLA）。铅酸电池使用了平行栏板作为极板，内含铅和二氧化铅作为活性材料，电解质为液态硫酸。铅酸电池的电压在水溶性电池系统中属于相对较高的，可达到约 2V。

密封铅酸蓄电池无须维护，最新一代的技术里使用了固态电解质：在铅酸胶体电池里电解质通过添加硅酸（SiO_2）被凝胶化，在 AGM（Absorbent Glass Mat，玻璃纤维隔膜）电池中用玻璃丝棉隔膜吸附固定住电解质。

铅酸蓄电池由于铅的重量大（相当于 259A·h/kg），只能达到 30 ~ 40W·h/kg 的比能量。虽然其全充全放循环（0—100% 的电量）的循环稳定性不高，但是因为具备短时间内可以高电流放电的优良性能，铅酸蓄电池还是优先被用在汽车上作为起动电池。

铅酸蓄电池由于内阻增加而导致老化，老化的主要原因是因为铅的硫酸盐化，即活性物质转化为不导电的、粗大的结晶体硫酸铅（$PbSO_4$），硫酸铅既会是正极上的，也会是负极上的反应产物。

由于生产成本低，回收性好，铅酸蓄电池到如今还能保持 50% 以上的电池市场占有率。

1.3.2 镍镉电池和镍氢电池

以镍为基础的蓄电池于 1990 年左右开始进入研发，当时的技术方案有镍铁蓄电池（美国爱迪生）和镍镉电池（瑞典 W. Jungner）。这两种蓄电池都使用了氢氧化镍 NiO（OH）作为阴极材料和 20% 的氢氧化钾水溶液作为电解质。

镍铁蓄电池一直只是停留在小众市场的运用中，而镍镉电池则被持续开发，成为一种非常高效的电池系统。金属镉具有很高的比电量，其值为 477A·h/kg，电池电压为 1.2V，因此镍镉电池的比能量可达到 60W·h/kg。

现代的镍镉、镍氢蓄电池是通过卷绕工艺把活性材料涂在很薄的导电薄膜或导电网格上再卷绕成形生产出来的。非常好的电流负载能力和优良的低温性能（工作温度甚至到 -40℃）成就了此类电池出色的特性。

随着欧洲范围内限制使用金属镉，镍镉电池如今只允许在需要大电流的医疗、安全相关的领域以及电动车上使用。

三洋公司 1990 年把镍镉电池改良成镍氢电池并将其商业化，其中用能吸收氢的镍和稀土金属的合金来替代镉。自从投入市场以来，镍氢电池的比能量已经提高了 3 倍，达到当今的 80W·h/kg。

镍镉和镍氢两种蓄电池内部都含有化学过充电和过放电保护机制，因此它们都适用于电池成组而无须复杂的电子设备。

自从镍氢电池在消费电子领域里被锂离子电池挤占市场后，如今绝大多数的镍氢电池用在了混合动力汽车上。

1.3.3 钠硫电池和钠氯化镍电池

上述两种钠电池是在高温下（250～300℃）使用的电池系统。金属钠具有 1168A·h/kg 非常高的比电量，除此之外，钠还位于作为负极材料最佳电势区域，即非常低的负电区域，其相对于标准电势的电势为 −2.71V。

钠硫电池使用硫作为正极材料，因此在正常的使用温度中两种电极材料都是液体状。电池的隔离膜是一种固体陶瓷，其材料是氧化铝做成的钠离子导体（钠 − β − 氧化铝）。在 300°C 温度下可以达到和液态电解质同样好的钠离子导电性。钠硫电池的标定电势由于不同的硫化钠反应产物和不同的电量有所浮动，为 1.78～2.08V。比能量可以达到 200W·h/kg。低价材料的使用是生产此类电池的突出优点。但是非常高的工作温度不可避免地导致热损失，这种热损失相当于自放电损失。基于此原因钠硫电池最佳运用途径是使用在 MW 级别大功率储能系统上。钠硫电池也曾经运用到汽车上，20 世纪 90 年代宝马在 E1 上、福特在 Ecostar 上选用它作为电动汽车的动力电池。

钠 − 氯化镍电池，也称之为 ZEBRA 电池，被认为是一种更安全的钠电池，因为这种电池对过充电或者过放电具有一定的容忍度。其组成也和带有钠离子导电体氧化铝陶瓷隔离膜的钠硫电池相似。但有所不同的是钠 − 氯化镍电池的正极是由多孔的镍网格作为导电体，加上带有氯化钠铝表面涂层的氯化镍（$NiCl_2$）构成，在 250℃ 下氯化镍变成融盐，起第 2 个电解质作用。这种电池的比能量约为 120W·h/kg，额定电压为 2.3～2.6V。

钠 − 氯化镍电池对比钠硫电池的优点在于反式组成，即液态钠在外面，由此可以使用更便宜的方形钢壳来取代镍容器。电池的生产也因为投入使用的电池材料为非充电状态的氯化铝和镍而得以简化，而充电的活性材料是在生产后第一次充电循环时产生的。

钠 − 氯化镍电池实用于小批量的电动汽车和其他一些特殊运用里。例如 Smart ForTwo 电动车的第一代车型里用的就是 FIAMM SoNick 电池。

1.3.4 氧化还原液流电池

氧化还原液流电池是电化学电池，但又和燃料电池相似，类似之处是，它的两个电活性成分（参与正极负极反应）是储存在外部的两个容器里边，这两种化学溶剂，由容器里导入流动到电化学反应堆（燃料电池堆），由此发生放电或储能反应。基于此原理可以得出氧化还原液流电池特有的优点，电池的能量储备（通过容器的大小）和电池的工作功率（通过反应堆的大小）可以不互相影响，容易分别来扩展设计。

氧化还原液流电池的实际运用主要是全钒氧化还原液流电池，简称为钒电池（Vanadium Redox Battery，缩写为 VRB）。钒电池用溶于液体的钒离子作为活性物质,利用钒离子在不同氧化态下的不同化学势能保存能量。阳极区和阴极区以一个隔离膜隔开,隔离膜是一种可以导质子,但不透过电解质的塑料薄膜,比如 Nafion(注:Nafion 是杜邦公司的"纳飞安"离子聚合膜)。

与燃料电池不同的是,"反应消耗掉的"活性物质溶剂可以在反应堆中得到再生而重复使用。

由于钒盐是溶于水溶液并稀释了的溶剂,加上复杂的系统技术,钒电池的比能量相对较低,只有 $10W \cdot h/kg$,因此目前的运用区域集中在静态储能系统上。

1.3.5　双层电容

电化学双层电容,根据 NEC 公司的商业名称又称"超级电容",具有和传统电池类似的组成结构:它的两个电极都是有颗粒涂层的金属导电薄膜,电极被很薄的、浸有电解质的隔离膜分隔。

其电量的存储并非像电池一样是通过电化学氧化还原反应而发生的,而是通过位于颗粒和电解质之间的电化学双电层上的静电放电而产生的。为了提高双电层的表面积,电容器里使用了高孔隙、高比面积的活性炭材料。

有机电解质比如乙腈(英语:Acetonitrile,又称氰基甲烷),配上合适的导离子盐,可以让双电层电容器拥有比水溶性电解质更高的电势以及更高的比能量,达到 $5W \cdot h/kg$ 级别。

双电层电容器的主要优点是,由于电荷存储原理而具有的高达约 1×10^6 次充放电循环次数,以及可以超过 $20kW/kg$ 的非常高的比功率. 其典型的充放电时间可以达到少于 $20s$。

双电层电容器的实际运用,比如在风力发电设备中用于不依赖电网的风车片角度调节控制。它还有用在有轨车辆的加速和制动能量回收,可以达到节能约 30% 的效果。

1.3.6　锂离子电池

为了避免如上所述金属锂的析出,20 世纪 80 年代开发了一种可以嵌入锂的化合物作为负极材料,由此组成的电池单体不再含有金属锂,而是只有锂离子,在电解质里作为阳离子的电载体,用来补偿通电时通过外路负载的电流。

因为锂离子非常小,所以有许多化合物可选做嵌入化合物,这些化合物的电化学势涵盖相对于标准氢电极几乎从 $-3V$ 到超过 $2V$ 的区域。位于电势区域下限的嵌入化合物适合于做负极材料,比如说石墨或者是锂和硅或锡的合金,锂和碳的化合物,最理想的化合物是碳化锂(LiC_6),在电压相对于标准氢电极为 $-2.9V$ 时具有 $372A \cdot h/kg$ 的比电量。由于生产时负极材料是做无锂化处理的(锂离子电池不同于锂金属电池,生产中使用的活性材料是没有充电的),所有选择一个合适的、内部含有足够多锂的正极材料颇具挑战性。在第一代锂离子电池里,比电量为

$137A \cdot h/kg$，电势相对于标准氢电极为 $0.8V$ 的 $LiCoO_2$，加上相匹配的由有机碳酸化合物和 6 氟磷酸锂（$LiPF_6$）构成的电解质成为锂电池组成的标配，其平均电压为 $3.6V$。

在 1991 年 Sony 公司推出锂离子电池实现锂离子电池的商业化后，锂离子电池成功进入消费领域，运用在移动手机和便携式电脑上，并在 10 年之内把原先占主导地位的镍氢电池技术挤出了市场。由于这些用在消费品里的高能量电池具有 $250W \cdot h/kg$ 能量密度和几百次充放电循环次数，因此锂离子电池毫无悬念地成为技术领导者，并促成了如今手机和平板电脑的普及。在开发的初期此类高能量电池的功率密度并非比特别是镍镉电池明显高许多，所以在高功率运用区域，比如说电动工具里，锂离子电池直到 2005 年后才开始大量使用。在汽车领域中，混合动力汽车，尤其是插电式混合动力汽车，已经开始大量使用锂离子电池。在储能领域里，目前已开发出基于锂离子电池的静态储能系统，用以稳定电网电压或者用来存储浮动变化的新能源。

1.4 总结

本章关于当今重要的储能系统的技术的概述向读者展示了包括铅、镍、钠基电池和氧化还原流电池以及双层电容不同的技术参数，并简短地介绍了锂离子电池技术。锂离子电池由于其多样性可以满足不同的要求，将会取代某些已经成熟且广泛运用的电池系统。除了锂离子电池本身不断的优化改良可以提升性能之外，特别是新兴的锂硫电池的开发，和未来的锂空气电池，将具有非常高的能量密度，能更好地满足不断提升的用电需求。

参 考 文 献

1. Daniel C, Besenhard JO (Hrsg) (2011) Handbook of battery materials, 2. Aufl. Wiley-VCH
2. Reddy TB (2010) Linden's handbook of batteries, 4. Aufl. McGraw-Hill Professional
3. Yoshio M, Brodd RJ, Kozawa A (Hrsg) (2009) Lithium-ion batteries science and technologies, 1. Aufl. Springer
4. Huggins RA (2009) Advanced batteries: materials science aspects, 1. Aufl. Springer
5. Nazri G-A, Balaya P, Manthiram A, Yang Y (Hrsg) (2014) Advanced lithium-ion batteries. New materials for sustainable energy and development, 1. Aufl. Wiley-VCH
6. Park J-K (Hrsg) (2012) Principles and applications of lithium secondary batteries, 1. Aufl. Wiley-VCH

第二部分　锂离子电池

第2章 锂离子电池概述

Stephan Leuthner

2.1 导言

锂离子电池的历史起源于1962年，当时的锂离子电池是一种一次性放电后就不能再次充电的电池（一次电池）。其负极材料用的是锂，正极材料用的是二氧化锰。三洋公司1972年将这种电池投放市场。莫力能源公司（Moli Energy）1985年开发出第一个可再充电池（二次电池），使用的是锂作为负极和硫化钼作为正极，这种电池结构负极上用的是锂，因而导致了安全问题。

下一步电池的技术发展是沿锂离子电池方向进行的，其成功得利于正极负极材料的使用，可以让锂在两种材料里嵌入和脱嵌，并形成高电势。索尼公司开发了第一代可充电锂离子电池并在1991年将其投入市场。它的负极上的活性材料是碳，正极上的活性材料是二氧化钴锂。从此之后锂离子电池特别是在韩国和日本等国得到继续开发，并投入许多实际运用。

2.2 应用

锂离子电池自从1991年以来就已经大量应用在移动消费设备中，锂离子电池的推广归功于其重量轻、能量高的特性。锂离子电池最大的应用领域是手机，其次是笔记本电脑，实际上在2000年几乎所有的笔记本电脑就都已经用上了锂离子电池。这些设备里的电池组大多数是由3~12个电池单体相应地串联或者并联组成。除此之外，许多带电池的机床设备如今也用锂离子电池来驱动，根据不同的应用领域其电池的电压为3.6~36V不等。

锂离子电池在德国政府提倡的电气交通领域的重要性与日俱增。小的交通工具如Pedelecs（一种用电驱动作为脚踏辅助的自行车）、电动自行车和电动车业已使

S. Leuthner (✉)
Robert Bosch Battery Systems GmbH, Kruppstraße 20, 70469 Stuttgart, Deutschland
e-mail: stephan.leuthner@bosch-battery.de

用了锂离子电池。在汽车领域里，不同类型的混合动力汽车、插电式混合动力车以及电动汽车也使用了锂离子电池。同样，混合动力客车、货车里也能看到投入使用的锂离子电池。在储电站运用领域里，市场也有提供基于锂离子电池从大约2kW·h的小型储能系统直至5MW·h的大型设备的解决方案。

2.3 锂离子电池的组成、工作原理及优点

图2.1里显示了可充电式锂离子电池的基本组成和工作原理。在两个正负电极之间有可以导锂离子的电解质，电解质里溶有锂盐，还有一层隔离膜，隔离膜是一种多孔的薄膜，将正负电极隔离开来，起着绝缘作用。锂离子电池在充电和放电时，众多单个锂离子在两个电极之间来回移动，并嵌入电极里的活性材料中。例如在放电时，就是锂离子从负极（用铜做集流体）脱嵌的过程中同时会放出电子。

正极上的活性材料是由多种金属氧化物混合而成，而负极上多使用石墨或者无定型碳化合物，这些材料都是锂离子可嵌入型材料。

如图2.1所示，放电时锂离子从负极穿过电解质和隔离膜达到正极，同时，电子作为电流载体从负极通过外部导电连接（电线）流到正极（用铝作为集流体）。充电时这个过程刚好相反，锂离子从正极穿过电解质和隔离膜移动到负极。

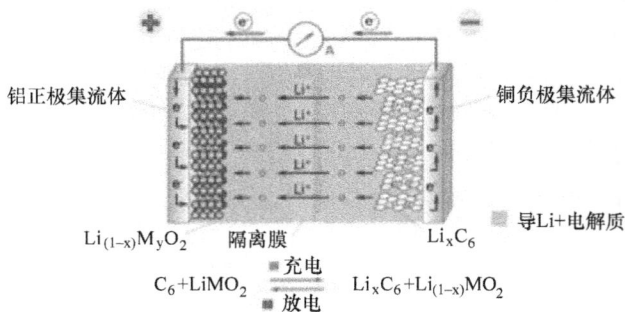

图2.1 锂离子电池的组成结构（图中显示的是放电过程）

用这些电池原料可以生出产圆柱形、方形和叠层型规格的电池单体，在第9章里还会对这些不同规格的电池单体做详细的描述。

根据不同的应用要求，可以使用单个电池单体，或者把多个电池单体串联起来做成电池模块来使用。为了满足不同容量的需求，可以把多个电池单体并联起来使用。

如图2.2举例所示，在汽车应用领域里，将多个电池模块互相连接起来就可以做成一个电池系统。车用动力电池系统里有电池管理系统来控制电池，电池管理系统含有电池单体监测单元和用来测量电池单体电压、温度和电流的传感器，利用这些信号数据就可以开关电池系统。电池管理系统还有另外一个功能，就是用来管理

电池系统里面的热管理系统，以便加热或冷却电池。

　　锂离子电池以及由此组成的系统具有如下优点：比能量高、比功率高、充放电效率高和自放电小。

图 2.2　车用动力电池系统的组成结构（左边是电池模块，右边是电池系统）

2.4　充电技术

　　锂离子电池常用的充电方法是 CC – CV（恒流恒压）充电法，就是电池开始时用一个恒定均匀的电流（constant current 恒流）充电到某个最大允许的电压限度，然后再在这个电压保持恒定不变的同时用不断递减的电流续充电。整个充电过程的结束条件可以是在达到一定的规定充电时间后或者是达到规定的电流极限以后停止充电。

　　受使用的电池单体材料的影响，锂离子电池可以充电到某个最大允许的电压值，但不许超过。如果电池过充电，超过某个电压就会发生分解反应，而且后续的分解反应会根据电池单体里设计好的安全措施的不同而强度不同。

　　同样，电池可以充电的最大充电电流，也根据不同的电池单体结构而有不同的限度，并受温度的影响。

2.5　定义（容量、电能、功率和效率）

　　蓄电池的特征参数有标称容量、电能、电功率等常用特征参数，这些参数用来表征蓄电池或者电池系统，所以在本章节有所介绍。

　　容量是指某个能量源按照一定的放电条件可以提供的电量额。容量取决于放电电流、终止放电电压、温度，以及活性材料的种类和数量。容量的单位是 A·h。

　　一个电池或者蓄电池的能量是用它的容量乘以平均放电电压来计算的。电能的单位是 W·h。比能量是电池单位重量所具有的电能，单位是 W·h/kg。能量密度是电池单位体积所具有的电能，单位是 W·h/L。

　　电池的功率等于电流乘以电压，比如说放电功率是放电电流乘以电压。功率的单位是 W。

锂离子电池的效率很高，一般来说绝大部分都大于 95％。效率的定义是电池放电时输出的能量除以电池充电时储存的能量。

2.6 锂离子电池的安全性

在图 2.3 中给出的车用锂离子动力电池的范例，展示了电池系统应该考虑到的产品安全性范围，包括化学安全、电气安全、力学安全和功能安全。化学安全在电池单体设计时候就已经定性，比如说如何选择活性材料以及如何组合。电气安全是通过对电池系统里的电线、壳体和其他电器部件的绝缘来实现的。力学安全则通过适当的机械设计来实现，比如说特殊的防碰撞保护壳。功能安全需要通过相应的传感器来监测电池单体、电池控制单元、执行器和它们相关的通信接口来达到目标，执行器是指比如说接通、断开电池的继电器。

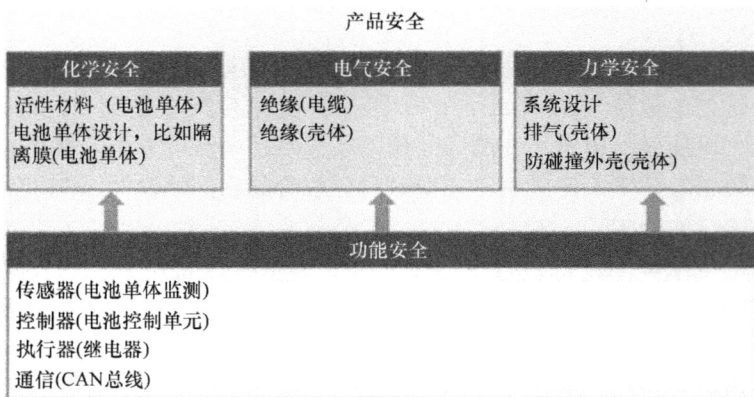

产品安全

化学安全	电气安全	力学安全
活性材料（电池单体） 电池单体设计，比如隔离膜(电池单体)	绝缘(电缆) 绝缘(壳体)	系统设计 排气(壳体) 防碰撞外壳(壳体)

功能安全

传感器(电池单体监测)
控制器(电池控制单元)
执行器(继电器)
通信(CAN总线)

图 2.3 锂离子电池的产品安全（范例：锂离子动力电池）

2.7 电池寿命

电池系统的性能可能会随着时间的变化而产生变化。本节会对锂离子电池里能够观察到的 3 个老化现象进行详细表述。

锂离子电池单体是由不同的材料组成的，这些材料相互接触，就可能相互反应。随着温度的升高，反应还会加速。因此电池单体的容量会随着时间衰减，另外，电池单体的内阻还会增加，由此而导致电池单体的功率也会随着时间减弱。基于此原因，电池单体的寿命被设置为这样一个使用时间段，在这个时间段内设计定义好的容量或者定义好的内阻要自始至终地得到保障。

在电池单体生产过程中，负极上的活性材料表面会在相应的生产步骤中形成一个稳定的表层，术语称之为 SEI（固体电解质膜，Solid Electrolyte Interface）。这个钝化层避免活性材料和电解质直接接触。如果活性材料和电解质直接接触，电解质的部分成分就会产生分解而失效。在电池单体生命周期中，在已经形成的 SEI 层上还会由于电化学过程引起的覆盖层不断增加而逐渐加厚。这个现象会导致电池容量的降低，因为有一部分溶于电解质的锂离子会转换为化合物成为 SEI 层的一部分，这样的化合物不会参加充放电时应有的正常的电化学反应。另外，随着钝化层的厚度增加，而电解质里的锂离子充放电时必须要穿过钝化层，由此就会导致锂离子传质阻力的增高，进而导致电池内阻的增高。

另外，老化机制还可能是通过力学负载导致的。当锂离子嵌入到活性材料里时，会产生力学应力。如图 2.4 所示，力学应力会在活性材料颗粒的内部产生，导致颗粒内部出现裂纹，进而导致颗粒碎裂。碎裂后的活性材料颗粒就不会有电接触连接。在文献 [5] 里有对此类力学负载以及其导致结果的详细介绍。

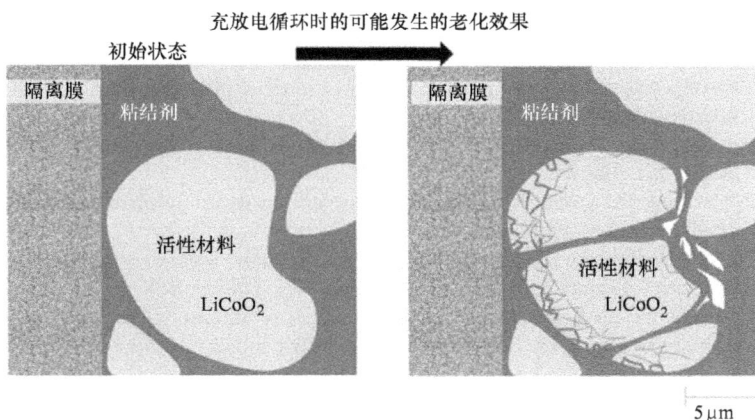

图 2.4　正极上活性材料在充放电循环时的老化过程

还有一种老化过程是由于在嵌入锂离子时活性材料体积膨胀而导致的颗粒体积的变化。如图 2.5 所示，这样的负载可能导致内部导电路径的分离，导电路径是通过一种特殊的碳导电体——炭黑作为电流流通路径来连接活性材料颗粒和集流体构成的。导电路径的分离使活性材料颗粒和集流体之间不再有电连接。

这个老化过程原理上既可能在正极，也可能在负极上发生。

更多的老化机理请读者阅读文献 [6]，里面有详细的介绍。

总而言之，电池单体的寿命取决于使用工况、材料的运用、电解质的组成以及生产过程中的质量保证。不同的运用过程，不同的锂离子电池单体的设计，还有不同的使用工况会导致不同的电池寿命。

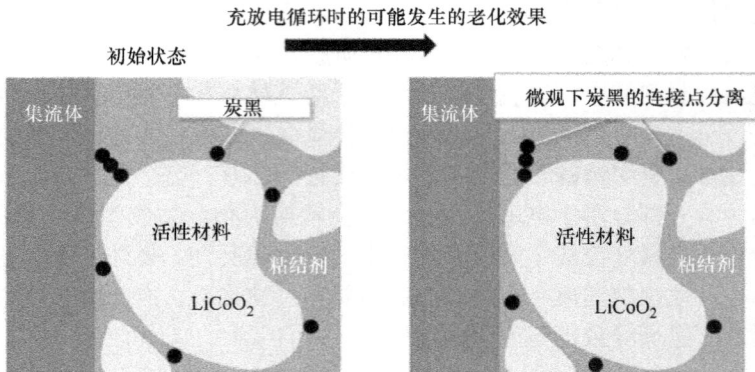

图 2.5   正极上活性材料在充放电循环时的老化过程，导电途径断开 ［7］

参 考 文 献

1. Ozawa K (2009) Lithium ion rechargeable batteries – materials, technology, and new applications. Wiley-VCH Verlag GmbH & Co. KGaA, Weinheim
2. Garche J (2009) Encyclopedia of electrochemical power sources, Bd 6. Elsevier B. V.
3. Robert Bosch Battery Systems GmbH, Stuttgart
4. Reitzle A, Fetzer J, Fink H, Kern R (2011) Safety of lithium-ion batteries for automotive applications. AABC Europe, Mainz
5. Aifantis KE, Hackney SA, Kumar RV (2010) High energy density lithium batteries. Wiley-VCH Verlag GmbH & Co. KGaA, Weinheim
6. Garche J (2009) Encyclopedia of electrochemical power sources. Secondary batteries – lithium rechargeable systems – lithium-ion: aging mechanisms, Bd 5. Elsevier B. V.
7. Leuthner S, Kern R, Fetzer J, Klausner M (2011) Influence of automotive requirements on test methods for lithium-ion batteries. Battery testing for electric mobility, Berlin

第3章 材料和功能

Kai Vuorilehto

3.1 导言

锂离子蓄电池是一种由许多高纯度化学物质和一系列其他的原材料组成的高科技系统。本章将向读者概括性介绍这些物质和它们各自的功能。人们也许认为，锂离子蓄电池会非常轻，因为它的主要成分锂具有很小的原子质量。但是实际上锂离子蓄电池里仅仅只有2%（质量分数）是锂，其他的质量是由电极材料、电解质和非活性、结构性成分组成。

3.2 常用的电极材料

自从1991年索尼公司把锂离子电池首次投放到市场以来，锂离子电池的基本构造几乎没有改变。图3.1展示了锂离子电池的主要成分。

电池正极常常又被称之为阴极，负极常常被称之为阳极。这种称法只是反映了电池放电时实际情况，而在充电时则情况刚刚相反：原来（放电时）的阴极起着阳极的作用，阳极起着阴极的作用。这种容易让人迷糊的名称来源于原先的一次性锂电池，因为一次性锂电池只能放电，不能充电，所以没有考虑电极充电时的情况。

常见的正极材料时钴酸锂（$LiCoO_2$），它具有一种层结构，在层结构里钴离子、氧离子、锂离子交互排列，相嵌在层结构里。在充电时锂离子脱离了晶体结构，术语称脱嵌，放电时锂离子又回到晶体结构里，术语称嵌入。充放电时锂离子的利用率只能达到约50%，因为如果超过了50%的锂离子脱离了晶体结构，晶体将不再稳定，并会释放出氧气[1]。释放出的氧气和电解质会发生剧烈的氧化反应，导致温度不可控制的升高（热失效，Thermal Runaway）。

对于一个完全放电的过程可以把正极上发生的反应用如下反应式表述：

K. Vuorilehto (✉)
Universität Helsinki, Kemistintie 1, 02150 Espoo, Finnland
e-mail: kai.vuorilehto@helsinki.fi

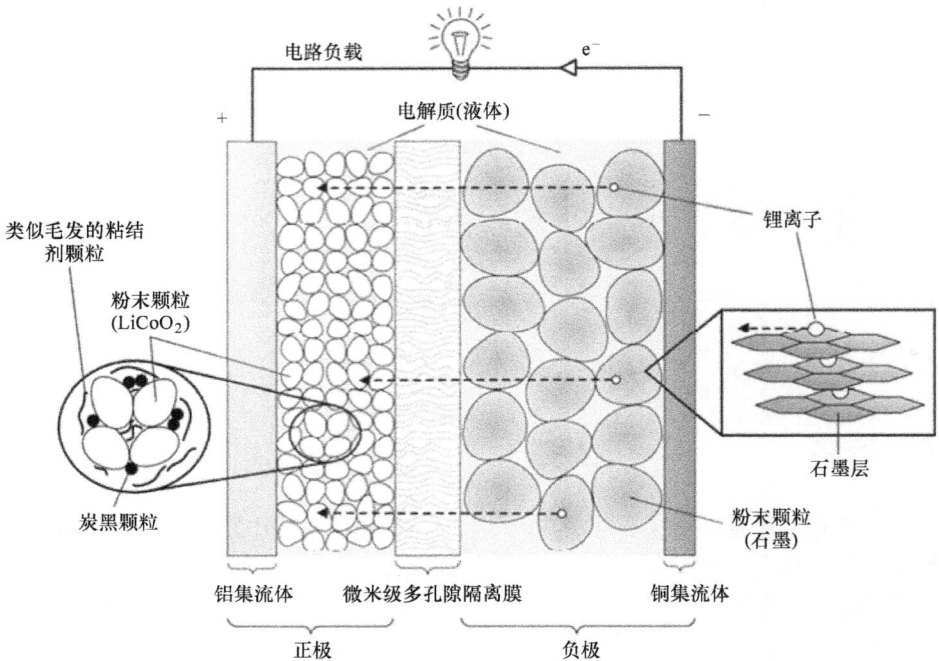

图 3.1　一个常规锂离子电池在放电过程中的组成成分

（来源：Antti Rautiainen，Tampere 技术大学）

$$2Li_{0.5}CoO_2 + Li^+ + e^- \rightarrow 2LiCoO_2$$

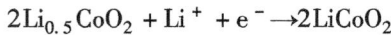

其中所需参与放电过程的每 1mol（1mol 等于 7g）活性锂离子需要有 2mol（2mol 等于 189g）的 $Li_{0.5}CoO_2$ 来支撑。

负极最常用的材料是石墨碳负极材料。这种材料的结构是碳原子排列在平行的层面上（图 3.1 中右边扩大的细节图）。充电时锂离子嵌入到石墨层之间，放电时从石墨层里脱离出来。和氧化钴晶体结构不同的是，石墨在无锂离子的状态下还可以保证其结构的稳定性，这样就能够允许有近乎完全的放电。

相应的，对于一个完全充电的过程可以把负极上发生的反应用如下反应式表述：

$$LiC_6 \rightarrow Li^+ + e^- + 6C$$

其中所需参与充电过程的每 1mol（1mol 等于 7g）活性锂离子需要有 6mol（6mol 等于 72g）的碳来支撑。

3.3　常用的非活性材料

正极材料和负极材料是以粉末的形态出现的，层状涂抹在集流体上面，组成复合式电极。正极上的集流体一般是厚度为 $20 \sim 25 \mu m$ 的铝膜。铝的导电性能非常好，另外铝的优点还有，处在正极高电势的状态下铝还能保持相当的稳定。负极上的集流体是厚度为 $8 \sim 18 \mu m$ 的铜膜。铝虽然比铜更轻，价格更低，可是由于铝会在负极低电势状态下生成锂铝合金，因此不适合用在负极上。

涂层过程中，需要准备一个由电极材料、粘结剂、导电添加物和溶剂组成的混合物。添加粘结剂是为了让电极颗粒材料相互之间很好地连接，以及让电极颗粒材料和电极集流体之间有足够好的粘连。常用的粘结剂是聚合材料聚偏氟乙烯（PVDF），PVDF具有和毛发相似的微观结构，可以有效地把涂层粘附在一起（见图3.1中左边细节示意图）。因为聚偏氟乙烯不溶于水，所以需要一种溶剂来溶解聚偏氟乙烯做成混浆，所用的溶剂是 N - 甲基吡咯烷酮（NMP，N - Methylpyrrolidon）。在生产过程中，N - 甲基吡咯烷酮会在电极复合物进行干燥的过程中挥发掉，所以在出厂后的电池单体里面不再含有 NMP。

为了提高电极材料的导电性能，电极材料增添了炭黑作为导电添加物。电极材料里面的添加物的成分一直是公司的商业机密。炭黑的含量是在质量分数为 $1\% \sim 5\%$ 的级别，PVDF的含量是在质量分数为 $2\% \sim 8\%$ 的级别。

在能量优化型的电池单体里，添加物的含量要做到尽可能最小化，考虑的原因是因为添加物不能存储能量。

相反，在功率优化型的电池单体里面设计时更注重的是材料间优良的相互接触和良好的导电性能，所以添加物会被更多地应用在电极材料里面。科研应用中制造出来的电池单体、电机材料里的添加物质量分数甚至会达到 10%，因为科研型电池单体不会太考虑电池单体重量和体积的增加。

正极和负极之间以及电极本身的孔隙之间的空间被电解质填补。这里的电解质实质是锂盐溶液和有机溶剂混合物。市场上常见的电池单体使用的锂盐是六氟磷酸锂（$LiPF_6$）。锂离子电池电解液中常用的溶剂有碳酸乙烯酯（EC）、碳酸二甲酯（DMC）、碳酸甲乙酯（EMC）、碳酸二乙酯（DEC）等。在这些溶剂当中，碳酸乙烯酯（EC）因为可以保护石墨的表面，对电池单体的稳定性起了关键作用[2]，是不可或缺的一种溶剂。碳酸乙烯酯在常温下是以固态形式出现的，因此不易使用纯质来进行生产加工。解决方法通常是优先使用由碳酸乙烯酯和另外两种碳酸物混合而成的三元混合物。

电池隔离膜是一类微观多孔隙薄膜，它的功能是隔离正、负极相互接触，以防止短路。由于电解质是有机溶剂，其电导率非常小，只有大约 $10mS/cm$，为了减小内阻，必须要让正极和负极紧密地排列在一起。因此常用的隔离膜只有大约 $15 \sim 30 \mu m$ 的厚度。特别薄的隔离膜可以让内阻最小化，而厚点的隔离膜却能提供更多的安全性。商业上普及的电池单体使用的隔离膜主要以聚乙烯（PE）、聚丙烯（PP）为主。

锂离子电池单体必须是气密性全密封的。特别是电解质和嵌入锂离子的石墨，会因为哪怕是极低的湿度而受到损害。由于水倾向于通过渗透穿过塑料材料，所以电池单体外壳都是用金属外壳做成的，而铝因为重量轻而被优先采用，价格比较便宜的电池单体则用钢外壳。

3.4　常用活性材料之外的其他选择

通常，锂离子电池单体最大的挑战在于 3 要素：安全性、价格和规格大小。在电动汽车和其他大型设备的运用中更趋向于设计使用越来越大的锂离子电池，这就使得锂离子电池的安全性变得越来越重要。如果一个移动手机发生起火的现象也许还可以被人们勉强接受，而一个起火燃烧的汽车则对乘客来说就意味着致命的威胁。对锂离子电池的价格而言，形势也是相似的，消费市场广泛使用的小蓄电池的价格是非常吸引人的，而汽车里的电池系统加上电动驱动对用户来说就非常昂贵，如果电池系统的储能量要和传统内燃机汽车油箱的储能量竞争的话更是如此。对于电池系统人们总是希望能够获得更高的比能量（$W \cdot h/kg$）。不过当前电池系统的比能量值，大约在 $230W \cdot h/kg$，就已经可以满足大多数应用的要求了。

钴氧化物作为正极材料在使用中并非全无顾虑，如果正极完全充满电，钴氧化物会以 $Li_{0.5}CoO_2$ 的形式保持住晶体结构，$Li_{0.5}CoO_2$ 会和电解质缓慢发生反应，作为正极材料它的功效将会慢慢衰减。如果钴氧化物有微量的过充电，它的容量和寿命将会显著降低。如果出现大的过充电，钴氧化物的晶体结构将会坍塌，并将导致热失效，引起起火。在使用过程中，过充电的情况是比较容易发生的，这是因为普通充满电和过充电之间电池电压的差别非常小。

钴氧化物的价格贵，因为钴矿是一种稀有资源，不断增长的钴需求更加加剧了这个问题。基础材料的成本和电池产品的价格反差使得规模盈利回报效应在电池生产中不可能得以实现。除此之外，钴还是一种有毒物质。

钴氧化物之外最重要的商业可选材料罗列在表 3.1 中。虽然它们当中的每一个替选材料可以解决一个这样或那样的问题，可是所有的这些材料都只能算是一个折中方案。LMO 比钴氧化物更加安全，价格也更便宜，但是同时却具有寿命短板。NMC 的价格比较便宜，重量更轻，因此具有更高的比容量（$mA \cdot h/g$），可是却不会更安全。LFP 非常安全，价格也少许便宜些，但其电势却比钴氧化物要少 $0.5V$。

表 3.1　钴氧化物的其他商业化可选材料

化合物	缩写	结构式
锂锰氧化物	LMO	$LiMn_2O_4$
镍锰钴氧化物	NMC	$LiNi_{1/3}Mn_{1/3}Co_{1/3}O_2$
镍钴铝氧化物	NCA	$LiNi_{0.8}Co_{0.15}Al_{0.05}O_2$
磷酸铁锂	LFP	$LiFePO_4$

综合考虑，目前认为 NMC 和 LFP 是最可行的，可以被推荐用于大型技术开发应用的材料。另外，正极材料在第 4 章还会有详细介绍。

石墨作为负极材料同样也不安全。使用石墨作为负极材料时，锂离子嵌入电势比锂金属析出时的析出电势只高一点点，只有 80mV。这样的话如果出现一点点设计上的误差或者是充电时的误差，就会导致锂金属在负极材料表面上的析出。微量的锂金属提高了锂石墨表面结构的活性，会与电解质发生一些副反应，消耗掉电解质。解析出来的锂金属会生成长长的针态金属（枝态晶体），可以使正负电极短路，从而发生连锁反应，导致温度升高以致电解质发生燃烧。

嵌入锂离子石墨的电势位于常用电解质电势稳定窗口之外［4］，如图 3.2 中所示。在蓄电池第一次充电过程中，石墨和电解质反应在石墨表面上生成一层保护膜——SEI 固体电解质膜。这个 SEI 层本来应该抑制副反应的进一步发生，但是这些副反应却自始至终伴随在电池整个寿命当中，使得电池不仅循环寿命而且静置寿命都会减少。

相对于石墨负极材料，其他可选的材料的能量密度明显要小很多。

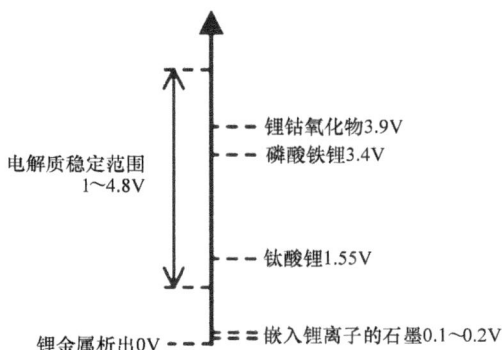

图 3.2　电解质稳定范围和常见电极材料的电势对比（来源：Tampere 科技大学）

钛酸锂确实是一种很安全的负极材料，也具有惊人的长寿命，但是钛酸锂电池单体只有 1.4V 电压，限制了其只能在少量实际应用中使用。锡基负极材料是最新探索的一种负极材料，锡基材料具有惊人的能量密度，但这种高能量密度却是以低稳定性而导致有限的寿命为代价的。

石墨价格便宜，重量轻，特别是和钴氧化物相配对这些优点更加突出。因此有理由相信石墨在今后多年之内还将稳坐标准负极材料的位置。第 5 章将对负极材料进行详细介绍。

3.5　常用非活性材料之外的其他选择

电极生产中涂抹工艺使用了 PVDF 粘结剂，这就要求要用到有机溶剂，绝大多数情况下是用 NMP 溶剂。这个溶剂作为生产材料必须得运送到生产车间，由于溶剂被认为是对人体的安全和健康有危害性的物质，所以生产过程中挥发掉的溶剂必须烧掉或者作无害处理。

解决方案是采用水基粘结剂，例如用水作溶剂，以 CMC（羧甲基纤维素钠）和 SBR（丁苯橡胶）胶乳作为粘结剂。CMC 加上 SBR 已经成为石墨负极的标准技术。如图 3.3 所示，可以看到 SBR 和 PVDF 毛发似的结构有不同之处，SBR 在石墨颗粒之间形成许多连接。

图 3.3　扫描电子显微镜下石墨负极的放大照片。图中大的颗粒（20μm）是石墨颗粒，石墨表面上的微小结块（0.1~1μm）是炭黑。大的石墨颗粒之间的连接体是由 SBR 和炭黑构成的（来源：Juha Karppinen，赫尔辛基 Aalto 大学）

对于正极加钛酸锂来说，溶剂的选择更加困难，因为在正极材料的处理过程中水容易和材料发生反应。有些生产商在涂抹正极材料磷酸铁锂时使用了水溶性丙烯酰基粘结剂和水。

电解质里的锂盐六氟磷酸锂（$LiPF_6$）极易水解，只要有最微量的湿度就会产生反应并分解，分解的产物有氢氟酸（HF），氢氟酸会极大地损害电池单体的功能。电解质里的另外一个组成部分有机粘结剂是可燃性的，这就会带来安全问题，有机粘结剂还会和嵌入锂的石墨发生反应，以至于电池单体的寿命变短。

为了改进这一问题，人们进行了大量科研研究，尽管如此，目前还没有发现比传统使用的电解质更好的替代方案。锂聚合物蓄电池使用了凝胶聚合物电解质，就是一种解决电解质可燃性问题的方案，凝胶化的电解质被包含在凝胶之内，减少了外泄。可是电解质里的锂盐原先存在的问题还是继续保留下来。在电池单体的生产过程中，人们尝试着通过加入电解质添加剂来避免以上电解质出现的问题［5］。比如有的添加剂可以捕获 HF，或者是生成石墨表面上强度更大的 SEI 层，甚至市场上还有提供可以阻燃的添加剂。可是这些添加剂的使用并没有从根本上减少人们对替换锂盐 $LiPF_6$ 的明确愿望。

在第 6 章里将进一步介绍电解质。

由聚乙烯和聚丙烯构成的电池单体隔离膜在电池单体温度达到或超过 150℃ 时会熔化，其结果会导致电极间发生完全短路，以至于在电池单体里存储的全部能量会突然释放出来。在比较小的电池单体里这个问题可以通过使用 3 层隔离膜的方法来解决，其原理是当发生高温熔化时，中间一层隔离膜会最先熔化，因而在外层的隔离膜还没有失去其强度而熔化之前就断开了电流的流动，使得外层的隔离膜还可以继续起绝缘作用。在比较大的电池单体上，解决方案趋向于在隔离膜上增涂一层不会熔化的陶瓷层，陶瓷层的材料通常是氧化铝 [6]。除此之外，隔离膜还需要具有较高孔隙率且微孔要求要分布均匀。隔离膜的孔隙结构必须加以高度控制，不能允许有任何缺陷，否则将会引起短路。隔离膜的这个结构要求使得其价格不菲。再加上隔离膜 3 层结构方案和陶瓷涂膜更加推高价格令其居高不下。因此一个价格便宜而更安全的隔离膜将会受到电池单体生产商的高度欢迎。

隔离膜将在第 7 章里继续详细介绍。

用在圆柱形规格电池单体上的铝或者钢硬壳体是一种非常好的设计方案，因为金属硬壳能够在压力下保持形状稳定不变。但是规格大的圆柱形电池单体，其从中心到外表面的间距也大，使得有效导热变得困难，因此平滑的规格外形更受到青睐。可是平滑规格又带来另外一个叠加压力的问题，即电池单体内部不断增加的压力会使得金属外壳发生变形。这个问题可以通过使用一个由薄的铝复合层构成的外壳来解决，在这个解决方案中，电池单体内部在生产过程中产生一个负压，那么大气压力就会把电极紧紧地挤压在一起。

外壳的铝复合层的结构是一层 $40\sim80\,\mu m$ 薄薄的铝膜，两面各涂上一层特殊的特别结实的塑料涂层。一个有铝复合层外壳的软包电池单体重量轻，但是为了达到足够的强度还需要一个外壳，使得整个电池重量稍有提升。

3.6　展望

锂离子电池的发明革命性地改变了不依赖于电网的电能供应布局，而持续前进的材料开发给我们带来了在铅酸电池和镍铬电池时代几乎不敢想象的电池功率。在绝大部分小型到中型技术应用中锂离子电池能够提供合适的解决方案。

如果锂离子电池领域的材料开发会一直成功持续下去的话，未来大部分汽车将装载锂离子电池行驶，电网中多余的电能将能够用锂离子电池来存储。

这类锂离子电池将可能使用铜和铝膜作为集流体。而目前正在使用的材料绝大多数未来必须要更加安全，价格更加便宜，重量更轻。

参 考 文 献

1. John B (2002) Goodenough: oxide cathodes. In: Walter A, van Schalkwijk, Scrosati B (Hrsg) Advances in lithium-ion batteries. Kluwer Academic
2. Tarascon J-M, Armand M (2001) Issues and challenges facing rechargeable lithium batteries. Nature 414:359–367
3. Dahn J, Grant M (2011) Ehrlich: lithium-ion batteries. In: Reddy TB (Hrsg) Linden's handbook of batteries, Mc Graw Hill
4. Scrosati B, Garche J (2010) Lithium batteries: status, prospects and future. J Power Sources 195:2419–2430
5. Ue M (2009) Role-assigned electrolytes: additives. In: Yoshio M, Brodd RJ, Kozawa A (Hrsg) Lithium-ion batteries, Springer
6. Zhang SS (2007) An overview of the development of Li-ion batteries. In: Zhang SS (Hrsg) Advanced materials and methods for lithium-ion batteries, Transworld research network

第4章 锂离子电池的正极材料

Christian Graf

4.1 导言

锂离子电池的正极材料一般使用的是锂过渡金属类化合物，这种化合物的主要成分是嵌锂混合型晶体。在电池充电的过程中，锂离子能从这个混合晶体中脱嵌，正极的过渡金属离子由于电中性原则发生氧化反应，价态升高。放电时，锂离子从负极游离到正极，并重新嵌入到晶体中，同时过渡金属离子发生还原反应，价态下降。

接下来4节将重点介绍几种典型的正极材料和它们的结构、导电性以及优缺点。这些材料将根据结构的不同分为三种类型，分别是：层状、尖晶石型、橄榄石型氧化物。

4.2 层状结构正极材料（$LiMO_2$；M = Co、Ni、Mn、Al）

目前，研究大部分的正极材料是具有层状结构的氧化物，其通用化学式是$LiMO_2$（M = Co 和/或 Ni 和/或 Mn），这种氧化物还可以是二相或三相混合的正极材料，比如（$Li_{1-x}(Ni_{0.33}Mn_{0.33}Co_{0.33})O_2$（NMC））。

1991年，索尼公司发布了首个商用锂离子电池，这种锂离子电池采用的正极材料是$Li_{1-x}CoO_2$，该正极材料的结构属 $\alpha - NaFeO_2$（R – 3m），其中 Co 占据 3a 位置，Li 占据 3b 位置，并且这两者被占据 6c 位置的 O 呈八面体形包围，这两个八面体沿着图示 c 轴方向交替叠加。垂直于叠加方向的锂离子可以在两个钴八面体之间做二维运动，并且可在此平面内嵌入或脱嵌（图4.1）。

在锂离子脱嵌时，正极上的 Co^{4+} 发生氧化反应产生具有 4V（相对于 Li^+/Li）电压，并生成 Co^{3+}。理论条件下，如果锂离子全部从正极脱嵌，那么此时电池所

C. Graf (✉)
Chemische Fabrik Budenheim KG, Rheinstraße 27, 55257 Budenheim, Deutschland
e-mail: c_graf@gmx.net; batteries@budenheim.com

具有的容量可达到 274mA·h/g。但是实际上，电池正极在贫锂期（$Li_{1-x}CoO_2$（LCO），x < 0.7），正极的晶体结构是不稳定的。所以一般情况下，充电结束时大概还有小于 50% 锂离子留在正极晶体，以保证其结构的稳定性，此时电池的电压是 4.2V（相对于 Li^+/Li），也就是说，该电池真正可用的能量密度大概是 140 ~ 150mA·h/g。另外，$Li_{1-x}CoO_2$ 电池具有比较平坦的充放电特性曲线，其工作电压大概 3.9V，电压窗口为 0.1V。因为该电池具有较高工作电压、较高的相对密度（5.1g/cm³）以及较高的堆密度

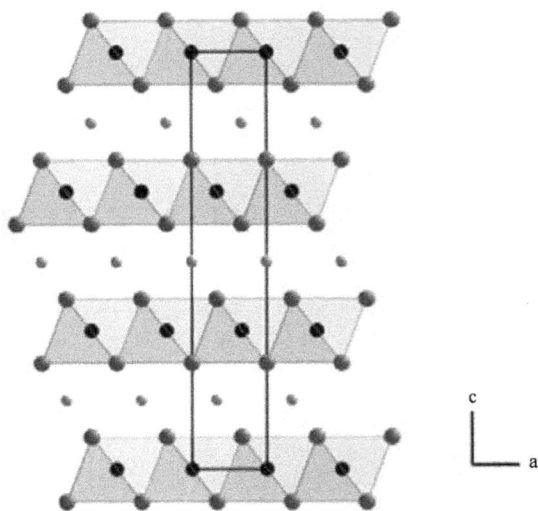

图 4.1 $Li_{1-x}CoO_2$（LCO）晶体结构图
（黑色 Co；灰色 O；亮灰色 Li）

（ > 2.2g/cm³），所以含有其他的正极材料的锂离子电池很少能有与 $Li_{1-x}CoO_2$ 电池媲美的能量密度。在对电池占地体积没有很高要求的静态储能系统中，电池的稳定性和安全性扮演了很重要的角色。

虽然 LCO 在市场中作为锂离子电池的正极被使用，但是在安全性和稳定性方面还存在着一些问题。比如，如果电池充电时电压超过 4.6V（相对于 Li^+/Li），则氧原子的费米能级会下降，并从激发态回到基态，产生氧气。而氧气又不能从电池内排除，如果电池起火，则氧气和 LCO 会发生剧烈反应，以至于电池爆炸。此外，在多次充放电之后，钴原子在 LCO 电解质中的溶解性使得钴原子易从正极逃逸到电解质中，从而使电池的容量减少。还有，钴化合物的市场价格较高和在地壳中储量较少也是一个不得不面临的问题。

由于上述的一些问题，所以研究人员对 LCO 材料采取一些改进的措施。其中，通过把 LCO 中的 Co 用廉价的 Ni 来替换，得到镍酸锂（$Li_{1-x}NiO_2$，Lithium Nickel Oxide，LNO），这种电池的正极材料结构与前者相同，且拥有更高的容量，大概 200mA/g。但在合成 LNO 材料时，大约有 12% 的 Li^+ 所在的位置被 Ni^{2+} 占据。这主要由于 Ni^{3+} 的不稳定性，易生成 Ni^{2+}，而它的半径大小与 Li^+ 相似，所以这里用 $Li_{1-x-y}Ni_{1+y}O_2$ 来表示 LNO 的化学式更为确切。由于在放电时，Li^+ 所在的位置被 Ni^{2+} 占据，导致一部分 Li^+ 无法嵌入，LNO 的容量减少。要减少这种现象的出现，一般可以通过调节合成参数来实现。

除此之外，LNO 与之前的 LCO 一样面临着一个相同问题，就是氧化电子对 Ni^{3+}/Ni^{4+} 化学特性不稳定，氧化性强，易与电解液发生析氧反应，导致电池安全

性和稳定性较差。

　　为了改进 LNO 的缺点，同时又保留它的优点，这里采用了部分 Ni 替代 Co 的方法，也就是说，在 LCO 的基础上，有大约 20% 的 Co 用 Ni 替代。新的混合物的结构还属 α - $NaFeO_2$。一方面，Li 层中出现的 Ni^{2+} 比重减少了，另一方面，Li 离子的导电性和可逆容量也提高了。

　　还有，通过在正极材料中引入 Al，可以解决 LNO 和 LCO 与电解液发生析氧反应的问题。这种已经实现商业化的正极材料化学式是 $LiNi_{0.8}Co_{0.15}Al_{0.05}O_2$（Nickel Cobalt Aluminium；NCA）。与 LNO 相比，它在稳定性、循环寿命的方面有一定的改善。另外，如果部分正极材料的 O^{2-} 用 F^-、S^{2-} 来替代，Ni^{2+} 将被阻碍进入 Li^+ 层，同时电池的循环次数也将进一步提高。

　　还有一种层状结构正极材料是 $Li_{1-x}MnO_2$，因为它具有非常良好的经济性和环保性，所以也引起了不少研究人员的关注。它有两种不同的结构（不同的条件下合成的）。一种属正交晶系，热力学性稳定相，但电化学性较差。一种是属 α - $NaFeO_2$，电化学性较好，热力学性稳定差，所以，在放电时 LMO 的 α - $NaFeO_2$ 结构随着电压的减小，逐渐变成稳定的尖晶石结构。

　　在正极材料中，因为 Mn 离子和 Ni 离子的性能存在一定的互补关系，所以 $Li_{1-x}(Ni_{0.5}Mn_{0.5})O_2$ 被研发出来，其容量可达 $200mA \cdot h/g$，但是电流密度较低。在这种化合物中 Ni 化合价为 +2 价，Mn 为 +4 价。因为电池电压主要是通过 Ni^{3+} 或 Ni^{4+} 发生氧化反应产生的，并分别生成 Ni^{2+} 或 Ni^{3+} 产生的，所以氧的 2p 电子带就不再处于费米能级区域了，也就是说，在过充电时，将不会产生氧气，这大大提高了电池的安全性。另外，Ni 离子使该化合物的结构 α - $NaFeO_2$ 更稳定，因为该结构既不会出现姜 - 泰勒效应，也不会在放电时变成尖晶石结构。与其他含 Ni 正极材料一样，它也会在充放电过程中，出现一些 Li^+ 所在的位置被 Ni^{2+} 占据的现象，但是在这里仅有 8% ~10% 的 Li^+ 位置被占据。

　　接下来，我们将介绍一种商业化非常成功的层状结构的正极材料 $Li_{1-x}(Ni_{0.33}Mn_{0.33}CO_{0.33})O_2$（Nickel Manganese Cobalt，NMC）。在这种化合物中 Ni 化合价为 +2 价，Mn 为 +4 价，Co 为 +3 价。它跟其他层状结构一样属 α - $NaFeO_2$，并且，为了防止结构崩塌，放电时有 66% 的 Li 从正极中脱嵌。所以虽然理论容量为 $274mA \cdot h/g$，但实际容量为 $160mA \cdot h/g$（图 4.2）。

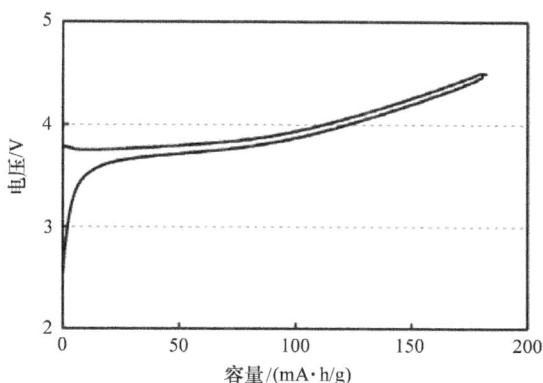

图 4.2　NMC 充放电曲线

在 $0 \leqslant x \leqslant 1/3$ 时，仅有 Ni^{3+} 发生氧化反应产生电压，并生成 Ni^{2+}；在 $1/3 \leqslant x \leqslant 2/3$ 时，仅有 Mn^{4+} 发生氧化反应产生电压，并生成 Mn^{3+}；在 $2/3 \leqslant x \leqslant 1$ 时，仅有 Co^{4+} 发生氧化反应产生电压，并生成 Co^{3+}。与 $Li_{1-x}(Ni_yMn_{1-y})O_2$ 相比，由于掺入了 Co，所以在充放电过程中，出现 Li^+ 所在的位置被 Ni^{2+} 占据的现象被进一步减少，并且提高了电池内部的导电性和电化学性。此外掺杂了 Mn，使得正极晶体结构的稳定性得到了改善，从而提高了电池的循环寿命。可以说，均匀在电池正极掺杂这三种物质，与 LCO、LMO、LNO 相比，锂离子电池的性能有着较大的改善。

尽管 NMC 已经进行了数十年的研究，但还是有一些未解决的问题和进一步改进的空间。比如，前面提到的，在充放电过程中，Li^+ 所在的位置被 Ni^{2+} 占据，从而产生一部分不可逆的容量。还有，在充电过程中会产生氧气。放电时部分晶体结构会发生相变。以及放电电压（相对于 Li^+/Li 3.7V）与 LCO（相对于 Li^+/Li 3.9V）相比还是较低。

出于成本和电池容量的方面的考虑，当前的锂离子电池层状结构三元正极材料研究方向主要是，Co 含量占低于 25% 和 Mn 含量占低于 25%，提高 Ni 的含量。因为实验表明，提高 Ni 的含量（均为质量分数），有助于增加电池的容量，最高实际容量可达 $190mA \cdot h/g$。

4.3 尖晶石结构正极材料（LiM_2O_4；$M = Ni、Mn$）

尖晶石型 LiM_2O_4（LMO）是 Fd-3m 对称性立方晶系，氧离子为面心立方密堆积，锂离子处于四面体的 8a 位置，锰离子处于 16d 晶格，氧离子处于八面体的 32e 晶格，其中四面体晶格 8a、48f 和八面体晶格 16c 共面而构成互通的三维离子通道，锂离子能在这种结构中自由地嵌入和脱嵌（图4.3）。

在充电时，+3 价和 +4 价 Mn 共存于晶体结构中。放电时，+3 价 Mn 发生氧化反应生成 +4 价 Mn，并产生相对于 Li^+/Li 4.1V 的工作电压（图4.4）。

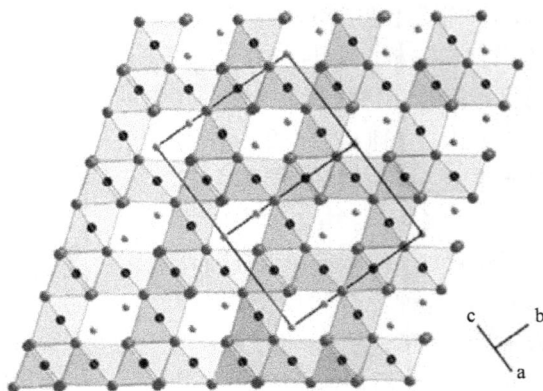

图4.3　尖晶石型晶体结构图
（黑色 Co；灰色 O；亮灰色 Li）

LMO 的循环性能较差，易产生不可逆容量。特别是在周围环境温度超过 50℃ 时，由于电解液中会不可避免地

含有少量的 H_2O，而 H_2O 会和电解质锂盐 $LiPF_6$ 反应生成具有强腐蚀性的 HF，HF 和 LMO 反应生成 Mn^{4+} 和 Mn^{2+}，Mn^{2+} 会溶解到电解质溶液当中，从而导致 Mn 的大量损失和产生不可逆容量。以下是 $LiPF_6$ 反应生成氟化氢的反应式。

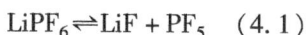

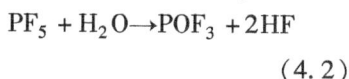

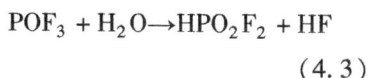

$$LiPF_6 \rightleftharpoons LiF + PF_5 \quad (4.1)$$
$$PF_5 + H_2O \rightarrow POF_3 + 2HF \quad (4.2)$$
$$POF_3 + H_2O \rightarrow HPO_2F_2 + HF \quad (4.3)$$

图 4.4　LMO 充放电特性曲线

$$HPO_2F_2 + H_2O \rightarrow H_2PO_3F + HF \quad (4.4)$$
$$H_2PO_3F + H_2O \rightarrow H_3PO_4 + HF \quad (4.5)$$

由此会产生 HF 与 LMO 的反应：

$$2LiMn_2O_4 + 4HF \rightarrow 3MnO_2 + Mn^{2+} + 4F^- + 2Li^+ + 2H_2O \quad (4.6)$$

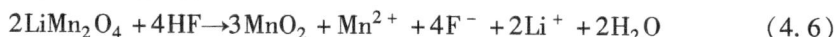

如上所述，由于尖晶石 LMO 的容量发生衰减，因此必须进行改性，从而部分或全部克服上述现象的发生。改进的方法主要是通过在正极材料中掺杂 Al 来降低 Mn 离子的溶解性，或者用 F^- 来替代 LMO 中的 O^{2-}，或者通过在电解质溶液中加入某种添加剂。

因为 LMO 的放电电压区间只有 0.3V，所以它的大电流（5C）放电性能受到一定的限制。为此，研究人员对 LMO 做出了改进，研发出了纳米锰酸锂正极材料，这种正极材料的结构虽然改善了大电流放电的性能，但是 Mn^{3+} 的溶解性问题没有减缓，反而加剧了。为此，要在此基础上进行涂层。

高电压正极材料（>4V）的研究是未来的主流研发趋势。例如，工作电压为相对于 Li^+/Li 4.7V 的尖晶石型 $Li_{1-x}(Ni_{0.5}Mn_{1.5})O_4$，它的能量密度要比已经商业化的尖晶石型的电池高出 12%。还有正极材料 $Li_{1-x}(M_{0.5}Mn_{1.5})O_4$（M = Cr、Co、Fe、Cu），与 LMO 相比，这些材料的可工作电压区间更大，最大工作电压可达 5.1V（相对于 Li^+/Li）。但是没有投入市场的主要原因在于电解质的不稳定性，超过 4.3V 电解质将会自行分解，这也大大影响了电池的循环性能。

4.4　橄榄石结构正极材料（$LiMPO_4$；M = Fe、MnCo、Ni）

磷酸锂铁 $LiFePO_4$（LFP）是橄榄石分类的一种，矿物学名称为磷酸锂铁矿

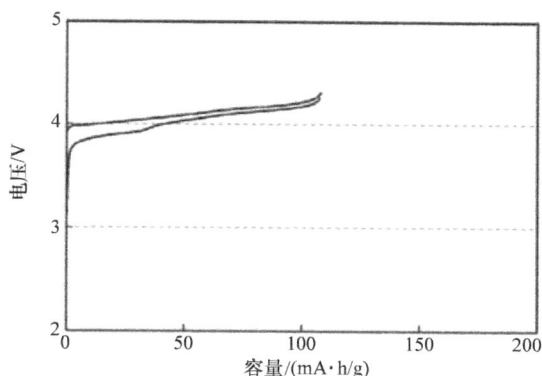

(triphylite)，为 Pnma 正交空间群，其中的氧原子的分布近乎密堆六方形，在它的

八面体间隙处，锂原子占据 4a 位置，铁原子占据 4c 位置。在四面体间隙处，磷原子占据 4c 位置，磷原子通过与 4 个相邻的氧原子形成共价键使晶体结构变形。锂原子可以在两个八面体边缘相连的通道做一维运动，且平行于 b 轴（图 4.5）。

由于磷原子的诱导效应 P - O 的共价键得到了增强，同时，Fe - O 的共价键得到了减弱。从而降低了 Fe^{3+}/Fe^{2+} 的氧化还原的费米能级，使电池有一个较高的空载电压。

LFP 还有一个特点，就是它拥有特别平坦的充放电特性曲线和良好的循环性能（图 4.6）。主要原因是，该电池的充放电反应是在两个结构和空间群类似的相（放电前 $LiFePO_4$ 和放电后 $FePO_4$）进行的，体积上后者比前者小 6.81%，密度上后者比前者小 2.59%。

因为 LFP 中电子和锂离子导电性较差，所以一般通过减小 LFP 的颗粒尺寸从而弥补离子的导电性，这是因为减小 LFP 的颗粒尺寸有助于缩短充放电过程中锂离子的扩散和电子的返回路径。由此研究人员发明了多种亚微米级甚至纳米级的 LFP 的制备方法。一般情况下，

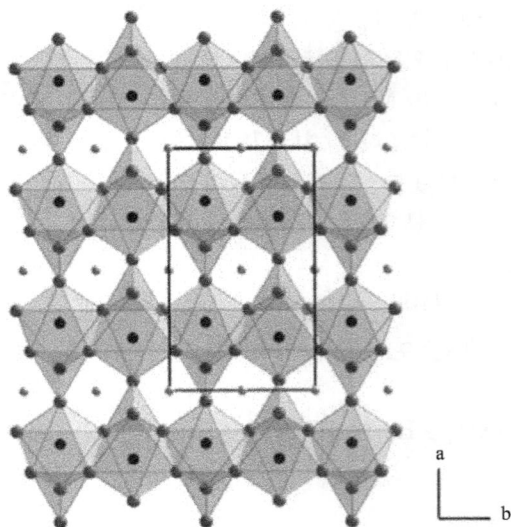

图 4.5 橄榄石型晶体结构图（黑色：Fe；灰色：O、P；深灰色和小的：Li）

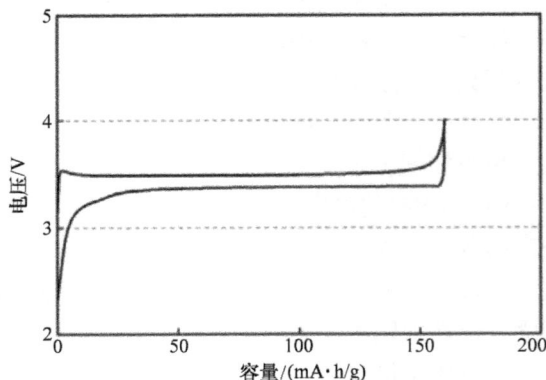

图 4.6 LFP 充放电曲线

LEP 颗粒由多个 200nm 大小的初级粒子组成，这些初级粒子凝聚成直径 5 ~ 10μm 的次级粒子。通过这些方法，LFP 在高电流下（ > 20℃）的容量将被提高到 100mA·h/g 以上。

虽然减小 LFP 的颗粒尺寸有助于弥补锂离子的导电性，但是 LFP 电子的导电性没有明显改善。为了提高电子的导电性，一般还在 LFP 结构中掺入炭黑。这可以将 LFP 的实际容量提升至 165mA·h/g（理论容量的 97%），并且大电流的充放电性能也得到了改善。另外，在合成 LFP 材料时，掺杂不仅能阻止粒子的聚集，

而且能保护正极材料避免被氧化和分解,但有一点要注意,炭黑掺杂的质量对 LFP 的导电性有很大影响。

与其他正极材料相比,LFP 在充放电时不会产生氧气,这主要归功于磷酸盐分子有很强的共价键,同时这个共价键也保证了 LFP 拥有很出色的热稳定性和能与一般的电解质有良好的接触。

早在 1997 年,第一次关于 LFP 的研究报告中就已经提到,这个橄榄石结构也可以稳定地适用于其他锂过渡金属磷盐。而且通过掺入 Co、Mn、Ni 可以获得更高的工作电压和能量密度。比如,磷酸锰锂(LMP)$Li_{1+x}MnPO_4$ 拥有 4.1V(相对于 Li^+/Li)的工作电压,理论容量达到 $656mA \cdot h/g$。LMP 和 LFP 一样拥有非常平坦的电压平台,并且它不会像尖晶石型 LMO 那样在放电时出现姜 - 泰勒效应,因此循环性能非常出色。然而,LMP 的导电性差于含有小于 80nm 粒子的 LFP。当前最新磷酸正极材料的研究方向是 Fe 和 Mn 混合掺杂正极材料,其中 Mn 含量(质量分数)至少占 60%。

除此之外,还有磷酸钴锂和磷酸镍锂,它们的电压平台大概分别为 4.8V 和 5.1V(相对于 Li^+/Li)。但其他高压尖晶石型一样都面临着一个问题,当电池电压超过 4.3V 电解质就会分解。因此,若想让这些 5V 电池实现商业化,那么就得重新寻找一种合适稳定的电解质。

4.5 正极材料总结和展望

未来的锂离子电池选择怎样的正极材料,关键不仅取决于容量、工作电压和能量密度(表4.1),而且也取决于它们的价格、寿命、安全(图4.7)。

表4.1 正极材料的容量、工作电压、能量密度

正极材料类型	容量/(A·h/kg)	工作电压/V	能量密度/(W·h/kg)
NCA（$LiCo_{0.85}Al_{0.15}$)$_2$	200	3.7	740
LCO（$LiCoO_2$)	160	3.9	624
NMC（$LiNi_{0.33}Mn_{0.33}Co_{0.33}O_2$)	160	3.7	592
LMO（$LiMn_2O_4$)	100	4.1	410
LFP（$LiFePO_4$)	160	3.4	544
LFMP（$LiFe_{0.15}Mn_{0.85}PO_4$)	150	4.0/3.4	590

在能量密度上,很明显层状结构正极材料占优。其中,带有 Ni 、Co 、Mn 掺杂物层状结构的正极材料不仅有高的工作电压,而且还有高的能量密度。但是这些

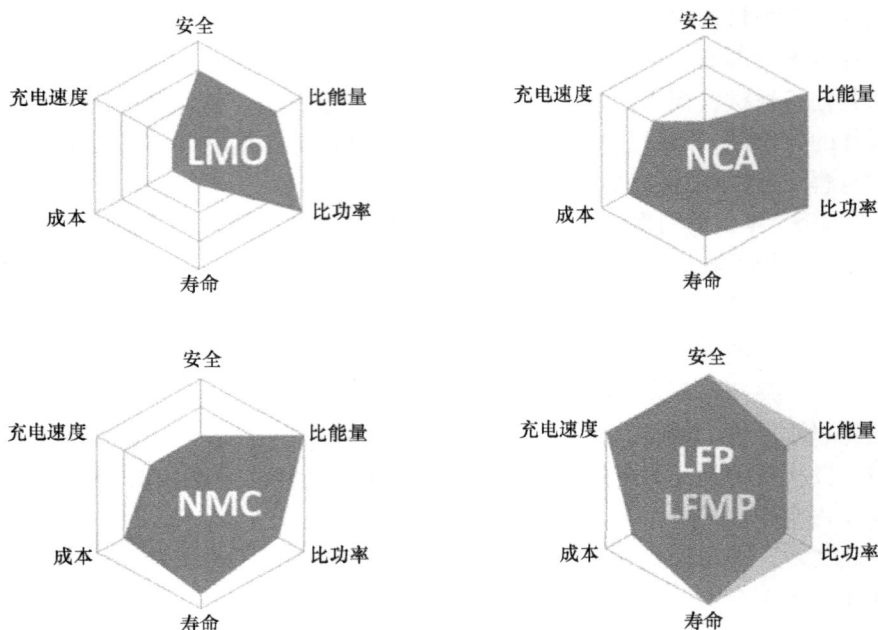

图4.7 正极材料的性能对比

金属储量较少，价格高昂（Co：38€/kg，Ni：21€/kg，Mn：4€/kg，2012年5月）。地球上储量第二多的金属元素铁价格非常低（0.45€/kg）。市场中LFP在价格上占很大优势，但其能量密度与NMC和NCA相比较低，所以LFP目前还没有成为主流锂离子电池。

在安全方面，LFP不会产生氧气，不会起火以及爆炸，即使在300C的大电流情况下也没有热效应，反观其他正极材料都有很强的放热效应。此外，与含有重金属正极材料相比，LFP和LFMP以及LMO无毒无污染。

LFP中的锂离子只能做一维运动，而其他正极材料电池中锂离子至少可以做二维运动。还有，LFP也是唯一一个能够快速充放电的正极材料。目前，LFP电池的实际能量密度还没有达到理论值，还有提升的空间，通过掺杂Mn形成LFMP其能量密度可以提升20%。今天，LFP可以说，是非常安全、耐用的锂离子电池，它不仅应用于静态储能系统，也应用于插电式混合电动车上。

锂离子电池正极材料自从20世纪80年代开始就一直在被研究，其中，研发出很多类型的正极材料，并且有些已经成功市场化。而磷酸盐的研究还处于初期阶段，还有很大的改进空间，比如，通过用Co、Ni、Mn来替代铁，得到高电压高能量密度的锂离子电池。所以含有磷酸盐正极材料的锂离子电池在未来有很广阔的发展前景。

参 考 文 献

1. Akimoto J, Gotoh Y, Oosawa Y (1998) J Solid State Chem 141:298
2. Wang HF, Yang YI, Huang BY, Sadoway DR, Chiang YT (1999) J Electrochem Soc 146:473
3. Ohzuku T, Brodd RJ (2007) J Power Sources 174:449
4. Ohzuku T, Ueda A (1994) Solid State Ionics 69:201
5. Yuan LX et al (2011) Goodenough. Energy Environ Sci 4:269
6. Wang GX et al (2001) J Power Sources 97−98:298
7. Molenda J, Marzec J (2009) Funct Mater Lett 3:1
8. Amatucci GG, Tarascon JM, Klein LC (1996) Solid State Ionics 83:167
9. Breuer H (2000) dtv-Atlas Chemie, Bd 1, 9. Aufl. dtv, München
10. Dahn JR, Vonsacken U, Michal CA (1990) Solid State Ionics 44:87
11. Molenda J, Wilk P, Marzec J (2003) Solid State Ionics 115:115
12. Rougier A, Gravereau P, Delmas C (1996) J Electrochem Soc 143:1168
13. Pouilliere C, Croguennec L, Biensan P, Willmann P, Delmas C (2000) J Electrochem Soc 147:2061
14. Zu ZH, Macneil DD, Dahn JR (2004) Electrochem Solid-State Lett 14:A191
15. Naghash AR, Lee JY (2001) Electrochim Acta 45:2293
16. Park SH, Sun YK, Park KS, Nahm KS, Lee YS, Yoshio M (2002) Electrochim Acta 41:1721
17. Mishra SK, Ceder G (1999) Phys Rev B 59:6120
18. Armstrong AR, Bruce PG (1996) Nature 381:499
19. Ceder G, Van der Ven A (1999) Electrochim Acta 45:131
20. Makimura Y, Ohzuku T (2003) J Power Sources 119:156
21. Koyama Y, Tanaka I, Adahi H, Makimura Y, Ohzuku T (2003) J Power Sources 119:644
22. Hwang BJ, Tsai YW, Carlier D, Ceder G (2003) Chem Mater 15:3676
23. Wang L, Li J, He X, Pu W, Wan C, Jiang C (2009) J Solid State Electrochem 13:1157
24. Yoon WS, Paik Y, Yang XQ, Balasubramanian M, McBreen J, Grey CP (2002) Elektrochem Solid-State Lett 5:A263
25. Park OK, Cho Y, Lee S, Yoo H-C, Song H-K, Cho J (2011) Energy Environ Sci 4:1621
26. Ellis BL, Lee KT, Nazar LF (2010) Chem Mater 22:691
27. Gnanaraj JS, Pol VG, Gedanken A, Aurbach D (2003) Electrochem Commun 5:940
28. Thackeray MM, Dekock A, Rossouw MH, Liles D, Bittuhn R, Hoge D (1992) J Electrochem Soc 139:363
29. Benedek R, Thackeray MM (2006) Eectrochem Solid-State Lett 9:A265
30. Cho J, Thackeray MM (1999) J Electrochem Soc 146:3577
31. Cho J (2008) J Mater Chem 18:2257
32. Thackeray MM, Shao-Horn Y, Kahaian AJ, Kepler KD, Vaughey JT, Hackney SA (1998) Electrochem Solid-State Lett 1:7
33. Shin YJ, Manthiram A (2994) J Electrochem Soc 151:A208
34. Deng BH, Nakamura H, Yoshio M (2008) J Power Sources 180:864
35. Xia YG, Zhang Q, Wang HY, Nakamura H, Noguchi H, Yoshio M (2007) Electrochim Acta 52:4708
36. Kim DK, Muralidharan P, Lee HW, Ruffo R, Yang Y, Chan CK, Peng H, Huggins RA, Cui Y (2008) Nano Lett 8:3948
37. Liu GQ, Wen L, Liu YM (2010) J Solid-State Electrochem 14:2191
38. Padhi AK, Nanjundaswamy KS, Goddenough JB (1997) J Electrochem Soc 144:1188
39. Morgan D, Van der Ven A, Ceder G (2004) Electrochem Solid-State Lett 7:A30
40. Wang YG, Wang YR, Hosono EJ, Wang KX, Zhou HS (2008) Angew Chem Int Ed 47:7461
41. Kang B, Ceder G (2009) Nature 458:190

42. Ravet N, Chouinard Y, Magnan JF, Besner S, Gauthier M, Armand M (2001) J Power Sources 19:503
43. Koltypin M, Aurbach D, Nazar L, Ellis B (2007) Electrochem Solid-State Lett 10:A40
44. MacNeil DD, Lu ZH, Chen ZH, Dahn JR (2002) J Power Sources 108:8
45. Wang DY et al (2009) J Power Sources 189:624
46. Drezen T, Kwon NH, Miners JH, Poletto L, Graetzel M (2007) J Power Sources 174:949
47. Yamada A, Takei Y, Koizumi H, Sonoyama N, Kanno R (2006) Chem Mater 18:804
48. Amine K, Yasuda H, Yamachi M (2000) Electrochem Solid State Lett 3:178
49. Zhou F, Cococcioni M, Kang K, Ceder G (2004) 6:1144
50. Geoffroy D (2012) Phosphates

第5章 锂离子电池的负极材料

Călin Wurm，Oswin Öttinger，Stephan Wittkämper Robert Zauter，Kai Vuorilehto

5.1 导言

锂二次电池最早的负极材料为金属锂，相比于其他负极材料，金属锂具有极高的能量密度（3860mA·h/g）和极低的电势。充放电过程中锂会在负极上迅速进行不均匀沉积和溶解。一方面，形成了一部分不可逆容量；另一方面，形成枝晶，当枝晶生长到一定程度后，有可能刺穿隔离膜，穿过电解液，并与正极相接触，进而造成电池内部短路，放出大量的反应热，导致电池失效甚至引起爆炸。所以在今天这种材料也只能应用于体型小、循环性能和充电的时间要求不高的电池中，比如纽扣型二次锂电池。然而，在最近几年许多研究机构和公司，比如法国的 Bolloré 公司，尝试着在高容量锂金属电池使用特殊隔离膜材料来提高它的安全性能。

为研发出循环性能较好的大容量二次电池，研究人员采用可嵌入锂的非金属化合物负极材料来取代金属锂，比如碳。碳的优势在于，它在可逆反应中几乎没有损耗，也不会在其表面产生锂金属枝晶。一般消费市场中各种电子产品的锂离子电池的负极材料采用的是石墨。然而，这类电池能量和功率密度较低，满足不了市场的要求。因此，为了提高锂离子电池的能量、功率密度和安全性，一种新的负极材料无定形碳（分为硬碳和软碳）出现在人们眼前。这种碳有较稳定的大电流特性，并且能够与新的正极材料和电解液稳定地、安全地进行充分电反应。

除此之外，还有一种提高锂金属电池能量密度的方式，就是负极材料使用可脱嵌锂离子的金属或合金化合物，但由于循环性能不稳定，所以至今也没有量产，目前可以改进的措施，就是把金属或合金与碳混合形成复合材料（比如：C/Si 复合材料和 C/Sn 复合材料）。

C. Wurm (✉)

Robert Bosch Battery Systems GmbH, Heilbronner Straße 358-360, 70469 Stuttgart, Deutschland

e-mail: calin.wurm@de.bosch.com

另外，钛酸锂和二氧化钛作为负极也可以提高能量密度、循环性能和安全性能，易加工（流变性能较好、易与金属粘连），但是，这种材料的容量较低，电势（相对于 Li^+/Li）较高。

图 5.1 列出了上述各种负极材料的容量和电势参数。在接下来几节我们将详细介绍这几种负极材料。

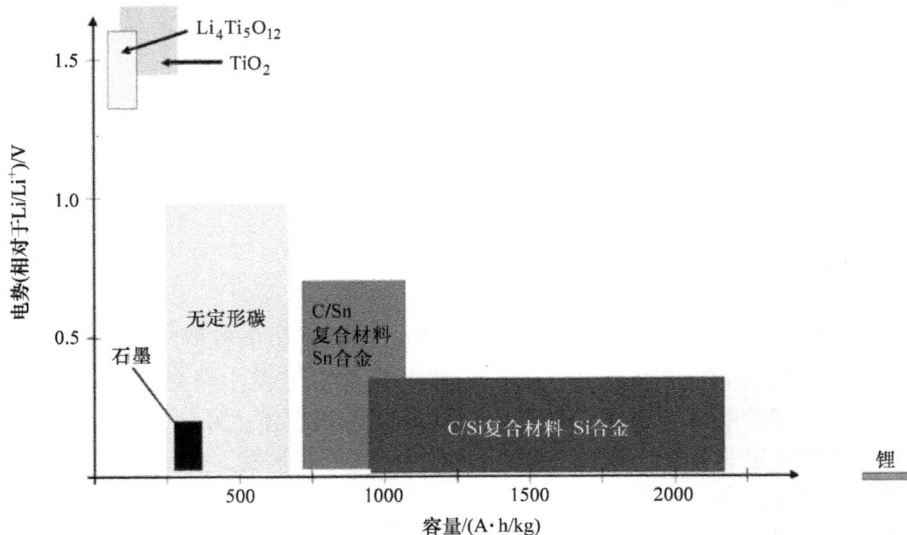

图 5.1　负极材料容量和电势对比

5.2　无定形碳和石墨的结构和生产

无定形碳（硬碳和软碳）和石墨可以通过在自然界中开采或者人工合成来获取。其中，前者在自然界中有多种存在形式，比如无烟煤。后者是从自然开采而来（非人工合成）的又叫自然石墨。全球含天然石墨的矿床最多的地方主要分布在亚洲的中国、印度、朝鲜，西方国家天然石墨的矿床主要分布在加拿大和巴西地区。由于当前全球大约70% ~80% 的石墨储备量在中国，所以2010 年欧盟委员会发布题为《对欧盟生死攸关的原材料》的报告，提出欧盟稀有矿产原料短缺预警及对策。其中，将石墨列入14 种重要矿产原料"紧缺"名单中。

把自然石墨转换成负极材料中之前，先把石墨从矿石中分离出来，再通过化学、热解的方法清洗石墨。

如果要人工合成石墨或无定形碳，一般它的原材料是石油或煤炭工业的副产物。石油工业的副产物中能合成石墨的主要是石油焦或者含有高芳香烃的树脂，比如酚醛树脂。煤炭工业的副产物中能合成石墨的主要是煤焦油树脂或者高各向同性焦炭。一般在低温（800 ~1200℃）碳化或煅烧这些副产物时，首先合成的是无定形碳。如果继续碳化或煅烧至 2500℃转化成石墨时，生成石墨化的碳，也称为软碳。再继续碳化或煅烧至 3000℃时，可以生成非石墨化的碳，也称为硬碳。

图 5.2 中呈现的是传统的合成石墨的生产流程。主要原材料是煅烧过的焦炭和作为粘合剂的煤焦油树脂。先配料，然后经过碾磨、筛分、分类，再与液态沥青混合，挤压成型，紧接着在 800～1200℃的密封环境中进行焙烧，同时沥青被碳化，产生作为粘合剂的无定形碳，然后在超过 2500℃的环境中对碳材料进行石墨化并清除杂质，最后生成如图 5.3 所示的石墨。今天的石墨的生产方法还是 19 世纪的美国人卡斯特纳和爱奇逊发明的。用艾奇逊石墨化炉合成 1kg 石墨大概需要 3～4kW·h 的电，一次持续大约 3 周。

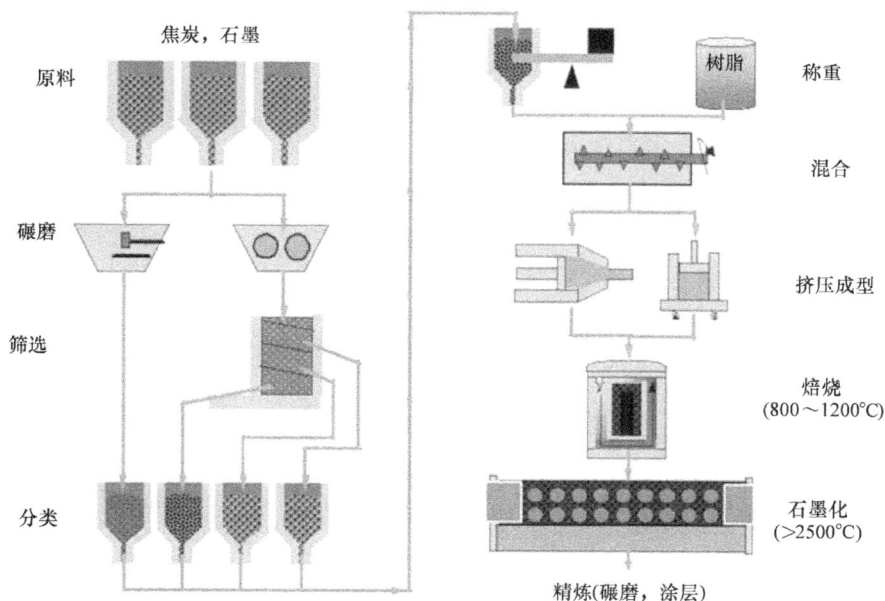

图 5.2　石墨合成生产流程

石墨是元素碳的一种同素异形体，它是由多个石墨平面堆砌而成，这个石墨平面是一种由碳原子以 sp2 杂化轨道组成六角形呈蜂巢晶格的平面薄膜。石墨有两种堆砌方式，一种是以 ABAB…的方式形成的六方形结构（图 5.3b），另一种是以 ABCABC…的方式形成的菱形结构。这两个结构密度都是 2.26g/cm³。在石墨中，这两种结构是共存的。在石墨合成中，经过挤压成型这个步骤，菱形结构的石墨大概占 20%的比重。但在高温焙烧中又将转化为六方形结构。

如果石墨用作锂电池负极，石墨化过的碳材料必须还要进行精炼（图 5.4），包括碾磨和涂层。石墨进行碾磨过后（图 5.4a），它内部的平面表面积降低并且更光滑。有一种特殊情况，就是石墨化中间相微珠，呈球形片层结构且表面光滑（图 5.4b），它是经过碳化或石墨化后形成的粉末，因为它可提供的能量密度比天然石墨和人工合成的石墨都要高，所以就不需要再进行颗粒成型的步骤了。但是要

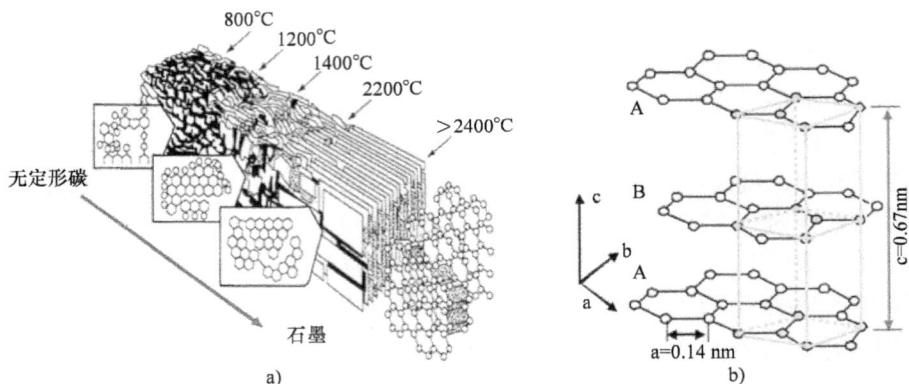

图 5.3　a）石墨和无定形碳结构图与 b）六方形石墨结构

涂层（图 5.4c），就是在外表涂上无定形碳层或石墨化碳。关于为什么要进行碾磨和涂层，我们将在下面进行详细介绍。

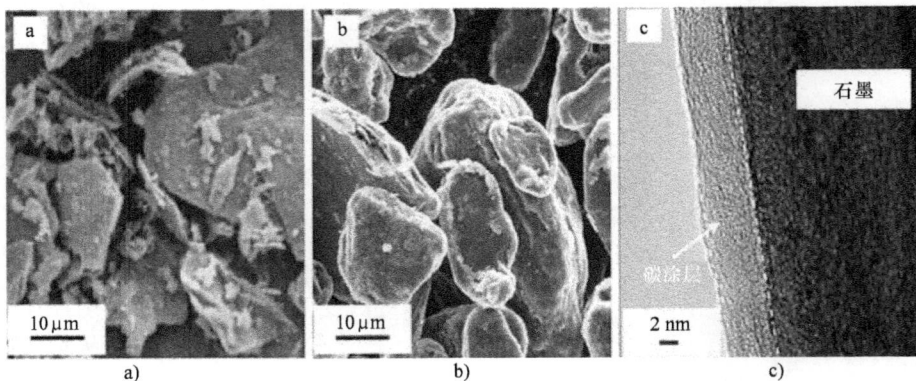

图 5.4　a）无圆粒形石墨、b）圆粒形石墨和 c）带有无定形碳涂层的石墨粒子

5.3　锂在石墨和无定形碳中的插入行为

索尼公司 1991 年发布的锂离子电池的内部使用的负极材料并不是电化学性能优越的石墨化碳，而是采用聚糠醇树脂碳（PFA）作为负极材料。但 Sony 公司的这次的成功极大地激发了研究人员对锂离子电池研制开发的热潮。

石墨负极不仅具有较高的比容量，而且嵌入 - 脱嵌电位较低且平坦，为 0 ~ 0.25V（相对于 Li$^+$/Li）。随着锂离子插入量的变化，相应的电压平台（图 5.5a）也在变化，形成不同阶的化合物，在此期间，出现两相结构。这个嵌入程度可以通过实验仪器来测量（图 5.5b 和图 5.5c），并能清晰地观察到（图 5.6）。在整个嵌入过程中，石墨的 ABAB 六方形结构和 ABCABC 菱形结构都变化成带有锂离子的 AAAAAA 结构。这个锂离子处在两个石墨平面中间碳圆环中心的位置。石墨的容量一般与石墨平面的数量有关。而结构缺陷较少的石墨（例如 天然石墨） 在低电流下可以达到理论的容量 372mA · h/g。

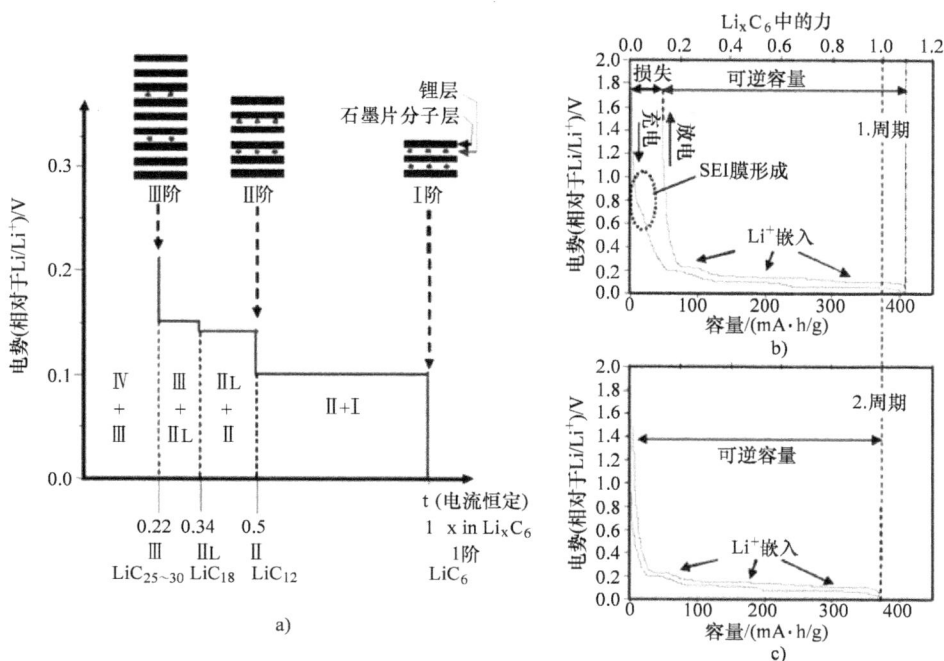

图 5.5　a）锂嵌入石墨中形成阶化合物变化过程，b）第一次充放电特性曲线，c）第二次充放电特性曲线

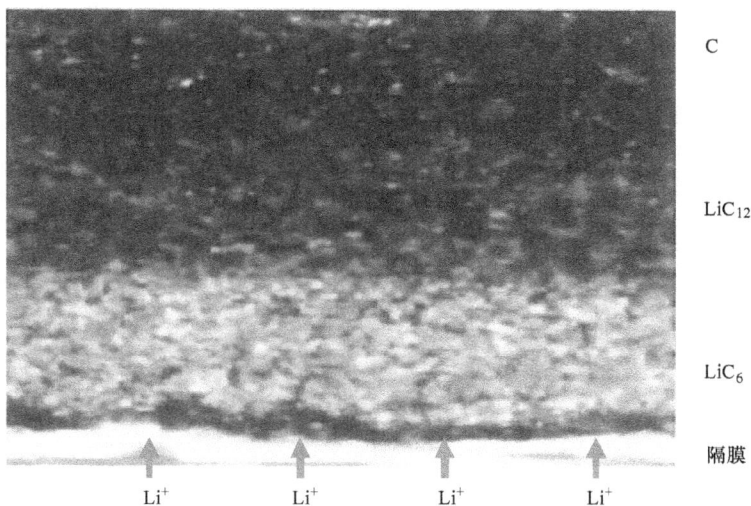

图 5.6　充完电时的负极

由图 5.5b 我们可以了解到锂离子电池第一次充放电周期中的负极容量的变化。

在这个过程中，电池容量的损失主要是正极的锂离子、电解质和负极表面发生电化学反应造成的。这次反应的结果导致了在电解质与石墨层之间形成了一层固体电解质膜SEI（图5.7a和图5.7b）。这层膜的质量将对该锂离子电池的循环性能、寿命、功率和安全性能有很大的影响。SEI在电池中作为过滤器，使溶剂分子不能通过SEI，从而能有效防止溶剂分子的共嵌入，避免了因溶剂分子共嵌入对电极材料造成的破坏。另外，SEI对负极材料具有很强的黏着力和弹性，这样可以防止负极材料在锂嵌入时发生体积膨胀，导致SEI破裂。

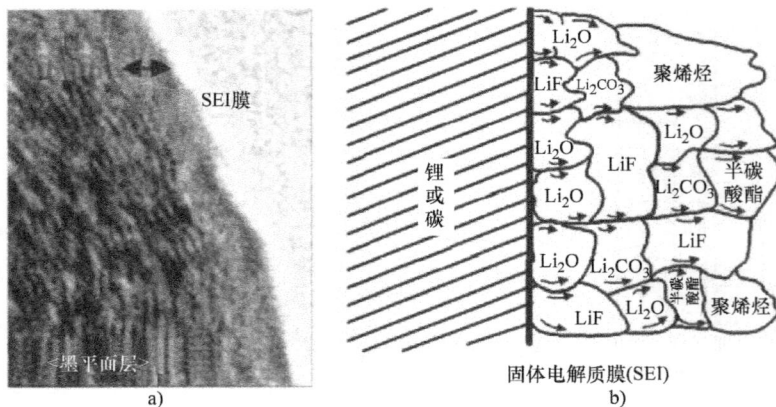

图5.7　a）透射电子显微镜下的负极和b）SEI膜的化学组成

SEI的厚度和化学组成一般与电解质的化学成分、负极材料表面的结构有关。负极材料的表面与负极材料的颗粒形状、尺寸、多孔性和一些化学基团（比如–COOH，–CO，–OH）有关。另外，颗粒形状、尺寸、多孔性和化学基团也对电池生产所需的涂料的稳定性和质量有影响。球形片层的结构使得负极材料在搅拌和涂层过程中拥有更好的流动性。从而在电极生成过程中所用的粘合剂的量更少，以及可以减少第一次充放电形成SEI所用的锂离子和电解质的量。

与石墨相反，无定形碳（硬碳和软碳，图5.8和图5.9）没有特定形状和周期性规律的结构，有规则结构的区域极其有限，不同的层间间距大小也不一样，并存在一些空位基团和杂原子以及官能团（如—COOH，—OH等），无定形碳这些结构特点决定了它的电化学特性（图5.8）。以下几点是所有无定形碳的电化学特性的描述：

- 在低电流的充电条件下，无定形碳容量较高。
- 它的第一次充放电效率低，容量损失较大，主要原因在于它的比表面积较低。
- 在充放电（恒电流）时，电压存在较大的滞后现象。

与锂离子嵌入石墨过程相比，嵌入无定形碳过程不存在电压平台，而是连续的过程。在嵌入过程中，由于无定形碳的缺陷结构，生成了一些低电流可逆或不可

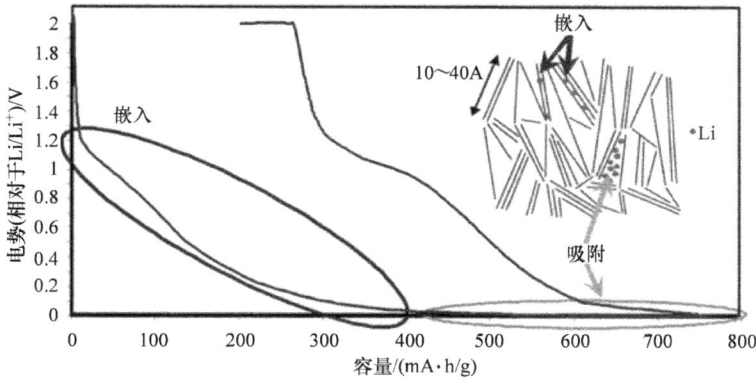

图 5.8　无定形碳负极的锂离子电池充放电特性曲线

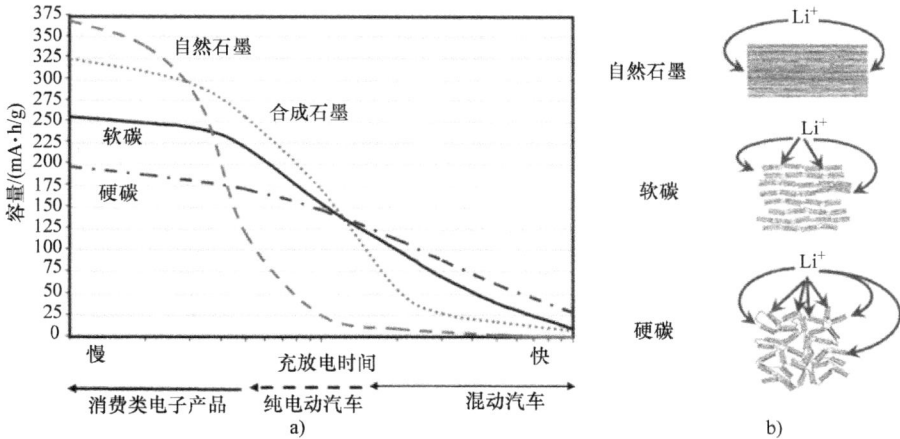

图 5.9　a）不同负极材料的锂离子电池充放电特性曲线
对比图和 b）锂离子嵌入不同的负极材料对比图

逆容量。在电压 0V（相对于 Li^+/Li）时，我们可以检测到一些低电流可逆容量，这些容量不是嵌入到石墨平面之间的锂离子产生的，而是被吸附到纳米孔中的锂离子产生的，在大孔径的微孔中，会形成锂金属簇。这些低电流可逆容量只有在非常低的放电率（C）时被使用，但平时基本不会被用到。如图 5.8 所示，第一次充电和放电容量相差非常大（大概 200mA·h/g），主要原因是表面存在一些与锂发生反应的缺陷结构（如 sp^3 碳原子）、杂化原子、官能团（如—COOH，—OH 等）。

　　在一般的放电率（C）情况下，无定形碳的可用容量要比石墨的低。在高充放电率（C）情况下，锂嵌入无定形碳的速度要大于石墨（图 5.9a）。通过图 5.9b 中对比石墨和无定形碳上的锂嵌入点可以看出，石墨上的锂嵌入点要比无定形碳上的锂嵌入点少很多。此外，无定形碳上锂离子要扩散的路径小于石墨。所以在高放电率（C）情况下，无定形碳要比石墨拥有更良好的循环特性。

5.4　C/Si 复合材料和 C/Sn 复合材料的电化学性和生产

如图 5.10 所示，锂嵌入硅过程中，锂和硅会形成多个两相平台，化合物和相应的电压分别相对于 Li^+/Li 为：$Si/Li_{12}Si_7$（332mV）、$Li_{12}Si_7/Li_7Si_3$（288mV）、$Li_7Si_3/Li_{13}Si_4$（158mV）、$Li_{13}Si_4/Li_{21}Si_5$（44mV）。含锂量最大的 $Li_{4.4}Si$ 的理论容量为 4212mA·h/g。锂嵌入锡过程中，和硅一样也会形成多个两相平台。这个过程一般是在常温且是第一次充放电时可观察到的（图 5.10b）。$Li_{4.4}Sn$ 的理论值为 993mA·h/g。

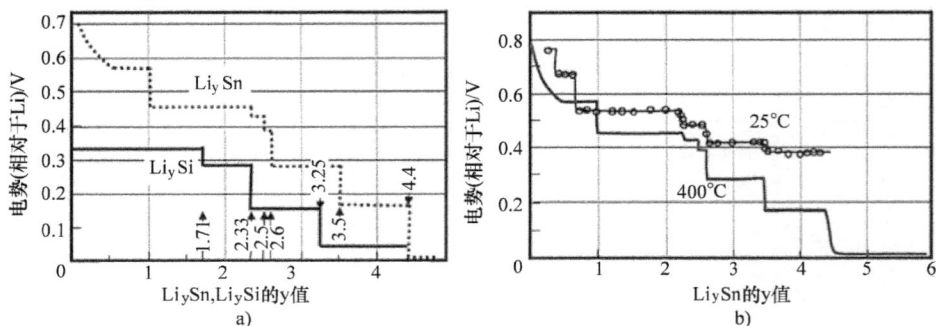

图 5.10　a）锂离子嵌入 Si 或 Sn 过程和 b）锂离子在 25℃和 400℃下嵌入 Sn 的过程

如果大量的在硅或锡中脱嵌入锂，会使负极材料在脱嵌过程中发生非常大的体积改变，产生的机械作用力会使材料在循环过程中逐渐粉化，造成结构的坍塌，最终导致电极活性物质与集流体脱离，丧失电接触，电池循环性能大大降低。为了解决这个问题，通常将颗粒纳米化（图 5.11a）或者嵌入到碳或石墨矩阵中形成复合材料。但是这同时也会减少负极材料的容量。除此之外，还可以通过使用粘合剂来增加复合材料和负极之间的稳定性，从而提高负极材料的循环性能（图 5.11b）。

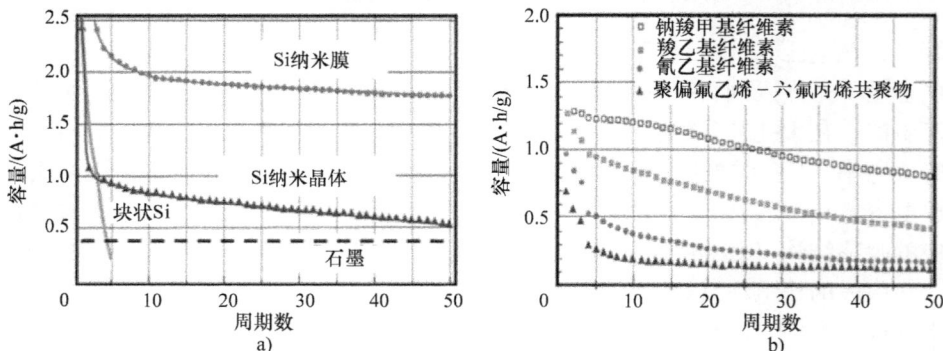

图 5.11　a）Si 粒子的体积对电池循环性能的影响（与石墨理论容量对比）
和 b）不同粘合剂对 C/Si 复合物作为负极材料的电池循环性能的影响

5.5　负极材料锂钛复合氧化物

　　锂钛复合氧化物（LTO）是一种尖晶石结构的晶体化合物（$Li_4Si_{15}O_{21}$），它有一个非常平坦的电压平台，为 1.55V（图 5.12a），可逆容量为 $160mA \cdot h/g$（嵌锂 $Li_4Si_{15}O_{21}$），脱嵌过程中无体积膨胀，充放电过程中呈两相变化，无 SEI 形成，电池阻抗低。以上这些特点使得 LTO 具有非常良好的循环和安全特性（图 5.12b）。但是 LTO 也有一些缺点，比如，低导电性、较差的功率特性。和 C/Si - 和 C/Sn - 复合材料一样，它也可以将颗粒纳米化或嵌入到碳或石墨矩阵中，同时也会减少负极材料的容量。综上所述，这种材料比较适合在静态储能系统领域使用。

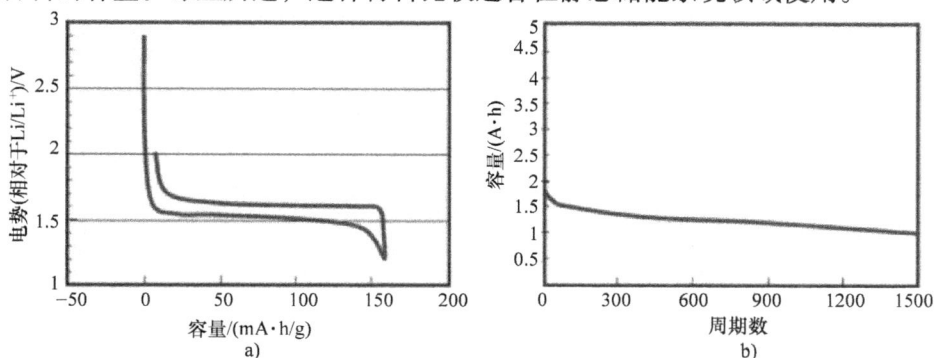

图 5.12　a）LTO 充放电特性曲线和 b）60℃下的 LTO 循环性能

5.6　负极材料总结和展望

　　表 5.1 列出了几种最重要的负极材料和它们的几个主要特性，如能量、功率、寿命、安全。这份图表评估代表作者当前对该领域了解的程度，仅供读者参考。目前，石墨由于具有非常良好的特性，与其他负极材料相比占据最多的市场份额。而在未来，如果复合材料（这里主要是 C/Si）、锂硅合金、锂锡合金的研究取得了较大的进步的话，对负极材料的发展将有重要的意义。如图 5.13 所示，这里预测了锂电池材料未来的发展趋势。

表 5.1　不同负极材料性能对比

性能 负极材料	能量	功率	寿命	安全
合成石墨	+ +	+	+	+
自然石墨	+ +	+	0	0
无定形碳	0	+ +	+ +	+ +
LTO	− −	+ + +	+ + +	+ + + +
C/Si - 和 C/Sn - 复合材料	+ + +	+	−	−
硅合金	+ + + +	+	− −	−
锂	+ + + +		− −	− −

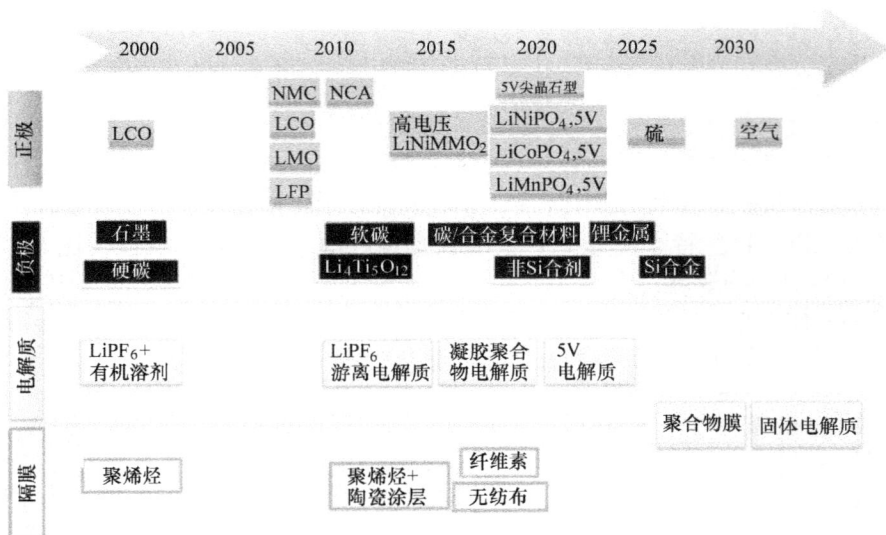

图 5.13 锂离子电池负极材料发展预测

5.7 负极的导体——铜

一般锂离子电池两侧是负责集流的金属箔，负极的一侧为铜箔，正极的一侧为铝箔。在负极一侧用铜箔，这主要是它的电化学特性所造成的。

5.7.1 对铜箔的要求

一般对铜箔的要求有导通电子和非常稳定的电化学特性，这个要求纯铜就可以很好地满足，因为它的电导率可以达到 58MS/m（金属中仅在银之后）。另外，锂离子电池使用有机电解液，有较强腐蚀性，所以要求铜箔有较强的耐蚀性。

此外，铜箔表面必须保证和负极材料要有好的粘合性；抗拉强度也要足够高，因为如果抗拉强度低，则易使电极尺寸稳定性和平整性变差，且易产生铜箔断裂等问题；保证铜箔的轻的重量和低的价格也很重要，因为这样不仅可以生产出高能量密度的电池，而且更低的价格有助于使电池或相关的产品具有很强的竞争力。

目前锂离子电池负极侧的铜箔普遍厚度大约 10μm，这一方面是满足集流的要求，另一方面保证尽可能低的能量损耗。由于一般整个电池中，铜箔的重量大概占总重量的 10%，所以一般不提倡增加铜箔厚度。但是在高功率密度的电池中，由于电流强度的原因，所以铜箔的厚度是 18μm。而在高能量密度的电池中，铜箔的厚度是 8μm。

铜箔易与空气中的氧发生氧化反应，形成一层暗色的氧化膜。表面不平的铜箔，由于其与空气的接触点较多，十分易氧化。另外，若铜箔的氧化程度高，则涂层时，负极材料在铜箔表面的附着力将会下降。

一般大功率密度的电池采用的是光滑的铜箔，而高能量密度的电池采用的是略微粗糙不平的铜箔，因为这样能为石墨和粘合剂提供更多的接触点，从而能更快速地实现充放电。一般如果铜箔的厚度在 $20\mu m$ 左右，则铜箔的粗糙度大约为 $1 \sim 2\mu m$。因为铜箔上的杂质对电池的寿命会有不利的影响，所以电池生产过程中，注意不要留有杂质，比如铜辊轴上的油污。

最后有一点要注意的是，在铜箔上涂布时，应保证一次完成尽可能多的涂布，因为机器每一次的停止和再起动，都会大大增加产品的次品率。此外，铜箔应具有稳定的机械特性和质量的均匀性。

5.7.2 铜箔生产：压延铜箔与电解铜箔

常见的铜箔的有两种方式，一种是压延铜箔，另一种是电解铜箔。

压延铜箔是将铜板经过多次重复加热和辊轧而制成的铜箔。这种铜箔具有良好的弹性和耐折性，表面也比较光滑，两面表面结晶形态一致。

电解铜箔是将硫酸铜溶液中的铜离子电解到钢或钛滚筒上，然后再卷取铜箔。此过程遵守法拉第电磁感应定律，电流强度和时间决定了铜箔的厚度。因为电解铜箔表面会生长一些在显微镜下可以明显看出的枝晶节结构，所以一般会在电解液中加入添加剂，从而来提高铜箔表面的平整性。电解铜箔两面表面结晶形态不同，紧贴阴极辊的一面比较光滑，称为光面；另一面呈现凹凸形状的结晶组织结构，比较粗糙，称为毛面。电解铜箔和压延铜箔的表面处理也有一定的区别。上述两种铜箔都可以被应用到锂离子电池生产中，但是由于产量和价格的原因，电解铜箔（特别是 $10\mu m$ 厚度）占据了目前大部分的市场。

5.7.3 可以用铝箔来替代铜箔吗？

在锂离子电池充电过程中，电池负极体积膨胀 10%。放电时，负极又回到最初的状态。如果把铜箔换成铝箔，充电过程中，锂离子不仅会插入石墨晶体中，也会流进导体中去，因而铝箔变成了铝锂合金。放电时，过程相反。经过数次的循环之后，铝将会分解，不能再作为导体使用了。

如果负极不用石墨，用钛酸锂，那么将会是另一幅景象。$Li_4Ti_5O_{12}$ 的电极电势大于石墨作为负极时的电势（$1.4V$），那么锂离子将不会进入导体中去。由于铝比铜更便宜、重量更轻，所以更受欢迎。但是 $Li_4Ti_5O_{12}$ 的电压较低，所以只适合在静态储能领域应用。

参 考 文 献

1. Abraham KM (1993) Electrochimical Acta 38:1233
2. Matsuda Y (1989) Nihon Kagaku Kaishi 110:1
3. Peled E (1979) J Electrochem Soc India 126:2047

4. Bolloré (www.bluecar.fr/de/pages-innovation/batterie-lmp.aspx)

5. Armand M (1980) In: Broadhead J, Steele BCH (Hrsg) Materials for advanced batteries. Plenum Press, New York, S 145–150

6. Nishi Y (1998) In: Wakihara M, Yamamoto O (Hrsg) Lithium ion batteries. Wiley-VCH, New York, S 181

7. Megahead S, Scrosati B (1994) J Power Sources 51:79

8. Dahn JR et al. (1994) In: Pistoia G (Hrgs) Lithium batteries–new materials, developments, and perspectives, industrial chemistry library. Elsevier, Amsterdam, S 1–47

9. Broussely M, Biensan P, Simon B (1999) Electrochim Acta 45:3

10. von Sacken U, Nodwell E, Sundher A, Dahn JR (1994) Solid State Ionics 69:284

11. Jossen A, Wohlfahrt-Mehrens M (2007) Overview on current status of lithium-ion batteries. In: 2nd International renewable energy storage conference, Bonn, 19–21 Nov 2007

12. Castner JH (1893) GB 19089

13. Acheson EG (1895) US 568 323, 1895

14. Marsh H, Griffiths JA (1982) A high, resolution electron microscopy study of grapitization of graphitizable carbon. International Symposium on Carbon, Toyohashi, S 81

15. Omaru A, Azuma H, Nishi Y (1992) Sony Corp., Japan Patent Application: WO 92-JP238 9216026

16. Sekai K, Azuma H, Omaru A, Fujita S, Imoto H, Endo T, Yamaura K, Nishi Y, Mashiko S, Yokogawa M (1993) J Power Sources 43:241

17. Winter M, Besenhard JO, Spahr ME, Novák P (1998) Adv Mater 10:725

18. Harris SJ (LithiumBatteryResearch.com) (2009) auf YouTube; S.J. Harris, A. Timmons, D.R. Baker, C. Monroe. Chem Phys Letters 2010 485:265

19. Peled E (1979) J Electrochem Soc., 126, S 2047

20. Orsini F, Dupont L, Beaudoin B, Grugeon S, Tarascon J-M (2000) Int J Inorg Mater 2:701

21. Peled E, Golodnitsky D, Ardel G (1997) J Electrochem Soc 144:208

22. Dahn JR, Zheng T, Liu Y, Xue JS (1995) Science 270:590

23. Liu Y, Xue Js, Zheng T, Dahn JR (1996) Carbon, 34:193

24. Dahn JR (1997) Carbon 1997, 35:825

25. Wen CJ, Huggins RA (1981) J Solid State Chem 37:271

26. Weydanz WJ, Wohlfahrt-Mehrens M, Huggins RA (1999) J Power Sources 81−82:237

27. Limthongkul Pimpa, Jang Young-Il, Dudney Nancy J, Chiang Yet-Ming (2003) J Power Sources 119–121:604–609

28. Huggins RA (1999) J Power Sources 81–82:13–19

29. Graetz J, Ahn CC, Yazami R, Fultz B (2003) Electrochem Solid-State Lett 6(9):A194–A197

30. Hochgatterer NS et al (2008) Electrochemical and solid-state letters 11(5):A76−A80

31. Zaghib K, Simoneau M, Armand M, Gauthier M (1999) J Power Sources 81–82:90

32. Pillot C (2011) The rechargeable battery market past and future. Batteries 2011, 28–30 Sept 2011. Cannes

第6章 电解质和导电盐

Christoph Hartnig，Michael Schmidt

6.1 导言

离开材料学和化学，发展高性能的锂离子电池就无从谈起。因为化学材料的革新有助于改进电池的能量密度、功率密度和寿命，从而进一步推动电动汽车和静态储能行业的发展。

在锂离子电池中，除了电极和隔膜的研究之外，电解质系统的研究也是一个不可或缺的部分。锂离子电池中的电解质不像传统的电解质那样只是承担着传递电荷的化合物，而且它还是可以完成多个任务、多个要求的多组件系统。

一般锂离子电池电解质（以下电解质均指锂离子电池电解质）应该满足下述条件：

- 基本功能：
— 在 $-20 \sim 80$℃ 之间保持较高的电导率。
— 保证多达上千次循环次数。
— 与电极材料和非活性材料具有良好的化学和电化学的兼容性。
- 安全性高。
- 对环境无毒、无害。
- 成本低。

实际上，目前还没有一种电解质满足所有要求。也只有通过技术革新，才有可能研发出一种满足所有要求的电解质。

本章的目的是借助几个例子来介绍电解质内部的各个组件。

C. Hartnig (✉)
Rockwood Lithium GmbH, Trakehner Straße 3, 60487 Frankfurt, Deutschland
e-mail: christoph.hartnig@rockwoodlithium.com

6.2 电解质的组成

一般锂离子电池电解质由 3 个部分组成，分别为：导电盐、有机质子惰性溶剂、添加剂。这 3 个部分不同种类的组合会对电解质的物理化学性能和电化学特性有很大的影响。

6.2.1 溶剂

以下是基于电解质的基本特性来列出的溶剂应具备的几个特点：

1）溶剂要能够溶解高浓度的锂盐。也就是说，它应具有较大的介电常数（ε），从而可以有较强的溶剂化离子的能力。

2）为了保证离子能够在溶液中顺畅地迁移，溶剂应保持较小的黏度 η。特别是电池是低温或者高功率环境下，黏度的大小对电池能否正常工作影响较大。若黏度较大，那么离子的迁移率就较低，电池的导电性较差，严重的话，电池可能无法工作。

3）溶剂能在电池所有可能的运行状态下对所有电池组件具有惰性，特别是对充完电时的电极材料和导体惰性。因为现在锂离子电池普遍都是 4V（相对于 Li^+/Li），未来很可能接近 5V，所以溶剂的电化学的稳定性对电池正常工作非常重要。

4）溶剂应尽可能保持在液态状态，所以熔点（T_m）应尽可能较低，沸点（T_b）应尽可能高。

5）此外，在安全性方面，例如较高的燃点（T_i）、无毒。还有要对环境无污染，能生物降解。

因为锂离子电池的负极材料有较强的还原性，正极材料有较强的氧化性，所以使用的溶剂不能有活性强的酸性氢离子，否则将会产生氢气。由于这个原因水也不能作为溶剂。

在市场中其实已经有 3 种溶剂在锂离子电池中被使用了，分别是醚、酯、有机碳酸酯。前两者都是非质子非极性溶剂。图 6.1 中列出了它们的几个例子和这些例子的物理化学特性。另外，还有一些溶剂如腈、硅烷、砜、亚硫酸盐，但是这些到目前也只是学者的研究兴趣而已。

醚类电解质的黏度较小，所以它的电导率较高，但是在电压超过 4V（相对于 Li^+/Li）以上时，它的电化学稳定性不高，易发生氧化反应。

有机碳酸酯是当前最先进的溶剂种类。一般有机碳酸酯包括环状碳酸酯和链状碳酸酯两类，环状碳酸酯主要包括乙烯碳酸酯（EC）和丙烯碳酸酯（PC），此类溶剂在适当的黏度中有较大的偶极矩。链状碳酸酯主要包括碳酸二甲酯（DMC）、碳酸甲乙酯（EMC）、碳酸二乙酯（DEC）等．此类溶剂在小的黏度中有适当的偶极矩，它们通常与环状碳酸酯组成混合溶剂用于锂离子电池。

名称	结构	熔点/°C	沸点/°C	黏度(25℃)/CP	介电常数(25℃)	燃点/°C
有机碳酸酯						
EC		36	247～249	1.9(40℃)	90(40℃)	160
PC		−48	242	2.53	65	135
DMC		2～4	90	0.59	3.1	15
DEC		−43	125～129	0.75	2.8	33
EMC		−55	108	0.65	3.0	23
醚						
EA		−83	77	0.45	6.0	−4
MP		−84	102	0.60	5.6	11
酯						
DME		−58	84	0.46	7.2	0
THF		−108	65～66	0.46	7.4	−17

图 6.1　不同溶剂分子性能对比

此外，还有部分链状酯类，如乙酸乙酯（EA）或丁酸甲酯（MB），这两者可混合作为电解质的助溶剂来改善电解质的低温性能。

6.2.2　导电盐

以下是基于电解质的基本特性列出的锂盐应具备的几个特点：

1）锂盐要有较强的溶解性和完全分解在惰性溶剂中的能力，因为这样可以使带负电荷的阴离子群密度减小，负离子和锂离子的引力减小，从而锂离子能在电解质中更灵活地游离。

2）锂盐中阴离子应具有稳定的电化学特性，特别是较强的抗氧化能力。此外，能在溶剂保证稳定的化学特性。

3）锂盐能对所有电池组件具有良好的兼容性，即不与其发生反应，特别是对集流体和隔膜。

目前被广泛使用的无机锂盐是 $LiPF_6$，它也可以说是锂离子电池市场中几乎唯一使用的电解质，这不是因为它有多么出色的优点，而是因为它的缺点都是可以接受的。

六氟磷酸锂：$LiPF_6$ 能与有机碳酸酯组成较高导电性（$8 \sim 12mS/cm$，常温下，$1M/dm^3$）的电解质，并且该电解质的电化学性较稳定（$< 5V$ 相对于 Li/Li^+）。此外，针对正极集流体，$LiPF_6$ 具有较高的抗腐蚀能力（$>3V$）（图6.2）。

自从20世纪60年代以来，$LiPF_6$ 就一直作为导电盐在锂电池中被应用。并且

	优点:
	● 在溶剂EC:DMC(1:1)组成电解质中导电率高(>10mS/cm@RT) ● 电化学性能稳定,大于4.8V(相对于Li/Li⁺)才能被氧化 ● 与电池其他组件良好的兼容性,不会与正极集流体Al发生反应
	缺点: ● 热稳定性差,大于70℃时会发生分解 ● 六氟磷酸锂易水解,其与水反应生成HF

图 6.2　六氟磷酸锂优缺点

一直以来,人们都在不断地改进它的生产过程、质量、纯度。直到 20 世纪 80 年代末人们才生产出高纯度的 $LiPF_6$。

$LiPF_6$ 的电化学性和热稳定性比较有限。实际上,$LiPF_6$ 在常温状态下就已经可以发生分解生成 LiF 和 PF_5,只不过这个过程非常缓慢。

以下是发生分解时的反应式:

$$LiPF_6(s) \rightleftharpoons LiF(s) + PF_5(g)$$

当温度上升时,此过程会加速进行。

在有机溶剂中(比如有机碳酸酯),它的电化学性和热稳定性变得更稳定,但是在 70℃ 以上还是会发生分解反应,分解出来的 PF_5 会与其他组件发生连锁反应。特别在与溶剂中发生聚合反应,导致电解质有些轻微的黄色。此外,$P-F$ 键与水易水解(以下是水解反应式)。

$$PF_5 + H_2O \rightarrow POF_3 + 2HF$$

二(三氟甲基)磺酰亚胺锂、双氟磺酰亚胺锂和衍生物:为了替代易发生水解反应的六氟磷酸锂,研究人员研发出了一些新的导电盐,这些导电盐都是含磺酰亚胺的化合物,比如二(三氟甲基)磺酰亚胺锂(LiTFSI)、双氟磺酰亚胺锂(LiFSI)。前者的导电率高于 $LiPF_6$,为 12mS/cm(0.85M,25℃,EC/DMC),后者的导电率略微小于 $LiPF_6$(图 6.3)。此外,这两者都满足大电流充放电的需求并具有良好的热稳定性,后者的热分解温度为 200℃,远高于 $LiPF_6$。除了作为锂离子电池的导电盐之外,它们还可以用于制备离子液体。2013 年初,日本触媒(Nippon Shokubai)公司正式将 LiFSI 量产化,年产约 200~300t。

当然,这两种化合物也有一些缺点,比如会强烈地腐蚀正极集流体铝,这主要是在第一次充电时 SEI 膜未完全形成导致的。LiTFSI 的开始腐蚀电压为 3.7V;而 LiFSI,如果它被氯离子轻度污染,开始腐蚀电压为 3.3V。若是微度污染,则开始腐蚀电压为 3.8V。

新的导电盐

1)氟烷基磷酸锂($Li[PF_3(C_2F_5)]$,LiFAP):20 世纪 90 年代末,氟烷基磷酸锂被研发出来,它的结构与 $LiPF_6$ 类似,是通过把 $LiPF_6$ 上的 3 个氟基团用全氟烷基团（PF$_3$（C$_2$F$_5$），FAP）替换得来的（图6.4）。

掺入氟基团不仅提高了电解质的导电率，而且也改善了电解质电化学稳定性。但它是否能与当前5V正负极材料稳定地工作，目前还在研究中。

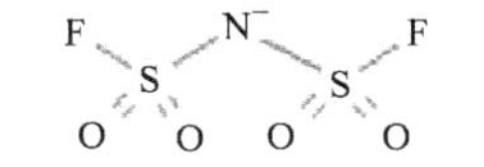

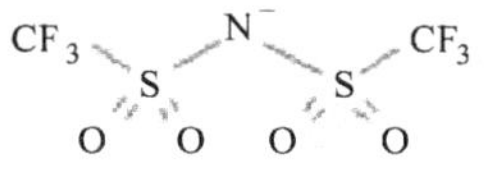

图6.3　二（三氟甲基）磺酰亚胺锂（LiTFSI）、双氟磺酰亚胺锂（LiFSI）优缺点

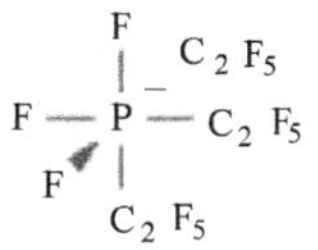

图6.4　氟烷基磷酸锂优缺点

不同于 LiPF$_6$，LiFAP 不会发生水解反应（图6.5）。由于分子重量大（1 L 电解质所需的 LiFAP 是 LiPF$_6$ 的 3 倍）、生产成本昂贵等原因，所以 LiFAP 一直没投入市场。为了减轻分子重量，同时不影响性能，其中一个方案就是通过减少 LiFAP 中全氟烷基团的数量来减轻重量，目前还处在研究阶段中。

2）二草酸硼酸锂（Lithium bis（oxalato）borate，LiBOB）。因为有机硼酸盐的种类较多且环境友好，所以越来越引起人们的重视，这类螯合硼酸化合物多以硼为中心原子。最成功的硼酸盐就属二草酸硼酸锂（LiBOB）了，它既可以作为功能型添加剂，有助于形成 SEI 膜，或作为无毒、非腐蚀性导电盐被应用到锂离子电池中。

由于 SEI 膜的改善，电池的碳酸酯电解质合成物中可以减少 EC 的用量。因为在电解质中，EC 是 SEI 形成的主要来源。

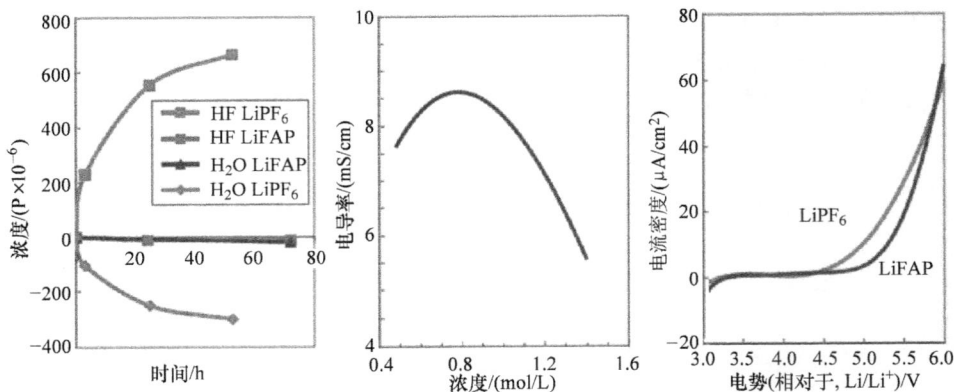

图 6.5　氟烷基磷酸锂的物理化学性能（左图：在 1000×10^{-6}
浓度水中水解稳定性对比；中图：在 20℃ 下，与溶剂 EC：DMC（1：1）组成
电解质的导电率；右图：与 $LiPF_6$ 电化学性对比）

此外，LiBOB 的分解物与电极铝反应生成稳定的 $AlBO_3$ 层，并使铝钝化。之前提到的 LiTFSI、LiFSI 会在电池中使铝腐蚀，但如果 LiBOB 在这里作为添加剂用于形成钝化膜，可以防止铝被腐蚀，同时电池的寿命也会被延长（图 6.6）。还有，如果在以尖晶石型 $LiMn_2O_4$ 作为正极材料锂离子电池的导电盐（$LiPF_6$）中添加 LiBOB，则 $LiPF_6$ 的水解反应将会被有效地抑制，这样也防止 $LiPF_6$ 水解生成的 HF 使 Mn 从 $LiMn_2O_4$ 晶体中脱落下来，从而改善了电池的寿命。

	优点：
	• 环保，因为不含卤族元素
	• 电化学性能稳定，大于4.5~5V(相对于 Li/Li⁺)才能被氧化
	• 与电池其他组件有良好的兼容性，不会与正极集流体Al发生反应
	• 热稳定性良好
LiBOB	缺点：
	• 在有机碳酸酯溶剂电解质中导电率一般 (6~7mS/cm@RT)
	• 水解不稳定
	• 在电池组装时易产生氧气

图 6.6　二草酸硼酸锂优缺点

由图 6.7 可以看出，添加 LiBOB 后，脱落进 $LiPF_6$ 电解质中 Mn 的浓度有了显著的下降。

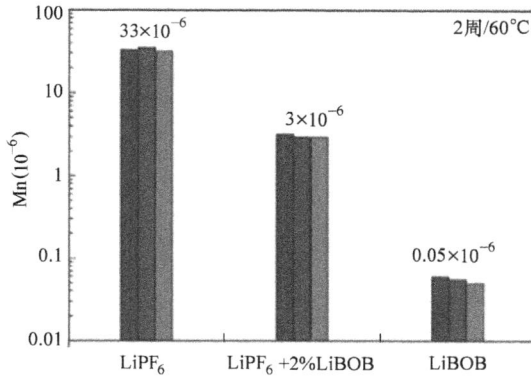

图 6.7 尖晶石型 $LiMn_2O_4$ 作为正极 Mn 在不同溶剂中的溶解率对比（EC/DEC 7:8）

6.3 添加剂

目前，在锂离子电池中应用的电解质都存在一些缺点，很难能找到一种理想的电解质。所以研究人员尝试着在电解质中引入一些功能型添加剂来弥补电解质的缺点，从而提高电池的安全性、循环性能和功率密度等。

6.3.1 用于提高寿命和循环性能的添加剂

一般锂离子电池中添加剂主要作用是改善负极材料与电解质中间的 SEI 膜（固体电解质相界面膜）。SEI 膜对锂离子电池的寿命和容量有着重要的影响。

在有机溶剂中锂离子不是以"裸体"的阴离子的形式存在，而是以复杂的阳离子 - 溶剂 - 加合物形式存在。这种加合物的体积多于"裸体"的锂离子数倍。

在充电过程中溶剂化的锂离子渗进负极石墨外部结构中（图 6.8）。大部分部分锂离子摆脱溶剂分子以裸体的形式进入石墨晶体中，同时溶剂与 Li^+ 反应生成难溶的 $Li[OC(O)OR]$ 和 $Li_2[OC(O)O-(CHR)_n-O(O)CO]$，这两种化合物沉积在负极表面，形成一层足够厚的、能够阻止电子通过的钝化膜即 SEI 膜。

SEI 膜在电解质溶液中能够稳定存在，锂离子能够通过该膜，但溶剂分子不能通过该层钝化膜，从而阻止了负极材料与溶剂的接触，避免了溶剂的分解再发生。没有 SEI 膜，石墨在溶剂和锂离子共嵌入时会发生显著的膨胀，脱嵌时迅速萎缩，随着充放电次数的增加，负极石墨结构易发生崩溃，从而使电池的寿命提前结束。锂离子电池的碳酸酯是 SEI 膜形成的主要来源。所以 SEI 膜的质量与所选择的碳酸酯有密切的关系。下面是碳酸酯形成 SEI 膜的质量和还原性高低排序：EC >> DMC > EMC > DEC >> PC。

由于 EC 参与形成 SEI 膜反应生成的烷基碳酸锂 $Li_2[OC(O)O-(CHR)_n-O(O)CO]$

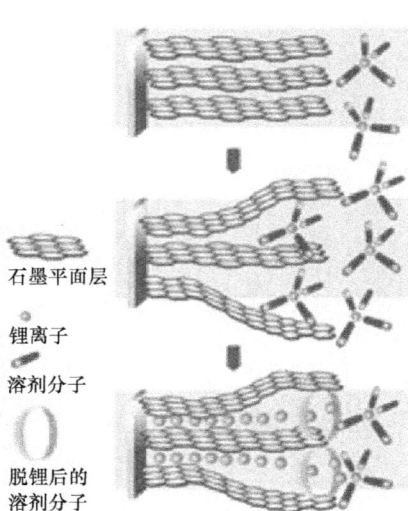

SEI膜形成：

1. 溶剂化的锂离子迁移到负极
2. 溶剂化的锂离子渗进负极
3. 溶剂分解，并与少量锂离子反应生成SEI膜

石墨平面层

锂离子

溶剂分子

脱锂后的
溶剂分子

SEI要求：

- 形成有效的钝化膜，从而减小不可逆容量
- 有较高的电导率，从而保证了较大的充放电速度
- 在电解液中溶解性较低，从而保证了出色的机械和热稳定性

图 6.8　SEI 膜形成

使 SEI 膜具有非常好的锂离子导通性和稳定性，所以市场中有20%～50%的锂离子电池的溶剂掺入了 EC；而碳酸丙烯酯（PC）虽然有较高的介电常数，由于甲基团的诱导效应使得 PC 的还原性也非常稳定，但是这种还原性使得 PC 溶剂化的锂离子易嵌入石墨的结构中，并分解生成 CO_2，从而损坏石墨晶体结构。

目前，SEI 的形成不仅与溶剂有关，而且也与添加剂有关。一般添加剂的电化学性都要强于电解质中其他组件，也就是说，它必须在电池第一次充电时且在溶剂参加反应之前，就被还原形成 SEI 膜。这类添加剂中最常用的是碳酸亚乙烯酯（VC），它在相对于 Li^+/Li 1～1.1V 时参加反应在负极上形成一层非常薄的聚合物膜，此外，实验表明，引入 VC 后，电池的充放电比容量首次循环有所提高，可见 VC 的添加能有效地提高电池的循环性能。但是 VC 不稳定，易发生聚合反应，不易保存，所以研究人员正在寻找一些替代品，比如常见的此 类添加剂还有乙烯基碳酸亚乙酯（VEC）、氟代碳酸乙烯酯（FEC）和之前提到的二草酸硼酸锂（Li-BOB）（图6.9）。

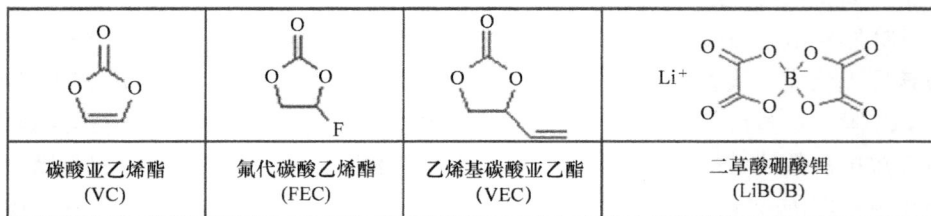

碳酸亚乙烯酯 （VC）	氟代碳酸乙烯酯 （FEC）	乙烯基碳酸亚乙酯 （VEC）	二草酸硼酸锂 （LiBOB）

图 6.9　与 SEI 膜有关的添加剂

不同的溶剂和添加剂的组合会导致在负极表面出现不同的 SEI 膜结构。为了

解释这种关系，这里用 LiBOB 和其他溶剂的组合来举例说明。如图 6.10 左图中所示是 EC 溶剂和 LiBOB 所形成的 SEI 膜，因为 EC 的活性高，所以 SEI 膜的结构更为紧密，同时靠近石墨的一侧都是 EC 反应生成的产物。如图 6.10 右图所示，这边是不含 EC 的溶剂，由于溶剂活性低，所以溶剂的产物和 LiBOB 的产物在 SEI 膜中均匀分布。

含有乙烯碳酸酯的电解质　　　含有丙烯碳酸酯的电解质

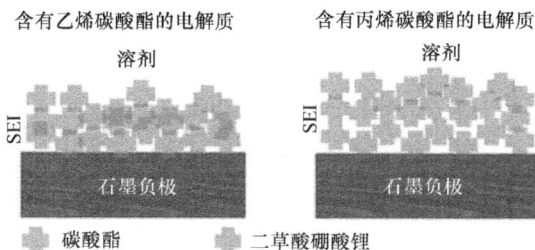

图 6.10　二草酸硼酸锂对 SEI 膜形成的影响

在过去 20 年中，负极上 SEI 膜一直是人们的研究焦点。但是随着现在研发 5V 锂离子电池的呼声日益高涨，同时普遍认为很难有在 5V 锂离子电池中稳定的电解质。所以一种新的设想被提出，通过添加剂的作用在正极上氧化形成一层覆盖电极材料表面的钝化层，与负极上的 SEI 膜一样，只允许 Li^+ 能通过该膜，其他物质不能。

目前，这一方向的研究还处于初期阶段。大概能形成正极钝化层的添加剂有：硼酸酯、环硼氧烷、联苯和它的衍生物。其中，联苯可在浓度小于 0.1% 和电压 4.5V（相对于 Li/Li^+）时，与电解质发生电聚合。若浓度为大于 2% 时，可用做过充保护。

6.3.2　用于安全性和过充保护的添加剂

由于锂离子电池的高温性能差，特别在过充电状态下，安全设计不足的锂离子电池会发生热失控，从而导致电池爆炸。因此锂离子电池的安全性和过充电保护也是当前研究的一个重点。

针对锂离子电池的安全问题，研究人员在电池产品设计和应用控制方面采取了很多措施，比如在电池顶部配有一个安全阀和在外部配备主动冷却系统等。除此之外，研究人员通过在电解质中引入添加剂来从电池内部解决安全性问题，比如，联苯或 4 - 乙基双环己基酮。这种添加剂平时储存在电解质中，不参加任何反应。但电池快要处于不安全状态时，它将被激活。

不同的添加剂它的原理也是不一样的，比如，若在电池电解液中添加联苯时，联苯在电池过充电到 4.5V 时，会在电池阴极上发生电氧化聚合，形成致密绝缘的聚合物隔离层，同时反应生成的气体使压力阀提前打开（图 6.11 左图），释放气体，使电池正极与极柱脱离接触，过充电结束。尽管这类添加剂表现出了良好的过充安全保护效果，一旦启动安全保护，电池以后就不能再工作了。

为了能让电池在经过过充电安全保护后还能继续工作，研究人员又研发出了一种新的安全保护添加剂，名叫氧化还原对穿梭剂。原理是：在正常电压范围内，添加剂分子不参与任何电极反应，处于本征状态。一旦电池处于过充电状态，还原

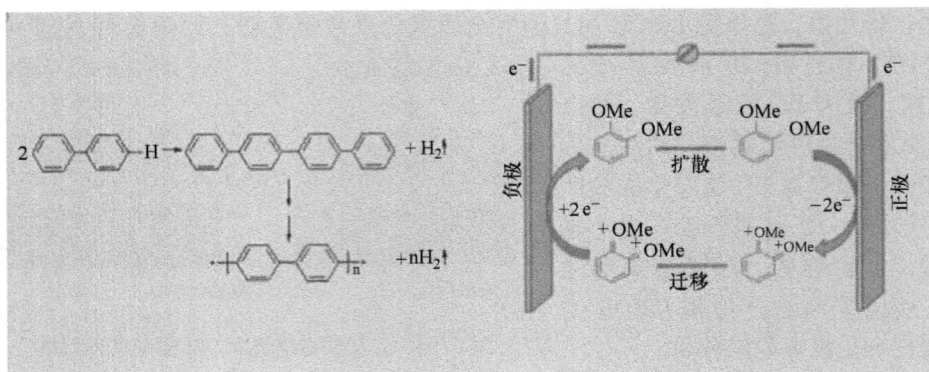

图 6.11　左图"关断"机制和右图"氧化还原对穿梭"机制

态的电对会在正极表面得到电子被氧化成氧化态，随后扩散到负极再被还原成本征态。通过这种反复的氧化还原旁路掉外部通电流，使电池电压被钳制在一定范围内，阻止电池电压失控。但是目前这类添加剂只能钳制 3V 电池系统，而可以钳制 4V 的添加剂还在研制过程中。

6.4　凝胶聚合物电解质

　　除了之前介绍的液态电解质系统，还有一种正在被研究的电解质系统，名叫聚合物电解质。这种电解质相不仅具有传统液态电解质的作用，还可以充当隔膜，所以聚合物电解质是由聚合物和锂盐组成的。对这种电解质的要求不仅要有与液态电解质相当的电导率（常温），还要有稳定的力学性能和电化学性能以及高温性能，不易燃烧。

　　目前应用最广泛的聚合物是聚氧化乙烯（PEO），PEO 采用的锂盐是 LiTFSI 和 LiFSI。PEO 基聚合物电解质的离子传导主要是通过锂离子与醚氧原子之间不断发生络合、解络合过程而进行的，离子电导率主要取决于聚合物电解质中自由载流子数目和聚合物链段的运动性，该运动主要是发生在无定形相中，电导率比在晶相中高 2~3 个数量级。所以一旦达到玻璃转变温度 T_g，电导率就会有大幅度提高。但是在室温下，PEO 的电导率与实际要求相距甚远。

　　为此，研究人员提出了凝胶电解质，它是由聚合物、增塑剂和锂盐通过一定的方法形成的具有合适微孔结构的凝胶聚合物网络（图 6.12），利用固定在微结构中的液态电解质分子实现离子传导，并且它的玻璃转变温度 T_g 被降到了室温水平，它的室温电导率一般在 10^{-3} S/cm 数量级。凝胶电解质一般主要用于锂金属电池中。法国 Bolloré 集团的锂金属聚合物电池 LMP 使用的就是该电解质。此外，凝胶电解质有较好的安全性能。它的聚合物层具有良好的力学性能，能在充放电过程中承受正负极体积膨胀和萎缩的冲击。最重要的是，它能够抑制锂金属枝晶的生长。

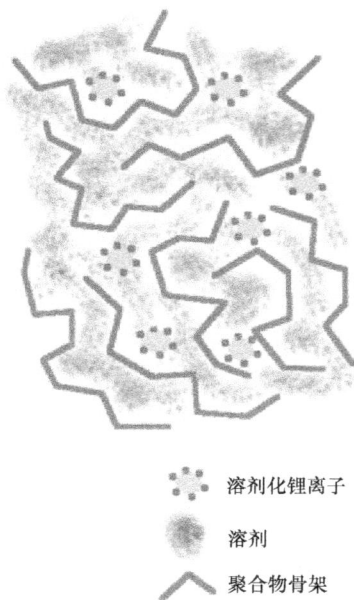

溶剂化锂离子

溶剂

聚合物骨架

图 6.12　含有锂离子的凝胶电解质

6.5　电解质的总结和选择—客户导向

随着对锂离子电池电解质的长时间研究，人们意识到研发一种完全符合要求的电解质是不可能实现的。因为每种电解质都有一些优势和缺陷，若对一种电解质的缺陷做出一些改进，同时也会使电解质在其他性能方面又出现新的缺陷。所以电池和电解质生产商提出，可以根据客户的需求不同，电池应用平台的不同，来配备相应的电解质。比如手机用锂离子电池的寿命要低于电动汽车电池，所以我们可以给手机配备寿命不高，但其他方面性能优秀的电解质。当然还可以根据客户对电池的高电流特性、低温、高温特性等来配备合适的电解质。

这里说的配备合适的电解质，其实，是主要通过混合合适的溶剂来满足不同的要求，比如需要可以输出高功率的电池，那么可以掺入低黏度同时高介电常数的溶剂。此外，有一点要注意，若想仅通过混合不同导电盐来满足不同要求的电解质，这一点的可能性不大。因为一方面合适的阴离子选择有限，另一方面，一直到现在还没实验成功的证实，不同导电盐混合会对电解质产生积极的影响。

作为一种占据锂离子电池溶剂绝大部分市场的溶剂，乙烯碳酸酯（EC）对电池的性能提升起到了很大的作用。因为它的引入有助于形成稳定的 SEI 膜和有效的钝化石墨电极。此外，由于它有较高的介电常数，可以使电解质有较好的导电性。但是 EC 的熔点相对较高（36℃），在低温时会发生凝固且使用效果不加。所以一般以20%~50%的比重与链状碳酸酯（DMC、EMC、DEC）或酯（EA、MB）混合掺入电解质，从使电解质能在-30~+80℃温度范围内正常工作且具有较好的导电性和电化学稳定性等。与导电盐不一样，添加剂的选择和最佳浓度的确定，一般是通过反复试验和客户的需求来确定的。此外，为了获得较高的能量和功率密度，电解质面积和电极面积比的不同也会导致电池采用不同密封形状，这些都需要电池和电解质生产商协商而定。

在添加剂的选择方面，主要还是通过反复试错法来得到最适合客户的添加剂。

不同的客户（电池生产商）有不同的要求，不同种类的电池（柱状、软包、方形），它们的电极和电解质面积比例也不一样。添加得多往往不代表效果好，相反大多数情况下会降低电池的性能。

6.6 电解质研究展望

电解质在锂离子电池中起到十分重要的作用，影响着电池的性能。而电解质是由溶剂、导电盐和添加剂共同组成的一个复杂的系统。其3个部分的选择和组合对电解质有着直接的影响。同时电解质不是在电池中独立工作的，而是与所选择的正负电极共同工作。所以电解质的生产商和电池研发人员是否能够强强合作，将对高性能电池的研发产生重要的影响。

随着下一代5V电池研发目标的设立，电解质的研究面临着不小的挑战。因为在5V电池中电解质易分解。因此如何提高电解质的电化学稳定性和能够钝化正极材料都是亟待解决的问题。除了技术方面的问题之外，还有为了应对未来电动汽车和静态储能系统的高速发展，厂家应扩充产量，从而保证电池能得到充足的供应。

参 考 文 献

1. Kang Xu (2004) Nonaqueous liquid electrolytes for lithium-based rechargeable batteries. Chem Rev 104:4303—4417
2. Schmidt M et al (2001) Lithium fluoralkylphospahtes: a new class of conducting salts for electrolytes for high energy lithium-ion batteries. J Power Sources 97–98:557—560
3. Aurbach D et al (1995) The study of electrolyte solutions based on ethylene and diethyl carbonates for rechargeable Li batteries. J Electrochem Soc 142:2882—2890
4. Song JY, Wang YY, Wan CC (1999) Review of gel-type polymer electrolytes for lithium-ion batteries. J Power Sources 77:183–197
5. Ue M (2009) Electrolytes: nonaqueous in encyclopedia of electrochemical power sources.In: J. Garche (Hrsg) Elsevier B.V 71—84-

第7章 隔 离 膜

Christon J. Weber，Michael Roth

7.1 导言

电池隔离膜是排列在电池单体正极和负极之间的平面材料，其作用是避免正负电极的直接物理接触，防止电路短路的发生。同时隔离膜还必须保证在电解质内锂离子尽可能地在正极和负极之间自由传导，只有这样才能实现电荷的平衡，满足电化学电池工作原理的需要。为了实现这一功能，隔离膜通常是吸附有电池电解质的多孔隙的平面结构膜。

在下面的章节里将首先介绍隔离膜的基本原理以及传统隔离膜的技术现状。之后将讨论新型隔离膜的技术解决方案，另外还将介绍一个商业化的市场上可选的隔离膜生产工艺及其性能。

7.2 隔离膜的性质

电池隔离膜必须具有多种力学，物理和化学性能 [7，22]。

1）厚度：在消费电子领域里，锂离子电池使用的隔离膜是一层比较薄的膜，厚度只有不到 $25\mu m$。大尺寸锂离子电池的开发则需要更厚的隔离膜，厚度达到 $40\mu m$，能够具有显著提高的机械强度和穿刺强度。

2）孔隙率：锂离子电池隔离膜通常具有约为 40% 的孔隙率。孔隙率的控制是隔离膜生产工艺中一个主要的因素，孔隙率对隔离膜的导通性有非常大的影响，另外孔隙率大还意味着吸附的电解质更多。如果孔隙分布不均匀，那么电流密度分布也会不均匀，从而会导致电池单体电极加速老化。

孔隙率的标准测试方法采用 ASTM （American Society for Testing and Materials，

C. J. Weber (✉)

Freudenberg Vliesstoffe KG, Höhnerweg 2-4, 69465 Weinheim, Deutschland

e-mail: christoph.weber@freudenberg-nw.com

美国材料和试验协会）的国际标准 ASTM D – 2873。

3）孔隙大小以及孔隙大小分布：孔隙大小的控制对电池隔离膜来说至关重要。孔隙必须足够小到正极和负极材料松散颗粒不会直接电接触，还要成功保证能够杜绝锂离子电池单体里锂金属枝晶体的增长。

对于厚度小于 25μm 的隔离膜来说人们可以认为孔隙大小的平均值在亚微米范围内。

和孔隙率的要求相似，电池隔离膜孔隙大小分布也必须尽可能均匀，以此来保证电流密度的一致性和保证电池单体老化的一致性。

孔隙大小以及大小分布可以通过水银孔径仪或者通过毛细管流动孔径仪［15］来测试。

4）Gurley 值（空气透气率）：一个膜的空气透气率在设定的定向性前提下是和导电阻抗成正比的。只要 Gurley 值和电阻的关联一次确定下来后，就可以通过测 Gurley 值来代替电阻的测量。

空气透气率的标准测试方法采用 ASTM – 726（b）。

根据 Gurley 方法表征的空气透气率的定义如下，它是指在一定的恒定压力下一定体积的空气通过一定隔离膜面积所需要的时间，它的单位是 s/100ml。

Gurley 值越小，意味着空气透气率越高，扭曲率越小，因而电阻越小。

5）尺寸稳定性/收缩率：电池隔离膜收缩率是一个特别紧要的材料参数，它对电池单体的安全，尤其是大尺寸锂离子电池单体的安全具有非常大的影响。

收缩率的试验测试过程首先测定隔离膜的尺寸，然后将隔离膜在一定的温度下放置一定时间，以此基础上算出收缩率。收缩率通过试验样品尺寸的变化按照如下公式计算：

$$收缩率（\%） = \frac{L_v - L_n}{L_v} \times 100$$

式中，L_v 为隔离膜一定温度下放置前的长度；L_n 为一定温度下放置后的长度。

6）拉伸强度和弹性模量：拉伸强度可以通过一系列标准测试方法来标定。这些测试可以在测试设备运动的纵向（MD）和横向（CD）方向进行。其中一个可行的测试流程是根据 ASTM D88 – 00 来执行的。拉伸强度的单位是 N/mm^2。

隔离膜应该具备足够的拉伸强度并且不会收缩，以满足电极卷绕过程中的力学要求。由此可见，在拉伸应力已知的情况下弹性模量也是一个重要的力学评估条件。

7）化学稳定性：隔离膜必须在电池内以及在电池电解质中保持化学和电化学稳定。特别在高压材料的开发中又给隔离膜提出了许多新的要求。

新的性能只能在使用后才能可靠地标定出来，因为不光是电池单体使用的电池材料，还有电池的生产流程以及使用寿命的工况条件对其性能都起着决定性的作用。

8）浸润性和电解质吸液率：浸润性、电解质吸液量以及电解质长期储存能力是隔离膜的重要的物理性能。如果隔离膜的浸润性不足，将会减弱电池单体的寿命和充放电功能，因为它会导致电池单体的内阻增加，并且锂枝晶形成的危险性也会增高。而好的浸润性则能够降低危害，除此之外还能够对电池充液时的所需生产时间起到积极的影响。

隔离膜的浸润性是由使用的材料（表面能量）、隔离膜的孔隙结构还有一些其他因素所决定的。当前尚无一个已经标准化了的测试方法来定量地测定隔离膜的浸润性。而简单地将一滴电解质液滴放置在隔离膜表面上，并观察电解质液滴如何快速地被吸附，不失为一个很好的衡量隔离膜浸润性的指标。

9）混合针刺强度：电池隔离膜一个很重要的性能就是它对一个颗粒（一般情况下是电极材料颗粒）穿透的抵抗力，这些颗粒可能是在电池单体生产过程中，但更有可能是在电池单体充放电循环中产生的。在最坏的情况下，颗粒穿透可以引发不可控的危险的电池单体放电。

隔离膜的这个性能可以通过混合针刺强度来标定。测试的试验设备在文献［19］中有所介绍。试验时将一个隔离膜放置在商业化制造出来的锂离子电池单体的两个电极之间，这个复合而成的材料被固定在一个表面抛光的、淬炼强化的不锈钢板上。然后用一个规定好的、头部做成圆形的柱子连续地压挤复合材料，并不断提高压力，同时测量复合材料的电阻。在某个由材料决定的压力下会产生短路，导致电阻急剧下降。这个压力值就称为混合穿刺强度。

10）穿破强度：和混合针刺强度相似，穿破强度是另外一个表征隔离膜的力学强度的物理参数。在这个测试中测量的是力，即用一个特定的针穿破一个自由悬浮的隔离膜所需的力。因为在测试中使用的是自由悬浮的隔离膜，所以测量出来的数值更多是和材料的弹性相关，而与真实的隔离膜抵抗电极材料颗粒穿破的强度较少相关。根据文献［22］提出的意见，混合针刺强度测试是评估电池隔离膜的安全性能更有说服力的测试方法。

7.3　隔离膜工艺

锂离子电池单体所用的电池隔离膜大多数是用聚烯烃材料做成的，其间通过物理生产过程在膜里增加了许多亚微米大小的孔隙。电池隔离膜按照其生产工艺可以分为两大类：一类是干法隔离膜，一类是湿式隔离膜。

这两类隔离膜因为各自的化学成分和物理结构的区别而在某些程度上具有明显不同的性能。下面将介绍隔离膜的生产过程和膜的性能。

（1）干法隔离膜

图 7.1 罗列了干法隔离膜生产过程中从前到后的每一步流程［2，22］：干法制造是将聚烯烃颗粒熔融，这里聚烯烃主要是聚丙烯（PP）或者是聚乙烯（PE），

然后经过熔融挤压工艺挤压成单轴定向分布的薄膜，这种成型的薄膜又称作前驱体膜（Precursor Film），前驱体膜的形态和定向取决于生产条件和聚合物熔融物的性能。这种制造出来的前驱体膜需要有结晶性高的行式排列的条纹分子结构，其条纹的长轴是垂直于挤压设备工作方向（MD）的。这种膜结构对后来的微米孔制造至关重要，因为只有叠加排列的条纹才能在拉伸工艺过程中被打开。

颗粒熔融　➤　挤出　➤　制箔　➤　退火　➤　冷拉伸　➤　高温拉伸　➤　表面处理　➤　切割

图 7.1　干法隔离膜的生产制造流程

为了提高薄膜的结晶度，薄膜再进一步经过结晶化热处理，加热到温度略低于所用材料的熔融温度作退火处理。接着在下一步流程中先冷拉伸，然后在高温下进一步拉伸，形成所需的多孔结构和孔隙率的薄膜。一部分薄膜会进一步再次退火处理，尽可能地达到减小不利的材料应力的目的。由此可见，隔离膜的孔隙率不光与前驱体膜的形态有关，还和退火以及拉伸条件有关。在流程最后一步里，干法隔离膜偶尔会用表面活性剂作表面处理，用来改良极度无极性聚烯烃薄膜对极性电解质的吸附性。

图 7.2 显示了一个通过干法工艺方法生产出来的隔离膜的扫描电子显微镜照片。图中可以明显地看到各向异性的缝隙状的孔隙，这种形态的孔隙是干法制造法生产出来的典型产物。

干法隔离膜的材料厚度是 12～40μm，最大的孔径 < 0.5μm，具有很高的拉伸强度。隔离膜的厚度薄，这对电池的能量密度的提升有积极的帮助作用，孔隙的分布可以对防止锂枝晶的生长提供良好的保护作用。良好的拉伸强度在卷绕式电池单体的生产中具

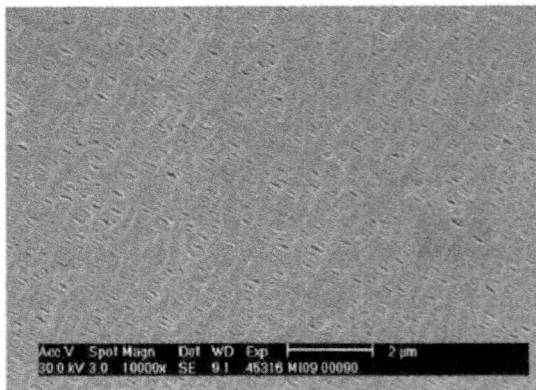

图 7.2　扫描电子显微镜下干法隔离膜的放大照片。照片里的样品为了得到更好的成像分辨率做过表面金蒸发处理

有优势 [19]。干法的锂离子电池隔膜的缺点是孔隙率较小，只有大约 40%，熔融温度低，比如说聚丙烯 PP 的熔融温度大约在 160℃，还有随着温度升高时隔离膜收缩率非常大（20% @ 120℃/10 min）。

隔离膜小的孔隙率限制了电解质中的锂离子穿过隔离膜的传导性能，因此也就限制了电池的功率密度，增加了欧姆电阻损耗，而这又会导致电池的自我升温。在保证材料有足够的电化学稳定性以及其最大孔径可控制到很小的前提下，最大的熔融温度和收缩率是隔离膜最重要的影响安全的因素。特别是对那些大尺寸电池单体

的影响就更加重要，因为大尺寸电池单体降温的能力更差。如果隔离膜失去其原有的结构，那么正负电极就会直接接触，电极材料就会直接反应，进而导致电池发生爆炸。隔离膜材料的高收缩率较难改进，经过多次拉伸成型的薄膜造成了其各向异性和高定向性，由薄膜的生产流程决定了薄膜的高收缩率是其固有秉性：薄膜材料在加热时会松弛，失去其各向异性的结构形态，最终导致收缩。隔离膜最高的熔点，即等同于隔离膜的全部熔化，是由高度等规立构型聚丙烯的熔点限制决定的，其值限定在大约 160℃。

自关闭（Shutdown）隔离膜：自关闭隔离膜可以由多个上述干法隔离膜通过加膜方法形成复合多层次结构来生产制造，常见的组合大多数是 PP/PE/PP［21］。在这里，人们利用了复合多层结构中聚丙烯（PP）层和聚乙烯（PE）层的熔点的不同来达到自关闭现象。PE 的熔点较低，为 130～135℃，而 PP 的熔点较高，为 165℃，因此在 PE 膜受热熔融后会封闭膜里的孔隙（故此过程称为自关闭），而 PP 膜则还会一如既往地保证其力学完整性。

两种材料熔点的温度差别大约为 30℃，因此自关闭功能只能在锂离子电池单体内部温度缓慢上升的情况下起作用，其中原因是必须保证 PP 膜的力学完整性在加热时不会发生改变。

（2）湿法隔离膜

湿法隔离膜是锂离子电池隔离膜的另外一种生产工艺，图 7.3 显示了湿法工艺的主要工艺流程。

图 7.3 湿法隔离膜的生产制造流程

湿法制造过程是将高分子和超高分子聚合物，主要是聚乙烯［HDPE（High-density polyethylene）和 UHMWPE（Ultra-high-molecular-weight polyethylene）］和低分子腊以及一些添加剂制成聚合物复合物，之后和干法流程相似，加热熔融挤压成型做成薄膜。使用超高分子聚合物的优点是可以获得足够的力学稳定性。下一步经双向拉伸后具有了定向性，接着用易挥发有机溶剂（大多数是双氯甲烷）萃取出小分子腊，以制成所需的微孔结构。

为了改善隔离膜对电池电解质的吸附能力，由此来缩短锂离子电池单体的生产时间，还需要增加另外一个流程在疏水性的隔离膜上作表面处理，用来增加它的亲水性。而亲水性可以提升隔离膜在使用过程中的电解质吸附能力。湿法工艺可以使用晶体材料，也可以使用非晶体材料制造，如此制成的隔离膜相对于干法制成的隔离膜在孔隙分子结构上具有更小的各向异性和更好的力学性能。图 7.4 显示了湿法隔离膜在扫描电子显微镜中的放大图。图中可以非常明显地看到孔隙结构。

湿法隔离膜的材料厚度可以达到 25μm，孔径小（< 1μm），孔隙分布均匀，

具有很高的拉伸强度。隔离膜的厚度薄，这对电池的能量密度的提升有积极的帮助作用，小孔隙的分布对防止锂枝晶的生长提供良好的保护作用。和干法隔离膜相似，良好的拉伸强度在卷绕式电池单体的生产中具有优势。湿法隔离膜的缺点是熔点低，比如说聚乙烯 PE 的熔融温度大约在135℃，还有随着温度升高时隔离膜收缩率非常大（7% ~ 30% @ 120℃/10 min）。

图 7.4　扫描电子显微镜中的湿法隔离膜。照片里的样品为了得到更好的成像分辨率做过表面金蒸发处理

　　锂离子电池隔离膜主要是由以上介绍的两种工艺方法制造出来的，在消费领域市场中占有主导作用。2010 年，消费市场所需的隔离膜达到了 $411 \times 10^6 m^2$ [8]。其中大约 2/3 的比例采用了湿法工艺生产，1/3 的比例采用了干法工艺生产。在德国以及欧洲范围内目前几乎没有用干法工艺来制造隔离膜。

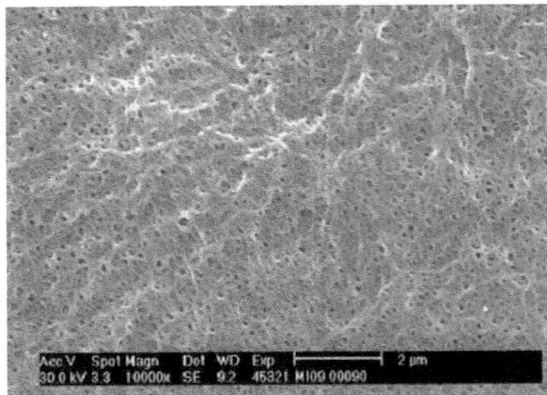

7.4　电动交通对隔离膜的要求

　　消费产品中使用的电池相对而言有几个特点：容量小（只有几 A·h），数量少（数个）以及较低的寿命期待值（数年）。而电动交通所需的电池却大不相同，要求使用的电池单体要明显大于 10A·h，能够集成在最紧密的空间里。电动汽车里电池单体所含的隔离膜需要约 $200m^2$，相比之下一个移动电话电池里的单个电池单体只用了 $0.25m^2$ 左右的隔离膜。因此，出于汽车工业高质量的要求，电动交通对电池以及隔离膜的各种要求需要得以重新审视。安全性和可靠性将是未来混合动力车、纯电动汽车用的锂离子电池开发最重要的因素，其次是寿命、价格和技术性能 [1]。

　　一个对电动交通锂离子电池做过的风险评估 [9] 指出，导致电池单体内短路的一个最主要的原因是在生产过程中随机地掺入了金属颗粒。因为电池在充放电循环时电极会发生体维的变化，还有微观结构的改变，再加上温度的变化，会对电池单体产生更多的力学负载，如果这时电池单体卷绕层里出现了可导电的颗粒，它就会随着时间的推移在聚烯烃薄膜里形成区域薄化，直至刺穿薄膜，引发短路。短路时会在电池单体内部形成局部温度剧升，在短短的几秒之内就可以达到 200 ~ 300℃的高温 [3]。基于当前新的运用中使用了大尺寸电池单体，而电池单体的尺寸越大，就越难将反应产热传导出来。由聚乙烯 PE（熔点约 135℃）和/或是由聚

丙烯PP（熔点约160℃）构成的隔离膜将在这个条件下大面积熔融，促成了变成大面积接触的电极之间完全无法控制的放电现象。

此类内部短路的隐患在过去已经导致了非常昂贵的、媒体热炒的移动电脑电池召回行动，内部短路可能在电池寿命中任何一个时间点发生，形式会是意外电池过热、起火甚至爆炸［9］。

在生产流程中，通过无尘环境条件下小心翼翼的工作、局部吸尘和传送闸系统等措施来降低颗粒污染的可能性。但是由于在生产环境中存在可导电的粉末以及电池单体生产存在切割和卷绕工艺流程，可以说可导电颗粒是无法完全避免的。

前面所介绍的自关闭功能也和短路风险关联在一起常常引起讨论，如果电池单体发生外部快速放电或者是强烈升温，电池单体的内部可能会慢慢加热，类似现象也可能伴随着负极上锂枝晶的生长而发生。当锂枝晶生长时，如人所料将会出现局部离子导流的增高，引发焦耳热的释放。如果温度升高足够缓慢，（多层）隔离膜里的聚乙烯层将会熔融，触发聚乙烯孔隙结构所期望的自我封闭，而不会引起两个外层的聚丙烯PP层熔融，在这个情况下自关闭功能起到作用。但是如果是可导电颗粒引发的内短路，隔离膜起初会收缩，然后会完全熔融而导致电极之间接触，发生瞬间放电。因此人们至少会对上述的自封闭功能产生疑问，它到底是否能够提供更多的安全性来防范基于可导电污染颗粒为主要原因的电池失效 。

图7.5列出了锂离子电池隔离膜在颗粒穿透情况下的典型失效场景。为了在可导电污染颗粒可能引发的最危险情况下能够提供最大的安全保障功能，一个完美的隔离膜应该能够抗刺穿，既没有收缩，也不会熔融。

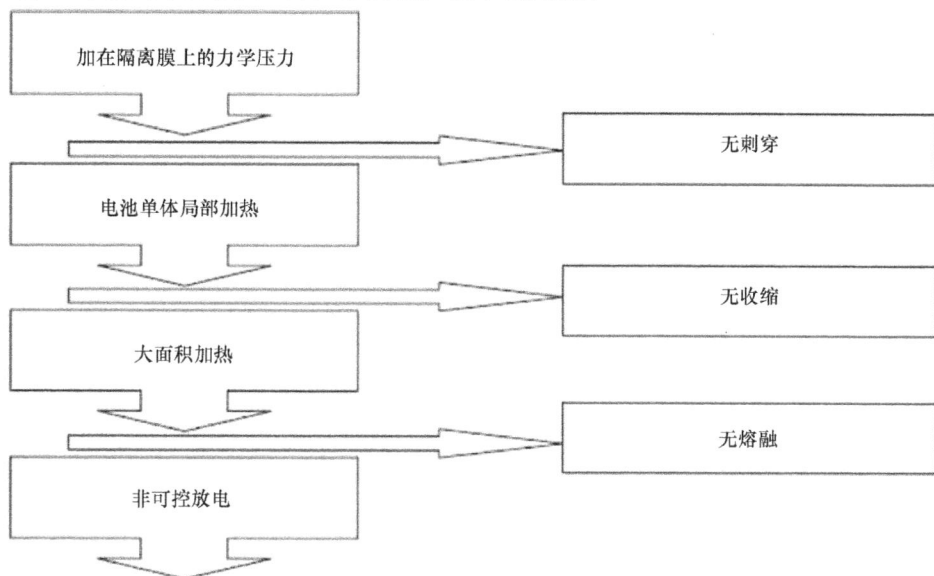

图7.5 一个可以对内部短路提供最大安全保障的完美隔离膜所必需的性能

7.5 其他隔离膜的可选方案

电动交通对锂离子电池提出的特别要求促使了现有隔离膜生产商不断加强开发，衍生出许多新型产品。但是任何与安全性能相关的直接的和必要的改善措施，都不应该对隔离膜现有的、以达到电池性能和电池寿命为目的的技术标准有丝毫的影响。

为了满足新的电动交通领域运用要求，电池工业目前正在致力于改善现有的隔离膜，以及开发完全新型的技术解决方案。然而直到今天，新型材料还没有能够从市场上自由采购，对材料性能的独立评估还受到限制。在不久的将来，人们预料会有一系列新的生产厂家加入到市场，他们提供的方案会与现有的工艺有明显的区别。本节将对这些新型隔离膜工艺的最主要的设计元素进行介绍。

（1）隔离膜以及电极表面涂层

一种新型隔离膜解决方案是在现有的隔离膜表面上涂上一层无机物颗粒，并用氯化聚合物固定在隔离膜表面上。这种工艺称为安全性强化隔离膜（SRS，Safety reinforced separator）[11]。SRS隔离膜现在已经在商业汽车中投入使用[12]。

还有一种原理上相似的工艺方法是，出于对避免可导电颗粒产生的内短路的考虑，在负极表面上覆盖上一层非常薄的无机物颗粒层，颗粒由一种有机物粘结剂固定住。人们期待通过这层添加层能够阻止因聚烯烃隔离膜收缩而引发短路的发生，而隔离膜本身在这个工艺中并没有改变[6]。

（2）隔离膜中集成无机物颗粒

使用无机物颗粒是湿法工艺可以带来的优势，因无机物颗粒可以容易地集成到湿法工艺流程中来。这种材料已经商业化，商业名称叫无机物加掺隔离膜（IBS，inorganic blended separator）。IBS隔离膜的优点包括减小收缩率，提升电池安全，还有隔离膜有部分熔融。除此之外这种隔离膜还有望具有长期有效的浸润性，可以提高电池寿命以及通过减少孔隙率来增加电池功率[13]。

（3）纳米纤维无纺布隔离膜

纳米纤维无纺布隔离膜是另外一种新型隔离膜解决方案，它包含了 200～1000nm 厚的高熔点聚酰亚胺（PI，Polyimide）纤维，对电池的安全性、功率密度和能量密度都应该有积极的促进作用[5]。

（4）无纺布复合隔离膜

另外还有一种电池隔离膜的生产工艺是以性能组合为出发点，将弹性的聚合物隔离膜的性能和无机物颗粒比如氧化铝（Al_2O_3）的热学稳定性、化学稳定性等性能结合起来。在这个生产工艺中，把无机物颗粒涂层涂在了无纺布材料上面。与涂层了的隔离膜不同，涂层无纺布具有非常高的孔隙率以及非常小的收缩率[10，20]。图 7.6 展示了无纺布涂层工艺流程图。

这个工艺方法既可有效用于纯无机物涂层的生产，又可以用于有机－无机物涂层的生产。

图7.6 基于无纺布的无机物复合隔离膜生产流程

无纺布复合隔离膜的生产工艺第一步和普通隔离膜生产流程相似，即将聚合物颗粒熔融，通过它来编织纤维，然后剪成所需尺寸。第二步把纤维通过湿铺工艺制成非常薄的、均匀的无纺布，然后把它们加热连接在一起。通过热组合的纤维连接方式有个优点，就是可以无须使用任何粘结剂。接下来一步把高熔点的无机物颗粒用粘结剂作"胶水"涂层在无纺布上。无纺布大多数是由热稳定的聚酯纤维（PET）构成的，胶粘剂可以是无机粘结剂，例如说是基于硅烷（Silan）的前驱体，也可以是有机材料。涂层里的无机物颗粒可以使用例如氧化铝、二氧化硅或者是氧化锆。如果是使用硅烷前驱体作为粘结剂，人们得到的是纯无机涂层。

这种产品在 2012 年之后运用在德国产第一代量产电动汽车里 [14]。同样，这种隔离膜的生产方式，既可以提供使用有机溶剂的、基于无纺布材料的非常弹性但又力学稳定的"无机－有机"复合隔离膜，也将会被持续推进 [18]。图7.7 显示了扫描电子显微镜拍摄的这种涂层了的隔离膜。

图7.7 扫描电子显微镜中涂层的无纺布。照片里的样品为了得到更好的成像分辨率做过表面金蒸发处理

对应于图7.5 所示的关键性安全性能，这种复合隔离膜经历了一系列相应的测试，并且将其性能和市场上可以商业采购到的聚烯烃隔离膜进行了对比 [16]。测试中既有干法隔离膜，也有湿法隔离膜。为了试验重复图7.5 所示的加在隔离膜上的力学压力，在进行混合刺穿测试时把隔离膜放入了商业生产的电极之中，其中正极是 NMC/PVDF，负极是石墨/PVDF。用来挤压的金属柱具的洛氏硬度值为65HRC，相对应的托板的洛氏硬度值为 63 HRC。如图7.8 所示，当压力大约为420 N 时，两个对比的隔离膜都不再能阻止短路的发生。相反，Freudenberg 公司的无

纺布复合隔离膜能够显著地提升隔离膜抗刺穿能力，试验显示当压力超过650N以及730N以上时，复合膜才会出现短路。

如果隔离膜不能抵抗住可导电颗粒的力学压力，就会导致内部短路和电池单体内部局部过热。为了模拟这个过热现象以用来评估隔离膜的收缩状态，做了如下试验，将隔离膜压制成标准形态的样品，在120℃下静置10min，和160℃下静置1h。图7.9展示了120℃下静置10min后的样品模样。图里可以明显看到双向拉伸隔离膜1号和单向拉伸的干法隔离膜2号和3号的收缩效果，在这两种情况中，室温时冻结在膜里的应力被不断地释放出来。

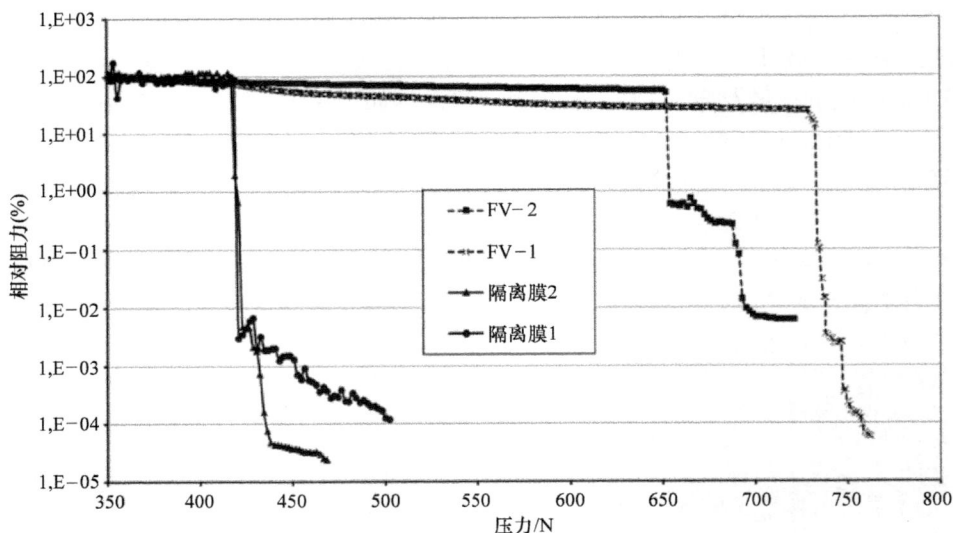

图7.8 不同的隔离膜在混合刺穿试验中穿透强度对比

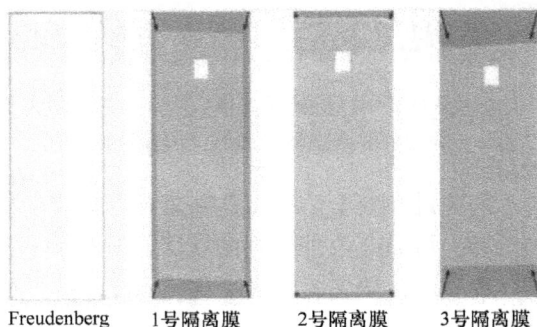

Freudenberg　　1号隔离膜　　2号隔离膜　　3号隔离膜

图7.9 不同的锂离子电池隔离膜在120℃温度下静置10min后受热收缩的对比。
1号隔离膜是PE湿法隔离膜，2号是PP干法隔离膜，3号是多层PE/PP隔离膜

当观察 160℃静置试验结果时，会看到更加明显的收缩效果。聚乙烯 PE 湿法隔离膜如同预期一样已经完全熔化，含有聚丙烯 PP 的干法隔离膜虽然还能保持它们的平面规格，但是由于收缩露出了大于原面积 40% 大小的空隙。Freudenberg 公司的隔离膜在这个测试条件下没有出现收缩现象，甚至到大于 200℃温度时能观察到同样的情况（图 7.10）。

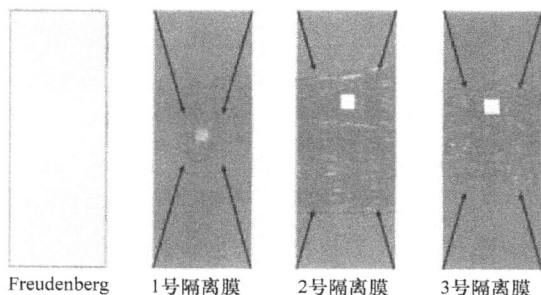

Freudenberg　　1号隔离膜　　2号隔离膜　　3号隔离膜

图 7.10　不同的锂离子电池隔离膜在 160℃温度下静置 60min 后受热收缩的对比。

1 号隔离膜是 PE 湿法隔离膜，2 号是 PP 干法隔离膜，3 号是多层 PE/PP 隔离膜

为了模拟图 7.6 所示锂离子电池隔离膜的熔融状况，又对隔离膜样品进行了特别严格的测试 [4]，在测试中，用加热到 420℃的焊铁尖口放置在隔离膜上，时间长为 10s，触点面积为 0.126cm²。由于焊铁温度高于熔融温度，所有隔离膜都不出预料地展现出如下状况：在触点面积里，不光隔离膜熔化出了一个和焊铁尖口大小相适应的洞，而且洞周围的材料由于收缩向洞口明显回缩。Freudenberg 公司的隔离膜因为含有在测试温度条件下不会熔化的无机复合成分，所以没有烧穿成洞，因此隔离膜没有熔化（图 7.11）。

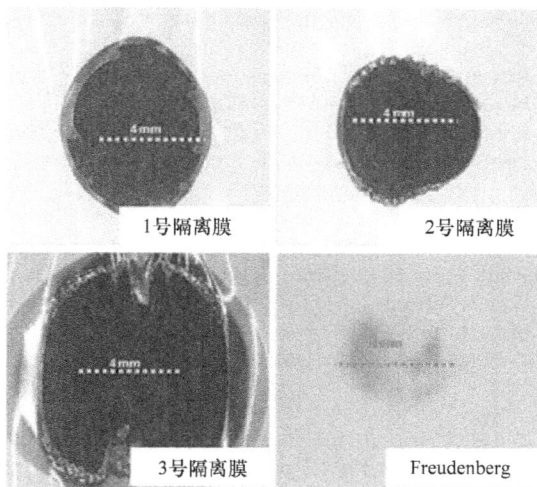

图 7.11　不同的锂离子电池隔离膜在焊铁测试中的热学状态的对比

7.6　总结

锂离子电池传统的隔离膜是聚烯烃薄膜，在消费电子市场上几乎完全都使用它。隔离膜的生产工艺有 2 种，一种是干法，一种是湿法工艺，湿法工艺包含了一

个用有机溶剂萃取的工艺步骤。这两种工艺都同样有一个拉伸的步骤，通过拉伸可以有目的地达到所需孔隙率和孔隙分布。

参 考 文 献

1. Anderman M (2011) Status of Li-ion battery technology for automotive applications. SAE international vehicle battery summit. Advanced Automotive Batteries, Shanghai
2. Baldwin RS (2009) A review of state-of-the-art separator materials for advanced lithium-based batteries for future aerospace missions. NASA/TM, S 215590
3. Barnett B, Sriramaulu S, Stringfellow R, Singh S, Ofer D, Oh B (2008) 25th International battery seminar and exhibit. Fort Lauderdale, Florida
4. Choi S, LG Chem (2009) AABC
5. DuPont. Dupont energain separators for high performance lithium ion batteries. http://www2.dupont.com/Energy_Storage/en_US/products/products_energain.html. Zugegriffen: 27. März 2012
6. Fujikawa M, Suzuki K, Inoue K, Shimada M (2006) Patentnr. US 11396646
7. Ganesh Venugopal JM (1999) Characterization of microporous separators for lithium-ion batteries. J Power Sources 77:34–41
8. Inagaki S (2011) SAE international 2011 vehicle battery summit. Lithium-ion battery materials trends, Shanghai
9. INERIS – L'Institut National de l'EnviRonnement industriel et des RisqueS (2011) Approche de la maîtrise des risques spécifiques de la filière véhicules électriques – Analyse préliminaire des risques
10. Kritzer P (2006) Nonwoven support material for improved separators in Li-polymer batteries. J Power Sources 161:1335–1340
11. Lee S-Y, Park P-K, Kim J-H (2009) Patentnr. WO 2009/066916 A2
12. Opel. Maximaler Einsatz für Ihre Sicherheit. http://www.opel-ampera.com/index.php/aut/ampera/how_use/safety. Zugegriffen: 27. März 2012
13. Orendorff CJ (2012) The role of separators in Li-ion cell safety. In: The electrochemical society interface summer 2012, S 61–65
14. Penth B, Hying C, Hörpel G, Schmidt F G (1998) Patentnr. EP 0946270B1
15. Porous Materials. Von Porous Materials. http://www.pmiapp.com/products/capillary_flow_porometer.html
16. Roth M, Weber C, Berg M, Geiger S, Hirn K, Waschinski C, et al (2010) Patentnr 2012/019626 WO
17. Roth PE (2009) The 26th international battery seminar and exhibit. Abuse Response of HEV and PHEV materials and cells. Fort Lauderdale, Florida
18. Roth M, Moertel R, Geiger S (2013) A new type of nonwoven separator. In: 5. internationale Fachtagung Kraftwerk batterie – Lösungen für automobil und energieversorgung
19. Schell W, Zhang Z (1999) Celgard separators for lithium batteries. In: IEEE (Hrsg) The 14th annual battery conference. Long Beach, California, S 161–169
20. Weber C, Roth M, Kritzer P, Wagner R, Scharfenberger G (2008) Patentnr. EP 2 235 766 B1
21. Yu W-C, Geiger M W (1999) Patentnr. EP 0715364B1
22. Zhang PA (2004) Battery separators. Chem Rev 104:4419–4462

第8章 锂离子电池系统的结构

Uwe Köhler

8.1 导言

电池系统的设计应该确保储能系统在汽车长期使用周期内高效可靠并且安全地运行。锂离子单体作为锂电池系统的基础元件，对于电池组结构有特殊要求。电池系统不仅包含电化学存储元件，它同时也包含各种机械、电气和电子部件，各类功能必须相互紧密协调匹配。电池管理系统（BMS）除了是一个电池的监视和控制单元之外，它也负责电池和车辆的数据通信工作。

电池系统的设计和构造应充分考虑其能量存储单元即锂离子单体的具体技术特性。通过合理的电气管理和热管理确保了锂电池单体可以长期安全可靠地运行。锂离子电池对错误操作的敏感性，对其电池管理系统在可靠性方面提出了极高的要求。

8.2 电池系统的构造

8.2.1 整体结构和模块化结构

在电池机械结构的构建中，人们需要分清楚两个概念，整体结构和模块化结构。

在整体结构中，所有储能单体、集电器、传感器等部件会被装配到一个单独的整体中，然后再在电池壳体内加入必要电路以及外围组件。

与之相反，模块化结构是将一定数量的单体连接成一个作为子单元的模块。该

U. Köhler (✉)

Johnson Controls - Advanced Power Solutions GmbH, Am Leineufer 51,
30419 Hannover, Deutschland
e-mail: uwe.koehler@jci.com

子单元可进一步组成构建更大的电池组。模块化设计的优点体现在组件组装的易操作性和后期电池系统的可维护性（易换性）。

整体结构的一个典型例子是图 8.1 所示的戴姆勒 S 级混合动力汽车 S400 的锂离子电池系统。该电池的核心是由 35 个圆柱形锂离子电池单体连接组成的。作为模块化结构设计的一个例子是福特 Ford – E – Transit – Connect 的锂电池系统，如图 8.2 所示。其电池系统由 18 个单独的模块组成。其中每个模块又包含了 12 个锂离子电池单体。整体结构一般只适合于相对较小的电池系统构建。在设计大型的电池系统时一般会由于前文提到的原因选择模块化结构设计。

图 8.1　整体结构的锂离子电池系统，戴姆勒 S400 混合动力汽车（戴姆勒公司授权使用）

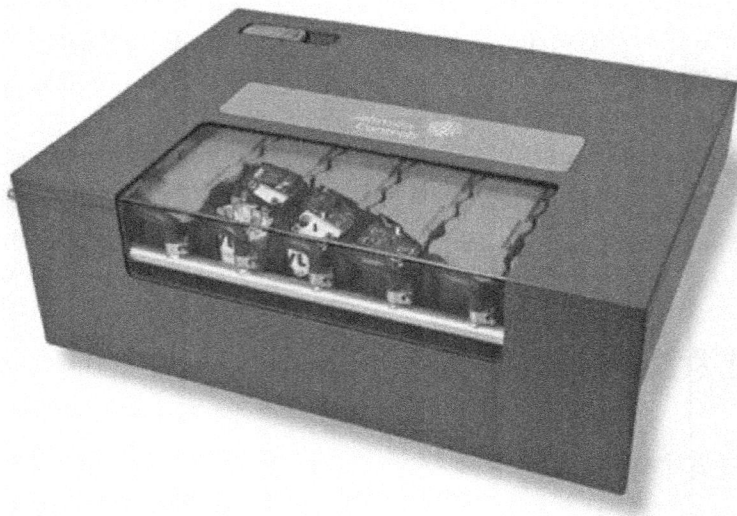

图 8.2　模块化结构的锂离子电池系统（Ford – E – Transit – Connect）

8.2.2　串联和并联

最简单的电池系统成组方式可以由一组一定数量的单体串联而成。这组串联电池单体的电压之和决定了该电池的电压。每个电池电压受其所选材料特有的电化学性质以及电极组合影响。如今电池单体电压范围一般为 2.2 ~ 4.2V。在电池系统内，每一个电池单体电压都位于被限定的上下允许电压区间内。故尤其当电化学系统采用较低单体电压时，其所需单体数量会更多，这会带来更高的系统开销。电压特性和系统特性使得锂电池单体也能够并联。由串联和并联两种方式组合使用可以提供多种组合来构建电池系统。

（1）电池单体先串联后再并联

这种成组方式是指两个或者更多个串联单体组并联而成。由于必须监测每一个单体电压，也就意味着这种成组方式会造成相对较高的开销。额外的开销来自于如何把单个电池串连接为一个整体。此外一个上层的电池管理系统也是必要的，它协调了各个电池串的功能。

（2）电池单体先并联后再串联

在这种成组方式中，单体先并联，这样同样的电压下，随着并联单体数量提高，容量相应提高。这样并联形成的电池组再串联。由于这种形式的单体会长期并联在一起，它们的电压可以一起监测。如果运行或静止时出现电压差，单体之间就自动开始电荷均衡，这样就调节为相同的电压水平和相同的荷电状态（译者注：严格来说，相同的电压水平并不能保证相同的荷电状态。这种电均衡方式是基于电压的自动均衡，不是基于荷电状态的均衡，不能保证达到相同的荷电状态）。由于监测设备的较低开销，这种先并联再串联的成组方式通常明显更简单且开销更低。但是，此种成组方式只适用于较低容量的电池单体。

8.3　电池系统的功能级别

电池系统以及其电池管理系统的功能要求主要涉及以下四点：

1）机械集成：机械集成是指各个部件如何机械整合成一个电池组。通过单个部件及其连接件的相应结构设计确保了电池系统在整个汽车生命周期内都能满足机械要求并且不丧失功能性和安全性。

2）电气管理：电气管理确保了汽车各种运行情况下电池系统的电气功能。电气功能除了最基本的为驱动车辆提供所需的电力之外，还包括外部充电，以及车辆行驶过程中的再生反馈充电过程。此外电池的电气管理还包括警示安全相关状态并触发对应措施，包括绝缘故障、短路、过热、过充电以及过放电等。

3）热管理：作为基于电化学的组件，锂离子电池的性能及其寿命非常依赖于环境温度。温度会限制充电和放电的电流负荷能力。受电化学电池动力学影响，低温时的放电功率明显降低。主要表现出来就是电池内阻增大以及大电流时缩减的放电容量。在低温情况下，必须限制充电电流大小，一方面是因为内阻增大，另一方面是因为负极上电荷接受能力受限。当超过最大允许的充电电流则可能会导致负电极表面上金属锂析出。由于"锂解析"会直接损坏电池单体的容量和性能，所以可靠地控制温度和充电电流是非常重要的。

锂电池单体的老化一般来说非常取决于温度。因此必须维持电池温度在合理的范围内。在设计电池热管理系统时需要确保有效地导出所产生的热损。

4）电池与汽车的通信：作为电动汽车最重要的系统组件之一，电池会直接集成于电动汽车的电气系统中。这就需要电池系统和汽车之间持续进行数据交换，这对于汽车和电池正常运行都是十分重要的。信息交换涉及实时数据，如荷电状态、功率、电流接受能力、内阻等。以及非常重要的与安全相关的信号，其保障了在发生故障的情况下整个系统的安全。

8.4 系统架构

锂离子电池系统的基本系统结构如图 8.3 所示。图内详细标明了主要系统组件及它们的功能说明。

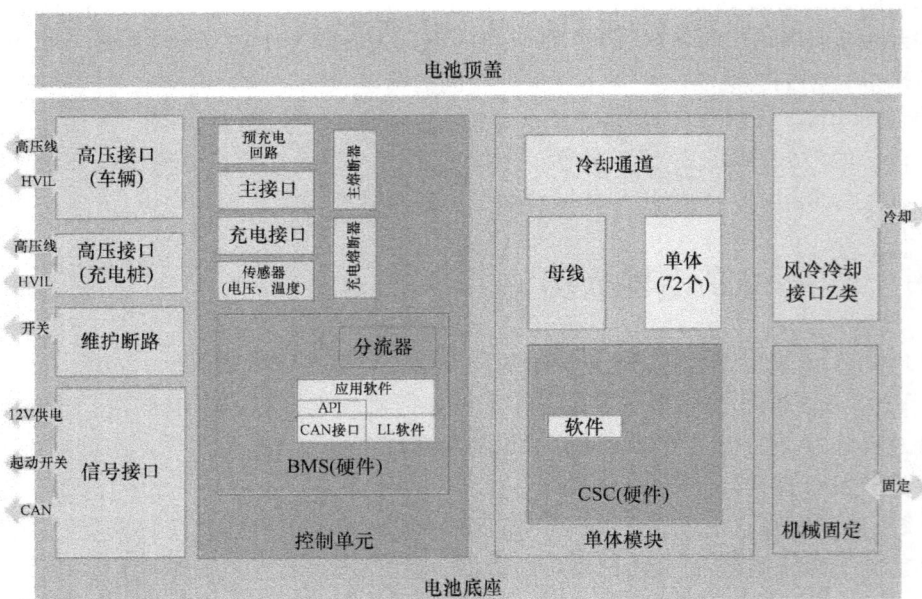

图 8.3 锂离子电池系统的系统架构

1）含有电化学储能单元的单体模块：单体模块包括了电化学存储单体，它是电池系统的核心组件。电池系统构建的任务是使电池能发挥最佳功能。单体通过集电器系统互相连接。在单体块内一般会集成热管理系统。对于风冷系统而言，是指设计相应的导流槽，流入的空气流过单体的表面，带走热量，经由设计好的排风口排出。液冷系统中，流动着冷却液体的热交换装置被放置到与单体紧密机械接触的位置。热循环中的冷却液从电池单体吸收热量并通过外部热交换装置排出到外部环境中。通常来讲热循环所用的液体是水 – 乙二醇混合物。高级应用要用到热交换系统，这就要采用特殊冷却液和空调的压缩机。

2）监测组件：电池监测系统包括用于监测电池和其子单元以及车辆部件所必需的组件。监测组件包括用于测量单体及模块电压的电压计，用于在模块特征点和冷却系统测量温度的温度计，还有记录电池电流的电流计。

单体电压和温度会通过单体监控电子装置（CSC，Cell Supervisory Circuits）来获取。不同供应商在设计这部分功能和选择安装位置时有很大不同。

如图 8.4 和图 8.5 所示的由江森自控生产的锂电池模块图中，其单体监控电子装置（CSC）直接集成到单个模块中了。

图 8.4　集成单体监控电子装置和冷却系统的高功率圆柱形锂离子电池模块（江森自控）

图 8.5　集成单体监控电子装置和冷却系统的高能量方形锂离子电池模块（江森自控原型）

锂离子电池系统中的每个单体电压都需要被监视，因为过电压和欠电压都是安全相关并且有可能缩短电池寿命。单体监控电子装置（CSC）将测量数据经由系统内部数据总线转发到电池监视单元（BMU，Battery Monitoring Unit），在此这些测量量被用于分析出电池当前状态，如功率特性。

电流是一个非常重要的测量量。由电流积分得来的电荷流量可以用于确定电池荷电状态。确定当前电流最常用的方法是：在电流回路上安装一个精密电阻（Shunt，分流器），通过测量分流器上的电压差来间接计算出来电流大小。根据具体应用情况，电池中也可使用其他传感器。比如在使用液冷的电池系统中，常常需要使用湿度传感器。

3）控制元件。主动控制的核心部件是电池监视单元[⊖]（BMU，Battery Monitoring Unit），在此会细致处理单体监控电子装置（CSC）的信号。通过这些数据会确定对电池运行非常重要的电气数据，例如，即时 SOC，最大充放电功率以及最大充电能力。此外，电池管理系统也控制了电流回路中电池端功率继电器（主开关）的开合。过电流保护可看做是一个被动控制元件。电池系统内配备有一个或多个熔断器，当通过电流超过电池管理系统可控范围时，熔断器会断开电流回路。

4）接口：接口是指那些从电池端到车辆端所需的设备和部件，通过它们可进行电力传输、数据通信，以及连接车辆冷却液供应系统。对于电气系统而言，这包括用于电池充放电的高压接口，以及所属的数据传输电子设备。一个附加的安全措施（尤其是对维护的安全）是一个常从外部操作的电气端口（维护开关 Service Disconnect）。从而电池可较为容易地从外部电路中断开连接。

数据传输接口有着特殊的意义。其上运行着电池系统与车辆电气控制系统之间的数据通信。数据的类型和范围由具体车辆决定。从电池端向车辆端发送的典型信息有：电池的荷电状态，功率性能，运行温度。此外还包括安全相关信息，如电气绝缘电阻等。反之，电池端也从车辆端接收对于其自身功能重要的信息。这些信息包括电池启动和关闭步骤，以及紧急情况发生时立即中断运行的信号。这种紧急情况的一个例子是：若碰撞信号出现，电池应立刻断路。

5）电池壳体和固定系统：电池壳体作为电池系统有源和无源组件放置的场所，对电池的功能性、安全性以及耐久性有着至关重要的影响。它为敏感元件提供一定程度保护，使其免受环境的有害影响，如水、湿气和粉尘，对其长期安全可靠运行是非常关键的。由于动力电池通常安置在汽车驾驶舱外，一般在车底部区域，电池壳体会直接接触极端环境影响，包括温度、湿度、溅水、盐雾、粉尘、石子打击等。因此对电池壳体来说，在恶劣条件下高机械稳定性和强抗腐蚀性是非常关键的。

⊖ 译者注：电池监视单元也称为 Battery Management Unit（电池管理单元），Battery Management Controller（电池管理控制器），Storage Management Electronic（电池管理电子单元）等。

除了大体上涉及壳体表面或壳体气密性的环境影响外，特殊的车载条件下电池系统的内部和外部固定系统必须能经受高机械负荷和热负荷。在设计和构建整个系统时，必须确保该电池系统在其整个生命周期内没有功能受限并能安全运行。为此，其力学性能需要由汽车制造商提供的机械负荷工况（振动、冲击）工况全面验证。

8.5　电气控制架构

图 8.6 展示了基于模块化结构的锂离子电池系统中的电气控制架构的基本原理图。如上文已经描述的，电池单体模块由单体本身和电子监测组件构成。该模块电气连接由功率继电器和功率插头系统来完成。通过闭合功率继电器（主继电器）建立电池至车辆的电驱动系统的连接。

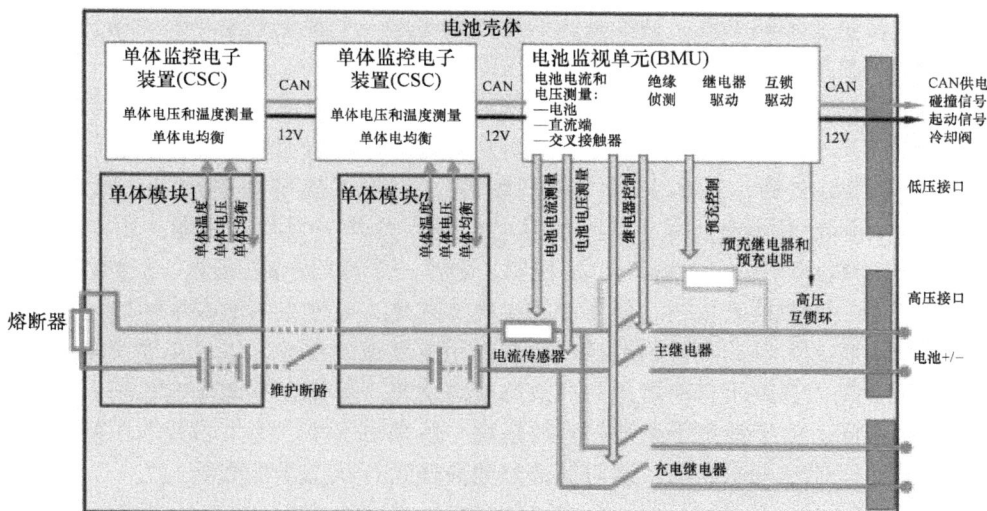

图 8.6　锂离子电池系统的模块化电气架构

电池模块以及其测量和控制元件与电池监视单元间的内部数据传输是通过内部数据总线（专用网，Private Network）来完成的。电池控制电子组件的供电是由汽车内 12V 电气系统来提供的，它可独立于锂离子动力电池组来工作。电池管理系统主动控制以下电池子系统：

1）功率继电器：BMS 控制着功率继电器，它连接高压插头。为安全起见，一个高压电池配备有两个功率继电器。一个继电器位于电池连接端口的正极和电池外部接口正极之间，另一个位于电池负极和电池接口负极之间。在连接电池电压到电源插头时，一个继电器会先闭合，此刻另一个继电器会预充至电池运行电压水平。这避免了功率继电器直接接入超高系统电压。这会损害它们的长期耐久性。

闭合过程和断开过程本身是由车辆要求和电池系统的设计所决定的技术必要性决定的。只有当电池系统技术上完全满足运行要求且没有故障的状态下，它才会接入整车。在任何故障（绝缘、短路、单体损坏等）出现的情况下，电池系统会被阻断。根据这个可能的故障等级，电池可能立刻从运行状态完全断开，或者延时断开。

应用 HVIL 高压互锁电路（High Voltage Interlock）是一个对于电池系统以及整个车辆系统都非常重要的安全措施。当电池或汽车高压系统中任何位置断路时（例如，因为导线连接断路而触发），HVIL 会负责立刻自动断开功率继电器，从而使电池端口无电压。

2）热管理系统：由电池管理系统检测到的温度将用于冷却系统的控制。在液冷系统中，与控制相关的量是冷却液流量和冷却液温度。在风冷系统中，风扇的功率和空气流量会影响温度。液冷系统的散热可通过一个置于电池外部的热交换器来完成，也可使用一个基于制冷剂的空调压缩机系统来完成。

通过适当流体回路设计也可以将流体回路用于加热电池。这在环境温度很低的情况下是特别有用的，因为电池可以通过这种方式更迅速地进入到最佳运行范围。

3）电均衡电路：在 8.4 节"监测组件"中描述的单体监控电子装置 CSC（Cell Supervisory Circuit）除了具有测量之外还有另外一个有效功能。由电池监视单元 BMU（Battery Monitoring Unit）控制，通过一个专门电路实现，电池组内的所有单体保持一致的荷电状态。最简单的实现方式是，电池组内所有单体以其中最低的单体荷电状态为目标有目的放电。通过使用更复杂的技术，也可实现单体之间电荷的重新分配，直到所有单体达到一致的荷电状态。单体在不同荷电状态下一般自放电率也不同。由于锂离子电池的自放电率一般来讲很小，绝大多数的厂商选用了被动方式，以保证电荷均衡，这对保证电池最佳运行状态非常重要。

8.6　在电动车辆上的几何安装和操作

设计和构建一整套电池系统除了需考虑电池系统内每个元器件的技术需求外，更需考虑该车辆本身的条件。尤其是可供电池系统安装的空间非常重要。在设计电池时，应充分利用可用空间，让电池系统完美集成于车辆，使之既尽可能占用少的空间，同时也能顺利融入车辆的安全架构中。

如何做到这一点，可见图 8.7 所示的欧宝（Opel Ampera）电池系统的例子。这个电池系统的设计充分利用了车辆上所有可能的空间。它使用了一个模块化的设计，应用了一定数量的方形锂离子电池（软包）连接成模块。这个子单元是构建整个如图所示整体系统的基础，此电池系统最终会与其他元件仪器被安装至整车环境内。

图 8.7　欧宝 Ampera 的锂离子电池系统（该图片得到欧宝公司的许可）

参 考 文 献

1. Westbrook MH (2001) The Electric Car, IEE Power and Energy Series No. 38. London
2. Naunin D (Hrsg) (2004) Hybrid-, Batterie- und Brennstoffzellen-Elektrofahrzeuge. Expert-Verlag, Renningen
3. Park J-K (Hrsg) (2012) Principles and applications of lithium secondary batteries. Wiley VCH, Weinheim
4. Aurbach D (Hrsg) (1999) Nonaqueous electrochemistry. Marcel Dekker Inc., New York
5. Wakihara M, Yamamoto O (Hrsg) (1998) Lithium–ion batteries – fundamentals and performance. Wiley-VCH, Weinheim
6. van Schalkwijk WA, Scrosati B (2002) Advances in lithium-ion batteries, Kluwer Academic/Plenum Publisher, New York
7. Bergvald HJ, Kruijt WS, Notten PHL (2002) Battery management systems – design by modelling, Bd 1. Kluwer Academic Publishers, Dordrecht
8. Jefferson CM Barnard RH (2002) WIT-Press, Southampton

第9章　锂离子电池单体

Thomas Wöhrle

9.1　导言

锂离子电池技术与日常生活日渐相关，已成为生活中必不可少的一项技术。如今市场上许多设备都选择锂离子电池作为能量驱动源。在下面的章节中将讲述锂电池的发展历史、单体材料、电极、设计、市场调查、应用、技术、需求以及未来的发展趋势。

锂离子技术的发展是复杂且跨学科的。电化学和材料科学的知识在电池研究领域固然必不可少，但为了开发出稳定的锂离子电池，并能使用稳定的生产工艺量产成符合市场标准的产品，人们还需要固态化学（活性物质的结构和反应原理）和有机金属化学（嵌锂和石墨）以及技术化学（混合工艺、升级和流变）的相关知识。

9.2　电池系统的发展史

1800 年左右，意大利科学家沃尔特第一次描述了电池。1860 年左右，铅酸电池被发明，并通过进一步发展于 1880 年正式走向市场。图 9.1 显示了当今仍然存在于市场上的各种电池的发展历程。相比之下，锂电池技术仍然是一个相对年轻的技术。于 1960 年中期锂原电池（一次性电池）才被作为产品在市场上推出。20 世纪 70 年代，科学家们忙于研究基于锂离子嵌套的电极。锂钛硫化物（在 TiS_2）曾被建议作为嵌套电极的配对使用。嵌套是指在层状或管状结构中存储离子或小型颗粒。之后于 1990 年推出的可充电锂金属电池因为安全问题导致了失败。索尼在 1991 年推出了所谓的锂离子电池的嵌套设计并推向市场。锂离子这个名称被特意

T. Wöhrle (✉)
Robert Bosch Battery Solutions GmbH, Postfach 300 220, 70442 Stuttgart, Deutschland
e-mail: twoehrle@t-online.de

选择，因为负极没有采用金属锂。索尼的专利可以追溯到 Goodenough 关于正极的专利和本身的碳电极专利。索尼锂离子电池是在正极采用锂钴氧化物（钴酸锂），在负极使用无定形碳。这种单体被用于典型的消费类产品（摄像机等）。

在图 9.1 中分别列出电池发展历史的重要里程碑。其中列举的电池系统，有些早已存在于市场上多年，有些甚至是直到今天仍然在使用的：铅酸起动蓄电池、锌碳原电池（例如，圆柱形的 AA – 和 AAA 电池，可用于如手电筒等）、碱锰电池、圆形单体（可用于相机、遥控器等）和镍氢电池（可用于剃须刀、固定电话等）。

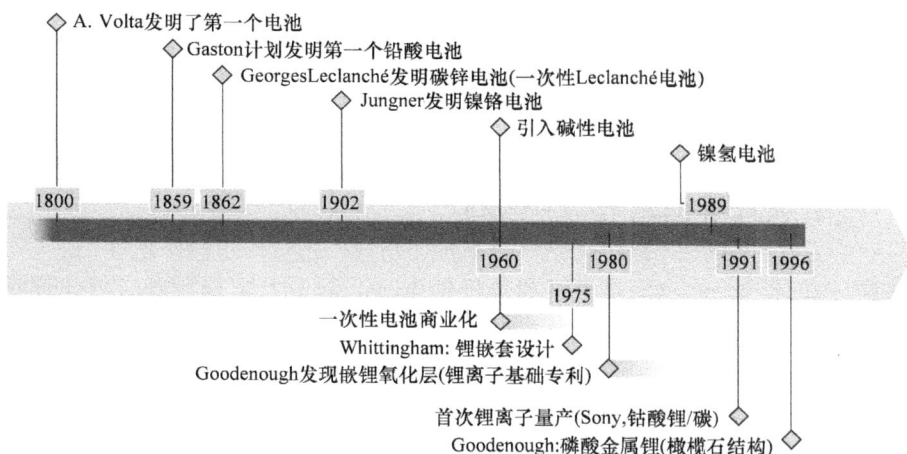

图 9.1　电池发展的里程碑

锂离子技术的基础是嵌套原理，如图 9.2 所示。在锂离子电池中，电解质不像在铅酸蓄电池里一样参与化学反应，而是锂离子通过其嵌入和脱嵌两极的晶格以实

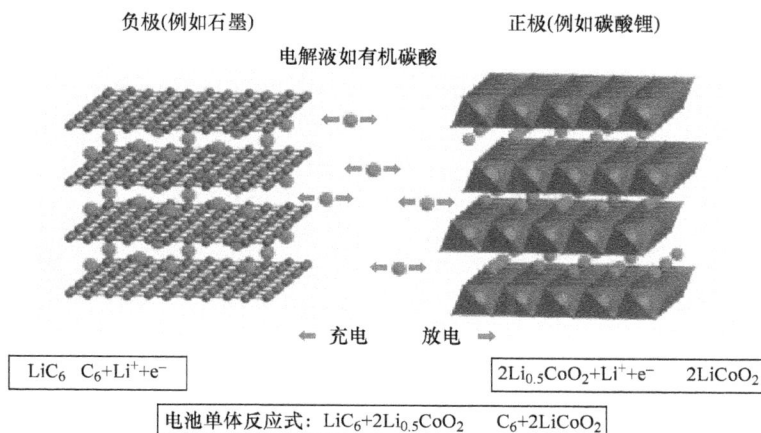

图 9.2　锂离子单体：锂离子来回移动的嵌套过程

现充放电的可逆过程。这种方式也被称为"摇椅"原则。因此锂离子电池在正极和负极都需应用嵌套材料。

如图 9.2 所示，以一个以石墨作为负极材料和二氧化锂钴（$LiCoO_2$）作为正极材料的锂离子单体为例，从而说明锂离子电池的充放电的嵌套原则。溶于有机碳酸酯的锂六氟磷酸盐（LiPF6）作为锂电解质盐使用，当电池充电时，锂离子从锂钴氧化物中脱嵌，通过电解质浸润的隔膜，移动到石墨层内嵌入。在放电过程中的脱嵌和嵌入过程与之相反。

锂离子技术取得成功是由好几个方面的原因决定的。锂离子与钠或钾离子相比更小，并且在不同的氧化物正极材料中能更快速地移动。此外，与其他碱性金属相比，锂离子能够在石墨或硅中可逆地嵌入和脱嵌。另外，还有一个原因是嵌锂石墨电极能达到很高的电压。

9.3 锂离子电池中的活性材料

锂离子单体的外部电压是正极和负极的电位。除了上文提到的二氧化锂钴/碳材料的电极组合方式，锂电池单体还可以选择丰富的正负极材料组合方式。

图 9.3 的纵坐标显示了该材料相对于 Li/Li^+ 的参考电位，其横坐标标示了该材料的比容量（$A \cdot h/kg$）[2]。

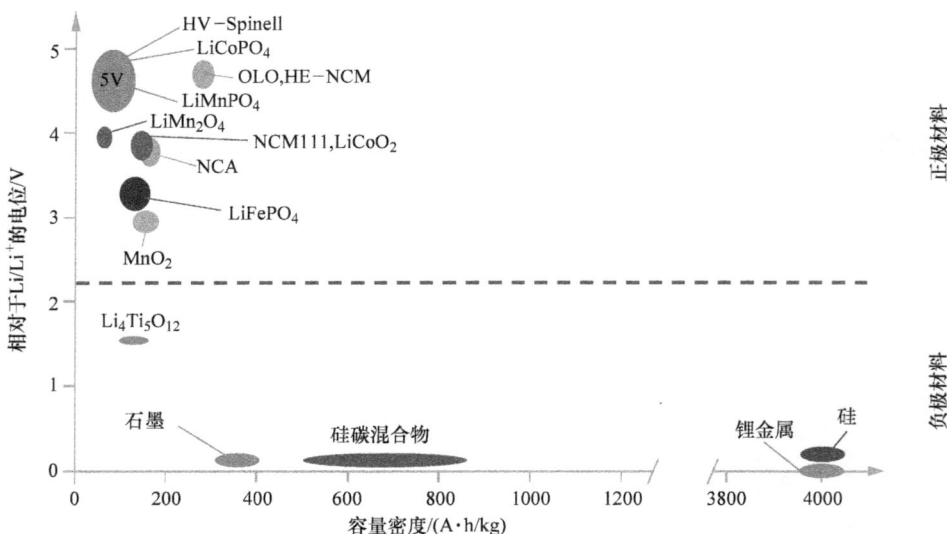

图 9.3 锂离子电池各种正负极材料的电位和能量密度。图例和缩写分别为：HV - Spinell（高压尖晶石）；$LiCoPO_4$（磷酸锂钴）；OLO（Overlithiated 氧化物）；HE - NCM（高能量 NCM）；$LiMnPO_4$ 中用（锂磷酸锰）；锰酸锂（锂锰尖晶石）；$LiFePO_4$（磷酸铁锂）；NCM111（$LiNi_{0.33}Co_{0.33}Mn_{0.33}O_2$）；NCA（$LiNi_{0.8}Co_{0.15}Al_{0.05}O_2$）；$MnO_2$（二氧化锰）

在传统的电池系统中，例如铅酸电池、镍镉电池以及镍金属氢化物电池，都是仅基于一种固定化学系统而设计的。而在锂离子电池单体中，可以加入不同的活性材料。

使用了不同的活性物质，不同的单体电压也不同。例如，以锂钴氧化物和碳材料组成的锂离子单体比磷酸铁锂（$LiFePO_4$）和钛酸锂（$Li_4Ti_5O_{12}$）组成的单体具有更高的单体电压。

锂离子单体会被设计成近似均衡，也就是正负极的可逆容量相等。

一个电池单体的能量是通过计算该单体的标称容量（A·h）和平均放电电压（额定电压（V））的乘积来得到的，它的单位是 W·h。质量能量密度和体积能量密度是电池的重要参数，它们表征了该电池中单位质量或者单位体积的可用电能，单位分别是 W·h/kg 和 W·h/L。从图9.3能看出，原则上通过使用具有较高的单体电压的材料或拥有更高容量密度的材料，可以造出能量密度更高的电池单体。

由锂金属氧化物（例如，$LiCoO_2$）和石墨组成的锂离子单体的优点是，所有的活性材料都在稳定状态下对电极反应。首先，该单体在制造完成后处于未充电状态（0V），必须先被经过化成才能成为可用状态，锂离子电池将被第一次充电。在第一次充电时在石墨和碳这极有一个特别的反应，在颗粒表面上会形成一层保护层（SEI 固体电解质界面⊖）。这里锂被"耗尽"，将不再参与循环 [3]。

9.4 锂离子电池中的非活性材料

为了让锂离子电池成为一个完整的电池，除了电极等参与反应的材料外，还必须使用一些所谓的被动材料（"非活性材料"）。表9.1列出了这些材料的名称并对其功能进行了简短说明。

表9.1 锂离子电池非活性材料举例

材料	功能
炭黑	电极导电剂
导电石墨	电极导电剂
电极粘合剂（有机可溶或水溶）	粘合正极材料和导电剂，电极和金属集电器
隔膜	通过薄膜隔离电极
电解质锂盐	事实上的电解质：通过在有机溶剂中的盐的分解实现锂离子的传导性。基本上使用锂六氟磷酸（$LiPF_6$）

⊖ 译者注：也称为"固体电解质中间相"或"固体电解质界面膜"。因为该膜充当电极和电解质之间的中间相，具有固体电解质的性质，只允许锂离子自由通过，而对电子绝缘。

（续）

材料	功能
电解液溶液	溶解并分解锂电解质锂盐，大多使用有机溶液如乙烯碳酸酯（EC）或碳酸二乙酯（DEC）
铝集电器	导出阴极（正极）电流
铜集电器	导出阳极（负极）电流
壳体和封装材料	避免潮湿侵入和溶液流出

9.5 壳体以及封装类型

无一例外，如今在市场上所有的锂离子电池单体外壳或包装材料全部是基于金属的。金属能隔绝湿气的进入，从而防止其电解质盐 $LiPF_6$ 水解成氢氟酸（HF）。此外，也阻断了溶剂从单体内通过扩散泄漏到外部。只有金属能有这个功效。一个纯粹基于塑料的外壳是无法使用在锂电池单体上的，因为任何塑料（即使是聚丙烯）都是渗水的，而且也不能阻断某些有机溶剂的扩散。目前市场上常见锂离子电池的外壳和包装类型如图9.4所示。

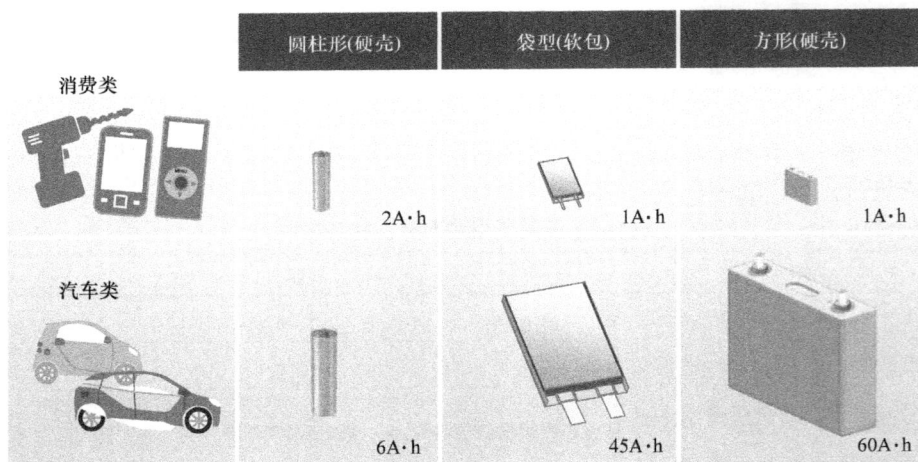

图9.4 现今锂离子电池的各种壳体和封装

金属硬壳通常由铝和不锈钢制成。单体的软包是由多层高抛光铝膜层叠而成的；比如市场上常用的单体软包层为：聚酰胺（25μm）/轧制铝（40μm）/聚丙烯（50μm），各层层叠而成。

1991年，索尼公司在市场上推出了圆筒形电池，它有一个不锈钢的壳体。18650圆形单体是一个市场上使用最广泛的标准型电池单体。因此，生产它要比生产其他类型的单体便宜。18650 特别多地应用于笔记本电脑和电动工具。图 9.5 示出了其圆柱形形状和外部尺寸。

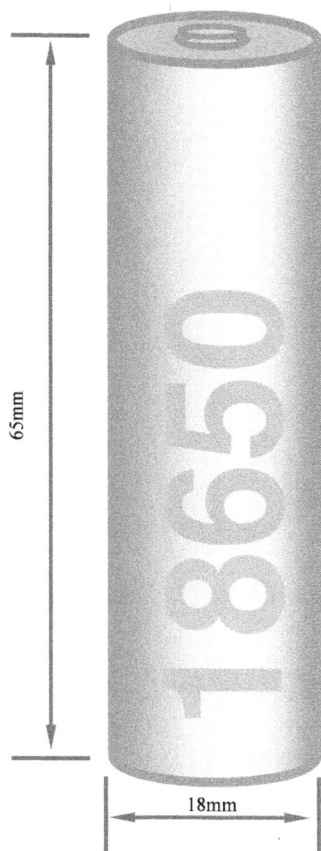

图 9.5　圆柱形 18650 单体（18 对应于直径为 18mm；650 对应于长度为
650 个 0.1mm，即 65mm）

9.6　锂离子电池制造商的全球市场份额

直到今天，几乎所有的锂离子电池单体都是在亚洲生产的。大约有一半的单体在日本生产。图 9.6 中列出了主要的锂离子电池制造商，以及他们在全球市场的份额。这个总结包括了圆柱形硬壳电池、方形硬壳电池和袋状软包电池。

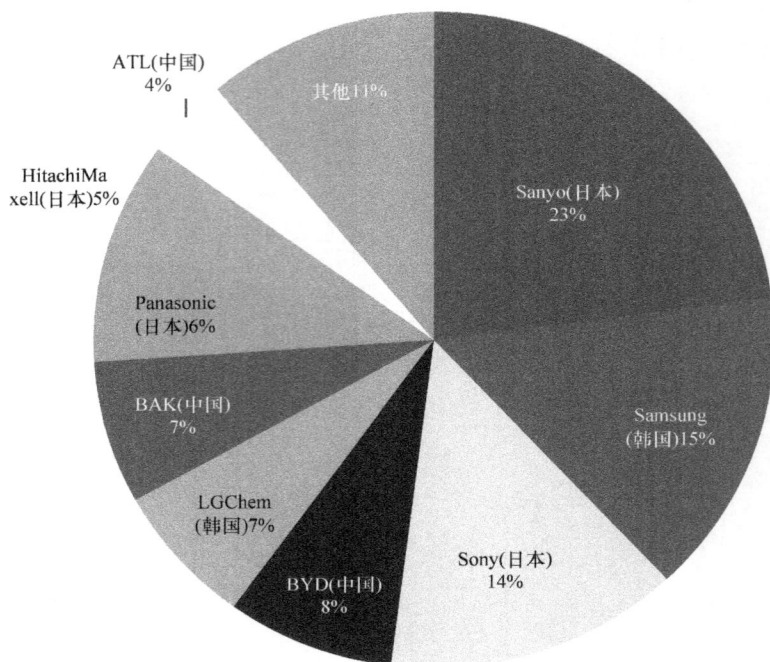

图9.6　可充电式锂离子电池全球市场的份额分布（2010 版，[4]）

9.7　锂离子电池单体的内部构造

锂离子电池单体的内部构造有圆柱卷绕式、方形平卷式和软包叠片式（图9.7）。

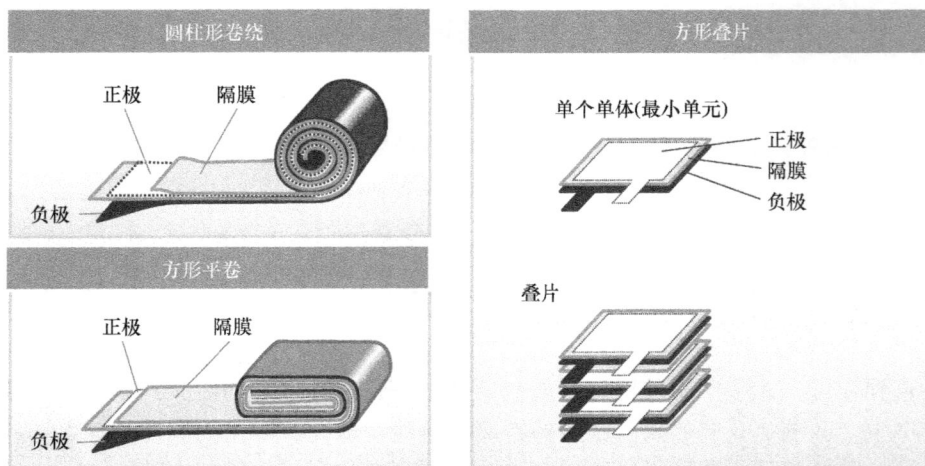

图9.7　圆柱卷绕式（左上）、方形平卷式（左下）和叠片式（右）电池内部构造

20 世纪 90 年代中期，三洋公司生产了基于铸铝材料的方形硬壳，单体内部就是方形平绕式。2000 年左右，袋状单体（软包）开始投入消费市场；软包内部可以选择平绕结构或者叠片结构（表 9.2 和表 9.3）。

表 9.2　消费类锂离子电池壳体和内部结构的组合

单体壳体	形式	经典应用	生产商
圆柱（硬壳）	卷绕	笔记本，电动工具	Samsung SDI, Sony, Sanyo
方形（硬壳）	平卷	电话	Samsung SDI, Sanyo
袋装（软包）	平卷	电话，iBook，轻薄型笔记本，iPad	Sony, Samsung SDI
袋装（软包）	叠片	MP3 播放器，智能手机	Varta, ATL China

表 9.3　汽车锂离子电池壳体和内部结构的组合

单体壳体	形式	经典应用	生产商
圆柱（硬壳）	卷绕	混合动力电动汽车，如 Mercedes S400	Johnson Controls SAFT
方形（硬壳）	平卷	插电式混合动力汽车	SB LiMotive GS Yuasa Japan
方形（硬壳）	平卷	电动汽车	SB LiMotive GS Yuasa Japan Panasonic
袋装（软包）	叠片	电动汽车	LG Chem, SK Innovation Korea NEC/AESC

另外，锂电池还有一个小众产品那就是纽扣电池。这些纽扣电池一般小批量生产，比如可以应用在蓝牙设备上。

9.8　锂离子电池单体的生产

制造过程包括以下步骤：电极配料准备，切割滚轴涂料，安装正负极和隔膜，注入电解液以及化成。图 9.8 示出内部结构为平卷的方形硬壳电池单体 [5] 的生产顺序。

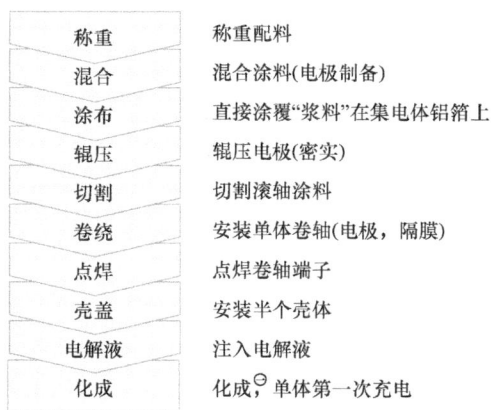

称重	称重配料
混合	混合涂料(电极制备)
涂布	直接涂覆"浆料"在集电体铝箔上
辊压	辊压电极(密实)
切割	切割滚轴涂料
卷绕	安装单体卷轴(电极，隔膜)
点焊	点焊卷轴端子
壳盖	安装半个壳体
电解液	注入电解液
化成	化成，⊖单体第一次充电

图 9.8　锂离子电池单体生产流程 [5]

⊖　译者注：化成可能多次循环完成。

生产层叠结构的电池单体时，只是把层卷换成由电极和隔膜组成的层叠来生产，其余的生产步骤与上面所描述的过程相同或非常相似。

9.9 对锂离子电池单体的需求

对于锂离子电池单体的需求可以是各个方面的。这些需求可以是：能量密度、成本、安全特性、尺寸、重量、最大电压、快速充电能力、充电或放电功率。在一般情况下，一个电池单体是根据客户需求而开发的。

如开发一款消费用锂离子单体，必须可以用 USB 接口 5h 充满电，和需要 1h 充满电的手机电池相比，可以设计更厚的电极和相同电化学材料。

对于汽车应用的锂电池产品开发更复杂。这里有各种各样的需求，比如冷起动性能、最大速度、所需的功率、所需里程、低成本以及满足安全性试验要求。这些需求必须同时满足。因此在设计汽车应用电池时，所有单体材料、电极和电池构造必须非常谨慎地选择。通常情况下，在电池单体这个层面上还需要额外加入安全元件（如防爆阀、过充电保护元件和熔丝）。另外，车用锂电池单体常在电极和塑料隔膜上应用一个薄陶瓷层，当隔膜发生故障时起额外的保护作用。常常提及的和锂离子电池竞争的燃料电池并未在市场上显露，在 ［6］ 中将锂离子技术与燃料电池的技术进行了比较。

9.10 展望

由于汽车行业对于锂离子技术的需求，锂离子技术在化学材料、结构设计，以及生产过程等方面会进一步改善，从而降低成本。

对于目前市场上的电池单体，基于当下能使用的材料和包装形式（硬壳、软包）来讲，能量密度几乎已经做到极致了。因此要提高单体的能量密度，只能通过使用较高的比容量或更高电位的活性材料来实现。在未来几年里，很有可能在市场上会出现在负极使用碳硅混合物以取代石墨的新型单体。在这碳硅混合物中即使硅只占 10%（质量分数），也能使得比容量达到 $700mA \cdot h/g$，这个数字是以用石墨作为负极的两倍。

在正极材料方面，目前发展的主要是高能的三元材料 NCM，以及过锂氧化物 OLO（Overlithiated oxides）。这种活性物质对石墨平均放电电压约为 3.5V，具有约 $280mA \cdot h/g$ 的比容量。另外一个正极材料的方向是高电压尖晶石，它有 4.6V 左右的平均放电电压和 $130mA \cdot h/g$ 的比容量。对于以上这两种提到的材料，在它们被应用到电池单体之中之前，必须先研究出来电化学稳定的电解质配方。

考虑到安全性能方面，比目前使用的聚烯烃在热和电化学方面更稳定的隔膜材料也在进一步开发，比如使用聚酰亚胺系膜。另一个聚烯烃隔膜的替代品也可以是具有更好的热和机械稳定性的聚酯系膜。除此之外还有一个研究设计，通过在隔膜上涂覆陶瓷薄层来提高隔膜的热和力学行能。

参 考 文 献

1. Goodenough JB, Mizushina K, Wiseman JP EP0017400B1
2. Tarascon JM, Armand M (2001) Issues and challenges facing rechargeable lithium batteries. Nature 414:359−367
3. Winter M, Besenhard JO (2011) Lithiated carbons. In: Daniel C, Besenhard JO (Hrsg) Handbook of battery materials, Kap. 15, 2. Aufl. Wiley-VCH, Weinheim
4. CGGC (2010) basierend auf (METI, 2010; NEDO, 2009)
5. Fink H, Fetzer J, Wöhrle T (2010) Production of automotive Li-ion batteries. In: WGP-Tagung, Erfurt, 06 Mai 2010
6. Ilic D, Holl K, Birke P, Wöhrle T, Birke-Salam F, Perner A, Haug P (2006) Fuel cells and batteries: competition or separate paths? J Power Sources 155:72−76

第10章　锂电池系统的密封和橡胶部件

Peter Kritzer und Olaf Nahrwold

10.1　导言

锂电池在消费品市场上，如移动电话、计算机、数码相机和 MP3 播放器占据了主导地位。为了给这些设备提供电源，每年制造了远超过 10 亿个的锂电池。在汽车上第一个批量使用的锂电池系统是由戴姆勒股份公司在 2009 年推出的 S400 混合动力汽车。第一个基于锂电池的纯电动汽车也于 2011/2012 投入量产。消费应用类和汽车应用类锂电池的主要差别列于表 10.1。

表 10.1　锂电池在消费电子和汽车应用的典型差异比较（均为典型值）

	电池在消费电子的应用	电池在汽车的应用
电池系统重量	<0.1kg	>100kg
电池容量	1A·h	>20A·h
电池系统容量	0.002~0.02kW·h	HEV：1kW·h；EV：>15kW·h
系统电压	3.6~11V	>>100V
最大放电电流	<1A	>100A
最大充电电流	<1A	50A
工作温度	0~40℃	-40~+80℃
环境条件	粉尘；有可能的溅水	污泥，油，水，振动
典型要求寿命	3 年	>10~15 年
典型允许故障率（单体）	0.1%	<<1×10^{-6}

由于使用中需要更大能量和电流，所处的环境条件更为苛刻，以及对寿命和故障率有更高要求，因此汽车必须配备更为"高品质"的电池。密封组件可以而且也必须显著有助于满足这些高要求。

下面将探讨电池单体和电池系统里的重要的密封组件。

P. Kritzer (✉) · O. Nahrwold
Freudenberg Sealing Technologies GmbH & Co. KG, 69465 Weinheim, Deutschland
e-mail: peter.kritzer@fst.com

10.2　单体的密封件

电池单体密封件的任务就是保证单体内部的自身密封以及两极之间的电绝缘。因此密封组件必须相应地具有电绝缘的功能。

所使用的密封组件首先必须相对于有机电解液要具有化学稳定性。此外，密封组件必须在整个寿命期间不会发生在电池电解液中溶解的情况。因为长期使用时这可能会对单体电化学上产生负面影响。

目前通常用于有固定外壳的单体的密封组件是热塑性材料，如聚丙烯、聚酰胺（PA 12）和全氟烷氧基聚合物（PFA）。这种非弹性材料的潜在弱点是它们的置位特性。基于此特性，电池单体的长使用寿命要求再加上和典型的汽车振动可能导致密封材料的泄漏，对密封材料提出了极高的要求。有一些解决方案，如特别开发的聚烯烃弹性三元乙丙橡胶（EPDM）用于单体密封材料，即使在上述工作环境下，也可以对穿透壳体的端子在寿命周期内提供可靠的密封。

10.3　电池系统的密封组件

基本提示：通常大型电池系统，例如电动车辆所用的动力电池，由约 50 ~ 1000 的单体组成。其中通常又由 10 ~ 20 个单体组成模块，放置在电池外壳内。

系统的主要密封组件是壳体密封条、电子器件密封件（插头密封件，套管密封件），以及冷却回路（穿孔密封件，连接件密封件）。此外，还有一系列密封条周边组件如传质和非传质压力补偿元件、系统泄压阀，以及单体和电池系统的支撑系统。

所有密封件必须在长于系统生命周期的时间内有效地密封电池内部，以防止油溅和水溅污染。通常在汽车行业，电池外壳至少要求防护等级 IP 67（ISO20653：2006 – 08）。相应的，电池外壳必须要防尘而且在 0.1bar 的外部持续水压下至少密封 30min。像所有的汽车组件一样，该电池盒和其组件是暴露于油污染中的。

此外，接触泄漏电解液的组件，必须至少在短期内能够抵抗这种介质。还有一个重要的要求是组件需按照汽车行业标准生产，如国际汽车特别工作组的标准 ISO/TS 16949（IATF）。

外壳密封：电池外壳通常需要重复打开，这样可以方便修理如松散的电气连接件或者泄漏的冷却导管。根据外壳在车辆所放位置不同，对其要求如机械稳定性、密封性，以及耐热性也不同。此外密封设计必须考虑外壳材料、可能的外壳扭曲以及表面特性等。另外不同的计划产量也决定不同的要求。

量产需要优化过的和外形化的密封条方案，这要优化考虑到材料、表面特性，以及公差补偿等因素。在这种情况下，在不损害密封功能的条件下，尽可能减少螺栓数目就很重要。可将特殊的凹槽或销钉作为辅助安装集成在密封件中。因为需要大型设备或工具，这种优化的密封设计特别适用于批量生产（大于约 5 000 件）。小批量生产可以先使用样品制造工具生产，样品制造工具虽然耐用度低，但成本也低。图 10.1（左）为用于电动汽车电池的优化量产外壳密封设计。

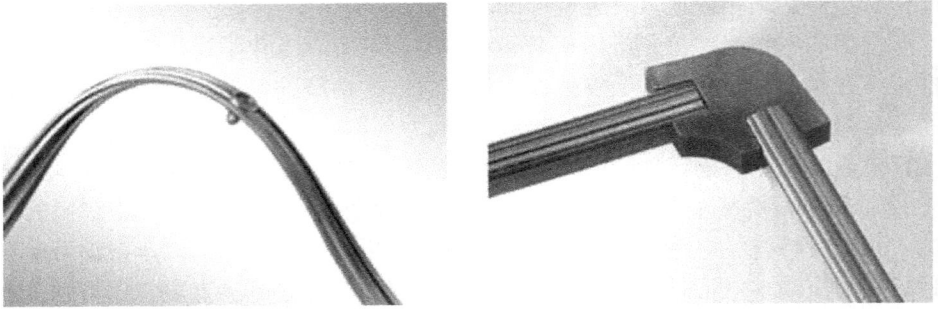

图 10.1　电池外壳密封方案。左图，优化的密封垫和固定销，大概 2m，用于量产；右图：模块化密封，包括轮廓连接器和边角连接器，用于样本制造

小批量制造和样本制造大多使用由板料生产的密封条或者喷涂式密封条。两种方式都有显著的技术缺点。由全质或者泡沫材料做成板型，进行冲压制成的密封条无法制造出异型。因而它只能提供有限的公差补偿。此外，密封性能基本上是由板材料的厚度的宽公差确定的。当使用泡沫材料（"泡沫橡胶"）超过使用寿命时，会出现不尽如人意的置位收缩现象，就有可能导致泄漏发生。此外，大型电池外壳上用的密封条在冲压生产的过程中会产生大量废弃物。

喷涂密封通常需要开始前进行化学或物理的表面预处理，即所谓的刷一层"底漆"。此外，这种密封条无法按不同的局部应力来调节其外形。最后，打开外壳时密封件通常会遭到损坏，因为这种密封条对盖子或者外壳是没有差异性粘连的。这种情况导致特别在电池的维护上会有问题，因为新盖子关闭时需要再次喷涂密封条。因此这一技术目前认为不会成为大型电池外壳的密封的主流。

一种新的用于样机和小批量的电池外壳密封的方法运用了模块化系统 [1]。在这里，一个特别设计的轮廓密封条与一个与之匹配拐角连接器组合在一起（图 10.1 右图）。通过挤压方式将两个组件集成在一起，这样的密封条可以让整个电池系统达到防护等级 IP67 的要求。通过模块化设计，电池制造商可以对尺寸变化迅速反应，而且还能确保优良的密封性能、公差补偿和高度的组装容错性。

插头绝缘/线缆穿孔：密封电力电子的连接部分通常是直接集成在连接器里。这里通常使用低成本的硅材料。它们具有在高电压下增强的稳定性。硅橡胶没有碳基聚合物表面可能的炭化现象。在高电压下也没有导电性，这样就避免了短路。硅密封件还可以以多部件样式用在比如插头内，也可用于其他高压组件。

简单的电缆穿孔，比如说用于外壳上非屏蔽式导线和管路的出入口密封用的电缆接头，可以使用碳基橡胶比如 EPDM 来制造。对这种组件来说重要的是可以在振动条件下对穿插部件进行可靠的密封。

冷却循环的密封：大型电池系统需要智能的热管理。热管理任务有两个，一是将单体发热导出，以避免电池单体过热；二是加热过冷的单体。基本上冷却单体有 3 种方法：空气制冷，用水和乙二醇混合物的液体制冷，最后是用空调和制冷剂的直接冷却（氢氟烃，二氧化碳）。在这里重要的是各个单体的精确均一制冷，这样就可以避免单体长期出现的不同的老化。

电动汽车主要使用的是液体冷却以及空调介入的直接和间接冷却。基于二氧化碳作为制冷剂的空调这种情况下是非常有效的。二氧化碳对于电池化学是惰性媒介而且不可燃，不管是电池还是电动汽车用它加热非常有效。甚至可以想象，在紧急冷却工况里使用这种制冷剂，来冷却不可控的自热单体。

大型电池的模块化设计通常需要含有多个密封点的模块化冷却系统。因为固定管道无法更换单个模块；此外，刚性连接是有缺点的，因为会在模块间产生机械应力。

在模块化设计中一种称为"即插即封"的插接件证明是可用的，它是金属或者热塑性塑料作为载体外加合成橡胶的插头件，"即插即封"的插接件已经可在市场上采购到［3］。这些组件示于图 10.2。它们由金属或塑料管组成，外面由橡胶密封材料包裹。密封件形状被设计成可以补偿制造公差和热膨胀。另外，即插即封的插接件在安装状态下还耐机械振动和冲击。

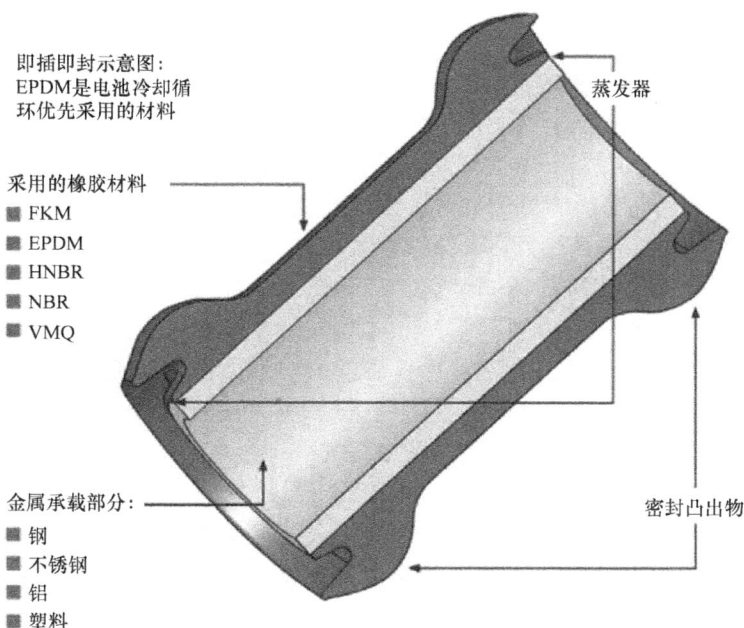

图 10.2　用于水冷模块的即插即封的插头件［3］，它具有高公差补偿和优秀的抗振动性

　　该组件让模块间的简单可靠组装和更换成为可能。这样的组件目前有 10～32 毫米的内径可选，最大工作压力在 10bar 范围左右，工作温度范围为 −40～+140℃之间。这种即插即封的组件在乘用车发动机冷却和混合动力及电动汽车电池的冷却模块上已经批量使用。

　　要密封制冷回路，将制冷液渗透密封流入电池外壳的量减少到最低非常重要。这就需要最佳的密封形状和特殊的 EPDM 材料。此外，这些部件可以配备集成式温度传感器，传感器可以检测电池系统输入端和输入端温度（图 10.3 左图）。这些集成元件减少了所需的组件和需要密封线缆的数量。这样的插头件还可以配备压力传感器，这就能检测制冷回路的泄漏（图 10.3 右图）。

图 10.3　左图，配备集成式温度传感器的即插即封的插接件；
右图，配备集成式压力传感器的即插即封的插接件

　　有和没有传质的压力补偿元件：在汽车行业应用的电池系统要接受压力波动的考验。这主要是由自然界大气变化过程、加热和冷却过程、上坡下坡、进出隧道和有可能空运造成的。压力波动通常通过"压力补偿元件"抵消，它允许壳内和环境的内部之间的气体交换。尽管如此，短期压力峰值还是可能超过 0.25bar。对于这样的条件，压力补偿元件主要有两种方案。

　　● 微孔膜：显著优点是达 1bar 过大气压的水密性（对应于大约为 10 000 毫米水柱的压力）。

　　● 基于无纺布的压力补偿元件：只需极小横截面积，非常不易受到颗粒和油的污染，机械稳定。然而，水密性目前仅达到 300 毫米水柱压力。

　　两种组件都有系统导致的缺点，即水蒸气可穿透。水蒸气有可能在电池包内部凝结，所以要不然用干燥剂吸附固定，要不然通过特殊冷凝排泄元件将之从壳体排除。

　　有一种新的解决方法使用了和电池包进行物质交换的所谓"压力补偿元件"[4]。此元件体积可变，这就可以补偿壳体的内外压差。可以把弹簧辅助的活塞式容器与过压阀集成。这种方法示于图 10.4。在电池外壳内放置一是减少死点容积，

其次是也减少元件布置所需的额外空间。此类系统的主要优点是整个生命周期的零维修，另外还有避免了壳内的污染和水冷凝的优点。技术上的缺点主要是此类容器需要额外的体积。

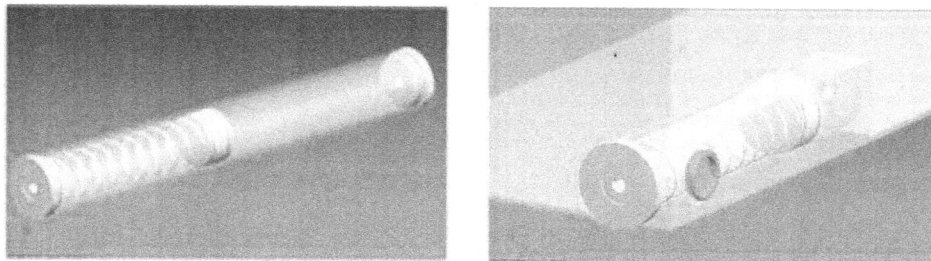

图 10.4　活塞式蓄能器形式的压力补偿元件概念。蓄能器靠近外壳并发生物质交换。如果超过压力阈值，压力通过阀门释放。在电池外壳内放置一是减少死点容积，再则也减少元件所需的额外空间

系统泄压阀：在罕见的情况下会有电池包中的单体在化学或者电化学过程中损坏的风险。在这种情况下，一个 40A·h 的电池单体会释放出大约 100L 的气体（电解液或降解产物）。这种气体释放在有坚固壳体的电池单体上发生得相当突然，因为在单体防爆膜片打开前，单体内会累积超过 10bar 的过压。有柔性外壳的单体（软包单体）相比之下在较低的过压，即小于 1bar 的情况下就已经打开，因此电池包内部的压力增速适中。

释放的有毒和易燃气体首先进入电池壳体内，然后按照死点容积的不同，有可能导致压力迅速增高至通常大于 5bar，这样就引发了外壳的爆裂。上边提到的压力补偿元件可能无法很快导出气体。这些气体必须可靠、迅速而且安全地从电池壳体移除，才能避免壳体爆裂。这就需要截面积通常为 5~10cm² 的泄压阀。所用组件由聚合物或金属薄膜组成的防爆膜片、橡胶制的密封盖以及可以单独打开或者控制打开的磁性部件。

图 10.5 示出了一个橡胶泄压阀的例子 [5]，它由密封盖、限制带和紧固件组成，密封盖通过限制带与紧固件相连。当内部达到临界压力时，密封盖首先朝紧固件放置方向的相反侧打开，这样过压可以在控制中排除。紧固件确保泄压阀一直与电池壳体连接，这就避免了部件的移动。

软包电池的固定件/框架密封件：软包单体有个柔韧的铝箔外壳，外壳膜内外层涂覆有绝缘聚合物。这种单体在大型电池的使用中具有高能量密度，还具有易扩展性以及相比较于其他类型电池生产成本较低的优点。所以这种单体类型特别合适于高能量电池（电动汽车电池）。

对于这种单体类型的主要疑虑首先来自柔软的壳体和环绕单体的接缝密封。为了确保这个接缝在电池的整个生命周期完全密封，它必须能承受循环变化的负载，

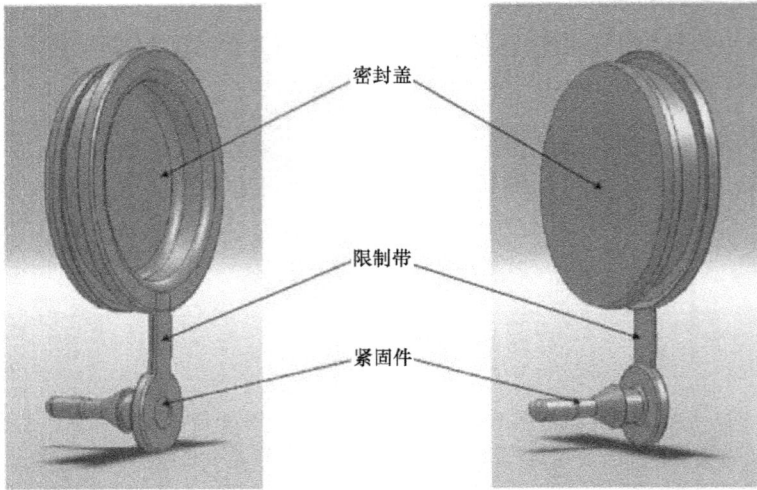

图 10.5　电池壳体泄压阀，由密封盖、紧固件和连接二者的限制带组成

比如循环过程中单体厚度的改变或外部引起的压力变化。尤其重要的是在破损情况下，比如单体的内部短路以及可燃气体的放出。如果这些气体接触到导电部件，就可能发生火灾。

为了将软包单体固定于电池壳体内，通常将其紧固于金属框架内。这样虽然可以有效冷却单体，但是导致在接缝密封处要承受机械应力，长期来看是存在问题的。更新的解决方法是一种单体框架密封内的"软嵌套"，弹性密封组件构成了固定框架和单体之间的连接物质（图 10.6）[6]。

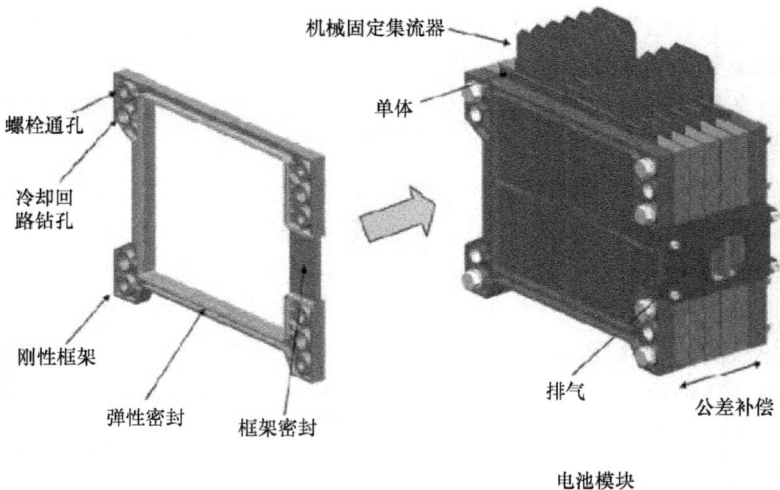

图 10.6　带接缝密封和间隙开槽（集成的预定断裂位置）的软包电池
框架密封。由此生产的模块可集成冷却元件

单体既被冗余密封又灵活而弹性地固定住（"软包－沙发－方案"）。这种固定改善了电池的易安装性（公差补偿），延长了寿命（更小的机械应力，更可靠的电气接触）还提高了安全性（缓冲机械冲击）。它还可以进一步改进，在临近单体之间放入可压缩的纺织布料，如无纺布。

在环绕的密封的一个位置开出一个匹配单体内部结构的凹槽，使得接缝密封上不受挤压压力，这样就可以通过设计来额外实现一个"预先确定的断裂位置"，目的是当单体损毁时就可以可调节式地打开。在堆栈结构中，相邻单体的间隙开槽通过一个共同的"排气罩"覆盖，这样可以向外排出有可能产生的有害气体。

电池框架密封还有一个重要的额外用途，就是可以集成热管理元件。冷却管道可以装入框架中，通过接缝密封接触和单体传导热能，进而可以冷却和加热单体。此外，在每个单体之间的空隙中加入导热的可压缩无纺布，电池表面就热连通起来。除此之外，还可在单体之间的空隙中放置柔性加热膜形式的加热元件，就可以柔性加热或者减缓单体变冷。

电池壳体或单体模块的支架系统：目前将电池壳体固定在汽车底盘有两种方法。

- 壳体的固定连接：有助于提供额外的支撑；电池壳体协助底盘提高稳定性。

- 弹性安装的连接，例如，弹性支架系统，防止了对单体和电气连接的振动与冲击。结果是显著改善的长期稳定性和安全性。这是因为单体组件如隔膜都要承受老化过程。通常情况下，这样的支撑系统设计成可缓冲低于50Hz的振动频率。

现在固定连接用于电动汽车电池，然而弹性支架多用于混合动力货车。

参 考 文 献

1. Kritzer P, Pütt G, Schönberg F (2011) Modulare Dichtung für Gehäuse von großformatigen Batteriesystemen. Konstruktion 9:88–90
2. Kritzer P, Raida H-J (2011) Verfahren zur Kühlung eines Energiespeichers; Europäisches. Patent EP 2 045 852 B1, 27. Juli 2011
3. Kritzer P, Clemens M, Heldmann R (2011) Innovative seals: a robust and reliable seal design can provide efficient battery cooling cycles for electric vehicles and hybrid electric vehicles. Engine Technology International, Juni 2011, S 64
4. Kritzer P, Rheinhardt H, Nahrwold O, Ewig T, Schreiner M (2011) Druckmanagement und Vermeidung von Flüssigkeiten in Lithium-Batteriesystemen. Mobility 2.0(3), S 42–47
5. Kritzer P, Stephan I, Nahrwold O (2011) Überdruckventil für großformatige Lithium-Batterien. Automobil-Konstruktion 11:36–37
6. Kritzer P, Nahrwold O (2011) Dichtungs- und Fixierungselemente für flexible Zellen in groß-formatigen Lithium-Batterien. ATZ 113:474–477

第 11 章 传感器和测量技术

Jan Marien，Harald Stäb

11.1 导言

作为电动汽车的储能元件，锂离子电池不仅是一个关键技术部件，也是最大的成本因素。通过确定电池的各种状态（电池的荷电状态（SOC），健康状态（SOH），功能状态（SOF））能满足多项任务：即保证那些安全相关的功能，如过充保护或过放保护；另外，如何最大限度地优化利用电池容量，对节省成本有重大意义。

与铅酸电池不同，锂离子电池的单体电压和 SOC 的从属关系不那么明显。因此，正确测量电流对于电池状态估计和电池管理是非常重要的。

测量总电流用于平衡流入流出电池的总电荷。为此，所采用的电流传感器必须同时满足若干要求。首先，它的电流测量范围必须足够大，峰值电流可能大于2000A；另一方面，它需要有足够的灵敏度，能够测量非常小的电流，比如它也需要能准确地测量电池在静态时通常只有几毫安的电流。而且电流传感器应没有偏差，因为随着时间流逝，测量值的偏差会累积，从而明显地影响电荷平衡。此外，电流传感器必须满足一般车载元器件的要求。这里指的是抗电磁干扰能力以及测量的精确度，由于驱动电子中功率半导体元件的快速陡峭变化会出现高电压和/或大电流，由此会影响电池。

从技术上，电流传感器主要基于两个测量原理：一个是基于分流器的电流测量，另一个是基于磁来测量电流。在欧洲，基于分流器的测量方法已广泛应用于12V 铅酸电池的电流传感器中。对于锂离子电池的电流测量，在已有的解决方案外新的方法也一直在讨论。接下来，将用一部分篇幅介绍基于分流的锂离子电池的电

J. Marien (✉)
Isabellenhütte Heusler GmbH & Co. KG, Postfach 1453, 35664 Dillenburg, Deutschland
e-mail: jan.marien@isabellenhuette.de

流传感器，另一部分篇幅则介绍基于磁测量的电流传感器，它弃用了导磁磁性材料，因此与传统磁性电流传感器不同，没有迟滞效应影响精度。

11.2 电池管理系统的分流式电流传感器

优化采集电池的状态数据，是使储能元件发挥最佳效益的基础。电池充放电策略是根据所得到的数据，从电池可能的负载曲线和寿命优化角度来制定的。这些测量数据是坚实判据的基础。因此这不仅是电流测量，更是"电流感知"（"Current Sensing"），它的结果是类似于电池本身质量的质量判定标准。下面将描述一个适用于车载的基于霍尔元件的电流传感器 [1]。

11.2.1 基于霍尔效应的电池传感器

为了保证电池安全工作，且保障车辆供电的可靠性，采集测量数据是第一步。要求是测量数据须尽可能精确，且在极端情况下也能可靠采集。为了可靠地评估电池状态，一般必须测量的三个数据是电池的电流、电压和单体温度。

尤其是对于采集电流，非常有必要采用超低阻抗测量的方法。有一种系统性的、不需要介入主电流回路的电流测量技术，它就是霍尔传感器，它可通过测量电流所产生的磁场来计算其电流本身 [4]。

工作原理

以下通过常规器件为例来说明基于霍尔效应的传感器的工作原理。测量方法是电气绝缘的，通过测量由通电电缆中的电流所产生的磁场来完成的。因此，这种电流测量方式是低阻的，与主电路完全解耦且无电气反馈。该传感器的核心是一个针对客户特别开发的定制电路，一个 ASIC（Application - specific integrated circuit）。第一代 ASIC 的框图如图 11.1 所示。在该 ASIC 上同时还集成了电压和温度测量的功能 [2]。这样该 ASCI 便可在相同时刻提供测量数据组中所有单一数据值。因此，除电流测量外，基于该 ASCI 还可以实现一个完整的电池管理系统的数据采集功能。

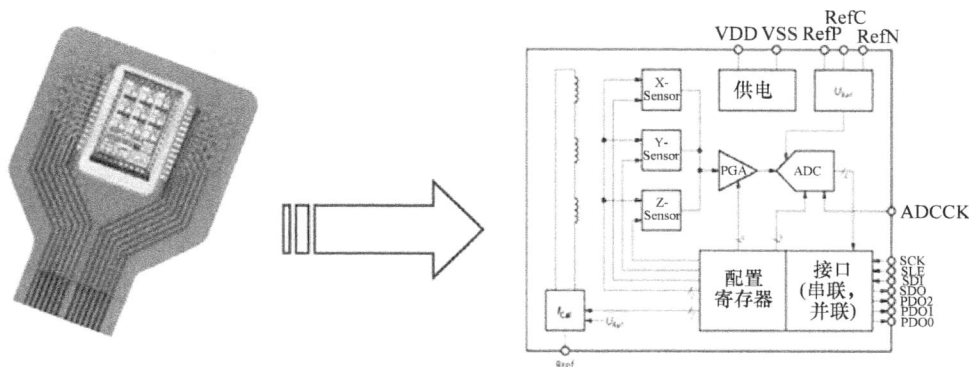

图 11.1 电流检测 ASIC 的原型和原理图

由于完全杜绝使用磁性材料，因此该系统是绝对无迟滞和对过载不敏感的。即使在极端的情况下，测量数据也可在总线上无损传输。芯片上有三个霍尔传感器，每一个均对应一个参考线圈，它通过预设磁场作用于霍尔元件（图 11.1）［3］。通过这种特殊的安排可以保障系统功能在任意时间点都可以操作。

图 11.2 示出了传感器单元是如何集成在电池端子上的。通过基于霍尔原理的传感器的特点开辟了一些应用，使之前要费很大工夫才能实现的功能更容易实现。甚至是经典的电池电流测量亦可得到显著简化。

基于分流电阻的电流传感器通常是安装在蓄电池负极接线处，其被测量是该分流电阻上的电压降。测量小电流时，这些模拟的被测量（分流电阻上的电压降）是非常小的，因此会受到潜在干扰。而当测量大电流时，其在分流电阻上引起的电压降会使得整个布局过热。

图 11.2　用于电流测量的集成在电池端子上的
传感器单元

当使用基于霍尔效应的传感器时，由于没有电压降，故不产生热。因此，电气负载能从电池获得可能提供的最大功率。且这种传感器也可毫无问题地安装在电池的正极端，同时低自热性也提高了测量数据的安全。这两个因素使霍尔电流传感器更宜安装在比如具有起停功能（Start - Stop）的车辆上，因为它可以使对电池状态的预测得到极大改善。

将电流传感器安装在正极线路中，能对每个负载分别监测。即使测量一个指向浮动电位的电流通路，也非常容易实现。一个应用例子是将其安装在电池单体之间，或者串联连接的电池模块之间。它同样也适合 48V 车载电气网络或高压电气网络的应用。

传感器能测量电流、温度和电压，并为后续模块如分流器和继电开关提供可靠数据基础。基于这些数据，电池管理系统对电池的起动性能进行预测。

基于霍尔效应的传感器对电池性能没有影响，电池内阻不变，且电池可提供其完全可用功率。它与电池管理系统一起，对电池进行持续评估。它们构成了一个智能可靠的电池系统，具备分析自身的状态的能力，能保障自身应用安全，并且能够显示自身状态。

电气隔离

该传感器的一个主要特点就是电流测量的电气隔离。这点非常有利于整体应用，它额外提高了考虑到如温度或过电流等环境因素影响时的测量精度。电池内阻

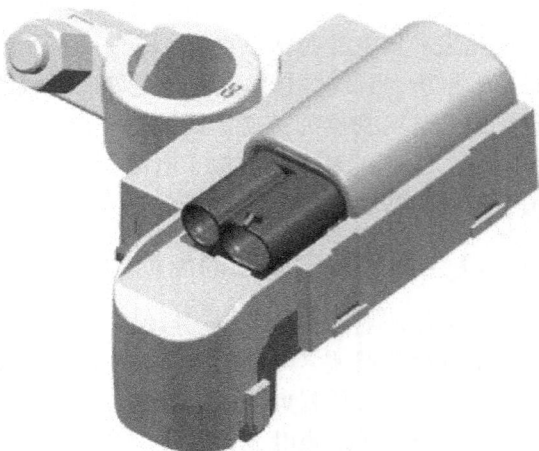

亦不受它影响，尤其是在起动过程中。当测量探头发生故障时，由于电气隔离，不会对所测电流回路产生影响。

在乘用车起动时，电流传感器的测量探头上在一定时间内会有 100～1000A 电流流过。当电流流过分流电阻式传感器时，该电阻会发热，并在电阻上形成一个可以被测的电压降。图 11.3 左侧显示了在 600A 电流通过 30s 后，分流传感器系统的热成像，这里的温度可以达到 200℃。在图 11.3 右侧所示的是，在相同条件下的霍尔传感器测量系统的热成像。可以看到在这个条件下霍尔式电流传感器 30s 后的温度只有 80℃。

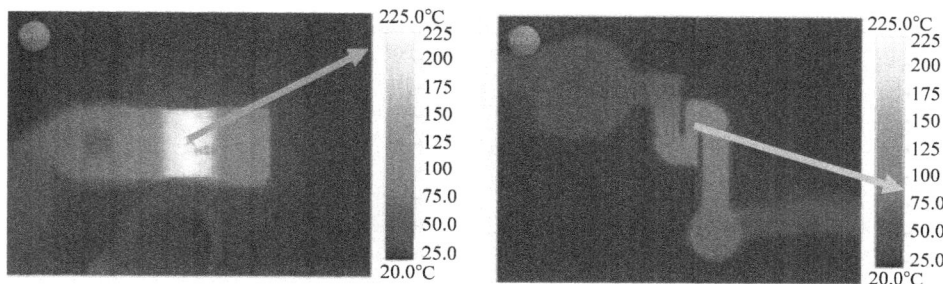

图 11.3　左：600A 电流通过 30s 后分流电阻式电流传感器的热成像，最高点温度达到 225℃；
右：600A 电流通过 30s 后霍尔式电流传感器的热成像，最高点温度达到 80℃

因此，对于频繁出现强电流的系统中，如起停系统，使用霍尔电流传感器能提高测量准确性，其相对比较低的自热特性显著降低了测量系统上的热负荷，这使得电流传感器的长期稳定性得到保障。

电气隔离的另一个优点在高压应用中表现显著。在电动汽车的领域中，对对应的介电强度有要求。其材料需是可在市场上购得的。无须使用常见的电位隔离设备，如隔离变压器、DC/DC 转换器、耦合器等。通过去除这些特殊元件，系统技术性能（数据传输率，数据损失）可得到改进，并且经济性也得到提高。

智能设计的主电路布线使系统的精度得到优化。与 ASIC 采取的适当措施一起，可将外部作用对测试结果的影响限制在要求的最小范围内。

11.2.2　分流电阻式电流传感器

用于测量电池总电流的电流传感器基于两点，一个低阻抗的精密电阻和一套高精度的测量系统。当下电池的典型持续放电电流一般在 200～300A 范围内，峰值电流可高达 2000A。因此这个测量电阻阻值设计在 50～100μΩ 的范围内是比较理想的。这个测量系统必须没有漂移、高线性度并能在低噪声下运行。此外，该传感器能实现低压电气网络和高压系统的安全电气隔离。在许多情况下，除了需测量电池总电流之外，还需获取其他数据，如温度或电池电压等。这些采集的数据与上级电池管理系统的通信是通过标准化的数字接口完成的。

工作原理

图 11.4 左图展示了一个分流电阻式电流传感器。这个传感器是基于一个阻值为 $100\mu\Omega$ 的精密电阻，其电阻材料是由 Manganin® 制成的，这种材料制成的电阻有着非常小的温度系数（$< 50 \times 10^{-6}$），且与铜之间有非常理想的 $0.3\mu V/K$ 的热电势。另外它非常长效稳定，即使在高温下（$> 125℃$）非常长时间运行（$> 2000h$），电阻变化值依然明显小于 0.1%。这种电阻的热阻为约 $2K/W$，因此在正常运行情况下，300A 的负载电流最多只会引起 20℃ 的温升。

图 11.4 左：一个电气隔绝的 IVT 传感器，它具有 CAN 接口，有过电流检测功能，触发输入和电压测量信道；右：IVT - F 传感器，它是在一级方程式赛车 KER 系统中使用的方案（右）

此外，一个高精度的测量系统是必需的，它最好能通过 ASIC 来实现，如图 11.5 所示。这是一个多通道测量数据采集系统，其具有 16 位精度，有很好的线性度（优于 0.01%），能低噪声运行（噪声密度为 $35nV/\sqrt{Hz}$，由于斩波运行故没有 $1/f$ 噪声），且只有非常小的偏移量（在整个温度范围内最多漂移 $0.25\mu V$）。因为该 ASIC 还具有可编程前置放大功能，所以其将输入电压在 $7 \sim 800mV$ 范围内精确采集。

所采集到的测量值会通过 ASIC 中的微控制器读出，且进行校准计算后，通过数字接口输出。这可以通过 RS 485 和 SPI 接口实现，但大趋势是会通过 CAN 总线来实现。由于采集到的电压非常小，故模拟信号导引应尽量短。模拟信号形式传输测量值是禁止的。

以数字形式传输，使采集到的数据可先本地预处理。如今已不再传输原始数据了，而是根据应用的要求提前进行限值、平均、求和或其他方式预处理。

这类传感器的数据采集系统和数字信号接口之间是电气隔离的。对此，当前可以通过光、电感或电容式交换器来完成。这样能更节省空间和成本地集成此传感器。

此外，当在许多应用中需要用同一传感器采集一个或多个电压时，它已被证明

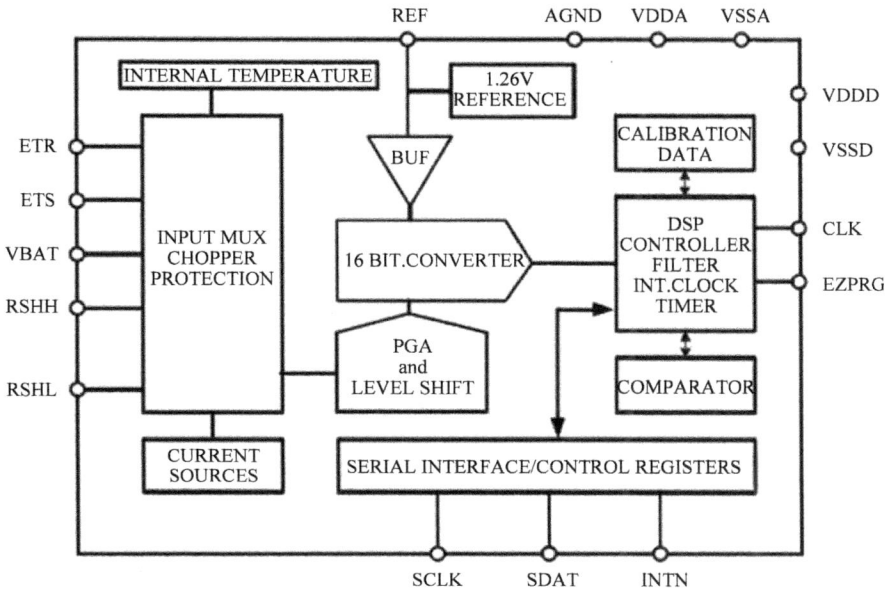

图 11.5　ISA – ASIC 的框图

是有优势的。例如，它可测量单体总电压或预充电继电器上的电压，并通过相同接口传输。

　　由于必须保证在任何时间都要保证电池的安全运行，需在传感器内集成一个独立的过电流监测功能。用户可以为该传感器定义两个阈值，分别为最大正电流和最大负电流。完全独立于真正的测量数据采集，在 ASIC 上有一个独立的电路来监测实时电流，当过电流发生时，一个过电流警示信号在几微秒内就会被发出。

　　最后，该电流测量通常需要与系统中的其他测量同步。因此，为了保障该电流测量信号与系统同步，测量常常需通过独立于数字信号接口来触发。

实际应用

　　基于分流的传感器如今已经应用于锂离子电池总电流的电流测量中了。在实际中达到的测量精度是非常优秀的。实践表明，对于基于 $100\mu\Omega$ 分流电阻的测量系统，在整个特定的温度和寿命范围内，以 300A 的持续电流负载下，能保证其整体精度可达到 0.4%。这样的系统中其偏移量低于 20mA，RMS 噪声在 5mA 的范围内。一个 IVT 分流电阻式电流传感器的整体精度如图 11.6 所示。

　　国际汽车联盟（FIA：Fédération Internationale de l'Automobile），已决定将基于分流电阻的传感器应用于一级方程式赛车的车辆中，来监测电气 KER 系统调制控制。在 KER 系统中，汽车的制动产生的动能部分转换成电能，并存储在锂离子电池中。在每一轮赛车中，车手允许将最多不超过 400kJ 能量，在最多 6.6s 内作为额外推力以获得加速，一般用在超车时。

103

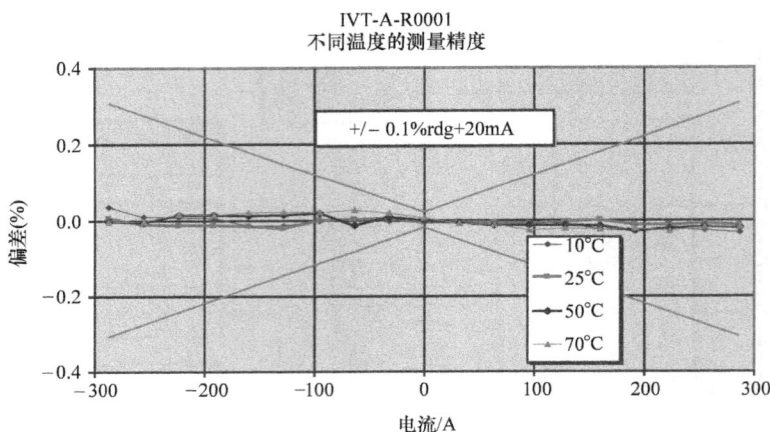

图 11.6　IVT 传感器电流测量的整体精度

　　该传感器持续采集总电流和总电压，从而计算出实时功率以及累积功率。这些信息将通过 CAN 总线提供给赛车的控制单元，并在赛车过程中供赛车管理中心无线电诊断使用。图 11.4 右图所示的 IVT – F 传感器，是在一级方程式赛车中使用的方案。由于不同的团队在不同的电压和不同电流下工作，必须针对组来进行机械匹配，因此需要特别灵活的传感器。

11.3　展望

　　由于总电流传感器是电池诊断的关键部件，它在未来有两个主要趋势。一方面，传感器的精度需要花工夫进一步提高，达到技术上可实现的范围。这里包括在功能更强大的微控制器中实现复杂的校正算法。另一方面，电流传感器是电池整体安全概念的一部分。一些功能，如诊断能力、自我监控能力，以及电流冗余测量将变得越来越重要。在将来的传感器中，可能会将两种电流测量方法（基于霍尔效应和基于分流电阻）组合起来使用，以保证测量数据的真实性和所需的高级别可靠性。

参 考 文 献

1. Tille Th (2011) Sensoren im Automobil IV, expert Verlag Renningen. ISBN 978-3-8169-3066-2
2. Köhler U, Lorenz Th, Hohe H (2006) Neuartige dreidimensionale Magnetsensorik für Kraftfahrzeuganwendungen, Sensoren und Messsysteme 2006, Informationstechnische Gesellschaft im VDE
3. Hohe H (2005) Magnetfeldsensoren messen dreidimensional. Mechtronik 7
4. Popovic RS (1991) Hall effect devices. IOP Publishing, Bristol

第 12 章　继电器、开关、线束和插接件

Hans‒Joachim Faul，Simon Ramer 和 Markus Eckel

12.1　导言

汽车中电气负载的可靠开关一直主要由机电继电器来实现。内燃机汽车特殊的工作环境已经对这种继电器提出了特殊要求，加上驱动系统的电气化，这个部件面临全新挑战。通常极高的电压对其影响重大。几十年来，12V 或 24V 的标准成为内燃机汽车系统电压的主流，然而混合动力和电动汽车通常在几百伏，商用车电压可达几千伏。

同时，电动汽车的主开关必须能够持续导通极高电流并且能像传统汽车一样安全开关。此外，要达到电气安全的极高要求，主开关必须确保出现故障时还能可靠分离汽车电池和汽车电气网络。虽然高电压开关多年前就有成熟技术，然而在汽车领域出现的全新课题，要求必须开发相应的配套解决方案。

12.2　电驱动系统继电器和开关的主要功能

各种不同电驱动系统汽车结构——不管是插电式混合还是纯电动或燃料电池汽车——的共同之处在于高压电池必须由主开关与驱动系统闭合或断开。通常使用两个开关，分别连接正负极负载线路（图 12.1）。通过两个负载路径的独立开关实现同类冗余，以确保符合 ASIL 安全要求 [1]。

在特殊情况下，有些已完成或已计划的高压电池汽车仅使用一个主开关，通常用在正极。但是在欧洲双开关已经作为标准主流，也因为来自德国大型汽车制造商起草的供货商规范 LV 123 [2] 的要求。

H.-J. Faul (✉)
Tyco Electronics AMP GmbH, Tempelhofer Weg 62, 12347 Berlin, Deutschland
e-mail: joachim.faul@te.com

还有一个开关功能，最后在每个带电动化电驱动系统的汽车上能找到的，是预充电继电器。由于负责电机运行的逆变器在输入端有较大滤波电容，开关闭合主电流回路就有可能出问题。最初不带电的滤波电容会产生极高的闭合尖峰电流，可能在主开关的触点产生不允许的高负载，进而有可能融化开关触点。因此，人们采用预充电继电器，这样滤波电容通过预充电阻预充电到约 80%～98% 的电池电压（图 12.1）。此预充电过程只需要十分之几秒，但能够确保主开关剩余尖峰电流只有几百安培（图 12.2）。通常预充电电阻上的电流达到 10～20A 的限制尖峰电流时，预充电继电器闭合，当流过闭合的主开关的电流降为零时，预充电继电器打开。所得开关序列和电流示于图 12.3。

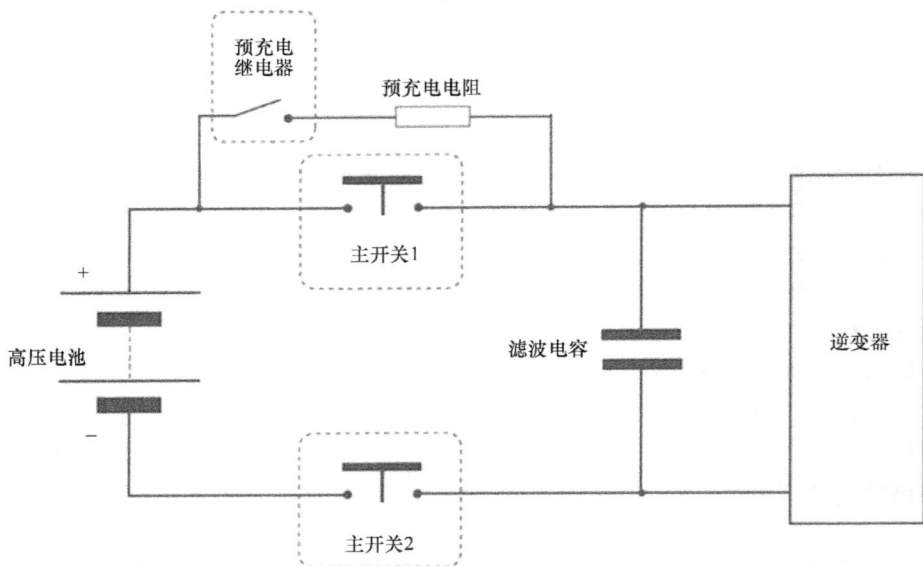

图 12.1　高压电气网络电路原理图

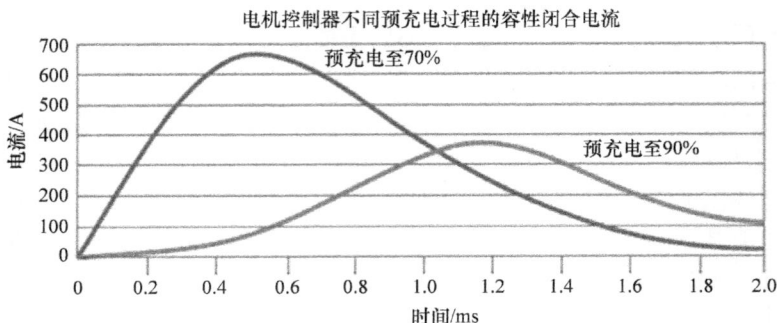

图 12.2　预充电后闭合尖峰电流

高压继电器和开关批量应用于混合动力汽车和电动汽车。在具有充电接口的汽车上，如纯电动汽车或插电式混合动力车，充电接口通常通过高压开关闭合或断

开。此外高压继电器在某些情况下应
用于放电步骤，类似于以上所述预充
电电路，高压继电器确保切断高压电
气网络时滤波电容的受控放电。剩余
电压 5s 内下降到低于 60V 的阈值。
类似的用例发生在必须实现安全放电
的燃料电池汽车。

为了监控车用电池，通常将端子
电压引入电池监控单元（BMU）测
量线路。然而，这些测量线路必须连
接有高压能力的继电器，因为它们连
接了车辆中的高压网络和低压网络。这个继电器虽然必须能够切换高电压，但只需
在没有电流或电流很小时切换。

最后，一系列的辅助总成，如由高压网络供电的电加热器，通过高压继电器相
连。这里所需要的切换功率虽然比主开关的要低，但还是达到千瓦级。

图 12.4 示出了所描述的用例的概述。

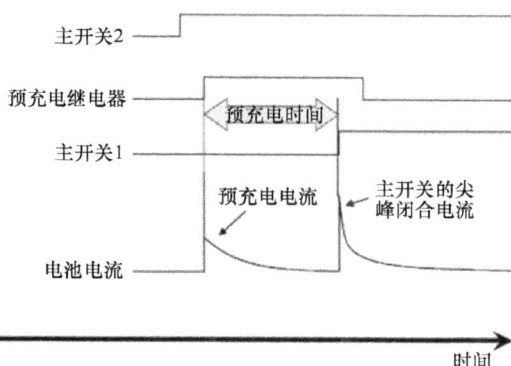

图 12.3　预充电过程

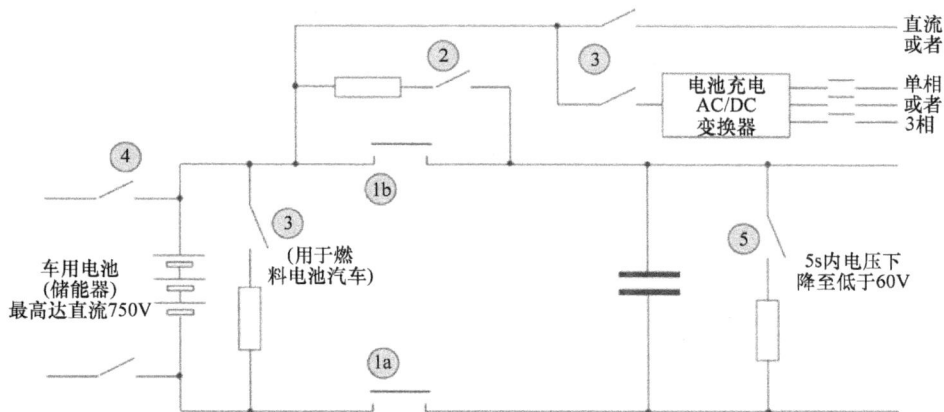

图 12.4　高压网络继电器和开关的概述

主要应用
1—主开关
2—预充电继电器
3—充电保护（直流）

其他应用
4—低压诊断连接
5—放电端

12.3　实际应用

电气化车辆高压开关的多项需求中，最核心作用是针对其电气性能的需求。此
外，还有力学性能的需求以及环境和运行条件，关于此点将不再详细讨论。

在正常工作条件下，主开关必须在任何情况下安全地导通牵引电机的工作电流，而且还必须避免过载。其中出现的尖峰电流的大小取决于系统电压和牵引电机最大功率。当今汽车的额定功率范围很广：小型和微型车只有 10~20kW；大功率跑车高达 400kW。在平均功率约 30~80kW 范围以及系统电压约 200~400V 来看，造成尖峰驱动电流可高达 200A。

最大驱动电流极少出现，通常只在极端行驶状况出现，如汽车以最大加速度行驶，使用很高的挂车负荷或者必须克服极陡坡道。实际在行驶中出现的驱动电流通常明显要低很多，但要承受和各个驾驶状况相关的强而短的波动。

导通这些负载电流对开关首先只是一个相应的热负担，由加载在电阻的功耗产生。开关触点磨损限制了其可使用的开关次数。除了通常有几百微欧的高压开关电阻，连接的负载电缆的横截面对可实现的最大电流至关重要，因为很大一部分的开关散热在这里进行。

由于开关具有显著热惯性，意味着即使短期电流峰值达到持续电流极限的若干倍，持续几秒也是没有问题的。起决定性的因素不如说是负载电流的平均值和由此产生的平均升温。开关温度和环境温度的温差逐渐增大，达到温度极限值时，就是允许的平均负载电流。负载端的温度往往被视为最薄弱的环节，这不应该超过约 140~160℃。尤其在这里，经由所连接的负载电缆或母线散热起着至关重要的作用。

虽然取决于不同安装位置，汽车环境温度通常被认为是高达 125℃，但是混合动力和电动汽车的开关却一般布置在主电池附近。在这个位置为了锂离子电池的运行，需要控制环境温度。因此，可以通常认为最大环境温度范围在 60~70℃ 之间；这对于设计开关是优势。

开关或者继电器可达到的开关寿命由导通的电气负载来决定，要考虑的除了电流和电压的大小，还有感性和容性负载部分。负极分支的开关，如上所述，通常提前于预充电继电器关闭，并且完全没有负载。然而正极分支的开关在预充电后导通滤波电容剩余的导通尖峰电流。一般当主开关断开高压电气网络时，逆变器通常已经向下调节，所以开关在这里不必断开标称电气负载。总之，主开关的开关负载相对较低并且在所使用的设计范围内。在这种条件下，可达到的开关寿命要比汽车整体寿命的最低要求高很多。

相比之下，如果考虑各种可能的错误，就得到相当大的开关负载。当未预料到的过电流出现时，根据不同的基本安全理念，其反应机制也不同。在很多情况下，电子监视系统会在一定时间后打开两个主开关，以将高压系统断电。为此，导通电流可以超过 1000A。如果造成过电流的原因是所谓的高压系统"硬"短路，那么锂离子电池就可能在几毫秒内形成超过 6000A 的电流。然而在这种硬短路的情况下可以推断，高压主熔丝早就在电子监控打开主开关之前就断开了电路，主开关无负载断开。这必然导致短路电流熔断高压熔丝，避免危害。特别是避免了极高电流负载造成的闭合开关的突发熔毁。

这里会有所谓的悬浮现象的危险，也就是负载电流的电磁作用产生一个作用力，能造成已闭合的开关彼此分离［3，4］。由于这个悬浮力主要由洛伦兹力的基础物理现象来决定，所以设计手段只能有很有限的影响。当设计高压开关时，必须将触点压力设计得足够大，这样它就不能被突发的悬浮力中和。在最高到 300A 的工作电流范围内，这种悬浮力非常小并且设计中可以完全忽略不计。但是由于其对负载电流二次方相关，在 kA 的范围里，它会起到相当重要的作用。若负载电流升到 6kA，其值会达到 50N（图 12.5）。设计要达到的触点压力必须不仅要补偿这个悬浮力，而且还要有足够的冗余，以确保开关必要的抗振动性和抗冲击性。

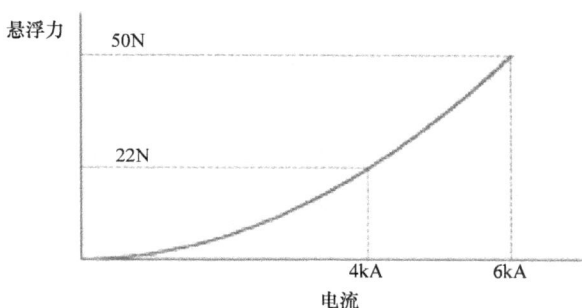

图 12.5　悬浮力和电流的相关性

此外还要考虑一种情况，即"爬行"短路的发生，也就是短路电流虽然相对于正常运行电流增加很多，但是其值被电路的剩余阻抗限制在短路回路。这导致熔丝极长的反应时间（取决于短路电流）可以高达几分钟。因此如果电子监控还按照上述的等待时间打开开关，开关就必须自己断开当前的短路电流。这样所需的开关能力（取决于不同系统）可达 1000A。

所用开关必须不仅能够导通预期过电流的最大值，还要确保其导电能力覆盖了熔丝预期的反应时间。图 12.6 举例说明了熔丝预期反应时间对过电流的相依性，以及从开关流过过电流的最大允许时间。如果发生如图 12.6 所示的两条特性曲线的交叉，就可能导致在相应电流下熔毁开关。

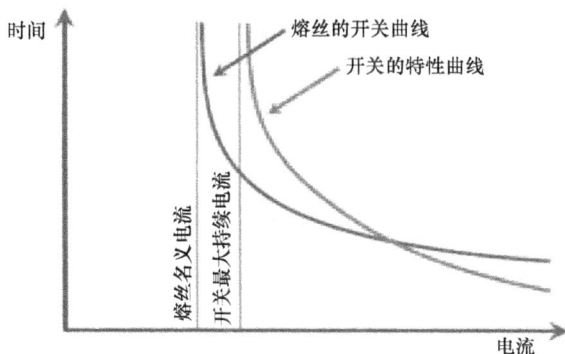

图 12.6　熔丝和开关的特性曲线

12.4 方案案例

为了尽可能地满足上述对开关的要求，不同设计原理已被证明是有效的。对于开关能力，控制开关中产生的电弧至关重要。在很多实现的方案中，采用了密封开关盒，其中填充了惰性气体。最常用的惰性气体是氮气、氢气或者氟化硫。除了冷却效果，在压力填充的情况下，惰性气体的填充不仅起到了电弧的收缩效果，而且还非常有效地防范了开关材料的腐蚀，这样就可省去通常采用的银等贵金属而使用铜。图12.7示出了用于持续电流高达135A的充氮型的开关的基本结构。

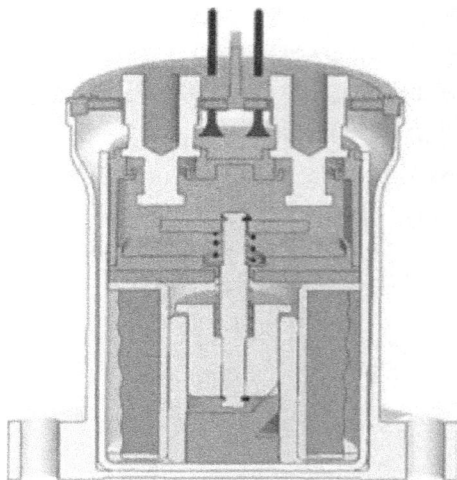

图12.7 充氮型的开关举例

除了气体填充型开关盒，还有不需要气体填充的结构形式。为了能可靠地熄灭电弧，经常拓宽开关触头间的距离。由于这样的开关盒通常并不气密，处于周边空气的大气压下，这就要确保在预期运行海拔还能可靠开关。

作为附加措施，灭弧磁铁用于气体填充式和非气体填充式开关盒。它偏转了电弧等离子体的磁场，使得电弧延长并收缩。这就导致可以快速灭弧。灭弧磁铁布置成其电磁场垂直于电弧方向。所用桥式触点有两个固定触点和一个可移动触点。两个固定触点共同连接着触电桥，产生两个电弧，每个对齐并磁性排列。在相应选择极性后，电弧通过力 F 共同朝开关盒侧面偏离（图12.8）。

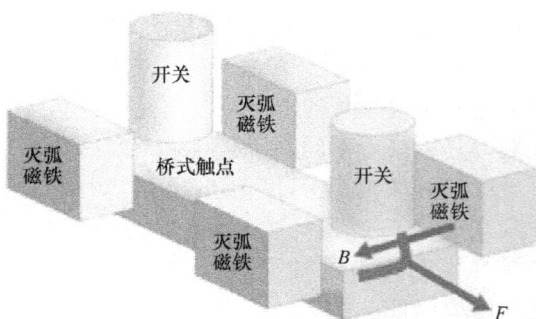

图12.8 桥式触电的灭弧磁铁作用图

偏离方向取决于负载电流的方向：反向设置的电流方向使电弧不向外偏离，反而向中心偏离。这就带来了危险，即两个电弧相连进而通过两个电弧导致固定触点的短路。因此这种触点形式要始终注意负载电流极性，并确保绝对不会超出允许的反向导通电流。

在纯电动和混合动力汽车中要特别注意，当采用制动能量回收系统（回馈）

时，并不能排除回馈阶段触点必须导通的可能性。

由于对开关性能和导电性能的高要求，高压开关的充电系统必须设计成相对较高的触点力和较宽的触点距离，这就要求触点的控制系统具有相应较高输入功率的较强的控制线圈。这只能通过设计一个体积非常大的线圈，然而也带来了显著的缺点，如体积大小、重量和成本。

开关运行期间不必一直提供较高功率，经常在成功闭合后将线圈电流降到一个维持量。这通常通过频率为 15~20kHz 的线圈脉冲电压实现。在脉冲间隙中产生线圈电流，它由和线圈并联的二极管组成的续流电路的自感产生。此电路产生微调的线圈电流，图 12.9 展示了保持开关闭合所需的电流。

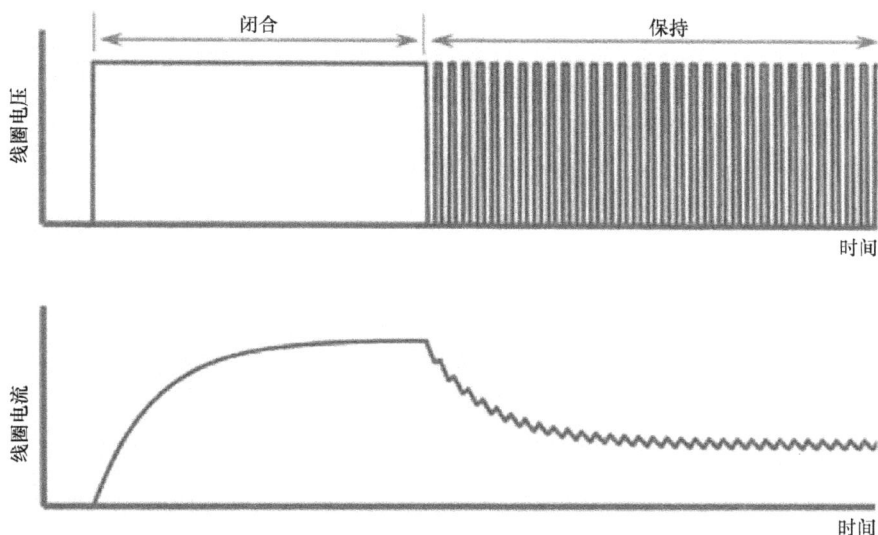

图 12.9　通过电压脉冲减小线圈电流

脉冲频率不能选得太低，否则会有嗡嗡的交流噪声，并且可能会导致随之而来的会毁坏触点的微小移动。

由脉冲调制的平均电流依赖于线圈内阻和非常影响线圈内阻的温度。但是保持已经闭合的开关所需的线圈电流几乎和温度无关。理想情况下，电流减小后应该产生一个不变的平均线圈电流，其脉冲间歇比由脉冲宽度调制（PWM）在各个线圈现有的"热电阻"来调节。通常相应的 PWM 控制由开关壳体内的小型电子组件即所谓的"节能器"来实现。也可使用外部 PWM 控制，也就是车辆内的控制器。

设计线圈驱动时要注意的另一个方面，是所谓的消磁。在开关线圈的磁场里存储的能量必须在断开开关时尽快消除，因为只有这样才能确保开关的最佳断开速度，也就是电弧最短的燃烧时间。空转二极管能让即使线圈"硬"断开的情况也能相对缓慢衰减线圈空转电流。为了避免这种情况，齐纳二极管被用于消磁，它在一个单独空转回路中和一个正常二极管反向并联（图12.10）。通过齐纳二极管，下降的齐纳电压确保储存在磁场中的能量迅速消除。

和上述脉冲电压不同的控制方法是使用双绕组线圈。这里，一个高功率绕组用于闭合开关，另外一个低功率绕组用于保持开关闭合。也可以两个绕组共同闭合开关，然后断开其中一个绕组来保持开关闭合。相应通断同样一般通过开关壳体内的小型电子控制组件完成。

不同设计的优缺点：虽然过去填充型开关盒在大部分工业应用中经受住了考验，相应的，成本日益成为在汽车工业新的应用领域中的关注点。汽车制造商竭尽全力降低替代驱动系统的成本。因此空气型开关盒就有明显优势，因为省去了开关盒的气体填充和密封这样极其昂贵的工艺。

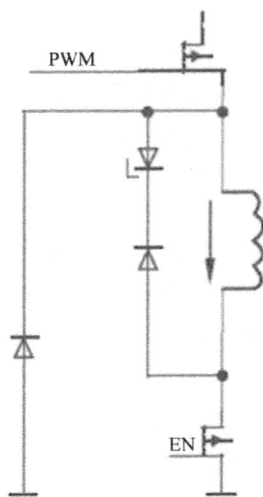

图12.10　空转电路

此外，开关盒的气体填充意味着系统安全性和可靠性的额外风险，因为使用期间填充气体的逃逸——例如因为事先损坏——不能完全排除。随之而来的开关通断能力的下降会导致整个系统故障。

在控制方面，带集成式节能器或者带双线圈系统和集成式通断的开关的优点在于，使用者无须降低绕组功率，如 PWM 控制。另一方面，集成于控制器的电子部件和所用微处理器以及已有的继电器驱动一起使得通过相应软件程序控制 PWM 成为可能。在这种情况下，依靠控制器实现 PWM 控制并且避免降低开关内部功率，这就很有成本优势。

12.5　开关的未来发展

混合动力和电动汽车高压开关的发展受开关的未来需求影响。可以预计，未来基于锂离子的电池系统比现今有更小的内阻，结果会导致电池更高的短路电流。同时也导致了为了降低短路电流，在紧凑型混合动力和电动汽车中使用更小功率和更少能量的小型电池的需求。

和混合动力或电动汽车相反，燃料电池汽车的电机功率更高。因为不但开关上持续电流更高，而且短路电流也相应更高。

一个对高压开关及其所需特性的不可忽视的影响是高压电气网络的安全理念[5]。根据现在的标准，主开关必须把高压电气网络的各极在各种工况下安全断开。依据预期短路电流的大小不同，开关的触电系统设计成相应的功率级别。详细分析各种可能的运行状态以及随之而来的系统参数因此就非常重要，只有这样才能针对整个系统各个时间的安全状态对系统部件做出具体定义。这种评估在整个系统层面才能可行。因此，电池系统、开关、熔丝和导线系统的制造商之间的紧密合作来达成系统部件之间以及部件系统间的最优协作，在未来就变得越来越重要。

12.6　锂离子电池的电缆布线

为混合动力和纯电动汽车设计的锂离子电池是由多个单体组成的复杂系统。为了达到替代驱动技术所需的几百伏的电压级别，单个单体组成模块，而后再连接成整个电池。为了确保不同荷电状态的长期可靠性，仔细监控工作电压和温度就完全必要。只有这样才能确保提早发现问题并可靠预警。此外，单体之间以及模块之间都传输着大电流。由电池提供的能量最终被整个系统的高压组件所消耗。

为了完成这些任务，主要需要三种类型的导线。用于传送大电流和高电压的大导体截面的导线，用于传送高电压信号的小导体截面的导线和用于传送低电压的导线。对不同连接导线的需求分化也很大。

12.7　对导线的要求

锂离子电池的电缆布线一般包括低压电缆束、与控制器连接的传感器以及用于连接模块和车载供电的高压导线。因为信号导线与传统电器网络的导线非常类似，所以使用了很多符合通用标准（如德国供应商标准 LV 112 [6] 和国际标准 ISO 6722 [7]）的低压导线。这里主要是已大量在量产中应用并且占据市场的标准产品。高压电池内所用导线的大部分（大约 90%）是低压导线。设计电池时要确保低压线束不和高电势或高压导线接触。高压线束由橘色的特殊导线组成，其要求更高。

- 设计电压最大 600V。
- 高压导线能够传送大电流。
- 短时传送峰值电流并防止过热。
- 导线具有高柔韧性。
- 有较小的歪曲半径。

高压导线的高柔韧性及同时非常小的弯曲半径之所以必要，归因于电池内的有限空间。这里极其短的连接长度尤为关键。根据设计不同，导线在生产期间焊接，瞬间需要承受超过 200℃ 的超高温度。这就必须在设计导线材料时相应地考虑到。对于用于锂离子电池内部的高压导线，因为位于封闭金属壳体内，没有必要独立屏蔽。连接高压电池和汽车总成的连接就不同了，具有额外屏蔽以免受电磁辐射。

所用高压导线与已确立的标准导线相比，大部分是新的或顾客定制产品。现在正在对这些组件的尺寸和需求标准化。

12.8　布线用导线

典型的低压电缆横截面为 $0.35 \sim 0.5 mm^2$，连接着电池控制器（BCU）、传感器电子（CSE）和外部温度监控传感器。这里所用的是薄壁型特种聚氯乙烯绝缘电缆，设计用于高达 60V。导线被拉到所需长度，和插接件或接线头装备在一起成为线束，如图 12.11 所示。这种导线根据应用不同总长可达 $30 \sim 50 m$。

电池里的高压导线在传感和传导电流两种应用领域有所区别。特殊的高压继电器用于在静止状态或故障时安全地将电池和电气网络断

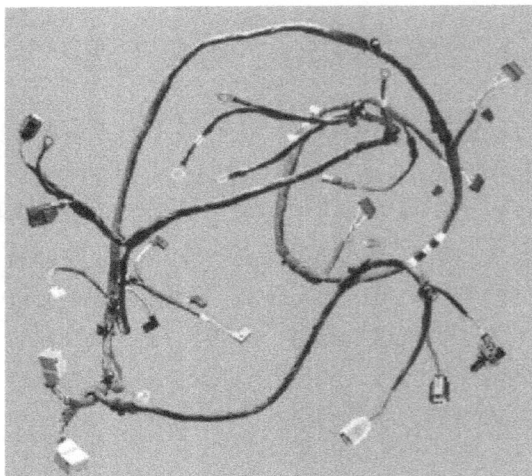

图 12.11　锂离子电池低压导线（来源：LEONI）

开。继电器和截面积 $0.5 mm^2$ 的非屏蔽高压导线连接。由于大多数电压达到几百伏，导线设计成壁厚更厚用于最大 600V 的应用领域。由于这种导线连接仅传输高压信号，小的截面就足够了。类似的还有用于传输温度传感器的导线。因为所施加的高电势，所以必须用这种导线。传输电流的高压导线根据应用的传输功率不同具有更大的截面积。

$10 mm^2$ 或更大截面积的非屏蔽导线用于多个模块的互联（图 12.12）。同样，设计为对 600V 绝缘是必要的。由于安装空间有限，部分选用软性绝缘材料和特殊的柔性导线设计。也可通过选择更小截面积和更小导线直径节省空间。然而这导致由功率损失引起的更高的导线自发热，在材料设计和电池热管理中要考虑到这点。表 12.1 概述了根据高压导线不同连续工作温度选择典型的绝缘材料。

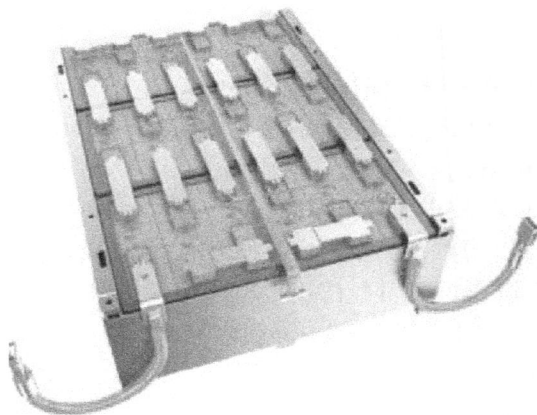

图 12.12　锂离子电池单个模块和高压导线模块插接件

表 12.1　高压导线绝缘材料概览（LEONI）

连续工作温度	105℃	125℃	150℃	175℃	180℃/200℃
绝缘材料	PVC	网状 PETPE－S	网状	ETFE	FEP
	PP	TPE－O	PETPE－E		硅

根据现有技术，金属导线框可用于模块中单体间连接。和高度柔性的铜编织屏蔽式导线相比，其优点是更少的安置空间和更低的成本。此外因其可焊性确保了电阻更低。

从锂离子电池出来是贯穿整个汽车的高压电气网络。通常布置一根屏蔽式导线，如图 12.13 所示，作为两相连接。根据电池功率不同，导线横截面从 $16mm^2$ 到 $50mm^2$ 不等，极端情况可能更大。尤其是在混合驱动中，导线的高耐热性很有必要，因为导线经常布置与排气管并行，而且功率损耗和暴露于外部高温还引起额外的自发热。

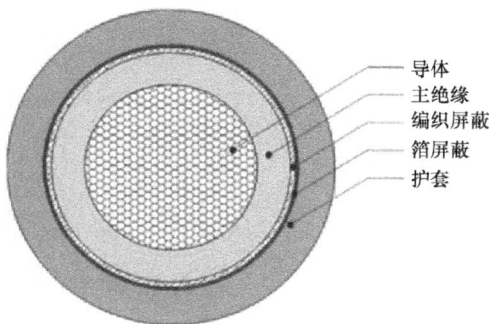

　　导体
　　主绝缘
　　编织屏蔽
　　箔屏蔽
　　护套

图 12.13　屏蔽式高压导线结构（图：LEONI）

12.9　导线的未来发展

连接汽车高压系统的锂离子电池需要不同的线束。在电池内，系统监控组件通过低压线束连接。由于锂离子电池的功能和拓扑，还需要高压导线，完成连接传感器和传输能量的任务。对这种导线有特殊要求，也导致了其特殊结构。此外这里要注意并特别调整和连接器组件的接口。

未来的锂离子电池，基于不断增长的量产经验，高压导线的横截面继续减小，进而节省重量和放置空间。作为导电连接使用的铜导体，其替代者铝导体可以在下一代帮助优化重量。

12.10　插接件和端子

对混合动力汽车、燃料电池汽车和电动汽车中电能传输的要求引领新一代汽车高压连接器的出现。汽车电气网络里，高压系统和 14V 低压系统分别构造。连接的高压组件和安装条件决定了对高压插接件的要求。高压电气网络的系统总览（图 12.14）展示了用高压插接件连接的核心部件。

● 高压开关和配电设备以及高压组件。

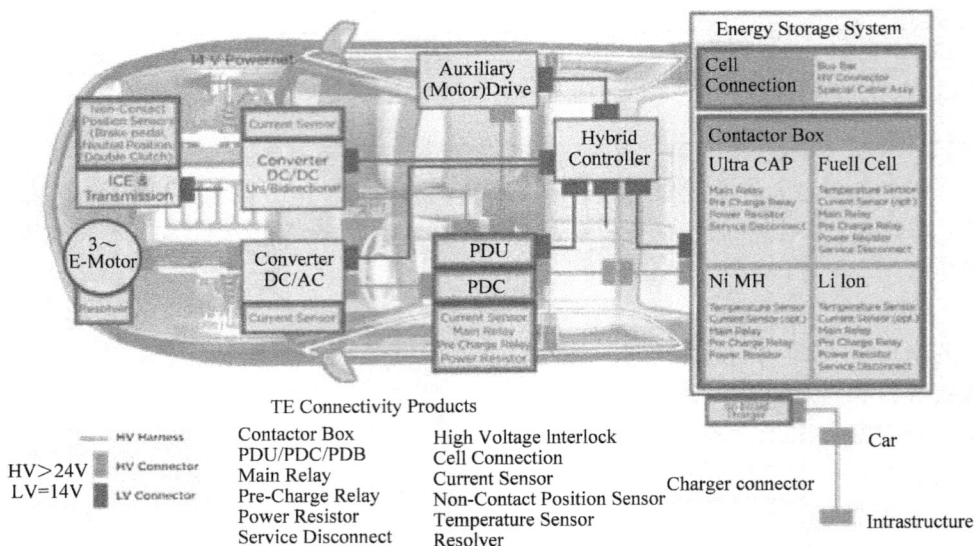

图 12.14　高压电气网络系统总览

- 储能设备（电池、超级电容、燃料电池）。
- 高压/低压直流变换器，给 14V 电气网络供电。
- 高压/高压直流变换器，给电驱动系统供电。
- 电机。
- 电网充电接口。

插电式汽车充电接口的触头尤其是标准化设计。车内高压回路和电网的断开一般发生在内部充电器。此处必须考虑到汽车行业标准和能源技术行业的标准。

12.11　产品需求

若不整合不同产品需求，就不会对高压电气网络中高压连接的产品多样性一目了然。因此这些需求在德国汽车制造商工作组 LV 215 - 1［8］的框架下定义了。这种方法引导了高压插接件的各个组成部分的标准化和可用性。为了确保可以多种可能工作环境的使用，整个需求目录设置了超过 50 个点。

重要的产品特征：

- 最大直流工作电压 850V。
- 环境工作温度 -40 ~ 140℃。
- 在未插入状态时，防护等级按照 IP2XB（VDE 标准）［9］。
- 插接件制造为橘黄色或用标签标识。
- 反极性保护。

- 信号触电（互锁）提前断开功率链。
- 只允许屏蔽式插接件。
- 屏蔽内阻在整个运行期小于 10mΩ。
- 屏蔽导电能力：10A 电流或故障电流 25A，连续 60s。
- 电源触点的一级和二级锁定。
- 清晰编码和足够的外壳指示。
- 最大插入力 100N。
- 按 LV214 – 1［10］，振动负载允许达到严重级别 3。
- 插入状态密封级别按 IP6K9K，IPX7［9］。
- 允许使用单芯和多芯屏蔽电缆。
- 间隙和爬电距离符合 IEC60664 – 1［11］。
- 电压和绝缘电阻根据 ISO6469 – 3［12］。
- 螺纹拧紧的端子通过接线头传输功率。
- 根据导线截面和载流容量不同将高压插接件和端子分成各个级别。

这些产品的许多特征已经极大地影响高压插接件的机械设计，但是还未在上述列表中要求。最大的直流工作电压高达 850V 的要求和 14V 插接件就要求更大的电气间隙和爬电距离。为了保持所需的较小接插件安装空间，必须要优化绝缘尺寸。环境温度高到 140℃虽然只在个别应用出现，但为了确保普遍适用性，这个需求已被设为标准。

防护级别 IP2XB［9］在未插入状态时要求接插件和对面放置的排针有附加的结构措施，如护套（图 12.15），它防止了破坏。如导体横截面大于约 25mm^2，要通过使用带有防护套的圆形触点来安全预防接触导电触点。

提前式信号触点，也叫高压互锁（HVIL），会在从排针拔出插接件时在电力连接前断开。评估互锁信号以及随后断开电力连接必须由评估电子完成。电力连接上若是直流还可能产生电弧，进而可能损坏电力连接并且危害操作。

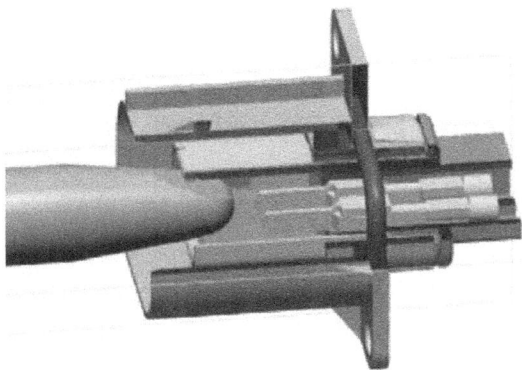

图 12.15　带有护套的插接器

反极性安全性和可编码性加上足够的外壳指示意味着，要采取 LV 215 – 1［8］的规范。里面只规范了密封式和屏蔽式插接器。

规范不仅说明了所需屏蔽电磁兼容的阻尼特性，而且还说明整个运行周期其直流电阻低于 10mΩ。此外还必须能传输 10A 持续电流或 25A 故障电流超过 60s。这种要求需要有很好接触能力的高导电铜合金。导线屏蔽和插接件屏蔽之间，插接件屏蔽和排针之间，以及排针和总成之间的连接电阻不能超过 $10m\Omega$。导体屏蔽又分单个屏蔽和内多线单屏蔽。插接件要按照上述导体屏蔽要求来设计。

最大 100N 的插入力在所用导体横截面为 $50mm^2$ 的例子中只能通过插入和拉拔工具来实现。杠杆经常作为插入和拉拔工具被采用。

按 LV 214 – 1 严重级别 3 的振动要求（靠发动机安装）对高压插接件提出重大挑战。由于导线和连接件的更大重量，所得的整个系统的固有频率相比 14V 插接件大大降低。这种无稳定的振动特性若无更多措施就会导致接触点的过度磨损。简单的措施是有效固定并用铝导体减轻导线重量。螺栓端子因其结构设计有优良振动性能，应该在高振动负载时使用。

高压插接件和螺栓端子按导线截面积和电流承载能力分类。根据 LV 215 – 1 [15] 生产的插头和端子系统如下所示。

12.12 高压插接件和螺栓端子

高压插接件和端子分为 5 级：

第一级（25A）：$2.5mm^2$ < 导线截面积 ≤ $4mm^2$（插座系统）。

第二级（40A）：$4mm^2$ < 导线截面积 ≤ $6mm^2$（插座系统）。

第三级（80A）：$6mm^2$ < 导线截面积 ≤ $16mm^2$（插座系统）。

第四级（200A）：$16mm^2$ < 导线截面积 ≤ $55mm^2$（插座系统和端子）。

第五级（400A）：$70mm^2$ < 导线截面积 ≤ $120mm^2$（端子）。

所示接插件和端子可以根据 LV 216 – 2 [13] 列为屏蔽式高压导线。此高压导线标准定义了铜铝导线的几何尺寸以及验证试验（图 12.16）。

依应用不同两相或三相的高压接插件按 90°或 180°导线偏离方向有意义；尤其是后者。

图 12.16　一级、二级、四级插接件和端子以及三相插头

12.13 充电插座

IEC 62196 – 1/ – 2 [14，15] 标准下的充电插座分三种类型。所有类型都要在污染环境下做 10 000 次插拔循环测试。规定充电阶段最大环境温度为 50℃。塑料外壳的耐热性需要特殊添加剂，这就损坏了其加工性和机械材料属性。车内高压系统的插接件无此要求。

充电插座 2 型（图 12.17（左））最大电压 500V。所示结构允许传输单相 70A 或三相 63A。三相插头（图 12.17（右））连接了 2 型充电插座和内部充电器以及高压电气网络和电网。

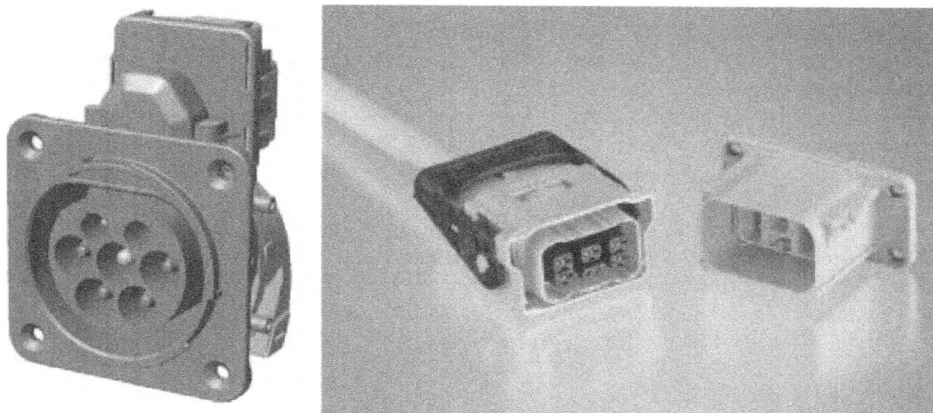

图 12.17　2 型充电插座（左）和三相插头（右）

12.14　插接件和端子的未来发展

电力传输在混合动力汽车、燃料电池汽车和电动汽车的整个系统起到重要作用。系统结构不同，对高压插接件和端子的要求也不同。通过模块化设计后的五层模块化系统可以将多样性降低，同时覆盖几乎各种应用领域。

为了针对高压电气网络的要求继续优化未来的高压接插件和端子，必须选择一个全局的系统方法。这种方法不是把插接件仅仅视为组件之间的连接件，而且进行整个系统的设计。现在根据 LV214 - 1［10］可提供实验室的降额曲线结果，其中只给出实车条件下的导电能力指标。进一步的系统考察可以让整个系统的导体横截面更小以及节省重量和成本。

参 考 文 献

1. ISO 26262 „Road vehicles – Functional safety"
2. OEM-Grundlagenpapier „Elektrische Eigenschaften und elektrische Sicherheit von Hochvolt-Komponenten in Kraftfahrzeugen – Anforderungen und Prüfungen" (Ausgabe 2009 – 05)
3. Kroeker M, Faul J LV 123 Besondere Anforderungen an HV-Schütze in Hybrid- und Elektro-fahrzeugen, TE Connectivity
4. Kroeker M (2011) Untersuchungen der Stromtragfähigkeit und des Schaltvermögens von Kontaktanordnungenin nicht hermetisch gedichteten Schaltkammern bei 400 V, 21. Albert Keil Kontaktseminar Karlsruhe, VDE Fachbericht 67
5. ISO 6469 Electrically propelled road vehicles – Safety specifications
6. LV 112 (2006) Elektrische Leitungen für Kraftfahrzeuge einadrig, ungeschirmt, November 2006

7. International Standard ISO 6722-1(2011) Road vehicles–60 V and 600 V single core cables–Part 1, Dimensions, test methods and requirements for copper conductor cables, 4. Aufl. 15 Okt 2011

8. LV 215-1 (2011) Elektrik/Elektronik Anforderung an HV-Kontaktierungen

9. IEC 60529 (1991) (DIN 40050-9) Schutzarten durch Gehäuse (IP-Code)

10. LV 214-1 (2010) KFZ Steckverbinder – Prüfvorschrift

11. IEC 60664-1 (2008) Isolationskoordinaten für elektrische Betriebsmittel in Niederspannungsanlagen

12. ISO 6469-3 (2010) Electrically propelled road vehicles – Safety specification – Part 3: Protection of persons against electric shock

13. LV 216-2 (2011) Hochvolt – Mantelleitungen geschirmt für Kraftfahrzeuge und deren elektrische Antriebe

14. IEC 62196-1 (2011) Stecker, Steckdosen, Fahrzeugsteckvorrichtungen und Fahrzeugstecker – Konduktives Laden von Elektrofahrzeugen Teil 1: Generelle Anforderungen

15. IEC 62196-2 (2010) Stecker, Steckdosen, Fahrzeugsteckvorrichtungen und Fahrzeugstecker – Konduktives Laden von Elektrofahrzeugen Teil 2: Anforderung an und Hauptmaße für die Austauschbarkeit von Stift und Buchsenvorrichtungen

第13章 电池热管理

Michael Günther Zeyen，Achim Wiebelt

13.1 导言

移动应用的锂离子电池需要一个功能强大的热管理系统，用于确保所需的 10 年以上的使用寿命，以及各种工作和环境条件下的全功能接入和可用性。热管理的任务包括冷却和加热的功能。由于锂离子电池的种类各异，其单体化学和单体结构显著不同，热管理必须始终根据具体种类的特别需求调整自己。车辆的多样性与这种情况类似，从小型城市用车到跑车，从微混到全电动汽车。这就产生对驱动电池热管理非常多样化的需求。其中汽车热循环系统的集成起到重要作用。汽车制造商对此采取完全不同的策略。

以下要具体介绍高效热管理的必要性，然后展示和讨论具体解决方案。

13.2 需求

锂离子电池最佳工作温度范围是 20~40℃（图 13.1）。在此温度范围，锂离子电池具有最高效率和可容许的老化特性。针对更高寿命的需求，冷却就要朝着温度范围的下限去设计，因为随着温度上升，电池老化加速。

在工作温度低于 20℃时，随着温度降低，内阻不成比例地变大，因此电池效率以及可用于驱动的功率都会降低。在 0℃ 区域，这种低效差别可达 30%。低于 −20℃ 甚至更明显。此外在 0℃ 以下出现特别的老化机制，可以导致电池不可逆转的损坏。其中最重要的一种老化机制是所谓的锂解析，即在电池充电过程中，纯锂在负极解析。这导致电池容量的衰减。最差情况还会引起内部短路，因为解析出来的锂形成从负极延伸到正极的锂枝晶。由于锂解析只出现在电池充电过程，原则上

M. G. Zeyen (✉)
vancom GmbH & Co. KG, Marie-Curie-Straße 5, 76829 Landau, Deutschland
e-mail: m.zeyen@vancom.de

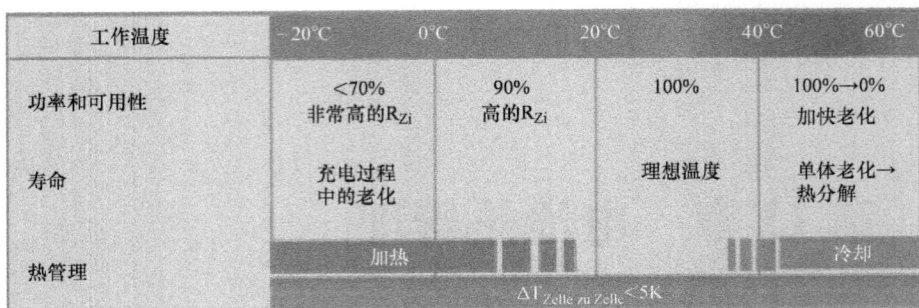

图 13.1　工作温度、热管理和寿命的关系

可以通过控制策略排除电池零下温度下吸收能量的可能，这就自然可以避免这种老化。但是这意味着无法回收制动能量，混合动力的整体效率和电动汽车里程将会出现不可接受的降低。为了确保电池充分的可用性和最高效率，热管理有必要尽快而且有效地将电池加热到零上温度。

　　另外，在40℃以上的工作温度下锂离子电池不成比例地加快老化。此老化现象基于 Arrhenius 模型。作为经验法则，如温度升高 10K，寿命减半。如果持续工作温度40℃时寿命预期是 10 年，那么持续工作温度50℃时，寿命将减少到只有 5 年。如果温度再高的话，电解液会高温分解，其结果就是电池着火。为了安全应对这样的事故，必须设计高效的冷却，这样才能在各种环境和工作条件下保证单体在最大允许的温度范围内工作。若是电池温度超过此范围，电池管理系统必须控制电池降额输出。

　　确保电池不超过允许的最大温度范围，并不是热管理的所有工作。同样重要的是，电池的均匀冷却。在单体同一位置测量的温度，单体之间的差别应小于 5K。特别是那些大型电池，其彼此之间距离最远的单体之间距离可能超过 1m，就对均匀冷却的要求提出了最高挑战。若单体不是均匀冷却，单体之间就会老化不同。因而均衡控制，也就是保持单体都在相同的荷电水平，就会更加费力，而电池可以提供的可用能量也将会减少。

13.3　电池类型和冷却方法

　　单体层面有效的冷却方法是有效热管理的必要基础。其如何构成，取决于单体类型、外部尺寸、内部结构以及需要导出的热流。图 9.4 展示出了现在市场上的单体类型。圆柱形单体和方形硬壳单体的活性材料由电极和隔离膜组成，通常卷绕成卷轴后放置于铝制固定壳体内。在软包单体中，活性材料每层被堆叠或折叠后，包入柔性复合铝箔。从冷却角度来看，圆柱形单体相比于硬壳型和软包型单体有形状上的劣势。其相对较低的表面积体积比影响从单体内部向表面散热，从而造成单体内部形成较大径向温度梯度。此外凸起弯曲的表面妨碍热传导元件的最优热接触，而热传导元件的功能是将单体废热传导到一个散热源。然而在选择合适单体类型时不仅要考虑冷却方面的作用，还要考虑其他指标，如可用性、量产成熟度、安全性、寿命和成本。这也是现今圆柱形电池相对来说常用的原因。

所有三种单体类型的共同之处是，沿着电极的热传导 λ_{II} 是非常好（$20W/m/K < \lambda_{\text{II}} < 50W/m/K$）。这是由于这样的物理事实，即良好的导电性也造就良好的导热性。不同的是，垂直于层级方向上的热传导 $\lambda_{\perp}$ 降低了可多到两个数量级（$0.5W/m/K < \lambda_{\perp} < 2W/m/K$）。上述导热数值宽幅分布一方面是由于不同电池生产商所用活性材料不同，另一方面对单体电力功率需求的不同也起到一定的作用。因为电动汽车所用单体和混合动力所用单体从内部结构到热属性都有所不同。

图 13.2 所示为单体基本冷却设计的原理图。

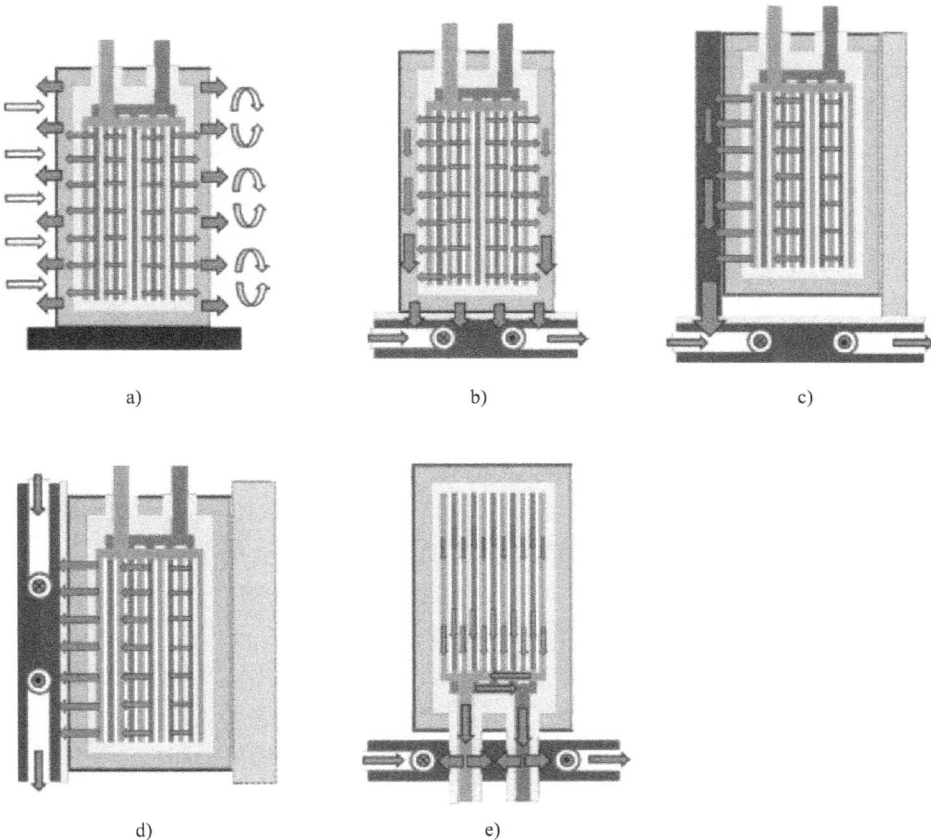

图 13.2　单体冷却基本方法

a）空气冷却　b）底部冷却　c）（被动式）侧面冷却　d）（主动式）侧面冷却　e）导电元件冷却

在空气冷却（图 13.2a）方案中，冷却空气流经单体并且冷却单体裸露的外表面。由于这种类型的冷却无须元件与单体直接热接触，冷却系统的接口相对容易设计，而且由于实用也经常是第一选择。然而空气冷却需要单体之间排有可供冷却空气流动的管道，对安装空间需求相当大。其冷却效果，尤其是单体冷却的均一性，经常不令人满意。

与之相比不同的是所有和单体有热接触并且利用热导体来进行热传导的冷却方法，在安装空间方面和冷却效率方面比空气冷却明显地占有优势。可是这些冷却方案中热接触的设计又成为新的挑战。因为冷却装置位于与电池的电气组件直接接触的位置，所以冷却系统的接口变得更为复杂。对于具有较低的高度和充足厚度的单体，仅将单体底部和冷却板热接触就足够了（图 13.2b）。如果这还不够，则必须设计（图 13.2c）单体之间附加额外的热传导元件，以帮助热量传递到冷却板。这些措施会使冷却更困难和昂贵。

热力学最佳的冷却解决方案是单体间使用导流冷却板（图 13.2d），因为单体内部到冷却液的热传导途径非常短，导热效果好而使得单体的热均一性极高。然而这种解决方案也是（重量）最重的和最昂贵的。

有一种极为有效的冷却方法是导电体冷却（图 13.2e）。这是直接通过对单体电极的冷却来制冷电池内部的。这种冷却方法尤其适用于软包单体，因为其具有平坦而且相对容易接触的导电端子。在所有的方案里，单体产生的废热被导向冷却板。在冷却板里有冷却液或者可蒸发的制冷剂吸收了单体热量，并通过汽车的冷却系统或者制冷系统排出到环境中。

13.3.1 电池冷却

环境空气尤其是在夏天不适合于锂离子电池的冷却。环境温度和最大允许的电池温度之间的温度差过低，导致无法以合理的成本排出电池产生的热量。如要确保在夏季环境条件下电池的可用性，就剩下汽车中唯一可用的且可以主动影响的排热方法：空调的制冷循环。在这里，电池产生的废热可以通过制冷后的空气，或者直接通过空调制冷剂循环中的制冷剂，或者通过电池自身的冷却液循环导出（图13.3）。所使用的方法取决于相关的车辆类型的使用特性。任何一个冷却方案都有其特定的优点和缺点，所有冷却方案现在都有在量产中使用，因此将介绍如下。

空气制冷方法：空气制冷方法指将制冷空气从大型通道导入电池。在空气通过电池并沿着单体被加热后，一般被直接排到环境中。这种极为简单的方法有多个基于原理而导致的缺点，包括大尺寸的导进导出电池的空气导管，鼓风机的重量，特定情况下可能产生的驾驶室噪声，以及当直接连接驾驶室和电池时使用驾驶室空气制冷带来的安全性。为了避免电池内部受到污染必须过滤空气，以避免潮湿条件下引起的爬行电流或者影响热传递。

若是冷却中使用了驾驶室空气，电池就不能独立于驾驶室冷却。在有些工作点，会产生驾驶室舒适度和电池冷却的矛盾。为了避免这个缺点，可以在高级车型中采用与驾驶室空调并行运转的专用于电池制冷的附加车尾空调设备。该方法在图13.3 里有显示。电池蒸发器通过排风扇驱动制冷过的气流冷却电池。这种方法的缺点是需要额外的重量和额外的安装空间，进而导致了系统层面能量密度的降低。而其优点是，电池冷却可以在空气循环模式，进行因而可以省掉空气过滤组件。电池的空气冷却方案主要在有足够空间的车辆中使用，比如越野车（SUV）。

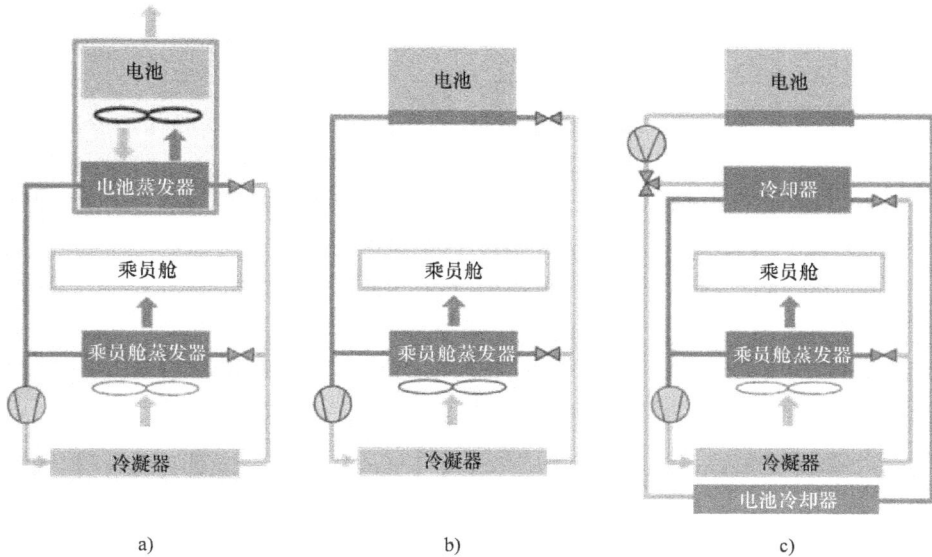

图 13.3　电池冷却方法

a）空气冷却　b）制冷剂直接冷却　c）冷却液冷却（辅助循环）

制冷剂直接冷却的方法：制冷剂直接冷却的方法是空间最紧凑的电池制冷方法。设计成为电池冷却板的紧凑型蒸发器被置于电池内部并且与锂离子单体导热接触（图 13.3b）。蒸发制冷剂所需要的热量取自从单体传导出来的热量，由此单体能够得到有效冷却。冷却管道和管路的设计必须保证可蒸发的制冷剂在单体周围随时随地都在，这样才能实现单体温度的均一性。作为电池冷却板和冷却循环的接口，只需两个额外的制冷剂管道：一个是流入电池的压力管道，另一个是从电池回到压缩机的吸气管道。电池蒸发器与空调主蒸发器并行运行。

基于这种制冷剂冷却的锂离子电池的系统能量密度只会降低很少，因为花费在电池外部的设备较少。驾驶室和电池有各自不同的冷却需求。这就需要对整个冷却循环系统进行特殊调节控制。使用可变转速的电动空气压缩机相比于传统传动带驱动型压缩机更容易对这个过程进行调控。

这种电池冷却方案必须使用制冷剂压缩机。但是其多出的能量消耗相比于驾驶室空调系统所需能耗要低。制冷剂冷却的电池系统通常用于这类车辆中，即需要紧凑型电池制冷并且即使使用额外压缩机也不会降低整车能量效率的车辆。由于制冷循环最低可以工作到大概 -7℃，在更低环境温度下电池冷却会受到限制，但是这种情况在实际应用中通常可以忽视。

冷却液制冷方法：冷却液制冷方法是电池制冷最灵活的方法。采用一个附加的电池冷却器让这个方案同时也非常节能，如图 13.3c 中所示。电池配备冷却板，中间流通冷却液（在电池内部单独的次级冷却循环里使用的水和汽车防冻冷却液乙二醇 Glysantin⊖的混合物）。精心设计的管道布线确保冷却板最佳的温度均一性并且补偿了冷却液的温升。次级循环的温度取决于电池控制策略和电池单体特性，但通常是 15~30℃。冷却液回冷由所谓的 Chiller 冷却器实现，它连接主制冷剂循环和次级循环。在冷却器中，制冷剂被蒸发，其蒸发所需热量从次级循环中的冷却液中获取。虽然现在市场可供的冷却器具有高功率密度的优点，但是它还是有个缺点，即电池外部更大空间的需求，因为除了冷却器之外还需要水泵、管道和在可能用到的双模式工作状态下所需的额外的冷却器和控制阀门。

电池冷却的能量效率在电动汽车和电驱动占有高比例的插电混合动力汽车中起着至关重要的作用。为了不让电动压缩机在不必要的运行时耗能减少续航里程，解决方案是可以在次级循环的冷却模组加上额外的低温冷却装置。通过换向阀就能在夏季的制冷器模式和外部低温的低温冷却装置模式之间切换。

13.3.2　电池加热

电池加热在技术方面显示出和电池冷却一系列的近似性。但是部分也有其完全独立的解决方案。通常冷却和加热两方面都要在电池结构和电池管理系统的设计上加以考虑。

通常必须将电池加热视为达到目的的手段。电池加热是单体特性决定的技术必要性，电池加热的设计受应用领域以及电驱动的市场接受度所影响。电池加热必须安全、迅速、简单和便宜，并且不可以不必要地减少电动汽车的续航里程。最后的这点要求尤其限制了电加热系统。

电池温度为 +5℃ 是常见单体中等强度电流输出的最低条件。这个温度下限可能根据不同类型单体有所不同。一方面要确保温度下限，另一方面还要通过合适的控制策略和装备将电池温度升到至少 20℃ 所谓的"舒适区域"。

在继续给出电池加热实例的总览之前，需要首先讨论一个问题就是能量来源。在电动汽车中获取热能不是免费的，这和内燃机驱动汽车不同。在电气总成运行时耗散的功率根据行车状态不同差别迥异（平均小于 1kW），而且在起动时就属于损耗掉的，不可利用。

纯电动汽车的里程可能在冬季减少至 50%，主要原因除了电池容量降低之外

⊖　译者注：Glysantin 是 BASF 公司防冻冷却液的商标。

就是驾驶室电加热的耗电，如果电动车里边已有这个功能的话，还有一个要特别关注的是能量来源及其如何有效利用。

通常是电作为能量来源用于加热电池，也有配备化石燃料加热器的汽车。这些加热器由常规燃料（部分用乙醇）驱动，并且只消耗很少的电能，这样汽车电动里程几乎不受影响。然而其市场接受度取决于许多因素和准入规范，所用大多数纯电动汽车的电池加热直接（电加热）或者间接（热泵）由电力提供。

用空气直接加热和用空气冷却单体类似，只是热传导方向相反。这种解决方案具有相应的已经在前面段落描述过的系统决定的优缺点。作为热源可以考虑利用驾驶室加热的方法，在电动汽车中驾驶室加热经常通过位于仪表板中央的空调系统（Heating，Ventilation and Air Conditioning，HVAC）中找到电动空气加热的功能来实现。这种电池加热形式可以根据需要通过直接安放在电池吸入气流中的分布式的电动空气加热元件来加以补充，或者甚至在一个闭合空气循环里边实现，这样当然费用也相应提高。高压电池加热的解决方案是使用直流电压以超过 60V 的方式运行，由于对高压电有更高的安全要求，所以其成本比低压电池加热明显更高。

另一种可能性，如前所述，是使用化石能源的空气加热器来加热空气，可以一举两得，既加热驾驶室，又加热电池。尤其对于混合动力（包括增程式）和商用车在电动里程方面这是一个有吸引力的解决方案。一个特别简便和低成本的解决方案是将中央空调已经加热的驾驶室空气导入电池单体，完全放弃独立的电池加热措施。

用冷却液对电池加热对于汽车整个热管理尤其有吸引力。这种方案使用了在电池里边与冷却液冷却时相同的热传导元件，还可以与之类似的非常灵活地集成到更复杂的热循环中去。

加热冷却液循环所需能量可以由高压液体加热器导入循环，实际上这种设备已经在很多电动汽车中用来加热驾驶室。用它可以精确调控导入的能量，此外还能在车辆行驶前对电池进行预加热。如果这些能够在充电桩充电时完成（插电式汽车），那么电池加热就不会缩减电动里程。

在高级开发出来的热循环中越来越多地使用热泵以及利用废热。所赢得的热能除了用于加热驾驶室，还能用于加热电池。相反的，也可以根据工作点不同把电池的废热输送回冷却液循环中。

用惰性流体直接加热单体：用惰性液体直接加热单体现今使用极少，即便其是一个相当有吸引力的解决方案。相对于大多数其他方法在传热时不得不接受热传导需要经过一系列材料，部分还会包含有空气，直接液体加热的方法可以很好传热，并且若是设计正确的话，电池包内的温度分布会非常均一。此方案只运用于小众市场，其原因在于对传热流体的要求非常高。传热流体应该具有至少和水和乙二醇混合液体同一数量级的比热容，同时完全惰性，而且还要在各种情况下都是无毒的。如果在发生单体热事故的情况下，液体介质不能带来任何附加的危害。

此外，系统成本也相应提高，而且大规模使用这种液体在维修时也会出现新的问题。所以此方案将如何进一步发展还有待观察。

用电加热元件直接加热单体：用电加热元件直接加热单体是一种迅速有效加热电池单体的常见方法。这种方法是在电池内部单体旁边，或者在单体之间的表面上放置大面积含有电阻加热装置的加热膜。通过相应的电子控制系统，这种加热膜升温极快，由此可以有针对性地提升单体温度。如果加热膜不具有自身限温的正热温度系数效应，那么对电加热控制和局部温度监测的功能安全就提出了极高要求。

用电加热元件间接加热单体：用电加热元件间接加热单体是另外一种解决方法。和单体侧面和底部冷却方案类似，这里是电动加热和单体相邻部件的表面。由于热传导是间接通过接触面发生的，因此这个方法没有比用加热膜靠近单体加热的方法有效。

通常上述所有加热电池方法必须和电池壳体的热绝缘结合采用。根据不同设计，可以比如利用上一个行驶工况的电池余热将电池温度保持在一个可以接受的范围内。

13.3.3　总结和展望

一个动力电池合适的热管理对电池寿命、可用性和安全性方面至关重要。实践中有各种各样的冷却和加热解决方法，还经常彼此间结合使用。

依据功率和汽车需求不同，电池冷却可用制冷剂、冷却液或空气。在极高特定负载和较高环境温度下，对于冷却液冷却和空气冷却来说，制冷剂循环的支持就必不可少。空气冷却在成本和重量上有优势。在效率方面，冷却液冷却优势明显，因为它使用相同介质，根据需求不同既可以冷却又可以加热电池，而且可以很容易地集成到复杂的热循环里。

电池加热与之类似。根据不同需求特性，可以考虑通过贴近单体的加热元件直接加热单体，或者间接通过流体，经常与冷却液相同的流体，或者通过制冷剂或者空气加热单体，因此具有和冷却情况可比的优缺点。

一起呈现出来的是，小型电池，如用于混合动力汽车的，只需要冷却。冷的电池在运行时通过自身废热迅速加热。中型电池，作为插电混动的储能，与之相反，既需要冷却也需要加热功能。纯电动汽车的电池通常是如此之大，以致其热质量足够缓冲运行期间所得废热，无须主动冷却。若是电池有快充电的可能性，那么主动冷却就是必要的。和电动汽车更为相关的是，在冬季通过有效加热，将冷却的电池加热到可接受的温度水平。

未来驱动电池热管理的花费取决于电池化学的发展。内阻的降低和允许的单体最高温度的提高将降低对冷却的需求。同时追求提高功率和能量密度可以保持甚至提高冷却的花费。加热花费与之类似，低温内阻的降低以及负温电池化学不敏感度的提升将降低加热功能的必要性。对电池高效和长寿的需求，以及电池安全和任何时刻都保持在最佳温度的需求，与上述相反，要求未来更有效和功能更强大的加热功能。

（部分）电动化驱动的第一代汽车的研发重点还停留在部件层面，未来几年整个热管理的优化以及各个部件相互协调会成为焦点。新开发的技术如热泵的使用提供了新的机会并且帮助提高效率和电行驶里程。与汽车类似，根据市场需求和特定应用特点不同，也将产生出各自迥异的电池冷却和加热方法。重要的是在整个系统中找到一个在成本、安装空间、重量、安全性和效率之间的一个最佳折中。

第14章 电池管理系统

Roland Dorn，Reiner Schwartz，Bjoern Steurich

14.1 导言

电池管理系统（BMS）的主要任务是保护动力电池中的每个单体，以及延长电池寿命和循环次数。这对锂离子电池尤其重要，因为必须防止电池过充电或温度过高，以避免单体损坏（图 14.1）。

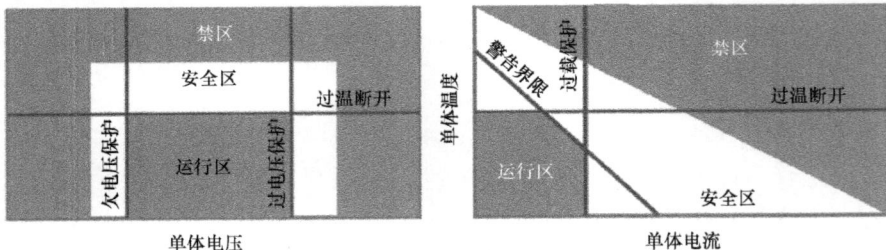

图 14.1　锂离子电池单体的功能区域

14.2 电池管理系统的任务

BMS 测量的控制参数是单体电压、温度和电池电流。一个典型的电池单体可以提供 3.6V 的标称电压，4.2V 的最大充电电压，以及 2.5V 的最小放电电压。欠压（ <2.5V）会给电池造成不可逆的损害，如容量衰减和自放电加速。而过压（ >4.2V）则有可能会引起自燃，因此存在安全风险。电池容量损失主要是由充电时过高温度及过高电压导致的。在妥善使用前提下，锂离子电池平均循环寿命为 500～1000 次完全充放电循环，直至该电池失去其 20% 左右的初始容量[⊖]。

R. Dorn (✉)

Texas Instruments Deutschland GmbH, Haggertystr. 1, 85356 Freising, Deutschland

e-mail: Roland.Dorn@ti.com

　　⊖　译者注：动力锂离子电池的生命终结 EOL（End Of Life）一般定义为容量衰减到 80% 的初始容量。随着最近几年锂离子电池技术的发展，循环寿命已经超过 1000 次。

根据单体电压、电流和温度的测量值，可以计算电池的荷电状态（SOC，State Of Charge）、健康状态（SOH，State Of Health）。SOC 是电池当前荷电电量和电池最大容量之间的比值；SOH 是电池当前容量与电池初始容量的比值。

通过重要的 SOC 和 SOH 可以推导出电池功能状态（SOF，State Of Function），见图 14.2。还有提供给驾驶人的关键信息：如是否可以到达目的地或是否必须提前充电。

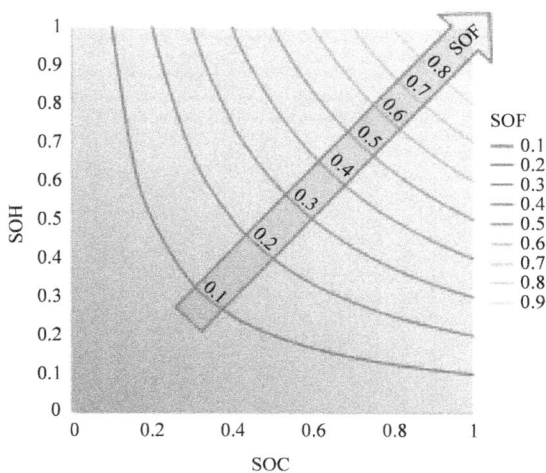

图 14.2　SOC、SOH 和 SOF 间的联系

计算有三种基本方法。

● 等效电路模型

在这里，电池通过等效电路模型来模拟，电路各个部件的参数通过材料的感性、容性和阻性特性来标定，还要考虑老化的相关性。

● 电化学模型

该模型是以电池的单体的化学性质为出发点，来模拟电池的电特性。

● 卡尔曼滤波方法

这种方法会根据当前的数据，时刻更新反映电池特性的滤波器参数。

14.3　电池管理系统的组成部分

一个动力电池系统通常由如图 14.3 所示的五个部分组成：

● 一个电池模块通常由多个单体组成。单体电压以及温度会在该模块内监测，并转发给控制单元。各个电池单体之间的电平衡也在模块内完成，以达到电池系统的布线最小化。电平衡以及单体监测通常由一个专用集成电路 ASIC——单体监测电子设备（CSC，Cell Supervising Circuit）来控制。一个动力电池通常由多个串联的电池模块组成，它的输出电压往往可以达到几百伏。

● 控制单元负责 SOC 和 SOH 的计算以及控制电平衡。SOF 状态通过电池与车辆之间的汽车通信标准接口如 CAN 总线或 FlexRay 总线来确定。该接口也负责电池从电网充电。控制单元也负责电池内部的功率管理并且负责减少电池在空闲状态时自放电。

● 高压开关在电池是空闲状态时断开其与车辆的连接，以避免不必要的损耗

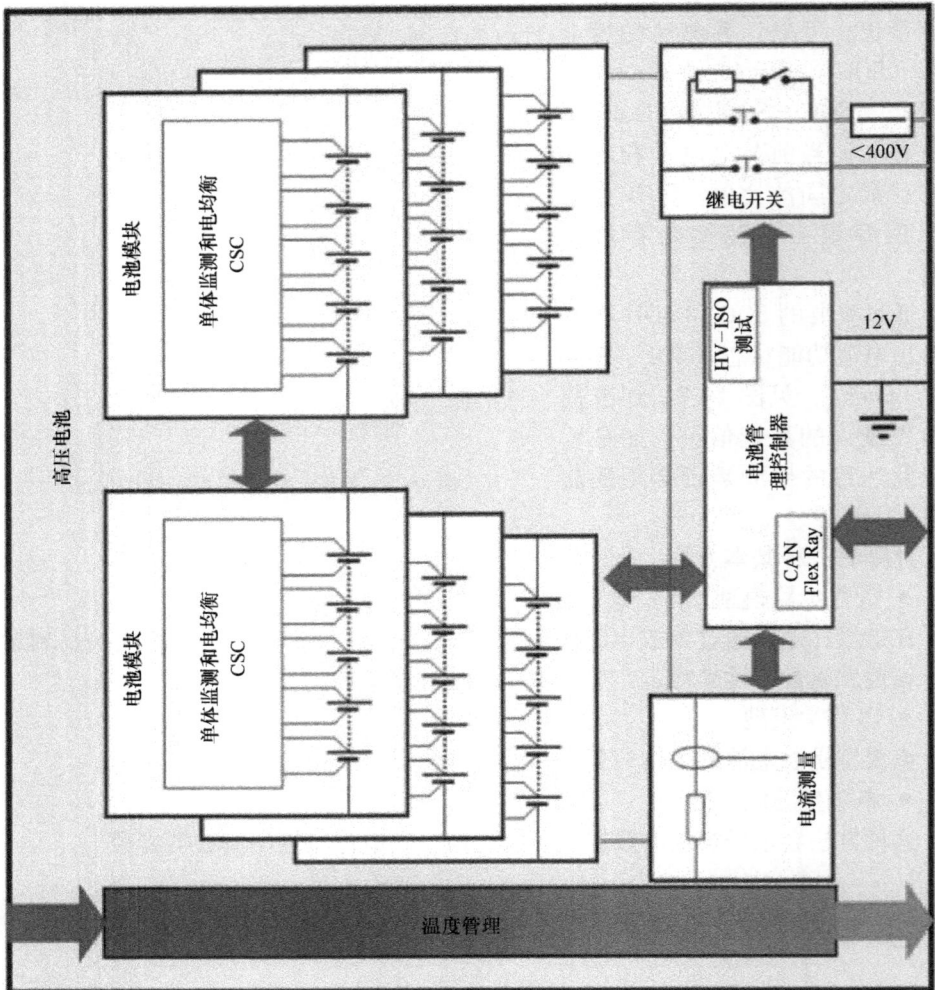

图 14.3 BMS 组成部分的框图

和潜在的危险。这个开关还提供了在极端故障下（如短路、过温或事故）断开电池的机会。针对短路故障电池内还配备了熔断器。

- 电流测量一般会采用特殊的传感器直接在电池上采集。出于安全原因，常常会采用两套独立的系统。当今的电池系统采用分流器，或利用电磁场的霍尔传感器。
- 热管理保障了动力电池运行在最佳温度。这对于确保每个单体均一老化特别重要，电池的寿命、可用性和安全性均与此密切相关。

14.4　电池单体监测和电均衡

给大量的单体充电是一个挑战，必须避免单个单体过充的风险。由于每个单体之间原则上都是有偏差的，它们各自剩余电量都不一样。这可能会导致充电时某个单体比其他单体更早达到最大允许电压（图 14.4）。这就导致：要不单体过充电，要不提早终止整个电池的充电过程。由于单体并非每个都完全充满，故会造成电池容量的损失。最弱的那个单体会限制整个电池系统的性能。

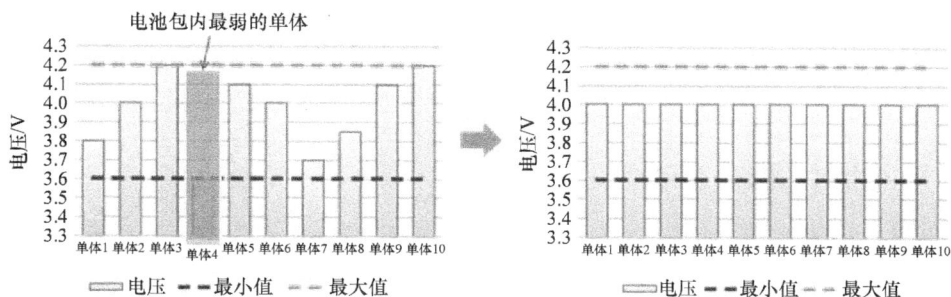

图 14.4　充放电时单体包内各个单体的电压差异

单体电压的测量需要非常高的精度。CSC 的电压测量精度大约为 2mV，这个对 SOC 和 SOH 估计的准确性起到至关重要的作用。在当下不同 BMS 中可通过不同的方案来完成对于单体电压的监测。这不同的方案各有优缺点，通常，单体电压由模数转换器（ADC）测量。它会直接或经由复用器（MUX）与一个电池包内的单体们连接。

变换器拓扑电路在市场上有三个变种（图 14.5）。如果设计理念允许每个单体电压顺序测量，那可以使用一个逐次逼近寄存器（SAR）变换器。如果单体电压必须连续监测，则一般使用和差 $\Sigma - \Delta$ 转换器（图 14.5 下）。在

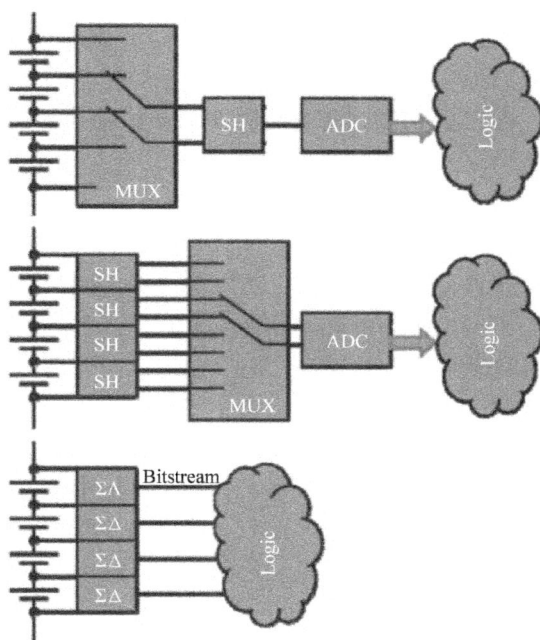

图 14.5　三种不同的变换器拓扑：SAR 变换器拓扑（上，中）和差 $\Sigma - \Delta$ 变换器拓扑（下）

SAR 转换器中，采样值会暂存在一个采样保留（SH, Sample - and - Hold）电路中。SAR 的使用方法也有两种，一种可以对每个单体使用其专用的 SH，然后把它们的输出值通过一个模拟电压复用器连接到 ADC 上（图 14.5 中）；或先将单体电压经由复用器直接将单体电压发到 SH 中，然后转发给 ADC（图 14.5 上）。

选择哪种拓扑主要取决于是否同步单体的测量值，或是否也可接受顺序测量。SH 对测量精度和性能有很大的影响。两种拓扑对芯片面积以及监测电路的成本有直接影响。只使用一个采样保留的解决方案可能在误差分析上有些优势，但其对于采样速率和输入信号的滤波则有更高的要求。通常此情况采用的输入滤波器的阶数要比 $\Sigma - \Delta$ 和差转换器电路中的滤波器的阶数高一些。在和差转换器电路中通常一阶滤波器就足够了。由电池单体串联而导致的电压误差，可以通过数字信号转换器的逻辑来调整。为此目的，对于单个输入比较器采用级联的参考理念。

14.5　电均衡

由于电池的充电和放电过程总是取决于串联电路中最弱的那个单体，因此 BMS 只能将电池不完全充放电（如，从 30% 充电至 80%，而不是从 0% 充电至 100%）。这样一来，削减了可用的能量密度，宝贵的资源未充分使用。为了使所有电池单体尽可能均匀荷电，需要找到一种方法，将"多余"的电流引出。这种被动式荷电均衡（图 14.6）避免了单体的过充电，将此单体上过剩的能量引到电阻上转换为热能消耗。伴随产生的热量给均衡电流设定了上限。相反，在放电过程中，为了避免过放电较弱的单体，不能使用电池内仍存在的能量。在较强的单体上还保持有残余能量。图 14.4 示出了两个电池单体在充电和放电循环期间，在不同的时间点达到的上限和下限。

被动均衡不能改善放电过程中的问题。随着时间的推移，该单体的容量偏差将进一步恶化，因此其最大可用容量会继续降低。

除当前常用的被动均衡，还有另一种主动均衡。通过 DC/DC 转换器来转移各单体间的电荷。这可在充电、放电以及静置时实现。高效的电荷转移允许较大的均衡电流；它可应用在大容量单体上，单体均衡会完成得更迅速。

用电容或电感的均衡方法中，多余的电荷会存入储能元件（电容或电感）中，并从那里转移至充电不足的单体。此储能元件通过晶体管开关矩阵与多个单体相连。为了实现高效率，此方案通常只用于单体个数较少的情况中。当电池单体之间电压仅略有不同时，采用电容"搅匀"的方法的效率就不那么高了。可以通过一个隔离式变压器转移电荷来改进。在这种方案中，电池单体与变压器的绕组之间通过开关连接，这样能量就可以在电池单体之间转移。

双向变压器方案（图 14.7）有两种不同的均衡方式。第一种方法是"底部均衡"（Bottom Balancing），在放电时进行。首先确定电池包中最弱的电池单体。然

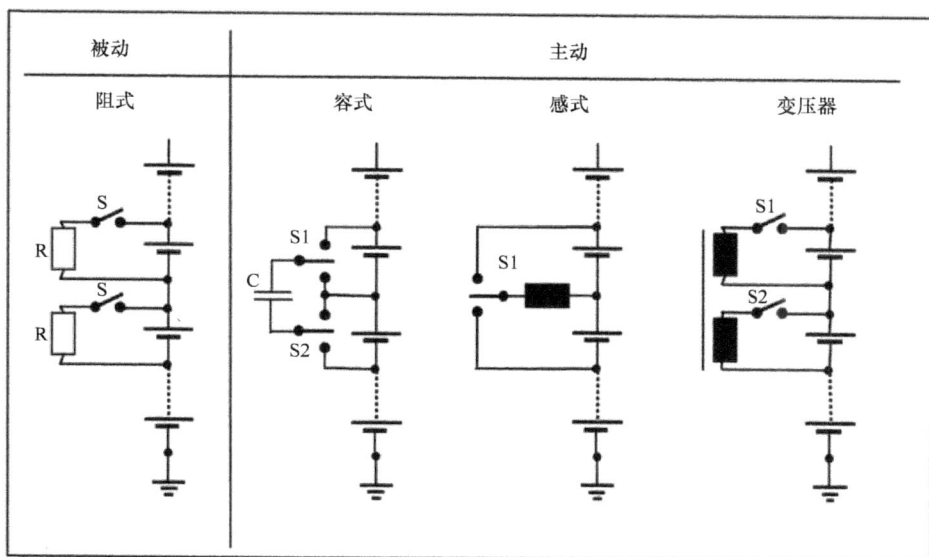

图 14.6 被动和主动荷电均衡的电路设计方案

后将整个电池组的电荷进行再分配。第二种方法是在充电时进行，被称为"顶部均衡"（Top Balancing）。这里，最强的单体中过剩的能量会被均匀地分配到整个电池包内。采取这种均衡方案的电池包的均衡损失在 1.5W 的范围内，远低于被动均衡方案中的典型功率损失 18W。

通过使用双向开关矩阵和一个 DC/DC 转换器（图 14.8）的装置，可改进变压器的设计，减少该方案中电感元件的使用。通过在单体和变压器之间使用开关矩阵，可以直接对任意单体充电或放电。由此电荷可以在单体和单体组之间转移。

所有主动均衡方案均具有额外降低散热成本的潜力。一般来讲，双向变压器方案最多支持由 12 个单体组成的电池模块。电均衡通常通过一个 ASIC 控制。前面所述的方法也可很容易扩展用于不同电池包之间的电均衡中。这样，可以通过额外一个变压器在 12V 电气系统内存储能量。

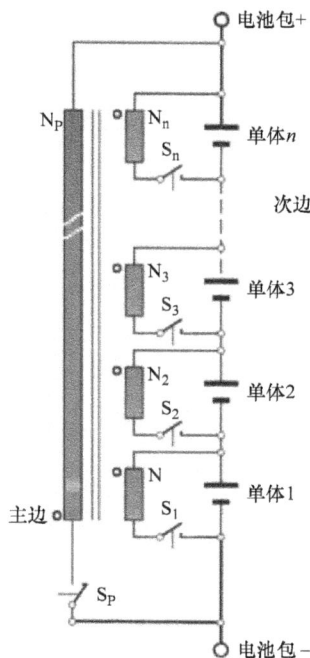

图 14.7 双向变压器方案

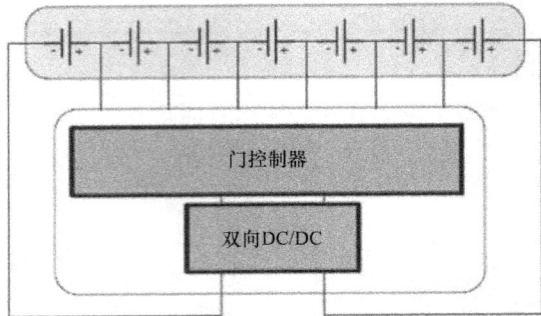

图 14.8　双向 DC/DC 转换器框图

14.6　电池系统内的通信总线系统

整个单体组的测量是实时的且会向主控制器同步报告所侦测到的各种故障，如单体过压、通信紊乱、采样电缆断路以及单体温度过高等。当今的动力电池主要采用两种方法来进行单个电池模块和主控制器之间的数据交换。

在星形布线（图 14.9 左）中，每个电池模块均配有带电气隔离的数据传输线路。很多系统选用 CAN 总线。这种系统的主要优点在于，该通信总线与电池单体完全电隔离。当通信线路和电池单体之间发生短路时，不一定会导致电气元件的破坏。此外，由于分割成并行总线系统，数据传输速率较低。但是，这种方案的优点被昂贵的模块电隔离抵消了。

另一个替代大量使用 CSC 的方案是使用纵向通信接口（图 14.9 右）。这种方案的主要任务是将所需传输的信息——电压和温度，在堆叠的模块间一层一层向底层转发。最底层的模块再经由电气隔离与控制单元通信。关于单体电压均衡的命令信号则将按与此相反的方向传输。在这样的系统中数据传输速率是不可忽视的因素。该数据协议由以下几部分组成：地址、所有模块中每个单体的测量值、一个针对串行数据传输的循环冗余校验（CRC）以及该模块编号。

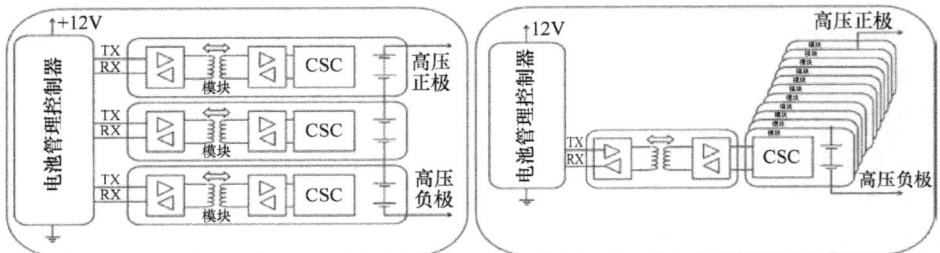

图 14.9　电池系统内的通信总线，星形布线（左）和纵向通信接口（右）

数据传输中需保证一定的冗余，以确保电动汽车的应急功能。这可通过一个差分信号来确保。在出现故障的情况下，应能继续进行单边通信。差分数据传输的另一优点是减少了辐射频谱。一般简单的非屏蔽双绞线（Twisted Pair）就能满足总线布线的要求。纵向接口和星形布线一样，故障分析时必须考虑到与高压电极的短路故障。当此故障出现时，不允许出现测量值出错或 CSC 损坏。出于这个原因，通信线路通常设计为容性或通过电感变压器耦合。采取这些措施却使得应用纵向通信接口丧失其成本优势。

另一个数据交换的可能性是在电池包内部使用无线传输来解决。这些无线系统目前尚处在研究阶段。

14.7　电池控制单元

电池控制单元（图 14.10）处理测量信号，把电池信息与汽车更高一级的控制器或者电池充电单元交换。在当今的串联电池中，此通信是通过 CAN 总线或 FlexRay 总线接口进行的。此控制单元是由 12V 电气网络供电的。需要注意的是，在静止状态时，应保证尽可能低的功率消耗，以防止低压电池放电。然而，在静止状态时又必须进行单体监测以及电池单体的荷电均衡。出于这个原因，会用到所谓的功率管理系统开关电路，以在适当的时候将电池控制单元"唤醒"。电源供应和通信接口通常会与控制单元的其他功能一起在系统开关电路上实现。该开关电路也作为安全相关的功能对主控制器进行监测。这个所谓的看门狗（Watchdog）监测主控制器的正常运行，并在发生故障时引导应对措施，使电池能够安全断开。

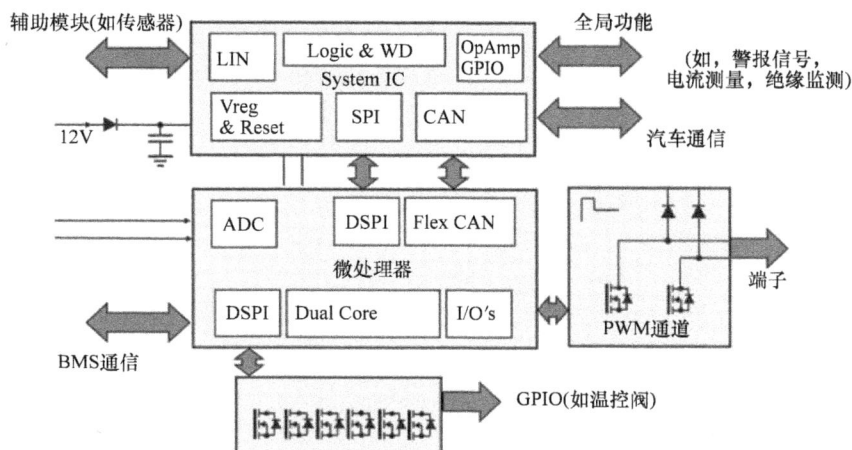

图 14.10　电池控制单元的框图

对于保卫整个系统安全的主控制器，需要特别考虑其安全性。可以采用配有双核⊖的微处理器架构，它们以所谓锁步方式互相监视，具有存储器纠错功能和丰富

⊖　译者注：双核，现在系统还有三核的。

的内建自测试功能（BIST：Build – in – Self – Test）。这些微处理器系统已在汽车安全性相关的领域，如制动系统、转向系统和安全气囊中得到了应用。主控制器还计算电池模型以得到 SOC 和 SOH。为此，它需处理电池单体的电压、电流和温度数据。此控制器应使用浮点功能[⊖]，以满足监测电路的要求。主控制器还控制单体的电均衡。若系统具有可控热管理，以调节电池温度，使其均匀分布。

⊖ 译者注：出于安全考虑，浮点运算都会转化为定点运算。所以浮点功能不是必须。

第15章 软 件

Timo Schuff

15.1 导言

大量控制器的应用和增多的互联持续增加了电动汽车电子设备的复杂度。同时制造商面对更少开发时间和成本的挑战。一个时间和成本高效的软件开发方法必不可少。在锂离子电池的特定情况下，软件运行在分布式系统上，并且包含安全相关元素，因此必然带来额外的要求。

本章介绍如何有效在软件组件实现功能，如何集成到整个系统和如何保证软件的无错运行。

15.2 软件开发的挑战

在锂离子电池用于汽车中的情况下，多个设备如热管理部件，一个或多个控制器，发电机以及直流或交流变换器都必须和电池交互作用（图15.1）。锂离子电池的安全运行需要软件来实现，而软件的规模取决于整个系统的复杂度。而复杂度是由电池的电压、负载的种类和电池的大小决定的。对一个不断充放电并在高电压水平运行的牵引电池的要求，要远高于一个12V的起动电池。

在低复杂度系统中，某些应用，如开关控制和自诊断功能，不是必需的或者可以由外围控制器来承担（图15.2a）。以这种方式，电池内部测量组件可以迁至外部。此外，可以免除电池和控制器之间的复杂通信。然而控制器必须通过充电管理和外部传感器确保电池的安全运行。

在中复杂度系统中，如起动电池，因为电池较小，电池的主动加热和冷却功能不是必需的（图15.2b）。充电管理和热管理合并在一起，因为热能量，除了传动

T. Schuff (✉)
ITK Engineering AG, Im Speyerer Tal 6, 76761 Rülzheim, Deutschland
e-mail: timo.schuff@itk-engineering.de

图 15.1　在锂离子电池领域的典型应用

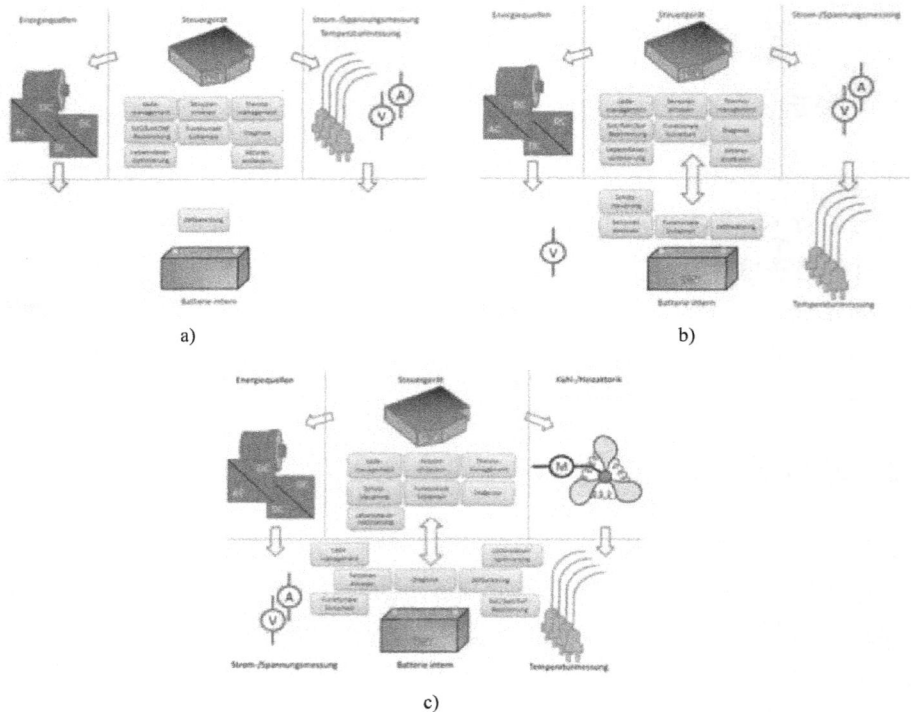

热管理　电均衡　开关控制　充电管理　传感器和执行器的读取和控制

SOC/SOH/SOF的估计　功能安全　诊断　寿命优化　……

a)

b)

c)

图 15.2　系统中的软件模组
a）低复杂度　b）中复杂度　c）高复杂度

系统的废热外，都是来源于充放电的电损耗。温度和单体电压由内部传感器测量和传输，而充电电流和电池包电压由外部传感器测量。

　　高复杂度系统如图 15.2c 所示，在此例中，可以主动加热和冷却的电池，拥有温度，电压等内部测量点。充电过程由发电机、发电模式的电机或电压变换器完成，并由电池以外的控制器控制。这些共同对整个系统的安全运行负责。

　　该例表明，随着系统复杂性增大，必要应用程序和电池内部应用程序的总数也随之增加。因为应用程序通常由不同的供货商开发，所以尽早定义接口就非常重要。推荐 AUTOSAR 标准，以提高效率和确保软件模块的互换性和平台独立性。

15.3 AUTOSAR 作为标准接口

汽车开放系统架构（AUTOSAR）是由多个汽车制造商和供应商起草和引入的。这种先进的控制器操作系统的目的是，应用程序能够独立于平台而开发，从而使得软件在汽车控制器上的共享、重用、扩展和集成更为容易。这个标准特别适用于有大量参与者的大型系统和很有可能把应用程序从一个控制器迁移到另外一个控制器的系统。

除了几种标准化的接口，虚拟功能总线允许在不知道信号载体（如内部信号或者总线）的情况下和其他应用程序通信。应用程序创建了接口描述（例如作为 XML 文档），在它的帮助下，自动创建了应用程序的接口。那些内部通过 CAN、LIN、FlexRay 等总线系统传输的信号会被自动布置好（图 15.3 左图和右图）。

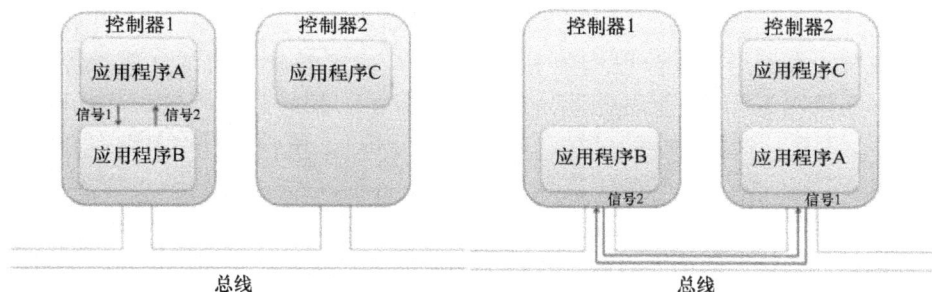

图 15.3　迁移前的应用程序（左图）和迁移前的应用程序（右图）

该例示出了应用程序 A，本应从控制器 1 迁移到控制器 2. 在原来的控制器中，应用程序 A 通过内部信号与应用程序 B 通信。在迁移后，信号 1 与信号 2 之间已无法直接通信，而是通过总线通信。

其中，内部信号由于总线成为新的功能载体，也可能导致故障：总线线路可以断路、短路或者发送错误信号。因此，必须确保应用程序之间的无误通信。另外必须建立恢复平台，即使发生故障也能保证安全运行。可能的方案有：在硬件层由总线驱动提供的故障检测，重要总线信号的循环冗余校验（CRC）和如信号计数器或者其他周期交替信号的所谓的"活动"信号。信号接收方可以根据这些信号，确定发送端是否仍然活动和发送正常值。

在 AUTOSAR 中，实时运行环境（RTE）确立在控制器上。底层软件、标准总线驱动和操作系统在不同的抽象层建立起到支持硬件（如处理器）的连接。出于这个原因，处理器必须有一定数目的接口，并有一定的功率以适合于符合 AUTO-

SAR 标准的发展。

15.4　通过基于模型的开发达到时间和成本效率

将符合 AUTOSAR 标准的开发与基于模型的开发相结合，有利于缩短嵌入式系统的开发时间和优化软件功能。这样做的目的是为了确保算法的正确实现和鲁棒性，同时不用相应增加软件开发时间。基于模型的方法，再加上自动代码生成，此类开发技术现在不仅在汽车行业中，而且在其他行业也已站稳脚跟。在各种工具的帮助下生成可自动生成 C 代码的图形抽象层。

相比传统的手工编码，这种开发方法的优点众多。由于跨学科的更易理解的表达，使得所有的项目参与者处理模型更为容易。复杂系统通过模块化和层级化更为清楚。独立于项目的模块如有需要可多次使用。

通过不断细化，模型从可执行的源文档开发至自动生成代码。这意味着，架构和细节开发在同一模型进行。在各个开发阶段验证过的模型可以用于最终实施。在开发初期还是很抽象的模型，在后来的开发中细节不断完善。开发流程基于 V 模型，它规定，在每个开发阶段都要对结果验证。对于各阶段测试（模块测试、集成测试和系统测试），可使用各种分析和试验方法，如静态代码分析和代码审查，模型在环（MIL）、软件在环（SIL，静态代码分析）、硬件在环（HIL）和最终的上车测试。

创建的模型可以马上接入模型在环环境，并迅速检查其功能。应用程序不需要针对目标硬件实施，从而允许在开发的早期阶段自动测试并将所需硬件减少到最低限度。各个工具链的提供商一般对于自动化测试提供无限可能。脚本语言编写的测试用例，包含先决条件、测试步骤和预期结果。自动生成的代码也可以集成到测试环境。通过所谓的软件在环（SIL）测试，使用定点运算的合适数据类型，可以发现缩放错误、接口错误和溢出⊖。

此外，基于模型的开发，能够运行仿真。可以在还没有真实系统原型的时候检查控制算法的功能。通过这种快速原型，可以在设计阶段进行测试，比如测试状态机。如此早期便可知所用算法的正确性，而且可以持续改善模型的功能和质量。对此所需的是有着相应接口的灵活的实时硬件，最好已开发好的模型能直接运行其上。开发计算机监控内部信号，同时实时系统取代了控制器或者连入的汽车网络。通常这种快速原型系统拥有丰富接口，可以作为网关运行（图 15.4 左图和右图）。因此可以捕获、更改或者添加信号。市场上提供各种配备多个总线控制器或 I/O 模块的系统。

⊖　译者注：这里特指应用程序不需要在这个阶段生成目标硬件的规范代码。举例：如目标硬件是 Infineon 或者 Freescale 的处理器，这个阶段可以生成标准 C 语言，以用于早期测试。

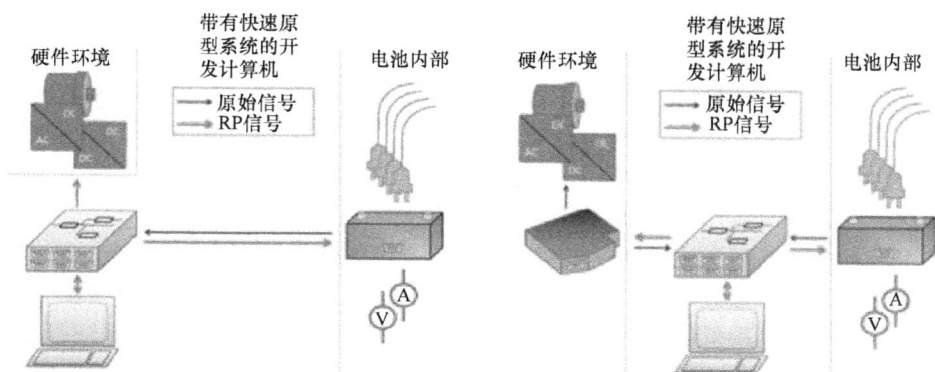

图 15.4　快速原型计算机替代模式（左图）和快速原型计算机网关模式（右图）

快速原型可以从毫无基础开发新功能，并且可以使用已经实践过的方案直接测试新功能。访问连接的总线系统，进行数字和模拟输入和输出设计，一般是没有问题的。需要功能强大的处理器和足够的内存，以确保该模型浮点计算能力充足，开发者不用考虑缩放⊖或存储器大小。不仅新功能的开发，而且现有的功能扩展也可以用这种方式预先进行测试。

早期模型和自动生成代码的测试提高了设计的质量，因为可以更早、更容易地确定规范的偏差，并且可以长期保持和稳定开发。从手写编码完全转变为基于模型的开发不是绝对必要的，因为手写编码也可以集成到整个系统中。不同目标（仿真目标、动态链接库、微处理器）的选择生成对应此种应用的优化代码。如目标设备是微处理器，可以生成处理器最优的代码。

打造基于模型的工具链需要一定的时间和花费。手写编码转变为基于模型的开发的过程过于复杂，必须依靠专家的经验。而且对于复杂功能的开发必须严格遵守建模指南和准则以保持清晰。此外，自动生成的代码的可读性受限，或者部分只在特定范围内可读。但考虑到中期来看，开发时间节省的优势远大于上述所述的劣势。跨部门使用基于模型的方法，可以使其优点更明显，在合作中不同部门职能更为清晰。

15.5　需求工程

在分布式系统中，如有外围设备的锂离子电池系统，需求工程负责必要需求的实施、追溯和测试。根据规格说明书，定义待开发系统的所有需求。有针对性而且完整地描述需求非常重要，因为规格说明书的细节是有效测试的基础。所有的应用

⊖　译者注：算法的最终形式是定点运算。所用最终实施的重要步骤是从浮点运算到定点运算的"定标"。缩放特指从浮点运算中由于小数点的移动，数基大小的缩放。

程序，通常是由不同的合作伙伴开发的，必须根据规格说明书集成到整个系统中。变更管理将所有的需求调整（例如修改或额外需求）记录在案。

每个需求都有个标识号码。根据这些标识号码，所有软件开发流程的参与者可以随时检查需求的完成状态和功能成熟度（如"已实现""评审中""已测试"等）。比如，将已按照需求实施的事项标记为"已实现"。在此之上，对于测试实例根据实施的需求创建一个或者多个测试用例，或者将已经创建的测试用例分配到相应需求。实施人员和测试人员的分离，确保某种满足规定的控制机制。

通常每个需求被分配到一个或多个测试用例，然而这往往无法在开发的早期阶段完成。已用测试用例测试过的需求的数目和需求总数的比值，称为测试覆盖率。为了获得软件成熟度达到高水平这样的结论，测试覆盖率必须尽早达到100%。可以在实施阶段之前或在进行中开始创建测试用例。创建好的自动化测试用例可以用于后期的软件版本。如果需求改变，也必须相应地调整测试用例。理想情况下，已经创建的测试用例自动在模型在环、软件在环和硬件在环的测试平台上测试新的软件版本。一旦成功通过所有测试用例，就可视为成功测试，因此可以批准⊖。

选用合适测试平台也是生成测试用例的一部分。这取决于是纯软件算法测试、软件集成测试还是软硬件集成测试。

15.6 举例说明需求工程

此例要开发"欠电压保护"的功能。软件工程师已经实施 A1 到 A3，然而 A4 还未完成（图 15.5）。在评审中要检查代码或者模型是否正确实现。A3 项在测试检查中归为未通过，因此必须修改其实施。对于所有的需求都已经有测试用例，在测试结果中可以读取所谓的功能成熟度。在此例中，四个需求中有一个正确实施和测试。

文本项"ID B1"："电池必须能自己对欠电压自我保护"可以达到 A1 到 A4 项相同的需求。

原则上，ID B1 描述了 A1 到 A4 相同的功能行为。然而，软件开发者可以自由地⊖实施。信号命名、电压和电流阈值、是否由断路器和/或充电对欠压进行保护，都由实施实体来决定。用这样的描述并不保证该功能的行为根据需求方实现。而且因为需求并不明确，导致自动化测试极为困难，甚至不可能实现。

⊖ 译者注：Freigabe 是德国汽车工业开发流程中重要的节点标识。它表示某种部件（如发动机机械设计，电动汽车电池管理系统的软件，甚至细化到某个测试流程）在某个预设的节点（往往由整车厂和供货商内部流程定义）达到某个成熟度，可以进行下一步的整合和开发。批准在很多公司的流程伴随的是相关负责人员的签字，如测试经理和项目经理。

⊖ 译者注：在严格规定的开发流程中。信号名不是自由选择的，而是必须严格遵循公司内部命名规范以及 AUTOSAR 的命名规范。通常信号名的前缀或者后缀已经定义，开发工程师无法选择。在安全相关的功能开发中，如：过电压保护和欠电压保护。阈值不是由软件开发工程师决定的，而是已经由系统工程师和安全工程师事先定义。

ID	需求	实施	评审	测试	测试结果
A1	如一个电池单体电压低于 2.6V，帧计数器不显示故障，发送信号"欠电压"1s	是	通过	是	通过
A2	如信号"欠电压"从 1 变成 0，直流/直流变换器请求充电	是	通过	是	未通过
A3	如直流/直流变换器处于不活动状态或者在请求充电 5s 后无充电电流（电流大于 0.2A），发送打开开关信号，数值=1	是	通过	是	未通过
A4	1s 后检查打开开关信号，是否开关打开，若否，将故障码"开关无法打开"存入故障存储器	否		是	未通过

图 15.5 需求举例"欠电压保护"

因为在此例中 A1 和 A2 项只是涉及内部信号和算法，可在模型在线环境进行测试。而 A3 和 A4 项只有当外部硬件（直流/直流转换器和断路器）集成到系统后才能成功测试。因此正是和真实硬件连接或者其上有仿真模型（硬件在环）的测试平台的好机会。

15.7 展望

汽车电子越来越高的复杂性，尤其是锂离子电池的应用，对软件开发提出更高要求。只有遵守定义好的开发流程和方法，才能确保软件需要的功能、鲁棒性和安全性。为了满足这些要求，一种节约时间和成本的开发方法应运而生，即符合 AUTOSAR 标准的开发以及基于模型和自动代码生成的开发。此方法在汽车领域已经站稳脚跟。预计基于模型开发的方法也日益应用于工业设备、农业、建筑机械和家用电器的其他领域。

第16章　电池技术发展趋势

Jürgen Janek，Philipp Adelhelm

16.1　导言

自从索尼在1991年实现锂电池商业化应用以来，充电式锂离子电池一直在不断发展。作为关键参数的能量密度，通过优化电池部件如电极材料和电解液，也借助单体结构的技术，不断提高。近年来在单体层面上的进展示于图16.1。重量能量密度和体积能量密度都已经翻倍。

然而，未来几年保持类似发展显然是不太可能的，因为技术日益达到其自然极限。限制因素最终还是所用电极材料。目前，作为负极材料使用的碳材料（通常为石墨）和作为正极材料使用的过渡金属氧化物，如氧化钴锂（$LiCoO_2$）、三元材料（$Li(Ni1_{-x-y}Mn_xCo_y)O_2$）、磷酸铁锂（$LiFePO_4$）或氧化锰锂（$LiMn_2O_4$），其电化学锂含量各不相同。这些单体类型的理论重量能[⊖]密度通常为$350 \sim 400W \cdot h/kg$。再考虑到其他组件如电解液、隔膜、集电器、添加剂和外壳，通常导致能量密度减半。此外，从单体[⊖]到完整电池包还引起额外损耗，这样现今的电动汽车锂离子电池的能量密度只能达到$80 \sim 120W \cdot h/kg$。纵观目前商用单体所达到的能量密度，可以推测用传统技术很难继续有效地改善能量密度（图16.1a和表16.1）。

J. Janek (⊠)

Justus-Liebig-Universitat Giessen, Heinrich-Buff-Ring 58,

35392 Gießen, Deutschland

e-mail: juergen.janek@phys.chemie.uni-giessen.de

⊖　理论能量密度（重量能量密度）是仅针对于纯电极材料储存的化学能量。

⊖　原本两个术语"单体"和"电池"有严格区分。电化学单体是电池最小单元，由负极、正极、电解液、隔膜、集电器和单体壳体组成。电池由至少两个并联或者串联的单体组成。如一个铅酸电池（12V）由6个2V单体组成。然而同时一个单体经常被称为电池。由于单体和电池的电化学过程相同，在本章中不对两个术语严格区分。但在说明实际能量密度时的严格区分是非常重要的。在本章中，所有涉及实际能量密度（除了铅酸电池外）时特指单体。

两个经常讨论的被当做未来技术的备选方案是"锂硫"电池和"锂空气"电池，它们具有与传统锂离子电池根本不同的单体化学。如果这类电池类型能开发为商业应用，就意味着在能量密度上与现今锂离子技术相比有一个飞跃。两种技术的理论和初步实际能量密度在图 16.1b 和表 16.2 和传统系统对比展示。锂空气电池单体理论能量密度有几千 W·h/kg，这就解释了此电池系统的吸引力。

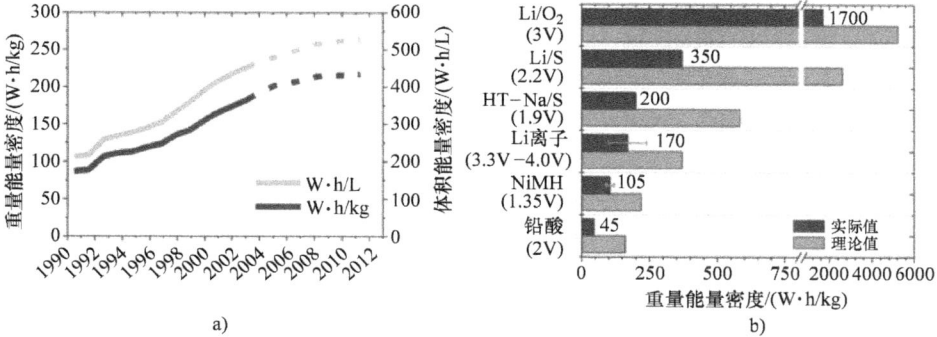

图 16.1　a）锂离子电池（高能量型）平均实际能量密度随时间的演进。图根据 Broussely et al. [1].
b）各种可充电型单体系统（可充电电池）理论（预测）和实际能量密度。实际能量密度值
是近似值并且随各个单体设计不同（大小、尺寸、高能量型、高功率型）分化较大：铅酸
电池（汽车电池，12V），镍氢电池（单体层面，AA），锂离子电池——各种类型（单体
层面）平均值，高温钠硫，锂硫电池——Sion Power 公司数据（单体层面，软包），
锂空气电池——Polyplus 公司数据（单体层面，一次性电池）

表 16.1　选择对比锂离子电池和锂硫以及锂空气系统的实际能量密度（数据来自生产商，
单体层面。相同电化学的单体根据其大小、单体尺寸和应用目的（高功率型或高能量型）
的不同，其能量密度分化较大）

单体类型	类型/制造商	电势/V	实际重量能量密度 /(W·h/kg)	实际体积能量密度 /(W·h/L)
C/LiCoO$_2$	圆柱形；VL34570 – SAFT	3.7	160	380
C/LiCoO$_2$	方形；MP144350 – SAFT	3.75	143	344
C/LiCoO$_2$	方形；MP174565 – SAFT	3.75	175	423
C/LiCoO$_2$ 基	圆柱形；ICR18650 – 26F – Samsung	3.7	209	581
C/LiCoO$_2$ 基	方形；ICP103450 – Samsung	3.7	185	415
C/LiFePO$_4$	圆柱形；VL45EFe – SAFT（高能量）	3.3	156	292
C/LiFePO$_4$	圆柱形；VL10VFe – SAFT（高功率）	3.3	55	122
C/LiFePO$_4$	圆柱形；IFR18650 – 11P – Samsung	3.2	82	213
C/LiFePO$_4$	圆柱形；ANR 26650 – A123 Systems	3.3	109	239
Li/S$_8$[①]	Prismatisch 方形；– Sion Power Corp.	2.15	350	320
Li/S$_8$[①]	k. A. 无数据 – Oxis Energy Ldt.	—	300	—
Li/O$_2$[①]	k. A. 无数据；Primärelement – Polyplus	—	>700	—

① 数据来自生产商，单体层面。

表 16.2 不同单体反应的理论重量能量密度（W·h/kg）和体积能量密度（W·h/L）w_{th}

单体类型和反应（锂负极）	$E°/V$	$w_{th}/(W·h/kg)$	$w_{th}/(W·h/L)$
$\frac{1}{2}Li + Li_{0.5}CoO_2 \xrightarrow[\text{充电}]{\text{放电}} LiCoO_2$	3.9	534	2723
$Li + FePO_4 \xrightarrow[\text{充电}]{\text{放电}} LiFePO_4$	3.45	586	2110
$0.8Li + Li_{0.2}Mn_2O_4 \xrightarrow[\text{充电}]{\text{放电}} LiMn_2O_4$	4.00	474	2044
$2Li + \frac{1}{8}S_8 \xrightarrow[\text{充电}]{\text{放电}} Li_2S$	2.24	2613	4286
$2Li + \frac{1}{2}O_2 \xrightarrow[\text{充电}]{\text{放电}} Li_2O$	2.91	5220	10508
$2Li + O_2 \xrightarrow[\text{充电}]{\text{放电}} Li_2O_2$	2.96	3458	7989
单体类型和反应（石墨负极）	$E°/V$	$w_{th}/(W·h/kg)$	$w_{th}/(W·h/L)$
$\frac{1}{2}LiC_6 + Li_{0.5}CoO_2 \xrightarrow[\text{充电}]{\text{放电}} 3C + LiCoO_2$	3.75	375	1432
$LiC_6 + FePO_4 \xrightarrow[\text{充电}]{\text{放电}} 6C + LiFePO_4$	3.3	385	1169
$0.8LiC_6 + Li_{0.2}Mn_2O_4 \xrightarrow[\text{充电}]{\text{放电}} 4.8C + LiMn_2O_4$	3.85	346	1225
$2LiC_6 + \frac{1}{8}S_8 \xrightarrow[\text{充电}]{\text{放电}} 12C + Li_2S$	2.09	589	1222
$2LiC_6 + \frac{1}{2}O_2 \xrightarrow[\text{充电}]{\text{放电}} 12C + Li_2O$	2.76	850	1885
$2LiC_6 + O_2 \xrightarrow[\text{充电}]{\text{放电}} 12C + Li_2O_2$	2.81	793	1804

注：传统锂离子单体基于石墨负极，其与锂形成嵌套化合物 LiC_6。基于 Li/S 和 Li/O_2 的单体优先采用金属锂作为负极材料。为了使能量密度更好比较，同时计算了采用石墨负极和锂负极的能量密度。采用石墨的单体电压相对于金属锂要低大概 0.15V。单体体积能量密度在放电状态计算，也就是说，放电产物的密度和重量部分计算其中。

两种电池概念具有高能量密度的重要原因：

1）正极侧放弃相对较重的过渡金属化合物，而借助于相对较轻的元素硫和氧气。

2）每个反应式存储更多锂。常规正极材料基于锂离子嵌入和脱嵌时过渡金属氧化态的变化。用氧化还原离子对 Co^{4+}/Co^{3+}，Fe^{3+}/Fe^{2+} 或 Mn^{4+}/Mn^{3+} 每个反应式最多存储一个锂离子。实际上每个反应式，$LiMn_2O_4$ 只有 0.8 个，$LiCoO_2$ 甚至只有 0.5 个。硫或氧气可以相比之下在 Li_2S 或 Li_2O 全反应时可以吸收 2 个锂离子。

3）另外，还计划由金属锂取代石墨负极。期望通过采用纯金属负极解决目前已知的挑战。这里尤其指的是锂枝晶的安全相关问题。

此外有理由希望，通过采用硫或氧气替换相对较贵的过渡金属化合物可以制造极为便宜的电池。

本章内容包括详细描述两种未来技术 Li/S 和 Li/O_2 的电池化学，讨论优缺点和展示现有挑战的解决方案。

16.2　锂硫电池

基本原理

锂硫电池的化学原理已经研究了几十年 [2-4]。研究锂硫电池的原因有：高能量密度、极其广泛的适用性以及作为活性材料硫的无毒性。尤其在过去 10 到 15 年，研发取得了明显进展，然而此技术现今仍面临巨大挑战。初看锂硫电池是根据以下原则基于锂与硫的可逆反应。

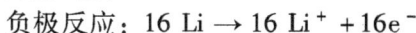

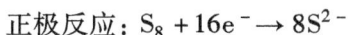

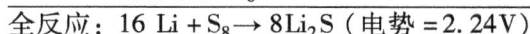

$$负极反应：16\ Li \rightarrow 16\ Li^+ + 16e^-$$
$$正极反应：S_8 + 16e^- \rightarrow 8S^{2-}$$
$$\overline{全反应：16\ Li + S_8 \rightarrow 8Li_2S\ （电势=2.24V）}$$

此反应的吉布斯自由能$^{\ominus}$（$\Delta_r G^{\ominus}_{25℃} = -432.57kJ/mol（Li_2S）$）计算可得理论单体电势为 $E° = 2.24V$，再与理论容量 $1167mA \cdot h/g（Li_2S）$ 一起计算，得出理论能量密度 $2613W \cdot h/kg（Li_2S）$，也就是说，相对传统系统高几倍的数值。由于文献中通常只详细描述正极反应，人们通常见到的是基于硫的容量，数值为 $1672mA \cdot h/g（S）$。

单体的结构如图 16.2a（见彩插）所示。由于硫和放电产物 Li_2S 都不是电导体，必须形成一个合适的正极结构。这里经常采用多孔碳颗粒的较大表面积作为承载材料，它一方面负责导电，另一方面确保与电解液的充足接触。单体反应的一个重要标志是单体反应中相比之下更明显的体积改变。由于相比于硫（$\rho = 2.07g/cm^3$，$V_m = 15.5mL/mol$）Li_2 密度更低（$\rho = 1.66g/cm^3$，$V_m = 28.0mL/mol$），正极必须提供足够的空间，以平衡大约 80% 的体积改变。一般情况下，硫正极包含 50%~70% 的硫（质量分数），其他在碳承载材料，小部分在键上。即使在传统正极材料加入碳作为导电添加剂是必要的，然而用量非常少。高碳成分和必要的多孔结构是锂硫单体实际可达能量密度显著低于理论能量密度的重要原因。

电解液由有机溶液和相应导电盐的混合物组成。相比于通常碳酸酯类溶解液如碳酸亚乙酯（EC）/碳酸二甲酯（DMC）配 $LiPF6$ 作为导电盐，Li/S_8 经常采用由二甲氧基乙烷的（DME，$C_4H_{10}O_2$），1.3-二氧戊环（DOL，$C_3H_6O_2$）与双锂（三氟甲基磺酰）亚胺（$LiN（SO_2CF_3）_2$，LiTFSI）的混合物，因为其现在看起来与金属锂负极兼容。

第一眼看起来简单的单体反应，仔细观察的话是一个非常复杂的场景。原因是，硫还原成硫化物（S^{2-}）经历了多个中间步骤（多硫化物）。

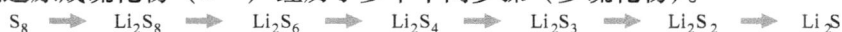

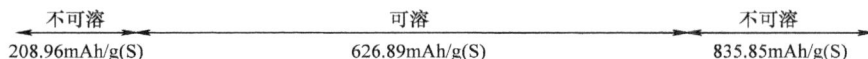

$$S_8 \implies Li_2S_8 \implies Li_2S_6 \implies Li_2S_4 \implies Li_2S_3 \implies Li_2S_2 \implies Li_2S$$

不可溶	可溶	不可溶
208.96mAh/g（S）	626.89mAh/g（S）	835.85mAh/g（S）

$\ominus$　译者注：在德语中，吉布斯自由能经常被称为自由反应焓，为了和国际以及中国文献匹配，翻译为吉布斯自由能。

大多数硫化物高度溶于电解液，这就造成了与传统锂离子电池（纯固态反应）相比根本不同的反应机理。借助一个演示实验，硫化物在电解液的可溶性示于图 16.3（见彩插）。放电反应开始后电解液由于可溶物质立刻变色。到底哪种物质显现，各个局部反应速度如何，以及某时刻下各种物质的浓度多高，到目前为止无法解释清楚。多硫化合物对单体反应的影响却可以直接通过单体放电曲线追踪（图 16.2b，见彩插）。放电过程总共分成三个区域。

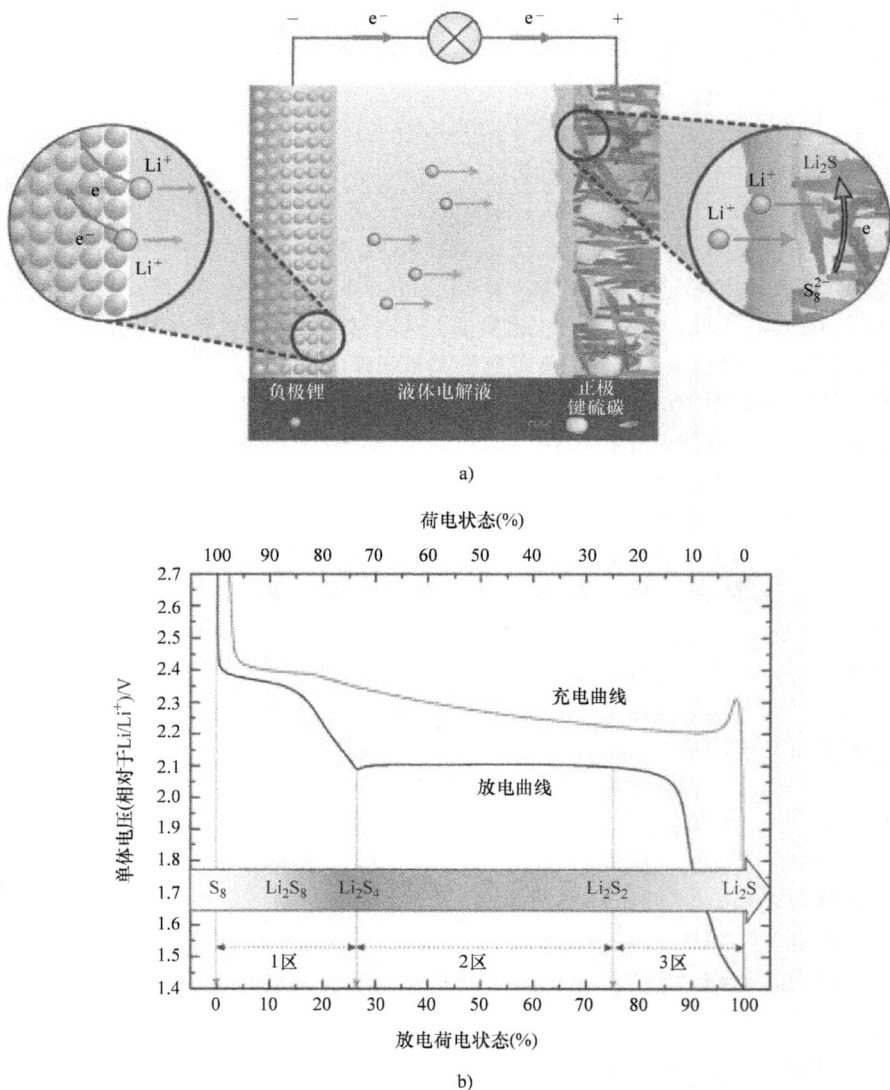

a)

b)

图 16.2　a）锂硫单体的示意结构图。金属锂用作负极材料。正极由硫和碳的颗粒组成，通过键形成稳定机理　b）锂硫单体经典电压曲线（放电曲线/充电曲线）

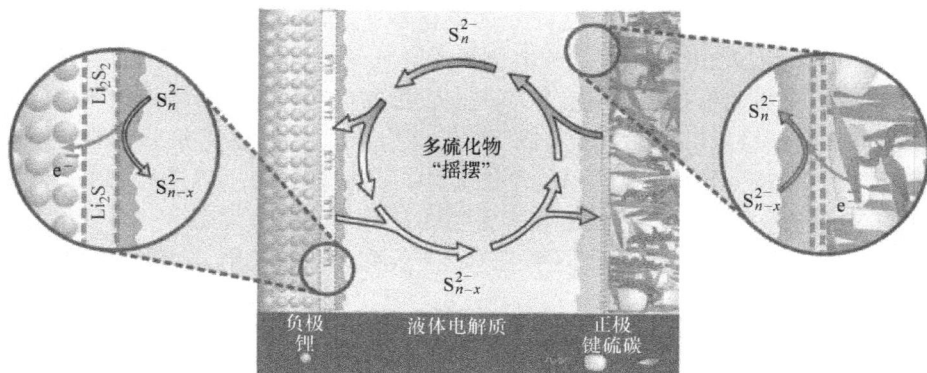

图 16.3　首先在一个玻璃盒中将锂硫电池放电。随着反应开始，正极中硫和锂形成
可溶性硫化物，朝着负极扩散，详见 16.3 节摇摆机制

刚开始（1 区）放电反应由元素 S_8 的还原开始。此时所得高阶多硫化物溶于电解液，放电电压持续降低。到 2 区的过渡显现最小值。这是由于到了形成固态 Li_2S（Li_2S_2）的阶段。其所需自由结晶熔导致了额外的过电压以及放电曲线的最小值。在 2 区硫继续还原。除了固态还有可溶性多硫化合物的低价态（Li_2S_4，Li_2S_3）。放电结束理想情况下 Li_2S_2 完全转化为 Li_2S。这在实际单体中几乎不可实现；通常可达 2/3 ~ 3/4 的理论容量。原因有可能包括：Li_2S_2 转变为 Li_2S 时过慢固态扩散，Li_2S_2 和 Li_2S 的导电性差，增多 Li_2S 颗粒对多孔电极的阻断，以及摇摆机制（16.3 节）。由于是具有两个平台的复杂单体反应，观察到的平均单体电势为大约 2.15V，这低于直接从锂和硫转换为 Li_2S 计算得到的热力学数值 2.24V。

人们对充电过程的机理所知甚少。此过程伴随着持续升高的电势，看起来经历了多个电子的传输。Peled et al. [5] 借助放电过程的伏安循环中期待的分段还原，观察到了伏安曲线显现的多个最小值⊖（原文为最大值）。然而在充电过程（氧化）只发现一个最大值，其与 S_8 的形成相关。充电结束后明显的没有完全氧化成 S_8^{2-} [6，7]。最后在单体循环中有多少固态（S_8，Li_2S_2，Li_2S）形成以及各个多硫化物的比例至今无法完全解释清楚。其他单体化学的探索参见逐步详细解释的现场试验 [8，9]。

16.3　摇摆机制

多硫化物在电解液中的高溶解度导致锂硫电池的另一个特点，一般称为"摇摆"机制（图 16.4，见彩插）。在正极产生并溶解的多硫化物 S_n^{2-} 扩散至锂负极，并在那里发生反应还原为 Li_2S_2 和 Li_2S⊖。随后高阶多硫化合物与这些键反应并形

⊖　译者注：这里原作者可能笔误，从图上和原理上来说，都应该是最小值。

⊖　放电中正极产生的多硫化合物 S_n^{2-} 溶解于电解液。和负极端相比产生浓度差，多硫化合物的扩散动力朝向负极端。逐渐多硫化合物分布到整个电解液。

成低阶多硫化合物。除了希望硫在正极的电化学反应，随之一部分在负极发生不受控制的反应（可以设想为化学和/或电化学反应），这对单体性能有负面影响。

负极附近聚集的低价多硫化合物引起向正极的反向扩散。若单体放电，已反向扩散的化学物种就继续还原为 Li_2S_2 或 Li_2S。对于放电过程就简单意味着，一部分电池反应本不该流向负极或说单体进行自放电。这直接导致了容量的缩减。若是在相反的充电过程，在反向扩散后在正极发生多硫化物从低价到高价的再氧化。这些硫化物接着扩散到负极；这形成一个循环，一般称为摇摆机制。如果摇摆效应非常明显，甚至导致单体无限次数充电，可以称之为"化学短路"。充放电反应和摇摆效应的数学描述已由 Kumaresan et al. 完成。

由于不受控制的 Li_2S_2 和 Li_2S 在正极范围以外的沉积，摇摆机制一般会导致硫活性材料的寄生损失，这最终严重限制了单体的循环次数和寿命。其他影响的老化机理可能有：Li_2S_2 和 Li_2S 在正极上沉积的非均一性，以及单体反应时体积变化导致的正极结构的机械解体。

图 16.4　锂硫单体充电过程的摇摆机制。由于多硫化合物在电解液的溶解性，正极会损失硫，这就导致容量衰减（"Fading"），以及最终单体寿命的降低。在单体循环过程产生在正负极表面的 Li_2S/Li_2S_2 沉积

16.4　实现长期稳定性的方案

目前开发者采取不同的方法，设法改善锂硫单体的循环性能。涉及正极（碳/硫）、电解液以及负极（锂金属）。尤其关键的是：限制活性材料的损失，抑制摇摆机制和保持正极结构的长期机械稳定性。所以正极侧采用特殊多孔碳材料，它一方面确保硫足够的电接触，另一方面限制了多硫化学物，这就限制了电解液的损失。过去几年公布了大量科技工作的文献。比如在备受关注的 Nazar et al. 的成果中的一种特殊碳材料（CMK - 3），硫在 155℃ 熔渗在孔径 $d = 3nm$ 的多孔结构中（图 16.5，见彩插）。与没有渗透的样品相比，此种材料由于其特殊的纳米结构，展示出明显低的摇摆效应以及高容量下相对更加稳定的循环性能。

其他改进可以通过采用聚乙二醇（PEG）改善碳材料的表面积来实现。其他碳材料的使用如活性炭、炭黑、石墨或石墨纳米管也正在深入研究中。

除了所用碳材料，正极性能也极大地依赖于电极的制备。这里包括硫含量、层厚和粘结剂含量都起到作用。这样循环性能通过缩小电极层厚和/或减少硫含量来实现，然而这些措施与尽可能提高能量密度的目标相违背。此外还试图通过加入添加剂

如 Al_2O_3 或 SiO_2 作为多硫化学物的拦截物，降低多硫化学物的损失。

另一种方法中，为了阻止多硫化合物朝负极的扩散，使用固体或（凝胶）聚合物电解液作为屏障。相比于液态电解质的缺点是更低导电性和更少接触，这就导致了更高过电压以及单体更低的能量效率。Aurbach 等人提出的另一个方法是通过加入 $LiNO_3$ 作为电解液添加剂达到锂负极的钝化。由于所产生的保护层对于锂离子是可渗透的，单体反应不变。然而保护层的电子导电性是可以忽略不计的，这样高阶多硫化学物在锂负极的寄生还原有效减少。但是不要忽视没有涉及的方法，除了这里描述的单体方案，为了实现基于锂硫化合物的电化学储能设备，同时还有其他路径，也取得进展或发现。在另外一个方案中，采用流体正极电解液取代固态锂硫正极——与氧化还原电池概念类似的一个想法。

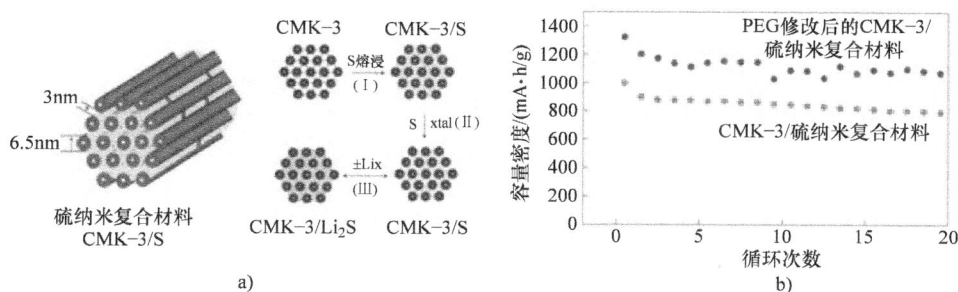

图 16.5　a）介孔碳（CMK3）和硫生产的纳米结构正极。（Ⅰ）液体硫和碳的熔浸。
（Ⅱ）硫冷却结晶（30% CMK-3/70% 硫，质量分数）。（Ⅲ）碳提供足够的自由体积，
可用以补偿产生 Li_2S 体积膨胀。b）CMK-3/硫纳米复合材料和 PEG 修改后的 CMK-3/硫
纳米复合材料的循环稳定性。麦克米伦出版公司（Macmillan Publishers Ltd）
转载并许可修改：Nature Materials，copyright（2009）

16.5　当前状态

尽管措施很多，锂硫单体至今没有足够改进到——就应用所需的重要参数而言——一个令人满意的循环性能。所以锂硫电池通常至今无法保持足够高的容量而循环使用。由于非导电化学物种 S_8、Li_2S_2 和 Li_2S 的参与，电池反应速度（动力学）和锂离子电池相比还不足够。为了让锂硫电池能发展到推向市场的程度，有必要加强研发的力度。

Sion Power Corp.（Tucson，美国）和 Oxis Energy Limited（Oxfordshire，英国）是至今为数不多的将锂硫电池开发到一定市场成熟度的公司。在自由销售渠道还无法获得这些电池。所标称的重量能量密度 350W·h/kg（320W·h/L）明显超过传统锂离子电池。据 Sion Power Corp. 称，未来几年可达到 600W·h/kg（600W·h/L）。难点仍然是循环寿命和过高的使用温度。两个问题都和上述的摇摆现象相关。

16.6 锂空气电池

16.6.1 基本原理

锂空气（或更精确地说锂氧气）电池采用非水电解液，于 1996 年由 Abraham 等人首先论述。与传统电池的根本区别是，这种电池类型是一种开放系统——就如燃料电池——空气中的氧气在正极转换（图 16.6）。和燃料电池由氢气和氧气产生水类似，最初推定 Li_2O 作为锂氧气电池的放电产物。然而由于热力学原因，大多数发现的是锂过氧化物（Li_2O_2）作为放电产物，同时在试验中发现，可能形成 Li_2O 再次被氧化。亚稳超氧化锂（LiO_2）估计只作为中间产物出现。

负极反应：$2\,Li \rightarrow 2\,Li^+ + 2e^-$	负极反应：$2\,Li \rightarrow 2\,Li^+ + 2e^-$
正极反应：$0.5\,O_2 + 2e^- \rightarrow O^{2-}$	正极反应：$O_2 + 2e^- \rightarrow O_2^{2-}$
全反应：$2\,Li + 0.5\,O_2 \rightarrow Li_2O$（$E° = 2.91V$）	全反应：$2\,Li + O_2 \rightarrow Li_2O_2$（$E° = 2.96V$）

由于在放电过程中氧气从外部供给，电池质量随放电增加。这就解释了经常各不相同的系统标称理论能量密度。如果氧气质量计算其中，得出吉布斯自由能为 $\Delta_r G°_{25℃} = -439.08kJ/mol$（$Li_2O$），其容量为 $1793.88mA \cdot h/g$（Li_2O），其理论能量密度为 $5220.16W \cdot h/kg$（Li_2O）（或 $1168.33mA \cdot h/g$ 和 $3458.26W \cdot h/kg$ 若 Li_2O_2 作为放电产物）。若不将氧气质量计算其中，两个反应物质的能量密度超过 $11\,000W \cdot h/kg$，在传统燃料的理论能量密度范围内（也不将氧气重量计入能量密度的计算中）。

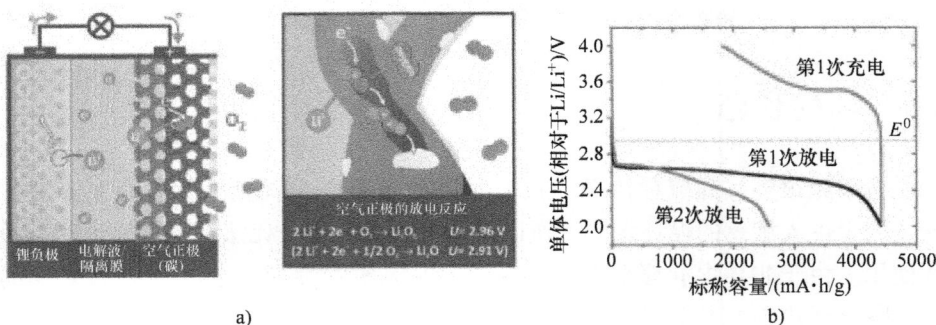

图 16.6　a）锂空气电池结构示意图和 Li_2O_2 作为放电产物的电极反应（Oxygen Reduction Reaction, ORR）　b）经典充放电曲线。标称容量所用碳材料质量。热力学计算得出的电压为 $E° = 2.96V$

图 16.6（见彩插）示出合适正极结构（导电性碳基，如有必要覆盖上催化剂颗粒）的必要性，以使单体反应并提供固态反应产物的自由空间。由于反应产物较差的导电性，大多使用表面积较大（$>50m^2/g$）的碳材料，以使得微小产物颗

粒可以均匀分布。由于正极的理论容量不易确定，在文献中测量容量以绝对值（mA·h）或者基于碳材料重量（mA·h/g（C））给出。

若要锂氧气电池能使用空气成功运行，必须借助合适的薄膜防止众多不希望产生的副反应。这里有不希望介入的 N_2（氮化，Li_3N）、H_2O（生成氢氧化物，$LiOH$）和 CO_2（生成碳酸盐，Li_2CO_3）。由于目前没有简单的解决方案，在今日的电池化学的研究中，不是用空气而是纯氧进行分析。运行中必须同时进行电池除水，也就是防止电解液从开放式正极向大气中蒸发。此外，还必须避免锂负极被溶解于电解液中的氧气腐蚀。在实际系统中，附加的保护层是必需的。由于额外的附加组件，实际可达能量密度因此明显低于实际值。IBM 和 Polyplus 所期待的实际能量密度分别为 1700W·h/kg 和大于 700W·h/kg，仍然几倍于现今所用电池的数值。

16.6.2　电解液的稳定性、效率和可逆性

锂空气电池经典充放电曲线示于图 16.6b。其特点为观测到的放电电压（~2.6V）和充电电压（>3.5V）间的巨大差异，表现为明显的迟滞现象。原因是电池反应的过电压，尤其是充电过程（氧气氧化）。迟滞的幅度为电池反应低能量效率的直接量度。现今已知非质子锂空气电池的反应效率只有大约 60%~70%。这种观察的结果是，为了改善系统动力性和尽可能降低电池反应的过电压，最近几年采用了更强的催化剂（二氧化锰、铂、金等）和改良的正极材料（活性炭、炭黑、石墨、碳纳米管等）。尤其希望因此改进反应的可逆性。这在大容量损失时，通常会低于 20 次。偶然有循环次数大于 100 的报道。

虽然很早一些研究结果就指出这是一个非常复杂的电池反应，最近才证实，以前经常使用的碳酸电解质（如碳酸丙烯酯中的 1M $LiPF_6$）在电池反应中出现不可逆的分解。除了期待产物（Li_2O_2），还检测到大量分解产物（Li_2O_3，CO_2，H_2O，C_3H_6（OCO_2Li）$_2$，…），其部分在充电过程中继续分解。原因为氧气还原产生的超氧化物基（O_2^-）的化学还原性。实验所得的可达容量值不仅基于可逆的 Li_2O_2 的形成和溶解，还是不可逆的电解液分解的结果。因此对这种分解反应催化剂的研究也增加了。

基于这些结果，研究的焦点已经大幅偏移，现在的重点是寻找有足够稳定性的电解质。虽然目前为止还没有发现真正合适的系统，电池反应——仍然伴随不利副反应——在用了醚或 DMSO 至少更易研究。放电产物 Li_2O_2 大多以纳米颗粒形式形成圆环（图 16.7）。作为电极材料用金替代碳材料使得电池反应至少对科学研究更加方便。

16.6.3　现今状况

锂空气电池现今发展状况中期来看无疑还只能是基础研究水平。现今还没有针对非质子电解液的电池设计，能证实实际情况下不发生电解液降解的同时，多个循

环进行可逆的生成和降解 Li_2O_2（或 Li_2O）的反应。最近的研究结果清楚表明，现在锂空气电池的最大挑战是寻找合适的化学稳定的电解液和电极材料。对于电解液进一步注意的是，除了化学稳定性，还需要具有足够的锂离子导电性、氧溶解度和氧扩散度，以及良好的电极浸润能力。现在采用了各种分析方法，用于更好地确定和理解众多不同的副反应。例如质谱分析或者压力测量明确显示出电池反应中不希望的副反应。令人惊讶的，最近还证明了，若用钠取代锂，电池反应的可逆性显著提高。作为放电产物，这里形成的不是纳米级 Na_2O_2 颗粒，而是较大晶体形式的超氧化钠（NaO_2）（图 16.7）[30]。此外，过电压非常低，以至于可以不需使用催化剂。然而能量密度和锂空气相比降低了（2643W·h/kg（Na）或 1105W·h/kg（NaO_2））。

图 16.7　放电后锂空气电池（左）和钠空气电池（右）的正极 REM 图像。两种情况下，
碳纤维都作为导电衬底。清晰可见的是，锂空气以纳米颗粒形式出现，
而钠空气形成微米级别的立方形晶体

　　锂空气电池的开发除了学术机构外，一些企业也在推动。除了这里介绍的非水锂空气电池，另一种可能性是具有水性电解液的锂空气电池 [32]。氧气和锂与水反应生成氢氧化锂（LiOH）。这种电池设计值得期待由于其极高的能量密度。当然相对于水电解质，对锂负极的有效防护是前提。

16.7　采用金属锂作为负极的挑战

　　相对于嵌套材料如石墨，优先使用金属锂作为负极材料的原因是能量密度最大化。因此金属锂早就成功应用在一次性电池上。可充电式电池所需要可逆的锂的溶解和沉积反应，这仍存在技术上的困难，因此金属锂由于安全原因至今无法使用。主要的问题包括金属锂和电解液的化学还原性，以及充电过程中枝晶状锂的沉积问题。

　　基本上，由于热力学的原因，金属锂和所有已知电解液反应。一种电解质是否适用于金属锂电极电池，主要决定于，是否形成自我抑制并且防止进一步寄生反应的钝化层。这个钝化层必须导通锂离子而且隔断电子。这里显现出，所有石墨负极的锂离子电池都运行在电解液安全窗口之外。这里由于和碳酸酯类电解液（如

$LiPF_6$ EC/DMC 和添加剂）反应形成几个纳米厚非常稳定的 SEI 膜。对于金属锂负极，却要首选醚基溶液如二氧戊环或甘醇二甲醚。

金属负极的更大挑战是经典的枝晶形成，它是金属沉积时经常观察到的动态现象。充电电流越大，枝晶现象越是明显。枝晶朝向正极生长会产生单体短路，继而导致单体热穿透。枝晶会在循环中完全从负极溶解并且不再可用于电极反应（"死锂"）。电池容量因此持续减少。由不可逆反应导致的金属锂的损失可以通过额外的锂补偿，但是却以能量密度为代价。必须使用多少额外的锂，高度取决于各个考察系统和单体优化程度。作为大致方向，至少可以提早从锂负极（MoS_2 正极）开始，用三倍多的锂可以达到 300 次的循环寿命 [34]。

为了金属锂能用于可充电式电池，寄生反应程度必须尽可能低而且锂沉积要尽可能平坦，也就是要避免形成枝晶。这可以通过合适的电解质组合物实现，它促进接触锂时生长出合适的 SEI 膜。和这种在原位置产生防护层不同的另一种方法，是在单体中采用由可以导通锂离子的固态电解液制成的分离式层/膜。这既可以直接放置在正极或负极，也可以如隔膜那样，作为放置在电极之间的独立膜。还有一种设计也防止枝晶生长，也就是将机械压力提高到高于锂的液性限度 [35]。

若是采用金属锂不成功，还可以采用传统负极材料如石墨。然而理论可达能量密度将显著降低（表 16.2）。因此另一种方法是用硅作为锂硫电池的负极材料 [36, 37]。假设单体电压由于改变了负极反应（形成 $Li_{4.4}Si$）相比于金属锂负极降低 0.2V，导致单体电势为 $E° = 2.04V$ 和相应的理论能量密度 1862.45W · h/kg 或 3299.25W · h/L。锡作为替代也讨论过（$E° = 1.72V$，理论能量密度为 922.84W · h/kg 或 2628.14W · h/L）[14]。

16.8　总结和展望

锂硫电池和锂空气电池是少数质量能量密度和锂离子电池相比有显著提高的电池系统。但是它们的体积能量密度增加相对来说较低。通过使用硫或者氧气作为过渡金属化合物的替代物，还有希望产生成本较低的电池，如果不必使用特殊碳材料（或其他电极材料）或催化剂导致成本提高的话。

技术上两个电池系统还面临极大挑战。尤其是锂空气电池系统，现今还未发现合适的非质子电解质。两个电池系统的共同点是，必须保护锂金属负极避免发生寄生副反应。这样，通过特殊电解液或防护层，防止锂硫电池的摇摆现象和锂空气电池的负极氧气腐蚀。同样也必须防止枝晶的形成。另一方面，两个电池类型在循环中出现不导电的固态反应产物（S，Li_2S_2，Li_2S 或 Li_2O_2，Li_2O），它们会阻塞电极并严重恶化电池反应的动力学。为了反应产物尽可能在纳米范围均匀分布，多孔的正极结构因此可能是必要的。对于锂空气电池，必须额外开发有效和低成本的隔膜，允许特殊的进出电池的氧气运输。为了应对这些挑战，还需要材料和单体方面的创新型解决方案。

是否和何时这里介绍的未来技术能实际用于可充电式电池，由于现今的发展情况和不同应用领域的非常不同的需求，很难预料。一份弗劳恩霍夫研究所（Fraunhofer – Instituts）系统与创新研究分所[⊖]的分析报告中，预测锂硫电池 Li/S$_8$ 在 2020 年市场成熟。对于锂空气电池，还需要更长的时间（2030 年底）。但是锂空气电池或类似应用的电池系统可能在一次性电池领域更早商业化。

致谢：本章作者感谢 Janek 工作组的员工对绘制图像的协助和 Dr. H. Sommer 及 Dr. H. Buschmann 对手稿的阅读支持。

参 考 文 献

1. Broussely M, Archdale G (2004) Li-ion batteries and portable power source prospects for the next 5–10 years. J Power Sources 136(2):386–394
2. Herbert D, Ulam J (1962) Inventors; electric dry cells and storage batteries
3. Nole DA, Moss V, Cordova R (1970) Inventors; battery employing lithium-sulphur electrodes with non- aqueous electrolyte
4. Abraham KM (1981) Status of rechargeable positive electrodes for ambient- temperature lithium batteries. J Power Sources 7(1):1–43
5. Yamin H, Penciner J, Gorenshtain A, Elam M, Peled E (1985) The electrochemical-behavior of polysulfides in tetrahydrofuran. J Power Sources 14(1–3):129–134
6. Akridge JR, Mikhaylik YV, White N (2004) Li/S fundamental chemistry and application to high- performance rechargeable batteries. Solid State Ionics 175(1–4):243–245
7. Mikhaylik YV, Akridge JR (2004) Polysulfide shuttle study in the Li/S battery system. J Electrochem Soc 151(11):A76–A1969
8. Nelson J, Misra S, Yang Y, Jackson A, Liu Y, Wang H et al (2012) In operando x-ray diffraction and transmission x-ray microscopy of lithium sulfur batteries. J Am Chem Soc 134(14):6337–6343
9. Dominko R, Demir-Cakan R, Morcrette M, Tarascon J-M (2011) Analytical detection of soluble polysulphides in a modified Swagelok cell. Electrochem Commun 13(2):117–120
10. Kumaresan K, Mikhaylik Y, White RE (.2008) A mathematical model for a lithium-sulfur cell. J Electrochem Soc 155(8):A576–A582
11. Ji X, Lee KT, Nazar LF (2009) A highly ordered nanostructured carbon-sulphur cathode for lithium- sulphur batteries. Nat Mater 8(6):500–506
12. Schneider H, Garsuch A, Panchenko A, Gronwald O, Janssen N, Novak P (2012) Influence of different electrode compositions and binder materials on the performance of lithium-sulfur batteries. J Power Sources 205:420–425
13. Cheon SE, Ko KS, Cho JH, Kim SW, Chin EY, Kim HT (2003) Rechargeable lithium sulfur battery – II. Rate capability and cycle characteristics. J Electrochem Soc 150(6):A800–A805
14. Hassoun J, Scrosati B (2010) A high-performance polymer tin sulfur lithium ion battery. Angewandte Chemie Int Edition 49(13):2371–2374
15. Aurbach D, Pollak E, Elazari R, Salitra G, Kelley CS, Affinito J (2009) On the surface chemical aspects of very high energy density, rechargeable li–sulfur batteries. J Electrochem Soc 156(8):A694–A702
16. Lin Z, Liu Z, Fu W, Dudney NJ, Liang C (2013) Lithium Polysulfidophosphates: A Family of Lithium-Conducting Sulfur-Rich Compounds for Lithium-Sulfur Batteries. Angewandte Chemie. 125(29):7608–11
17. Yang Y, Zheng G, Cui Y (2013) A membrane-free lithium/polysulfide semi-liquid battery for large-scale energy storage. Energy & Environmental Science 6(5):1552–8

⊖ 译者注：Fraunhofer 是个总称，下边有几十个分所，我在的时候大概 63 个分所。所以这里翻译为分所较好。

18. www.sionpower.com

19. http://www.oxisenergy.com/

20. Abraham KM, Jiang Z (1996) A polymer electrolyte-based rechargeable lithium/oxygen battery. J Electrochem Soc 143(1):1–5

21. Girishkumar G, McCloskey B, Luntz AC, Swanson S, Wilcke W (2010) Lithium—Air Battery: Promise and Challenges. The Journal of Physical Chemistry Letters. 1(14):2193–203

22. http://www.polyplus.com

23. Mizuno F, Nakanishi S, Kotani Y, Yokoishi S, Iba H (2010) Rechargeable Li-air batteries with carbonate-based liquid electrolytes. Electrochem 78(5):403–405

24. Read J (2002) Characterization of the lithium/oxygen organic electrolyte battery. J Electrochem Soc 149(9):A1190–A1195

25. Sawyer DT, Valentine JS (1981) How super is superoxide. Acc Chem Res 14(12):393—400

26. Aurbach D, Daroux M, Faguy P, Yeager E (1991) The electrochemistry of noble-metal electrodes in aprotic organic-solvents containing lithium-salts. J Electroanal Chem 297(1):225–244

27. Freunberger SA, Chen Y, Peng Z, Griffin JM, Hardwick LJ, Barde F et al (2011) Reactions in the rechargeable Li-O$_2$ battery with alkyl carbonate electrolytes. J Am Chem Soc 133(20):8040–8047

28. McCloskey BD, Scheffler R, Speidel A, Bethune DS, Shelby RM, Luntz AC (2011) On the efficacy of electrocatalysis in nonaqueous Li-O$_2$ batteries. J Am Chem Soc 133(45):18038–18041

29. Peng ZQ, Freunberger SA, Chen YH, Bruce PG (2012) A Reversible and Higher-Rate Li-O$_2$ Battery. Science. 337(6094):563–6.

30. Hartmann P, Bender CL, Vracar M, Dürr AK, Garsuch A, Janek J, Adelhelm P (2013) A rechargeable room-temperature sodium superoxide (NaO$_2$) battery. Nat Mater 12: 228–232

31. http://www.ibm.com/smarterplanet/us/en/smart_grid/article/battery500.html

32. de Jonghe LC et al (2007) inventors; protected active metal electrode and battery cell structures with non-aqueous interlayer architecture

33. Aurbach D et al (2009) On the surface chemical aspects of very high energy density, rechargeable Li-sulfur batteries. J Electrochem Soc 156(8):A694—A702

34. Brandt K (1994) Historical development of secondary lithium batteries. Solid State Ionics. 69(3–4):173–183

35. Monroe C, Newman J (2005) The impact of elastic deformation on deposition kinetics at lithium/polymer interfaces. J Electrochem Soc 152(2):A396–A404

36. Yang Y, McDowell MT, Jackson A, Cha JJ, Hong SS, Cui Y (2010) New nanostructured Li$_2$S/Silicon rechargeable battery with high specific energy. Nano Lett 10(4):1486–1491

37. Elazari R, Salitra G, Gershinsky G, Garsuch A, Panchenko A, Aurbach D (2012) Rechargeable lithiated silicon—sulfur (SLS) battery prototypes. Electrochem Commun 14(1):21–24

第三部分　电池生产

第 17 章 锂离子电池单体的生产流程

Karl – Heinz Pettinger

17.1 导言

单体的设计对单体的生产结构而言是最具举足轻重的一个因素。原则上来讲无论单体的设计如何都必须满足以下 4 个要求:

1) 每一块正极都必须以同一间距直接和一块负极相对应地放置,这块负极须具有至少和正极同样的容量。

2) 正极和负极必须永久性地相互电气隔离。

3) 电子的电导率必须在单体的任意部位尽最大可能性地得以实现。在单体的任意区域内集流体和集流体之间以及活性材料和集流体之间必须保证全面的良好接触。

4) 锂离子的导电性必须通过均匀的电解液浸润在单体的任意部位得以保证。

对于每个单个单体,以上的基本规则必须落实到从设计到生产的各个工序中去。其中不允许有任何例外,否则会导致出现功能缺陷。特别要谨慎对待和花大力气解决的是生产误差的定义和检测,对涂层错误也应同样对待。

本章节特别献给 Hans – Walther Praas。他曾想作为作者为本书的成功做出自己的贡献,可惜他的出人意料的过早离世让他无法完成编辑工作。我们失去了一位非常特殊的同事和讨论伙伴,希望他永存在我们的记忆中 – Karl – Heinz Pettinger。

在基于此规则的基础上,单体可以被制造成不同的规格 (见图 17.1)。在生产流程的计划中必须要先定义好相关单体的设计方案,因为生产流程每个工序的相互关联与设计密切相关。其中涉及的不只是生产中使用的单个设备,也包括组装和运输工具。生产流程计划的困难之处在于在生产线投入运行的前 2 ~ 3 年就必须完全定义好单体的全部设计,在生产线组建过程中只允许对单体设计方案有轻微的改

K.-H. Pettinger (✉)

Technologiezentrum Energie, Hochschule Landshut, Am Lurzenhof 1,

84036 Landshut, Deutschland

e-mail: karl-heinz.pettinger@fh-landshut.de

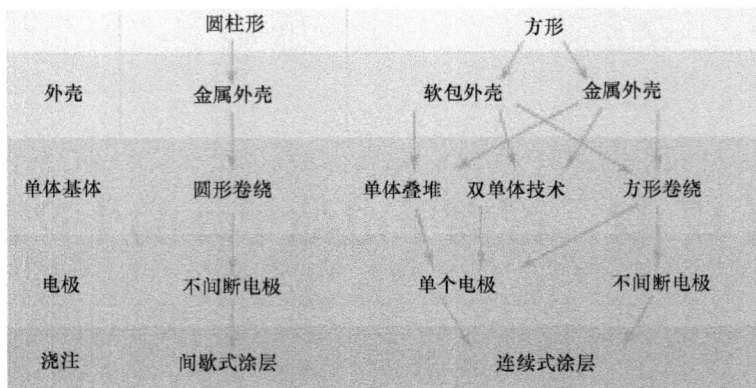

	圆柱形		方形	
外壳	金属外壳	软包外壳		金属外壳
单体基体	圆形卷绕	单体叠堆	双单体技术	方形卷绕
电极	不间断电极	单个电极		不间断电极
浇注	间歇式涂层		连续式涂层	

图 17.1 锂离子单体不同的实施方案

变。模式多样化和设计方案的改变会导致生产设备费用大比例的提高。因此单体的标准化将会成为必要，而这也将会提升生产设备投资的安全性。设计方案上的大偏离会对生产线组建带来决定性的后果，将导致额外费用的急剧增加和时间上大大的拖延。

17.2 生产流程

17.2.1 电极制片

目前市场上没有可以直接采购到的电极成品。每个单体生产商在生产电极时使用了各自的配方和生产流程。与此不同的是隔离膜却可以在市场上采购得到足够的用料和相应的品质。单体生产商自己生产电极的原因是基于如下考虑的，那就是单体以后绝大部分的性能（如终端电压、容量、充放电流坚固强度、循环行为、老化、内阻等）都是由电极决定的。单体生产中的专业技术和专利也都大部分集中在电极领域。

在电极生产过程中，活性材料和粘结剂以及导电添加剂混合后置于金属导电薄膜之上，导电添加剂的功能就是在通常情况下导电一般或导电不佳的活性材料之间建立电子导电通道，甚至在使用石墨作为储能材料时，虽然石墨是一个好的导电体，但还是需要在负极里添加额外的导电添加剂。好的导电率必须在电极层内的三维结构里均匀得以保证，特别是在导向集流体的路径上要有足够好的导电率。对此活性材料之间配置有能导电子的桥梁，不导电的绝缘区域不再具备电极的功能，成为无活性物质。在实际工业生产运用中，导电添加剂用的是石墨、炭黑 [1-3] 和气相成长碳纤维（Vapor Grown Carbon Fibres, VGCF）[4]。纳米碳管 [5] 和石墨烯 [6] 因为价格昂贵主要运用在实验室里。

粘结剂是电化学无活性的材料，他们的任务是稳固由活性材料和导电添加剂组成的混合物并将其和集流体接触连接。人们致力于最大可能地达到粘结剂的均匀分布来保证尽可能少的用量，实现电极层之间以及电极与集流体之间的最佳粘接。直到不久前，粘结剂主要是溶置于有机溶剂之内的，即基于聚偏二氟乙烯（PVDE）的同聚聚合物和共聚聚合物。最近一段时间内水基粘结剂开始不断得到运用，特别是在负极生产过程中 [7–12]。相对应的适用于正极生产的水基粘结剂配方尚处于研发之中 [13]。水基粘结剂的优点是在电极涂层过程中免去了生产设备里防爆炸措施出现的各种问题，进一步还可以省略掉溶剂回收或者浇注机械废气后期燃烧处理。电极生产的各个流程工序是：

- 原料混合。
- 浆料分散。
- 涂布至集流体上。
- 涂层干燥。
- 切割。
- 压延。

原料按照配方均匀混合，然后在接下来的分散工序里获得活性颗粒、粘结剂和导电添加剂的均匀分布。在混合分散过程中需要向浆料施加能量，其工艺方法是通过分散设备，珍珠磨或者使用超声波。每一种均匀工艺对于浆料能量施加的程度和均匀度的影响都有其特有的特性。在生产流程放大化时体积比能量施加度是一个决定性的参数。

在混合分散之后，根据不同的工艺流程，人们可以获得一个浆料或者高黏度的糊浆。中等黏度的浆料会使用浇注机涂布，高黏度的糊浆会用隙缝式喷嘴挤出。

对于圆柱形卷绕式单体（规格18650）需要将电极材料间歇式地涂布在集流体上（图17.2，左图）。涂布后将带切短而获得单个电极。在这个工艺流程中浇注头必须先移向带再从带移开，因此在这些位置上容易留下"鼻子"和"边条"多余物质。

生产层叠式和方形卷绕单体时，电极层是通过不间断浇注到集流体上制造而成的。然后将带切断来进行单电极的批量生产（图17.2右图）。

所有型号的单体里至少有一个电极必须两面都有涂布。如果是让单层电极再次进入设备进行加工，会对已经制作好的单层带来负载，从而增加了错误概率。基于此原因在双面涂布时，涂有电极的基带会用双面浇注头涂布，然后在气浮式干燥机（图17.3）里干燥。在这些生产设备里涂布好的湿润的活性物质必须保证从浇注头到干燥点的移动过程中不会触碰到滚辊。

目前涂布设备的带宽可以达到 1.30m。在涂布机里将电极材料按照多种花样模式涂上。接下来这种多行涂布的电极带被滚刀切割成单个卷子。在工艺上带宽越大，对浇注设备的精密性以及浆料做成均匀涂层的可加工性能要求就越高。保障涂

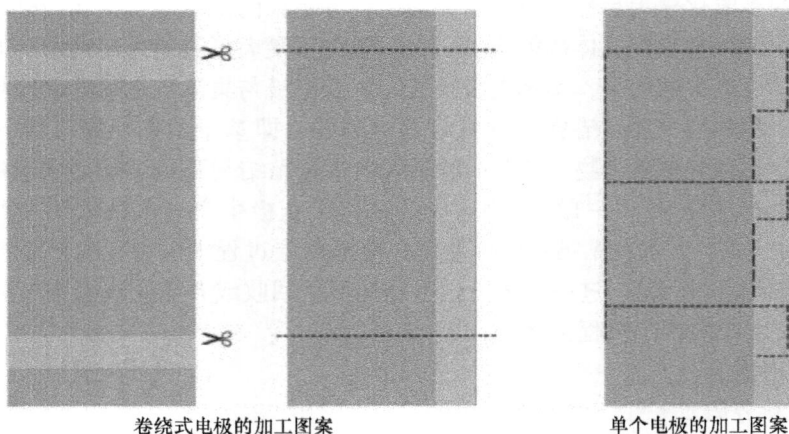

卷绕式电极的加工图案　　　　　　　　　　单个电极的加工图案

图 17.2　圆柱形卷绕式单体（左图）和层叠式单体（右图）的浇注图案

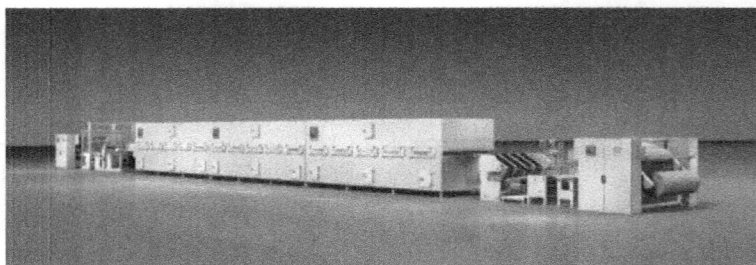

图 17.3　带有多行道涂布图案和气浮式干燥箱的涂布机　来源：Megtec

层厚度以及涂层表面积质地的误差在很小的范围之内是成功生产单体的一个前提。

切割后的电极材料带在压延机里压紧，在辊子的压力下电极材料里的空余空间被压实。需要注意的是，涂布过程中出现的错误，如材料缺陷，或者是涂层不均匀的现象，虽然会通过压延工艺得到一定缓解，但是不能完全消除。因为活性材料是由比较坚硬的颗粒组成的，它们只能被压缩到材料的最大堆积密度。一些工艺现象，如电极材料侧向相互排挤或者产生突起的小平面"粉刺"还是非常少见的。

17.2.2　单体装配

单体是由对置成双的正极和负极组组成的，正负极之间用隔膜分隔开来。这种组成排列可以通过不同的工艺来实现。需要注意的是，由正极、负极和隔膜组成的这个电化学基本单元它们之间要有直接的机械接触，并需要一直保持机械接触。而机械接触可以通过外部加力，比如拉力、空气压力或者是压力来实现。除此之外还有一种叠片的工艺方法可以形成持久的复合结构，叠片是将电极和隔膜用一种聚合物融合成一体。叠片工艺的优点是可以将正负电极无滑动地精确定位，从而消除了后续生产工序中可能出现的电极层移动的错误来源。

单片电极是通过冲压或者激光切割工艺切分而成的。冲压是一个成熟可靠的工艺，人们需要具有非常细小切缝的高精密冲压设备来达到没有毛刺的良好的切边。冲压工艺速度快，可以达到最高 10 件/s [14]。其工艺成本主要取决于冲压机的使用寿命。相比之下激光切割具有切割模式上的灵活性，但其单片切割速度目前来讲比冲压可调的速度要慢。在这里特别重要的不光是切片的质量，还要有把在切割过程中切下来的材料抽吸走的可能性。切割时激光束蒸发的物质可能会在电极表面或者切边上集结，以毛刺的形式沉淀下来。尤其是在电极表面上的沉积（首推来自蒸发掉的正极材料形成的金属细点）被认为是特别危险的。如果单体发生这种错误，这些沉淀物会是不受欢迎的锂金属析出的优先来源。

装配好的单体用胶带固定好，为了防止损坏，单体角落处会用胶带或是用隔膜多层缠绕。

叠堆工艺：在叠堆工艺中要从基带中制成单片电极，单片电极、双电极还有双面涂布的电极都可以叠堆成单体。由双面涂布了活性材料的电极叠堆相对于双电极叠堆会有更高一点的能量密度。用双单体装配而成的单体（图 17.4，右图）有一个优点，就是在叠堆组合之前可以对每个单个双单体进行检测，检查电极的位置是否正确，是否有短路并挑拣出废品。而用双面涂布电极的叠堆只能对装配好的叠堆进行检测，检查出错误时必须把整个叠堆扔掉。由此将导致在使用了相同电极材料的时候会天然地比双单体工艺具有更高的废品率。双单体工艺装配用的自动设备可以以 4 块/s 双单体的生产能力工作，生产大规格的电极也能胜任 [14]。

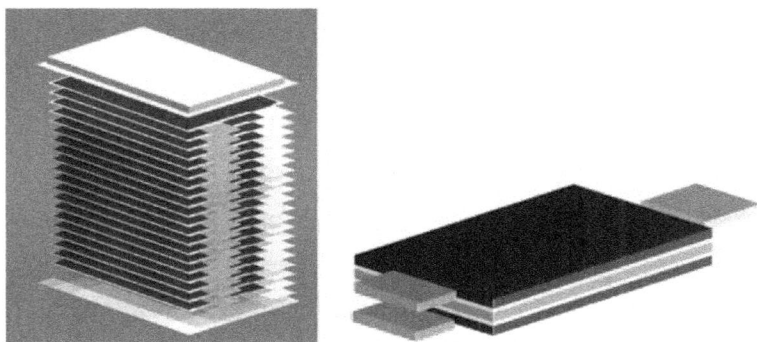

图 17.4　左图：由电极堆叠而成的单体，电极 位于端面；右图：单个双单体，
其电极分别位于两边　来源：Kemet Arcotronics Technologies [14]

卷绕工艺：卷绕工艺以两种不同的表现形式来区分：

● 电极基带和隔膜一块卷绕（图 17.5）。

● 先将电极置于隔膜带上再卷绕（图 17.6）。

如果是简单地把电极基带和隔膜一块卷绕，成形的电极合成体则不能被压延。

在卷绕时电极和隔膜通过相应的拉伸互相压在一起，然后用胶带把卷子固定住。无论是圆柱形还是方形单体，这个工艺方法都是一样的。

在方形卷绕时需要特别注意的是，在抽出卷芯之后，电极合成体会在紧凑卷绕半径的区域里失去拉应力，因而会变得松散。变松的地方会导致局部的电极均衡错误，从而大幅缩短整个单体的寿命。

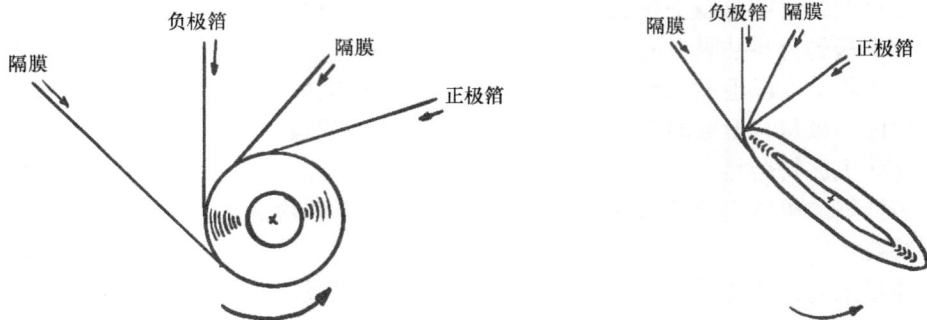

图 17.5　圆形卷绕（左图）和 方形卷绕（右图）。来源：Kemet Arcotronics Technologies［14］

如果是把电极预先批量制造，就可以避免以上出现的现象。其工艺方法是把（预制好的）电极极片根据加工时需要的卷绕半径沿着隔膜带定位好，再用层压法固定在隔膜带上。接下来把整个膜带围绕一个卷芯卷绕成一个方形单体合成体，没有覆盖的剩余的隔膜则用来保护单体叠堆的边角（图 17.6）。

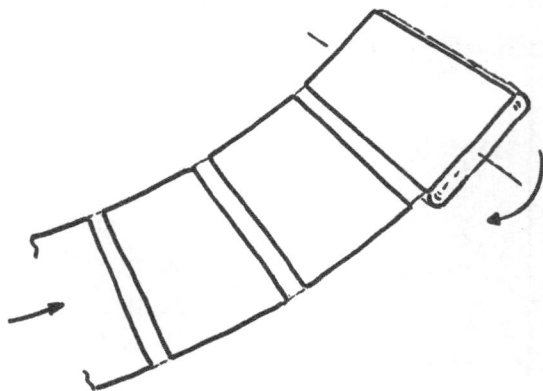

图 17.6　把预先切分好的电极极片进行方形卷绕。来源：Kemet Arcotronics Technologies［14］

卷绕设备的传输量同样高，可达到 6 个单体/min。限制生产频率的因素非设备本身，而是隔膜的质量和机械加工性能。

接下来单体和作为电池正负极的接线端子焊接相连，焊接工艺通常优先使用超声波焊接。超声波焊接是一种摩擦焊接工艺，它甚至可以把不同的金属持久地连接起来且接触电阻很小。激光焊接目前还处于研发阶段，相关研发报告越来越多地出现在文献中〔15〕。在焊接过程中会向单体输入能量，这个能量不允许对单体产生损害。必须注意的是，在焊接过程中电极叠堆不应受到损坏，或者电极的性能不能因为焊接产生的离散颗粒而受损。

17.2.3　外壳工艺

锂电池必须做防水（渗水）保护，这个防护功能可以用金属阻挡件来实现。在选材上优先选用容易加工的铝或钢材。外壳成形的形式有柔软灵活的软包膜和刚硬的金属外壳两种。

软包外壳：在软包工艺中外壳材料用的是多层内含铝芯的复合膜。外壳内面含有一层低熔点的热塑性聚合物（通常是聚丙烯），中间用多层粘结及抗腐蚀涂层把具有抗腐蚀性的有机封装材料和金属内芯连接起来。外壳外表面是具有熔点大大提升的坚实材料（通常是聚酰胺 PA 或者聚对苯二甲酸乙二酯 PET）层压而成。最后使用热封工艺把两个半壳的封装材料熔化成一体从而达到外壳的密封形态。外壳的设计通常是分成两个深冲而成的半壳并且有一个气包相连。这个多出的气包的作用是在电解液注液时起辅助作用并收集在化成时产生的气体，在单体生产过程最终做终端抽气时会把气包切割掉。

在外壳复合膜上可以很容易地通过压印或者深冲做成单体的外形，在这个过程中铝箔被拉伸了。因此在外壳的设计中必须合理设计好冲压的深度、半径以及角度，以防止出现金属箔上产生微裂痕，确保金属内芯水蒸气阻隔功能得以保持。深冲速度必须要与金属拉伸性相匹配。如果复合膜内膜热塑聚合物层受损会导致在单体注液后不久便出现铝箔腐蚀穿孔和/或单体溶胀现象。

不光是锂离子电池，对所有电化学电池而言电流的导出都是一个关键部位，这个部位特别容易出现微泄漏或者形成毛细管。软包工艺里导电集流体用的是厚度至0.5mm 的金属薄膜，正极集流体是铝，负极集流体是镀镍了的铜。集流体是可以批量预制的部件，在外壳生产时集流体被放入两个半壳的密封材料之中一起包封起来。包封材料是多层膜，一种改良的热塑性聚合物，它可以把集流体的金属表面与密封材料的热塑性聚合物层持久地密封住。一般情况下这种包封材料是已经预制在集流体上的，而另一种用额外置入的密封协助带来进行密封的方式正逐渐变得非主流。在合理的密封缝设计和正确的集流体包封情况下，软包外壳可以证明实际上是可以做到水蒸气级密封性的。软包外壳没有过压阀。

在单体内部产生气体时外壳会向外推让，软包膜会被拉伸，因此内部不会形成大的过压。

坚硬的金属外壳：金属外壳是由铝板或者不锈钢板深冲加工制成的，其结构设计通常是以口杯加顶盖的形式。电流导体在常规下一般放置于顶盖部，它们是用玻璃物质做了绝缘处理的批量预制好的导电针，在装配时加以密封。在单体内部导电针和单体基体焊接相连。接下来把单体装入口杯外壳，再加上顶盖，顶盖和口杯用激光焊接或者超声波焊接密封连接，这条金属焊缝必须具备最好的密封性。电解液注液开口将会在注液后以压入锁紧球或者以激光焊接的方式封口。

金属外壳在壳体上具有至少一个预设的断裂位置或者有一个过压阀，用来在出错情况下阻止单体发生爆炸式的胀裂。这个保护措施会在约 10～15bar 平均压力下起作用。

17.2.4 注液

电解液注液是工艺上要求非常高，对单体性能起决定作用的一个重要工序。单体基体多孔体积必须用电解液均匀地浸透，而电解液的均匀分布是单体长寿和安全的一个重要因素。如图 17.7 所示，实际中是要将两个大的金属表面（集流体膜）之间的细小的间隙（约 200～300μm）注满。这个间隙却并非全是空的毛细管，而是填有电极材料和隔膜。

由于单体外壳内需要注液的空腔已经被单体基体填充，因此会对注液过程造成困难，这导致了电解液必须要缓慢地或者是多批次地加注。原来残留在孔穴里的气体必须去除掉，以保证活性材料和隔膜里的孔隙得以浸润。

电解液注液是单体生产流程中除化成之外另一个耗时的，因此也是限制产能的一个工序。注液工艺强烈取决于单体的结构模式以及所用材料和电解液的物理化学性能。

锂离子电池技术里运用的电解液是锂盐溶于极化有机溶剂里的高浓缩了的溶液，这种溶液具有高度的吸湿性，结果就是遇水会有腐蚀性。好的电解液应在极端的浸润性能和蠕变性能方面特别出众，而这些性能是有助于电极结构的浸润的，但是对机械设备而言却是一种挑战。另外电解液里溶剂成分的蒸发特性也会带来额外的困难，在压力减弱时溶剂的沸点会降低，

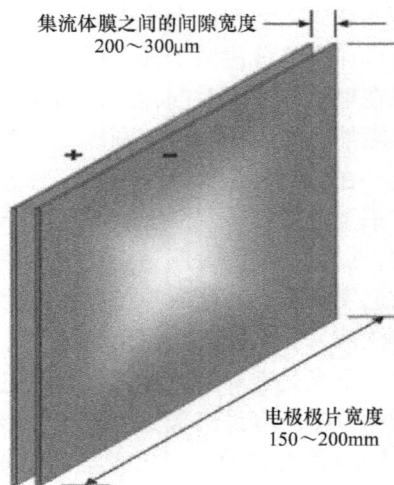

图 17.7　电解液均匀分布的困难点：
图中表示沿周边向中心变化的
电解液非均匀分布

也就是说在实践中在减压过程中电解液在抽真空时甚至会在室温条件下开始蒸发，从外观上来讲就会出现电解液发泡的不良现象。

出于以上原因，每一个定性的电化学系统和结构模式都必须要开发自己的注液流程，且注液流程必须可以进行可行性验证。

17.2.5 化成

锂离子电池属于单体注入电解液后尚处于放电状态的二次储能技术。化成过程常常被错误地表达为成型，它不光包含了单体的第一次充电，也包含了生产工序，

其中有不可或缺的钝化层（SEI 层）的形成，同时还有质量检测工序。在这个过程里正极、负极、隔膜和电解液功能上的相互作用第一次变得有可视性。从设备需求而言，化成包括了对每个单体单独可控电路的充放电仪器。

单体生产厂家对化成过程有不同形式的实施方法。最慢的，但是更安全的方法包含了两个完全的充电/放电循环，此方法还带有一个后续的完全充电/放电循环作为质量检测工序，这是一个可靠的 100% 对所有单体的全测试。最快的但是不完全的方法只是把单体充电到某个 SEI 层生成所对应的电压而没有完全化成，而且也没有后续的充放电循环来作为质量检测工序。这种快速化成方法运用于消费电子用电池上的生产上，它要求整个生产流程要具有很高的可靠性，因为生产流程放弃了单个质量检测。

化成所需的通过时间可以达到两天，每个生产厂家都在努力把生产流程中的这个瓶颈尽可能地加速。化成所用到的能量已经到了一个很重要的维度了，那么回收电能或者是生产废热从生产成本和"绿色制造"的角度来看都是值得去考虑的事情。

17.3　不同单体设计的优缺点

在本节里我们来讨论关于单体制造的 3 个基本问题：

- 圆柱形还是方形的单体设计？
- 软包外壳还是金属硬壳？
- 单体基体的结构是使用双单体工艺还是使用双面涂布的电极？
- 圆柱形还是方形的单体设计？圆柱形单体是用圆形卷绕技术来生产的，薄膜的卷绕工艺来自于电容器的生产开发并得以验证，卷绕速度快。电极的压和是凭借卷绕时的拉力来控制的。消费电子常用的 18650 规格的单体设计有个缺点，就是需要间歇性地涂布电极带，优点是生产单体卷的高生产率。考虑到为了能够导通更高的电流，可以优化实施方案，使用边条式集流体，这种集流体被设计成沿着整个卷绕方向扩展延伸方式，这样的设计方案的优点是可以在高能量密度的状态下导通大电流。

生产方形单体所需的工艺工序要比生产圆柱形单体更多，而这些生产工序也同样都是用自动生产设备来实现的，具有高生产率的特点。

方形和圆柱形单体设计最主要的区别在于导热性能的好坏。在同样的电化学材料和相同的能量容量条件下，方形单体由于具有更大的外表面积而比圆柱形单体更容易导出热量，因此方形单体相比圆柱形单体更容易冷却，也就是说方形单体在使用过程中过热的危险性比圆柱形单体要小。而圆柱形单体要诊测出热点所需的时间要更长，这是由圆柱形单体的设计参数所决定的：电极体的厚度更大，并且导热系数一般。

这两种单体方案的生产工艺有一定的相似性，并且具有大致相同数目的关键工序。生产电极体只是整个生产流程中的一个部分。在考虑选材和外形设计时要清楚的是，并没有一个用于正极或者负极优选的单体化学材料是从本身角度出发特别需要这两种单体设计方案中的某一种方案的，即两者之间限制性的关联程度不大。但是某种方案的选取却对生产流程的设计有很大的影响，比如说从一开始的生产辅助工具如工件夹具，到机械设备，直到最后化成时正负极连接定位都与之相关。一旦生产流程固定下来后，其对应的设计方案只能花费很高的费用才能做更改。

电极体的结构是选用双单体工艺还是使用双面涂层电极？同样一种电极涂层实施方案可以构建成 3 个不同种类的电极体，它们之间的区别在于可实现的能量密度和生产收率这两个方面的不同。

从最原始的原单体（单单体）到双单体阶段（图 17.8，A 段）再到由双面涂布电极组成的单体（图 17.8，B 段），这种进阶升级发展可以提升单体的能量密度。

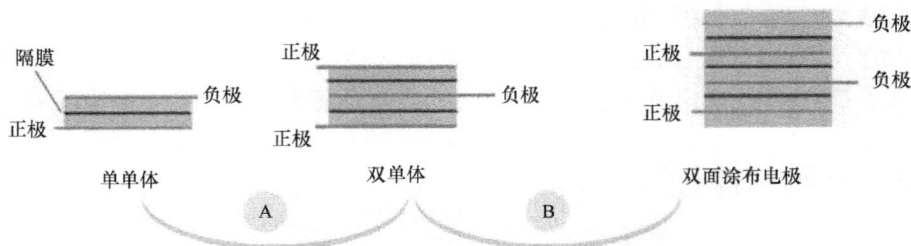

图 17.8 通过多次使用集流体来提高能量密度

在双单体里负极集流体的用量要比单单体里的少 50%，而在双面涂布的电极对组成的单体里，正极的集流体比双单体里的更要再少 50%。但是这些举措对能量密度的影响是不一样的，其中对重量能量密度最大的提升是在从单单体到双单体这一工序中实现的，因为负极的集流体是用铜来制造的。正极的集流体用的是铝材，铝的密度只有铜的约 1/3。由此可以导出，在 B 段进级阶段使用双面涂布的电极对能量密度的提升没有在 A 段中那么明显。

这两个阶段中最主要的区别在于其中间产物的可检测性。在电极体内出现错误的概率是随着生产用的电极面积的增加而增高的。由双面涂布电极组成的叠堆只能在电极体生产完后方可进行短路测试，而双单体却可以在叠堆前单个检测电极的位置以及是否短路，发现错误后可以马上剔出。考虑到一个事实，就是即便是一个错误都会导致整个电极体无法使用，因此用双单体组成的电池可以通过剔除废品的方式来保证更高的整体生产收率。

薄膜外壳还是坚固的金属外壳？软包工艺的优点是可以把薄膜用简单的深冲设备或者压印设备就加工成外壳。外壳材料用剪刀或者冲压来加以处理相对而言是个简单的方法。密封设备用的是热封设备，在包装工业界也是多次被证明的成熟工艺。在合理正确加工封口（保证最小宽度，通过柔和挤排密封材质来小心进行密封）的前提下，软包已经多次被证明是种密封的外壳。

单体外壳最主要的任务是持续保护单体，不让单体组成成分漏出以及防止微量的水分进入到壳体内。软包和金属外壳这两种工艺都可以实现这个任务。温度变化测试适用于作为外壳密封性能的测试方法，在有冷凝的大气条件下进行（即在饱和水蒸气的大气条件下施行温度的大梯度变化）。在温度变化的负载下可以诊测到最小的泄漏，因为如果外壳不密封，其结果会导致单体在短短数天内发生鼓胀。

软包工艺价格便宜，甚至在小批量生产时也是如此，生产过程中它也具有灵活性，可以允许规格尺寸上的细小的更改。在正确的封口制造前提下被证明是可以长时间持续保持密封的。

金属外壳的制造要求复杂的多级深冲和切割设备，深冲工艺流程从成本角度出发只适合于大批量生产。而外壳封口还需要复杂的工艺诸如激光焊接或者是超声波焊接。深冲设备的复杂程度和成本费用使得规格尺寸的变化或者进行小批量生产变得非常困难。

如果是考虑到密封性能，这两种工艺都可以看做是非常好的水蒸气障碍，但是在这两种情况中电流导出件的成本却是出奇的高，在这里生产厂商引入了许多诀窍，导致了其在市场上价格昂贵，以至于在某些情况下成为单体里最昂贵的部件。此部件在两种工艺中几乎没有区别，只有在中量和大批量生产时才可能实现降低成本的目标。

在出现错误的情况下，无论是软包还是金属外壳都有可能引发起火。所有的错误情况都在 EUCAR 的危害等级中有分级定义（对比图 17.9）。其错误的剧烈程度的一个重要的分界线在于从危害等级 4（单体排气）到危害等级 5（排气加上起火）的过渡。

	危险等级	分级标准，影响
0	无影响	无影响，无功能损失
1	被动保护激活	无缺陷、无泄漏、无排气、无着火或火苗、无破裂、无爆炸、无发热反应或热逸溃，单体出现可逆的损坏，需要保护装置修复
2	缺陷损坏	无泄漏、无排气、无着火或火苗、无破裂、无爆炸、无发热反应或热逸溃，单体出现不可逆的损坏，需要修理
3	泄漏 >50%	无排气、无着火或火苗、无破裂、无爆炸，重量损失不超过电解质重量的50%电解质=溶剂+盐
4	排气 >50%	无着火或火苗、无破裂、无爆炸，重量损失超过电解质重量的50%
5	着火或出现火苗	无破裂、无爆炸，即无部件飞出
6	破裂	无爆炸，但有部件飞出，活性物质喷出
7	爆炸	爆炸，即单体碎裂

图 17.9　按照 EUCAR 危害等级定义的电池错误 [16]

在出错情况下，软包单体的外壳会屈于应力发生变形，由于软包薄膜材料具有拉伸性能，在鼓胀时可促使内部产生的气体自由向外排放，而排气在仅仅几个毫巴的过压条件下就会发生。如果使用坚固的金属外壳则情况将会不同，壳内的气压会逐渐升高直至排气阀启动打开，或者是预先确定的断裂位置裂开，在这种情况下，通常会导致直接跳过危害等级 4 而立即出现危害等级 5 的现象。因此在出错情况下，如果是同样的电极电化学材料和同样的电量容量的两种单体，金属外壳单体一般会比软包单体要反应更加剧烈，并更常见出现起火现象。

从组装难易程度和自动化加工的角度来看，坚固的金属外壳是具有优势的。软包单体由于其本身并非是个外形坚固的部件，因此抓牢软包，将其定位，再加工到电池成组就较为费时费力，且成本高。对比薄膜外壳，金属外壳更厚，更牢固，并且公差会保持在很小的范围内。因此在电池组装过程中，坚固的金属外壳是受到设计工程师、生产设备设计师和产业工程师优先选用的。

17.4　展望

单体的价格是由单体的单价和所需的生产设备的投资一起共同组成的。由于人们要求储能系统要更加便宜，致使单体生产处于巨大的降低成本压力之下。进行大批量生产的时候，一个单体的价格主要是取决于材料成本和生产过程中的废品率。因此，高度自动化的生产流程和高生产收率是降低成本的前提条件。提高每个设备的生产产能可以降低平均单个单体制造所需的投资。而开发如上所说的生产流程将会保证生产工艺能够适应未来的发展。

整个单体生产过程并非只是简单地把单体各个部件加在一起，而是需要每个生产工序互相协调，共同作用，只有这样，方可保证生产流程的顺利运行以及获得高的生产收率。在这里需要相应的软件工具和工厂设计方法作为支撑，但是它们应该只是达到目标的工具。具有电化学特性的单体是一个多种活性材料的复合体，其活性材料具有非线性的特征，因此为了开发项目的成功以及成功运用单体生产线，相关参与计划的所有参与者和负责人对要生产的单体和它的各项功能都要有深刻的了解。

参 考 文 献

1. Spahr M, Goers D, Leone A, Grivei E (2011) Development of carbon conductive additives for advanced lithium ion batteries. J Power Sources 196(7):3404–3413
2. Sanchez-Gonzalez J, Macias-Garcia A, Alexandre-Franco MF, Gomez-Serrano V (2005) Electrical conductivity of carbon blacks under compression. Carbon 43:741–747
3. Sides CR, Croce F, Young VY, Martin CR, Scrosati B (2005) A high-rate, nanocomposite LiFePO4/Carbon cathode. Electrochem Solid-State Lett 8(9):A484–A487
4. Wu M-S, Lee J-T, Chiang P-CJ, Lin J-C (2007) Carbon-nanofiber composite electrodes for thin and flexible lithium-ion batteries. J Mater Sci 42:259–265
5. Chen J, Wang JZ, Minett AI, Liu Y, Lynam C, Liu H, Wallace GG (2009) Carbon nanotube network modified carbon fibre paper for Li-ion batteries. Energy Environ Sci 2:393–396
6. Zhamu A, Shi J, Chen G, Fang Q, Jang BZ (2012) Graphene-enhanced anode particulates for lithium ion batteries. US 2012/0064409 A1
7. Buqa H, Holzapfel M, Krummeich F, Veit C, Novak P (2006) Study of styrene butadiene rubber and sodium methyl cellulose as binder for negative electrodes in lithium-ion batteries. J Power Sources 161:617–622

8. Lee J-H, Paik U, Hackley VA, Choi Y-M (2005) Effect of carboxymethyl cellulose on aqueous processing of natural graphite negative electrodes and their electrochemical performance for lithium batteries. J Electrochem Soc 152(9):A1763–A1769

9. Sano A, Kurihara M, Ogawa K, Iijima T, Maruyama S (2009) Decreasing the initial irreversible capacity loss of graphite negative electrode by alkali-addition. J Power Sources 192:703–707

10. Lee JH, Lee S, Paik U, Choi Y-M (2005) Aqueous processing of natural graphite particulates for lithium-ion battery anodes and their electrochemical performance. J Power Sources 147:249–255

11. Zaidi W, Oumellal Y, Bonnet J-P, Zhang J, Cuevas F, Latroche M, Bobet JL, Aymard L (2011) Carboxymethylcellulose and carboxymethycellulose-formate as binders in MgH2-carbon composites for lithium-ion batteries. J Power sources 196:2854–2857

12. Ouatani LE, Dedryvère R, Ledeuil J-B, Biensan P, Desbrieres J, Gonbeau D (2009) Surface film formation on carbonaceous electrode: influence of the binder chemistry. J Power Sources 189:72–80

13. Lee J-H, Kim H-H, Wee SB, Paik U (2009) Effect of additives on the dispersion properties of aqueous based C/LiFePO$_4$ paste and its impact on lithium ion battery high power properties. Hosaka powder technology foundation, KONA powder and particle. Journal 27

14. Lanciotti C (2009) Lithium battery cell manufacturing process. Joint European commission/EPoSS/ERTRAC workshop 2009, Brussels, Kemet Arcotronics Technologies, Sasso Marconi, Italy

15. Schelisch J (2011) Forschung für die Produktion von Morgen, Portraits der ausgewählten Projekte im BMBF-Programm Forschung für die Produktion von morgen. Projektträger Karlsruhe (PTKA-PFT), Bundesministerium für Bildung und Forschung

16. Freedom CAR: Electrical energy storage system abuse test manuel for electric and hybrid vehicle applications; Sandia Report, SAND 2005-3123

第18章　锂离子电池单体和电池的生产工艺

Achim Kampker, Claus – Rupert Hohenthanner, Christoph Deutskens,
Heiner Hans Heimes, Christian Sesterheim

18.1　导言

　　用于电力交通应用的锂离子动力电池是由多个电池模块组装而成的，其中电池模块又由多个单体组成（图18.1）。不同的使用目的决定了电池模块的个数，这些电池模组和一个电池管理系统，一个冷却系统即所谓的热管理系统和功率电子一起组装成一个锂离子电池包。一个电池模块里面可以装入不同的单体规格，比如圆柱形单体、方形单体或者是扁平单体（咖啡包或者软包单体）（详情见第9章）。

　　本章接下来将介绍单体的生产流程以及电池模组和电池包的组装流程。

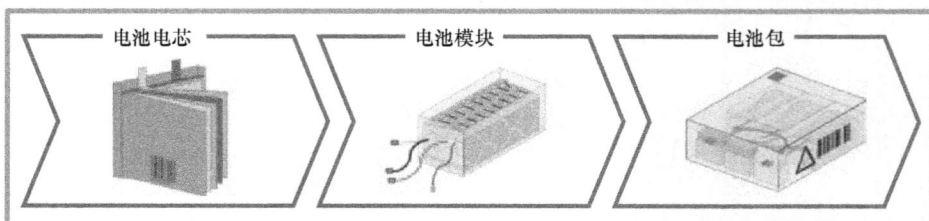

图18.1　从电池单体到最终的电池包的进级

18.2　电池单体的生产流程

　　锂离子单体的制造可以分为3个主要生产工序：

- 电极制片。

A. Kampker (✉)
Werkzeugmaschinenlabor WZL der RWTH Aachen, Steinbachstraße 19,
52056 Aachen, Deutschland
e-mail: A.Kampker@wzl.rwth-aachen.de

- 单体装配。
- 化成、老化（续化成）和检测。

电极制片是将正极和负极材料涂在作为载体的金属膜上，再加以干燥、压延。接下来将涂布好的正负极薄膜轮流交替铺上隔膜，加工成一个电极叠堆，然后再将叠堆置入到外壳中包装好，并注入电解液。这些单个生产流程组合起来构成了一个单体装配流程。在化成和检测过程中，装配好的单体首先使用小的电流缓慢充电，再用较大的电流循环多次进行充电和放电，以便达到生成单体全部功能的目的，并用以记录单体精确定义好的各项功能。

18.3　电极制造

锂离子单体制造的第一步是活性材料的混合拌料。混料过程是为了将不同材料搅拌在一起做成涂布物质，也称作混浆 [1]。除了活性材料之外还有其他的组成也一起混合起来做成涂布物质，它们分别是：导电剂（例如炭黑），粘合剂（例如PVDF）和添加剂 [2]。这些组成经过预处理，初步先用干法混拌，干混之后还可以再进行低能量或者是高能量处理。干混的目的是让导电剂炭黑良好地覆盖住活性材料。接下来是湿法混拌，把预处理的粉料和由粘合剂以及部分情况下也用添加剂做成的溶剂加入到混合设备中一起混拌，分散为混浆。单单有溶剂还不足以使得单个组成形成一个均匀的物质，此时的涂布物质刚开始时还是处于非常明显的颗粒状态，这时还需要加入机械能使用混合设备将混浆制作成均匀物质。根据不同的应用和质量要求决定使用不同的混合设备，它们各自在混合原理、温度控制、混合大气环境和装料上相互区别。在混拌过程中带入的错误是不可逆的，它们不能通过后续的流程加以抵消和改善。混拌过程对电池单体的质量起着至关重要的决定性作用，因此对混合物提出的各种要求也是极端的高。在这里，每一个成分都必须具备最高的纯度，最小的剩余含水量即最大的干燥度，并且必须以最高的精度来加料。为了保证后续的涂布工艺过程能够安全、连续地运行，混拌好的涂布物质的一些关键参数诸如均一性和黏度系数必须精确保持在设定值范围之内，不仅如此，混浆关键参数如均一性和黏度系数的时间变化也必须考虑进来，因此混浆要求必须快速加工处理。

在涂布过程中，通过混拌制成的混浆被涂在一个很薄的金属箔载体上。在负极上使用的是铜箔，厚度通常为 $6 \sim 15 \mu m$，在正极上使用的是铝箔，厚度通常为 $15 \sim 25 \mu m$。这些金属箔构建了电极片的基底，同时也是集流体，对金属箔的要求也和其他涂布中用到的原材料一样要有最高的纯度（ $>99.8\%$ ）。

在涂布的混浆里混有添加剂，它们还有额外的任务，即提高极片的导电性。粘合剂负责把电极组成及结构粘合在一起，同时把涂布物质也粘合在金属箔上。其处理方法是在混拌过程中把所有组分一起用一种溶剂混合，加工成一种酱浆状物质。

选用的溶剂只是溶解了粘合剂和一些添加剂，目的是用来调制混浆的流动特性达到能够涂布在金属箔上的程度［2－4］。活性材料涂布在金属箔上的极片厚度对薄单体的容量起到了一个主要的决定性作用。因此在高能单体里面人们得到的极片厚度可以达到200 μm 的级别［3］。

为了把酱浆状甚至几乎是流体状的涂布物质加工到金属箔上面，可以通过不同的涂布方法来实现：刮刀工艺、狭缝喷嘴挤出工艺或者辊涂工艺。把涂布物质涂盖到薄薄的金属箔上面的方式也是多种多样的，既可以连续式涂布，也可以是间歇式分段涂布，既可以两次涂布分别做成正极、负极极片，也可以一次涂布，在这里需要在同一时间里在一个金属箔的双面叠合涂布。涂布过程中必须要保证极片厚度和单位面积拉浆重量的高精度性，使用具备基片拉片和基片张力控制最高精度的涂布机设备是优质出品的前提条件。基片涂布后制成的极片必须进行干燥。干燥是通过热风对流在不同的干燥箱（悬浮带式干燥箱、对流抽吸式干燥箱、滚动带式干燥箱）里实现的。干燥箱里设置的干燥温度曲线对极片附着在金属基片上的附着强度以及整个极片厚度上粘合剂的分布都起到了至关重要的决定作用。

在干燥工序中从湿涂层析离出来的溶剂可以在干燥废气里通过凝结法分离出来，经过清洁处理后可以再次循环使用到混拌工序中去。

在涂布和干燥工序之后，极片导入压延机（法语：calandre = 滚动）。经过多道上辊压和下辊压的程序，极片的厚度逐渐减小。按照先后循序排列的多个辊筒在辊压时提供了更好的压实控制，辊筒排列的设定不仅是为了达到减少极片厚度的目的，还要提高活性材料和基片（金属箔）之间的黏附［5］。压延是一道连续工序，它的输送速度可以调节成20 m/min 或者更多。辊筒的横压力可以达到40～60t，辊筒之间的间歇可以用电动机在毫米范围内进行微调［6］。在压延时如果压力调得过高，会出现基片裂缝、材料脆化等危险情况。辊筒的横压力在加工过程中无论如何得保持恒定不变。压延辊筒的涂层是另外一个对质量起关键作用的因素。

18.4 单体装配

无论是何种单体种类，其正极和负极极片带都会事先裁切成规定的宽度，这道工序称为裁片。母带通常的宽度是大约600mm，在裁片时母带被切割成多个子带，然后再次卷绕起来，以方便置入真空盒里运送到下一道工序。和涂布工序及压延工序一样，裁片也是一道连续加工工序。裁片机不是用铡片刀就是用激光来进行切割。裁片工序的速度可以达到100m/min 甚至更快。铡片刀在使用过程中有很大的磨损，反过来磨损的切刀对切缝的质量又有很大影响。在使用激光切割时，要注意受加热影响的区域。

切割下来的余料必须小心翼翼地清除掉。

后续的单体装配被安置在露点为－55℃或更低的干燥室里。在电极极片卷传送进入干燥室之前还必须再进行一次干燥,将极片里面剩余水的含量降至最低。干燥的方式既可以是把极片卷放入真空干燥箱,也可以是放在传送带上通过干燥箱,这里干燥箱起了一个输送电极极片到干燥室的通道作用。

图 18.2　单体装配时原料的输入

平单体的生产包含两道工序,"成单"和"堆叠"。在成单工序中,正极和负极的极片带被滚刀、带钢模切、冲压设备或者是激光切割成单片。其中冲压设备可以设计成平面也可以是圆形转动的。成单工序的生产线要不设计为一条集成式生产线,要不就设计成收储盒,把多个电极单片收纳进去并临时储存起来。使用机械分切工艺如冲压工艺时会存在一些出错危险,如果设备没有调节准确或者设备出现磨损现象,就会导致边条切割得不干净,朝一个方向弯曲,危害到切割边条上的活性材料分布,致使层次紊乱,电极材料分隔不清晰。使用激光工艺分切时,要考虑由于能量输入形成的加热区域,在加热区域内可能发生粘合剂发泡和边部翘曲的现象。所以在下一步工序里设计了清洁步骤,把成单工序中产生的,从电极单片切割边条上掉落的颗粒以及电极单片表面上的毛刺清除掉。因为这些颗粒可能会导致损坏隔膜,如果它们是导电的颗粒,还会引起内短路。

单个正极单片、负极单片和隔膜(图 18.2)构成了堆叠工序的进料。堆叠的方式可以是 Z 形折叠或者是单片堆叠。Z 形折叠工艺是把单个负极单片和正极单片侧面放入到 Z 字形状折叠好的隔膜带中。与 Z 形折叠不同的是,使用单片堆叠工艺时,隔膜也和电极单片一样预先分切成单片,然后和正极单片、负极单片一起以一个相互交替(负极-隔膜-正极-隔膜-……)的循序堆叠起来。单片堆叠工艺特别有挑战性,其难度在于使用真空抓臂来抓取不同大小规格的隔膜、负极单片和正极单片,识别定位以及定位校准、对齐。堆叠加工好的电极堆用胶带粘固好以防止单个单片滑动。

对方形单体和圆柱形单体来说,极片分切后不是进行成单和堆叠,而是进行卷绕(图 18.3)。这道工序是把不同的物料带绕着一个方形体(隔膜)进行卷绕。和堆叠工艺相似的是物料带的放置循序也是正极带、隔膜带、负极带、隔膜带。各个物料带在卷绕时会让隔膜带多出正极和负极涂布区域,以便避免正负电极之间的短路。涂布负极的物料带比涂布正极的物料带要宽,这样负极涂布总是可以覆盖正极涂布。卷绕出来的产品称之为单体卷(Jelly-Roll),用胶带纸固定住。

卷绕工序里重要的、影响质量的生产参数有连续带张力、连续带传动和单个物

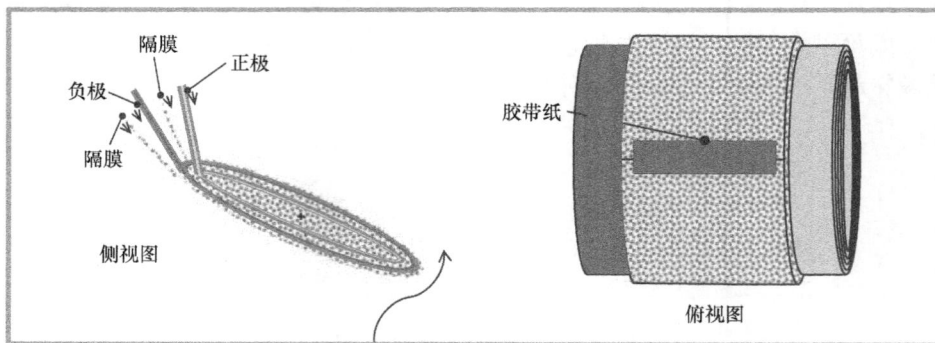

图18.3 方形单体的卷绕流程

料带的卷绕速度以及卷品的外形尺寸和半径。卷绕成型后先把一个绝缘薄膜折叠成一个绝缘袋，并用胶带固定好，再把这个绝缘袋套在单体卷上，这样单体卷和单体金属外壳的内壁之间就会留有一个绝缘层。接下来把电极极片上没有涂布的边部和集流体焊接在一起。

堆叠成型的单体在堆叠焊接过程中同时把单个已经电绝缘的正极以及负极单片之间各自并联起来。其中焊接工艺的选取起着一个很重要的作用，因为需要焊接的部件都很薄，而且对温度和机械应力都很敏感。并不是每种焊接工艺都能够进行足够精准和灵敏的加工，有些焊接工艺会产生过高的热量，因而不能运用于单体装配。阻焊、等离子焊、超速波焊和激光焊接是可以把没有涂布的电极边部和集流体焊接在一起的可行性焊接工艺。在工艺级生产中大部分用的是超声波焊接，最新一段时间以来部分生产也被激光焊接所取代。

电极堆连带着焊接在一起的集流体装入外壳中。堆叠的平单体使用的外壳是深冲制成的塑料膜/铝膜/塑料复合膜。中间的铝膜用来阻挡水蒸气渗透，内层的塑料膜对比外层塑料膜具有更低的熔点，这样在密封时边部就可以材料－材料的方式结合在一起。方形单体和圆柱形单体使用了深冲加工或者挤压而成的铝质外壳（硬壳）。

在接下来的电解液注液工序中，液态的电解液被加注到装配好的单体之中，并且让电解液浸入到多孔状的隔膜和电极层中去。注液时用一根针插入到单体中，这根针又被称作橄榄，电解液可以从针的内孔被加注到单体内部。注液流程可以在真空环境下，也可以在大气环境下进行。在大气环境下注液需要更多的生产时间，因为在单体内部以及隔膜和电极功能层这样的多孔结构内部里面残留的空气只能缓慢地被注入的电解液排挤出来。基于此理，真空环境下进行注液更可能实现电解液在单体内部全范围内的完全浸润。只要是注液过程中单体在全范围内没有被电解液完全地、很好地浸润和浸透，在接下来的化成和日后的使用中会出现生成锂枝晶的危险，长远来看会导致内短路，并会由此导致单体过度自放电。在完成电解液注液流程后，在真空条件下将单体封口。

18.5 化成和老化

锂离子单体的装配是在电极材料没有充电的状态下进行的。化成（图 18.4）就是对生产出来的电池单体进行第一次充电的工序，其充电电流随着每一次充电循环而逐渐增加。有两个原因赋予了化成工序在电池的生产流程中具备特别的意义。首先，在第一次充电循环中会形成一个固体电解质相界面层（SEI 界面层），这个 SEI 界面层成形于负极极片上，其作用是充当一个钝化层来保护负极在正常使用过程中不会与电解液任意发生反应。SEI 界面层还有另外一个特性，即像一个外套一样稳定负极极片。第二个原因是通过化成可以使得活性材料和电解液之间接触更好。在第一次充电循环里人们只是选择一个很小的充电电流，以便让 SEI 界面在负极的石墨层表面逐渐生成，通过后续的放电、充电循环，SEI 界面层已经可以全部生成。在后续的充放电循环里，充放电电流是不断提升的。SEI 层生成所需的充电/放电循环次数和充放电电流根据不同的生产商，其设定也有所不同 [5]。化成过程，特别是第一次充电过程，是不能中间中断的，这也是生产线上应该提供的必要的保障，比如说防止断电。把放电时释放出来的能量再回收运用到工厂其他部门是很有经济意义的。

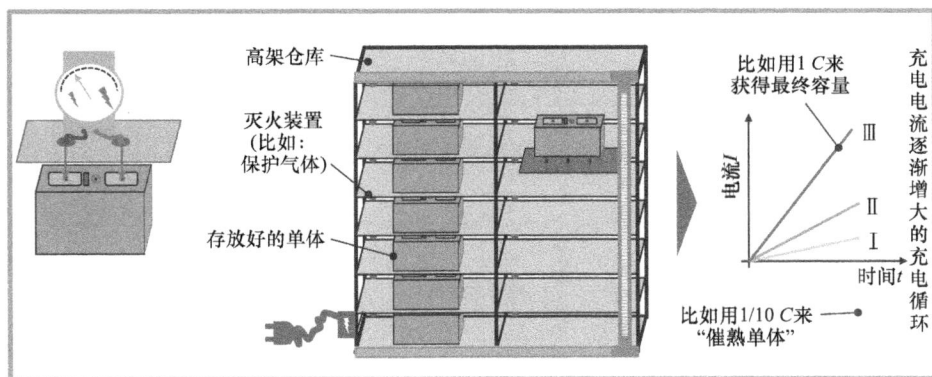

图 18.4 电池单体的化成工序

在接下来的老化工序中，从传送带上运送过来的电池单体被放置到一个加热到约 30℃ 的车间里存放 8～36 天不等。在老化过程的前期和后期分别测量单体的开路电压（OCV，Open Ciruit Voltage），测得的数据可以用来计算单体的自放电率。老化过程之后会对存放的单体做一些功能测试，比如容量测试、内阻测试和自放电测试等。以这些测量值和事先定义好的极限值为基础，可以在老化工序之后把单体进行容量等级的多级分类，这个过程称之为分容。老化工序带来的最大的挑战性在于对空间场地的需求，因为存放单体需要大量场地，导致费用大增，同时还有大量的专用托盘需求，这也带来了额外的高额成本支出。

18.6　电池包的装配流程

生产出来的平单体按照容量等级分类之后，就可以组装成电池模块了。在这里最重要的是一个电池模块里使用的单体应该具有相同的容量数值。如果人们选择了不同容量数值的单体将会对整个模块的性能带来负面影响，这其中的道理是：由于单体电气连接的方式，整个模块的行为是直接由系统中功能最弱小的单体所决定的（图18.5）。

在组装模块时先将单体预装配在一个框架里，单体集流体之间用并联或者串联的方式相互连接起来。单体集流体可以直接焊接到导流轨上，或者是用螺纹紧固。使用螺纹紧固连接方法的优点是组装时容易进行加工处理以及容易替换单体，缺点是螺纹紧固连接抗振动性较低，组装成本花费高。相对而言，材料永久耦合的焊接方式就具有更好的性能，从电流导流和接触电阻的角度来看材料耦合的焊接技术也比螺纹紧固技术更加具有优势。集流体的焊接工艺可以选用超声波焊接、激光焊接或阻焊。

模块单体预安装　▶　连接单体集流体　▶　安置CSC电路板　▶　安装冷却板　▶　检测，安装模块盖

图 18.5　电池模块的装配流程

把模块装入电池包　▶　安装导流条　▶　螺栓紧固模块　▶　装配密封圈、电气元件、电池管理系统　▶　EOL检测，充电

图 18.6　电池包的装配流程

下一步流程是把单体监视器（CSC，Cell Supervision Circuit）电路板和冷却板一起安装在预装好的电池模块上。CSC电路板的任务是监视单个单体，并且保证单个单体之间的合作达到最优化。除此之外，CSC电路板还可以均衡各个单体之间的充电状态（电池均衡）。组装好的模块框架放入模块壳体内后，会对电池模块做一个模块终检测。

在下一道电池成组工序中，检测通过的电池模块和其他外围的电气元件一起装成电池包。起初电池模块会安置在一个壳体内，然后再安装连接电池模块的连接条，接下来再把模组用螺栓紧固在壳体上。模组旁边再安装电池管理系统（BMS）和功率电子件。电池管理系统用来测量和调控单个单体的温度、充电状态和单体电压，BMS 的主要任务是在电池和其他部件之间建立起一个连接。把高压线束安装在电池包上之后，会进行一个电池包下线（EOL，End-of-Line）综合检测（图18.6）。通过下线检测之后就可以将电池包进行封装和充电了。

18.7　生产流程中的技术挑战

锂离子电池生产流程的特点是具备各种混合制造工艺，这些制造工艺需要由不同的机械设备厂商来操作，而且在通常情况下这些设备只是特别针对其中某一个工序（比如说混拌、涂布、干燥、压延、分切等）设计制造的。同时对每一个子工序而言都有许多个相互竞争的设备生产商提供可以进行生产的设备，基于生产厂商各自的设计水平和实力，这些设备又使用了非常不同的制造工艺来满足子工序的生产要求，比如说单片堆叠或者 Z 字形折叠，悬浮带干燥箱或者滚动带式干燥箱，刮刀或者狭缝喷嘴挤出。

对于单体生产厂商来说，最核心的挑战就是建立起一套统一的、全面的，能够将含有许多接口、高度异性型工艺相互协调好了的生产方案。由此而知，设计一个全面的生产构架，以及使用在单体生产过程中相互协调好的制造工艺这些都需要有一个系统的开发步骤，以便帮助在上下游厂商价值链中挑选合适的制造工艺。和电池模块和电池包组装不同的是，不同的生产工艺和相异的设计专能的范围赋予了锂离子单体生产独特的特性，因此导致了单体生产中使用的机械设备不可能是由一家，而是由多家设备生产厂商提供的。只有非常少的机械设备生产厂商能够覆盖单体生产全流程中所需的大部分子流程。

因此在单体生产的子流程中有一大批公司具有某个特别制造工艺上的经验和能力，能够使用不同的制造工艺来满足自流程的生产要求，但是在前期和后续的流程中这些公司往往又不具备足够的经验和能力，因此锂离子单体生产厂家就面临了这样一个挑战，即给每个生产子流程找到和选定合适的机型设备供应商，单体生产厂家必须指导机械设备供应商运用何种制造工艺。不仅如此，还要让单个机械设备连接成一个有经济效益的整体。另外，单体生产厂家还有一个难处，就是在目前尚未具备全自动化生产技术的条件下如何将锂离子单体的生产提升到大批量生产方式。而当前现存的供给结构和生产布局整体上讲也对生产结果出现大的质量偏差起到了一个推波助澜的作用，单体制造的生产流程设计由于价值链上剧烈分割，不仅仅从生产制造的系统性来讲，而且从工艺设计准则的角度来讲都算不上是很有经济效益的，因此还有很大的改进余地。

参 考 文 献

1. Haselrieder (2013) Efficient electrode production for lithium-ion batteries
2. Bauer W, Nötzel D (2011) Rheological properties of electrode pastes for lithium iron phosphate and NMC batteries
3. Flynn J-C, Marsh C (2012) Development of continuous coating technology for lithium-ion electrodes
4. Haselrieder (2011) Auslegung und Scale-up des Trocknungsprozesses zur Fertigung von leistungsfähigen Elekroden mit optimierter Struktur und Haftung
5. Zheng Y, Tian L (2012) Calendering effects on the physical and electrochemical properties of Li[Ni1/3Mn1/3Co1/3]O2 cathode
6. Scrosati B (2002) Advances in lithium-ion batteries

第 19 章　电池单体生产工厂的建设

Rudolf Simon

19.1　导言

本章将介绍电池工厂的全部建设结构，首先以生产流程和生产设备为出发点来介绍如何对所需的生产周边环境（清洁车间、干燥室）、工作媒介的供给和废物处理以及厂房进行开发设计，接下来将对生产物流和车间平面安排做一个概述，其中包含了必须考虑的安全区和入口区，最后对单体生产的发展前景和未来各种挑战做一个简单描述。

19.2　生产线的建设和要求

锂离子单体的制造可以分为 3 大主要部分：电极极片制造、单体装配和电化成。

图 19.1 展示了一个预产线的生产平面设计方案，在这里可以看到最重要的生产区间按照生产工序排列在一条生产线上，并标明了各个区间的空间分隔。

在设计电池生产厂时要考虑的不光是降低费用，还要满足最严格的安全要求和最严格的生产质量要求，因为这是单体达到产品指定寿命的前提条件。基于这个原因，作为工厂一个重要部分的厂房设施就被赋予了十分重要的职责。

在制造电极涂布物质（混浆）的过程中，特别重要的是要做好如下措施：避免细微粉尘，或者抽吸细微粉尘，溶剂处理，以及对相互交叉污染的防护等。在后续的正极和负极片涂布工序中因为包含了多个干燥和压延的步骤，所以必须要保证交叉污染防护、溶剂抽吸和回收利用，以及空气湿度控制这些措施能够有效工作。

R. Simon (✉)

M+W Group GmbH, Lotterbergstraße 30, 70499 Stuttgart, Detuschland

e-mail: rudolf.simon@mwgroup.net

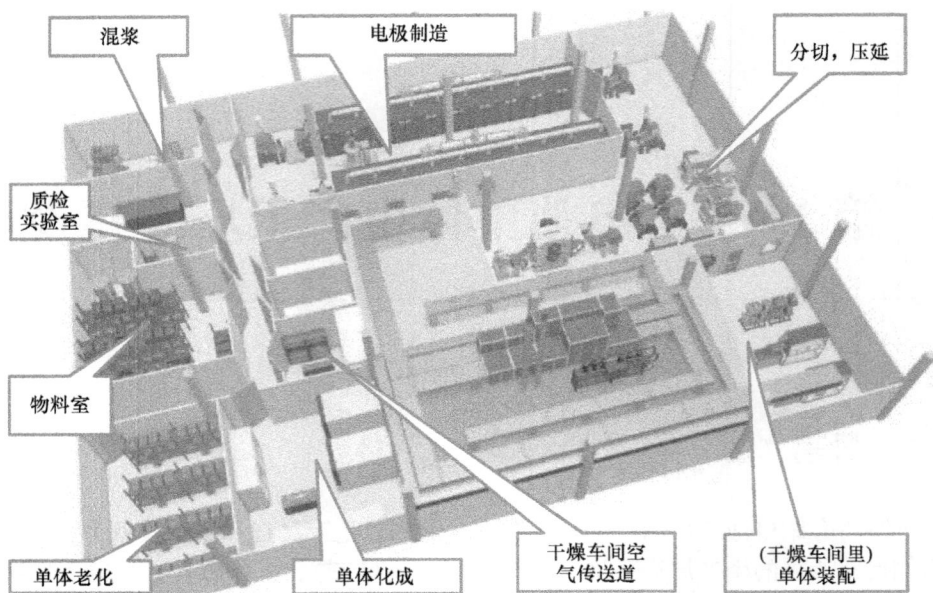

图 19.1　锂离子电池预产线的生产车间平面布局规划

单体装配只能在相对空气湿度低于1%的干燥车间和洁净（无尘）车间里进行。因为空气的导电性差，无法通过空气引走静电，所以干燥车间里所有物体的表面都必须设计成具有导电性能，用来避免静电起电。充电化成通常需要持续多日，需要消耗掉很多电能，所以需要有好的能量管理，另外还需吸走工程用气体媒质，做好防火和防爆措施。

19.3　生产中的空调区域

正是许多各式各样的、特殊的工艺要求造就了锂离子单体生产制造独具的特色，其中特别是严格的空调控制和洁净（无尘）区具有代表性。对这两个生产因素把控的好坏对单体的质量、安全、功率和寿命起着决定性的作用。在表19.1中罗列了每个制造工序所要求的环境条件推荐值，并把这些条件按照相似要求归纳为不同的小组列表。

表 19.1　生产线上的环境条件

生产工序	相对湿度（%）	露点/℃	温度/℃	制造环境
负极混浆制作	45±15		22±2	受监控的环境
正极混浆制作	45±15		22±2	受监控的环境
负极涂布	<15	−8	22±2	ISO7

（续）

生产工序	相对湿度（%）	露点/℃	温度/℃	制造环境
正极涂布	< 15	−8	22 ± 2	ISO7
负极极片辊压	< 15	−8	22 ± 2	ISO7
正极极片辊压	< 15	−8	22 ± 2	ISO7
单体装配	< 1	−40	22 ± 2	ISO7
电解液注液①	< 1	−40	22 ± 2	ISO7
单体化成	45 ± 15		22 ± 5	受监控的环境
单体老化	45 ± 15		22 ± 5	受监控的环境
测试和分类	45 ± 15		22 ± 2	受监控的环境
电池包装配	45 ± 15		22 ± 2	受监控的环境

① 封闭式设备。

出于经济原因的考虑，在做生产设计和计划时要注意这一点，应该把具有不同气候环境的工作区域的数量尽量控制在最小范围内。在制造电极和单体装配工序中推荐使用 ISO7 级别的洁净（无尘）区。图 19.2 中可以看到各个空调区域在整个生产车间平面里的投影分布。

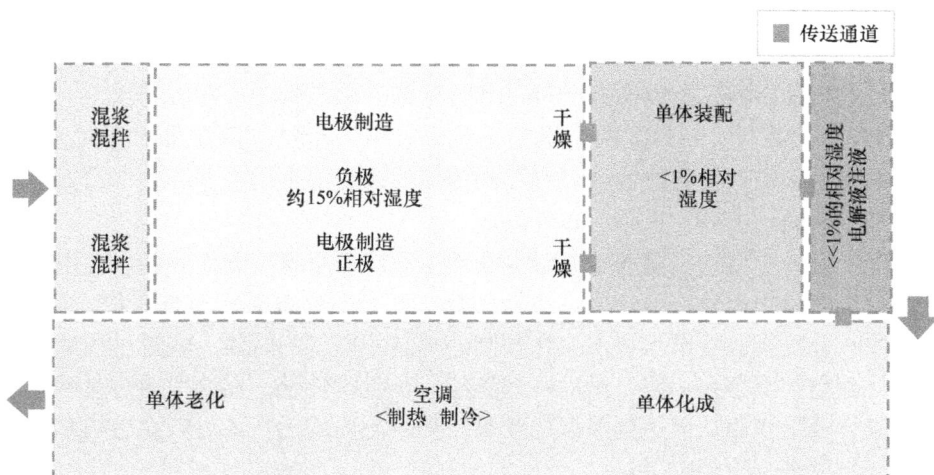

图 19.2 锂离子电池生产中的空调区

正极和负极的涂布和干燥工艺流程对环境的要求是控制空气的纯净度并能保持在规定范围内，允许的相对空气湿度要保证最大不会超过 15%。在制造流程中应该对相对湿度做逐级降低处理，直至电解液注液时湿度达到小于 1% 的数值。

19.4 干燥室技术

在电极生产中，单体装配特别是给单体加注电解液的工序对环境湿度提出了非常高的要求，这些要求对锂离子电池生产提出了挑战。根据不同工序的质量要求有时要求环境甚至要冷却到露点温度 -60℃，这样才能达到对应于（22±2）℃常温度区相对湿度远低于1%的环境状态。

对湿度最低值的要求源自于单体内部的化学反应步骤，锂离子单体的生产流程中如果出现了超高的湿度将会不可避免地导致化学副反应，反应时有伴气体产生，以至于降低了单体的安全性能。再者，水会集附在负极石墨层上，阻碍锂离子进入这些石墨层，从而降低了单体的容量［1，2］。

使用常规的空调设备不可能达到这样低的湿度值，因此用到了具有前期冷凝除湿技术的所谓的吸附干燥工艺。为了尽可能维持最低的生产成本，车间的墙体、地面、天花板、管道排布以及它们在干燥室和外界的连接缝隙还有整个循环换气系统的管道都必须做到防水蒸气渗透级别的密封性。这样才能将外部潮湿空气的渗入以及高成本制备处理得到的干燥空气的泄漏降低到最小。这也是单体生产对比电子元件生产最大最明显的区别。在电子元件生产中通常设计成"透气式"的常规无尘车间。基于以上措施就可以用气压加压的办法来避免外部颗粒的渗入。为了实现生产的经济效益和保障高质量的生产，必须将渗入到干燥室里的湿度降低到最低程度，因此要求尽可能少的工人在尽可能短的时间内在干燥室里停留，因为一个工人在干燥室里从事体力活动时会释放大约150g的水分。另外干燥工序需要通过传输通道进行进料和出料，所以所有的部件和材料都必须做到尽可能的干燥。

图19.3展示了一个典型的干燥室系统，它由一个空气除湿器、密封干燥室、防渗透级密封管道、优化过的人员和物料传输通道和一个用来循环空气、保障无尘车间空气质量的过滤器 - 风扇 - 单元组成。

极度干燥的进气空气是通过多级复杂的工艺流程步骤预制而成的。其中外部的空气经过过滤器之后被引导流经一组冷却片，此时空气被制冷至低于露点的温度，空气中的水分冷凝成凝结水析出。在预制外部制冷空气的时候，经过过滤的干燥室废气和外部空气混合在一起，然后一起流经一个吸附转子，在这里通过对潮湿的进气空气进行吸附作用从而达到除湿的效果。如果需要的话，还可以在后续步骤中把进气空气再度进行冷却除湿。

除湿设备最核心的元件是吸附转子，转子必须在干燥完进气空气之后进行恢复处理。在恢复处理中使用了部分干燥室的废气。吸附转子的恢复又称为解吸附作用，整个过程在温度为大约150℃的条件下进行。加热废气到指定温度所需的热量由一套板式换热器和电加热器组合而成的设备提供。工艺流程中的放热、水蒸气或者是气体也可以用到这里进行换热，图19.4图示化了锂离子单体批量生产中使用干燥室的一个实例。

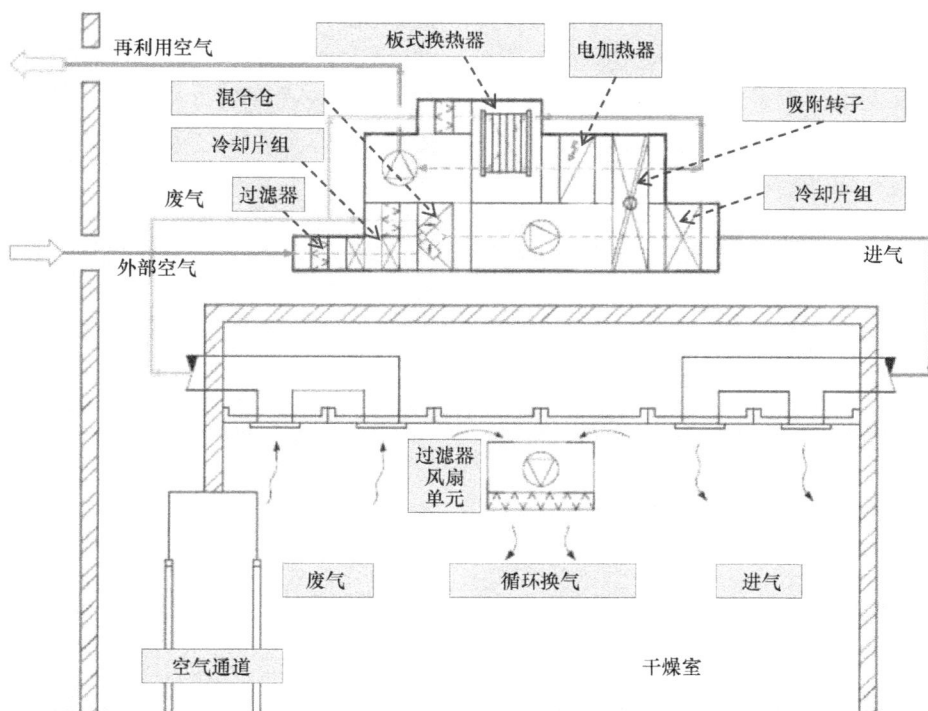

再利用空气

板式换热器

电加热器

混合仓

吸附转子

冷却片组

废气

过滤器

冷却片组

外部空气

进气

过滤器
风扇
单元

废气

循环换气

进气

空气通道

干燥室

图 19.3　干燥室示意图

图 19.4　锂离子单体批量生产的干燥车间（来源：M + W Group）

19.5　工作媒质供应和能量管理

电池工厂的工作媒质供应（图 19.5）可以分为两大部分，其一为工艺流程用媒质，它们可以直接用在生产制造流程中，比如说用于制造涂布物质的去离子水、工程废气、冷却水和压缩空气等就属于这一类。另一种是建筑类技术设备，用于制造或实现生产所需的环境以及制造相关的媒质，比如说冷却塔、通风设备、除湿机器、制冷和制热设备等。

为了能够满足越来越重要的节省资源的要求，生产过程中就需要考虑一个智能的能量管理系统。在接下来的章节里将会列举两个案例来描述如何实施智能能量利用的多种可能性，这些措施是可以通过专业设计规划实际运用到生产线中去的。

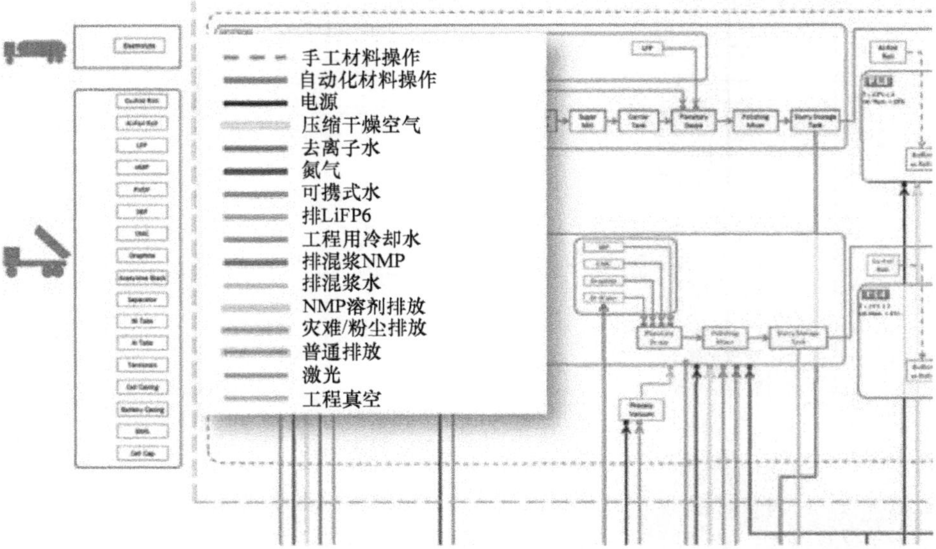

图 19.5　工作媒质的供应和清除处理

从不同的生产工艺中产生的废气温度可以高达 160℃，因此可以考虑做能量回收和废气利用。其中一个方案是可以在涂布工艺中把干燥工序中产生的高温废气用在烘干涂布好的电极带上面。把分离出溶剂和水分之后的高温空气再重新回流到干燥流程中去，这也是一个节省空气加热能量的可行方案。智能能量管理的另外一个案例是在化成过程中利用放电过程产生的电能来对下一批单体进行充电。市场上有一批设备供应商，他们已经可以提供集成了这样的功能的工艺设备。

19.6　厂房平面设计和车间物流

电池生产厂运作起来除了需要制造场地之外还需要其他一系列场地，用以满足其他的功能需求，这些功能有一部分是源自生产的要求，还有一部分是出自于外部条件（诸如空调的需求）、物料供应，还有安全以及工作人员人事方面的要求（图

19.6）。

生产旁区：指所有以某种方式直接支持或辅助生产作业的功能集合，它们包含了物料配送传输通道、工作人员流动通道、电解液加注单元、质量保障系统等。

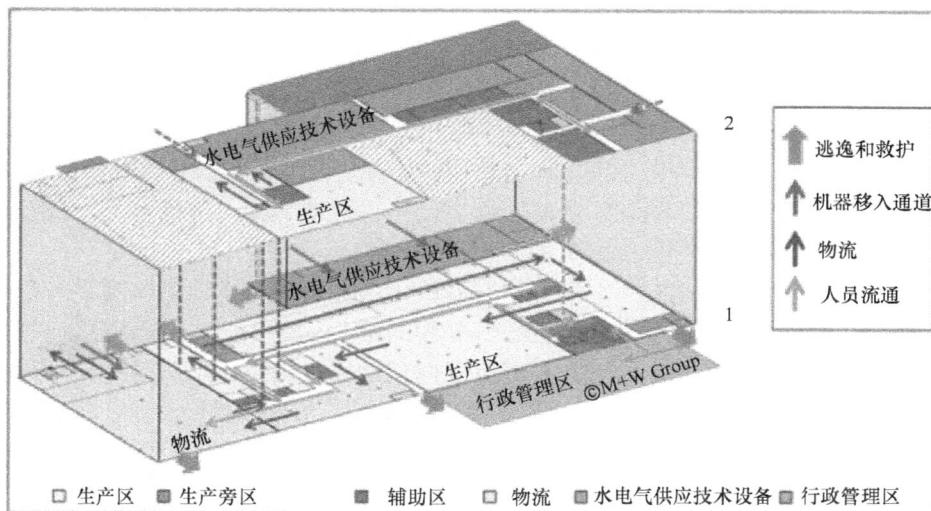

图 19.6　工厂布局和车间物流

辅助：生产区还需要其他额外提供辅助功能的厂区，这些厂区并不直接与生产制造流程连通，比如说机械设备的维护区、员工的更衣室等区域。

物流：物料的进货和出货以及原料和成品的库存需要储存保管区，这些储存区根据工厂厂房规划会划分为不同大小的区域。如果单体需要较长的成熟时间，必要时要建构很大的储存区来储存这些生产成品。

供应技术设备：所有的用于制造生产媒介（注：指的是热、水、风、气、电等方面）和所需的建筑技术以及其分布在各个厂房的各类设备应该在可能的情况下进行组合归纳，然后进行中央式集中实施。

行政管理区：另外还需要中央办公管理区域，它包含了各个行政部门比如管理、采购、生产调度等，也包括了咖啡厅（注：指工厂里的临时饮食休息区）和企业员工活动区。

在厂房规划和建筑技术实施中必须要结合如下功能。

人员流动区：工厂员工通过员工通道进入工厂，然后分散到不同的作业区域。生产工人需要经过相应的更衣室才能达到工作岗位。根据不同的作业地点这个上岗流程设计会具有或多（比如干燥室）或少（比如说储存仓库）的复杂度。

物流区：生产用原材料和生产出来的半成品要运送到工厂的物流区。这些物料在物流区经过（手工）验收后会运送到不同的单个库存区。为了平衡各个制造工序不同的生产周期时间，还需要在一些产线进线前设立缓冲区，这些缓冲区的面积应该保证尽量最小化。在电极制造产区物料的运输大部分是通过人工来进行的，而单体装配（干燥室里）的自动化程度就要明显增高。制造出来的电极卷和后面的电池单体先被收集成一个批量，放置到物料运输架中，再放到传送带上作为生产成品输送到工厂物流中心，在物流中心单体集中起来，分成一个班次批量生产出来的成品，打包运输。

设备安装更新区：除此之外，还需要保证新仪器设备的安装以及厂房中生产设备的更换。新机器首先运到工厂的物流中心，如果机器属于小型机器，将会从物流中心直接通过走道，也许还会用电梯运到作业地点。大型机器，如果规格尺寸超过走道或者电梯规格，就必须在厂房的外墙上设立"机器移动入房平台"，在极端情况下大型机器必须用一台重型吊车吊运到所需高度。

逃逸和救援通道：还有一个重要的方面就是救援通道和紧急出口的设计规划。这个规划必须根据不同的国家和区域的情况考虑到厂房设计中去，以保证在厂房里工作的所有员工都能在规定的最大距离范围内到达紧急出口。厂房建筑布局设计，即厂房的长度、宽度、空间高度、楼层层数等设计因素，决定性地定性了到达出口走到户外，进入必经的楼梯过道或者进入另外一个防火区域的最大行程。

19.7　展望

在不远的将来，高功率锂离子单体将会迎来一个蓬勃发展的大市场，从用户市场角度来看，对单体的主要要求在于产品质量、安全、能量密度和功率密度、产品寿命和成本方面的改进上。要达到这些目标就需要非同一般的高质量标准、高生产自动化程度、一流的物流和一流的生产控制技术，以及最大化的资源利用效率。因为在干燥室内工作的操作人员是干燥室一个最主要的湿度来源，对干燥室的投资成本和运行成本具有很大的影响，所以通过生产自动化或者对某些生产流程进行局部封闭设计的方法来减少操作人员的人数，或者降低操作人员的影响，会是节约成本的一个重要途径。

快速降低生产成本以及实现全生产链的环保已经成为当前成功进入到新能源电动汽车领域的一个不可或缺的前提条件。在工厂设计规划的时候，由于电池技术和电池生产工艺的快速发展使得工厂的可变性和可扩充性变得更加重要。工厂的可变性是指生产企业快速响应外部和内部影响因素急剧变化，灵活调整和反应的一种能力。

出于同样的原因，为了适应制造工艺的跳跃性变化，建议使用生产厂的模块化建构（可替换式生产模块），为了保证达到高效利用和保留生产设备冗余度的目的，大批量生产需要计划并行产线。截止到 2013 年，从可以得到的生产规划的调查中得出一个结果，就是软包单体的生产必须要达到高于每年 400MW·h 的产量方可获得盈利的生产效益。德国联邦政府的高科技发展策略，即未来项目"工业

4.0"，可以助力和为开发具有全球竞争能力的电池工厂做出巨大的贡献［3］。为了能够达到这一目标，电池生产商需要在建筑技术、厂房规划和自动化设计方面拥有更强大的开发设计能力。

参 考 文 献

1. Wu YP et al (2002) J Power Sources 112:255
2. Profatilova I et al (2009) Electrochem Acta 54:4445
3. Industrie 4.0: http://www.hightech-strategie.de/de/59.php

第 20 章 生产制造过程中的检测方法

Karl – Heinz Pettinger

20.1 导言

尽管制造工艺在不断地发展进步，但是锂离子单体的生产流程仍然一如既往地需要很大的加工深度 [1-3]。在表 20.1 中以双单体技术为例说明了单体的生产流程（对比第 17 章图 17.4 和图 17.8）。它包含了从开始混浆制备到最终封装一共 15 级制造。这个生产流程是为了高生产率设计而成的。流程中每一级生产都是建立在上一级生产出来的产品基础之上的。

这种 15 级制造的逐级式的制造工艺流程对上一级生产出来的产品质量提出了很高的要求。整个产线的成品率并非单是单级制造成品率的总和，而是它们的乘积。100% 的成品率在现实中是非常少见的，如果单级制造的成品率只是略微减少，变为 95% ~99% 的话，那么总成品率就是

- 单级成品率 99%：总成品率 = $(0.99)^{15} = 0.86 = 86\%$
- 单级成品率 98%：总成品率 = $(0.98)^{15} = 0.74 = 74\%$
- 单级成品率 97%：总成品率 = $(0.97)^{15} = 0.63 = 63\%$
- 单级成品率 96%：总成品率 = $(0.96)^{15} = 0.54 = 54\%$
- 单级成品率 95%：总成品率 = $(0.95)^{15} = 0.46 = 46\%$

从这个例子里可以非常明了地看出生产流程中检测步骤和分选步骤的必要性。使用高生产率设备时产品的生产成本主要是由材料成本决定的，所以优化成品率是设备运行收益的一个极其关键的核心因素，这个结论不光是对前面描述的双单体生产流程有效，而且对其他所有流程都有效。保证电池质量的同时还要要求更小的废品率，这也对生产检查步骤提出了很高的要求，能够诊断出的错误可以通过生产检查步骤识别出来，但是生产流程却不能直接识别出产品长期效应，比如说增强了的

K.-H. Pettinger (✉)

Technologiezentrum Energie, Hochschule Landshut, Am Lurzenhof 1,
84036 Landshut, Detuschland
e-mail: karl-heinz.pettinger@fh-landshut.de

自放电现象就是长期效应其中的一个例子。从统计学角度来看，隔膜中是有可能出现局部变薄的区域，而这个缺陷又有可能不会被生产检查措施直接识别出来。如果想要诊断出长期效应就得留存样品并对留样进行监测。

表 20.1　锂离子单体生产流程中的生产步骤

（以双单体加软包外壳的组装为例，详情见 17 章中对该样品的描述）

加工阶段	工作步骤
1	制备混浆
2	膜浇注
3	制造负极极带
4	放置隔膜
5	放置正极
6	双单体压延
7	分切
8	叠堆
9	集流体焊接
10	装入软包膜外壳
11	干燥
12	电解液注液
13	加温
14	化成
15	抽真空和终级密封

　　放眼全球，人们都希望废品率要 $< 1 \times 10^{-6}$，这意味着每 100 万个电池只能有 1 个电池是废品，因此就需要有相应的检查措施来监视和保障生产流程。锂离子单体生产流程的运作周期需要多达 2 周的时间，最坏的情况是在生产终端做终检时才发现一个生产错误，而在这段时间里生产一直继续进行。如果发生这种情况，就得把这段时间内生产出来的所有产品都封闭起来，禁止使用，但这样做费用太高。因此人们努力尝试建立起一系列尽可能全面的检查手段来避免上述情况的发生。下面将介绍里面最重要的一些检测步骤。

20.2　涂布工序中的检测

　　在电极基带上进行均匀涂布制成电极带是保证单体高质量持续稳定的一个最重要的前提条件，这个生产任务却因为设备高生产率的要求而变得非常具有挑战性。用一个具体例子来说，一个设计生产 $20A \cdot h$ 容量的单体的小生产线，如果年产量为 200 万个单体的话就需要制备 26000km 长的正极和负极极带，也就是说每天必须要生产 14000m^2 质量合格的极带。

在涂布工序中，电极带的表面质量和极带厚度是在线实时检测和监控的参数。在涂布工艺检测时，使用的是可靠性好的基于放射线吸附的测量系统或者是高分辨率的激光测试系统。这里要注意的是，激光测试可以直接测量极带的厚度，而放射线吸附测试只是测量电极材料的带电载荷，如果混料比例保持均匀不变，那么载荷是和极带厚度成正比的。这两种测量方法都可以获得生产调控所需的参数值。从力学角度来看，极带厚度是一个最关键的因素，从电化学正极和负极均衡的角度来看，面积载荷是一个最关键的参数。不仅如此，电极的密度和测量点的定位也对测量结果起着关键作用。整个极带的横向侧貌是很难实现完全监控的，所以实际中是选用多个临近测试点的检测方法或者是使用变向交叉的测试头。变向交叉测试系统使用时要注意，测试头的水平移动速度要与涂布速度相匹配，因为涂布的速度可以达到 40m/min。如果生产流程足够稳定，那么上述监控方法是够用的。涂布最常见的误差是涂布厚度横向侧貌上的锥形走向或者是长度方向的所谓的老鼠标牌（即波浪形走向）这两种现象。在用干燥设备干燥之后和送入卷带机之前必须用摄像系统 100% 地来检测极带的表面质量，检查极带上是否有误点、污染和气泡。

发现误点之后如何进行处理也是非常关键的。因为涂布流程是一个连续性制造过程，最好不要停运设备。因为涂层机需要多达 1h 的时间才能稳定工作，所以停机是不现实的。被检查出来的误点必须标明出来，以便在后续的过程中剔除出来。比如说可以在误点的边条处没有涂层的空白基带上做个标志，以便能够在单体装配前进行电极分切的时候进行误点清理。因此整个检测环节要求要能够对各个生产步骤的生产数据进行复杂的分析和控制。

20.3 单体装配中的检测

电极极体的制造：电极极体可以用不同的工艺方法来制造（对照 17 章的描述），例如说使用卷绕工艺生产圆柱形或者是方形单体和使用叠堆工艺生产双单体结构极体或者是双面涂布的电极。无论使用哪种工艺都必须要注意，正极和负极在任何情况下都必须保证 100% 不直接导电，每个正极和负极相重叠，中间只能用一层隔膜隔开。从这些设计要求中可以推出电极制造检测的必要性，即必须对生产出来的电极堆叠进行正极和负极以及各自的集流体之间进行导电隔离检验，以及对电极层进行正确定位的检验。

电极极体的短路检测：如果正极和负极整个表面没有完全的导电隔离，轻度情况下会导致单体的自放电增强，严重情况下会导致电极极体直接短路，如果发生短路现象，则无法再对单体化成。

从检测时间来讲，单体电极极体最迟必须要在装配完毕之后进行短路检测。短路可能是由于隔膜的缺陷，电极切割边条不干净，生产设备的磨损颗粒，错误加工处理或者是生产流程所带来的，比如说集流体的超声波焊接等的原因引起的。超声波焊接工艺虽然可以加工接触电阻非常小的焊接连接，但是会向电极极体输入机械能，由此可能会出现隔膜损害的情况，或者通过振动会使导电的电极材料从导电金属箔上脱落下来，散落分布在电极层之间，造成（小）软短路。

短路测试用的是一种电阻测量方法，它可以是交流电测量也可以是直流电测量。电极电阻的交流电测量使用的是标准的电阻桥测量方法，这个方法在测量开始阶段得不到稳定的测量值，原因是因为电极极体的电容电阻在整个电阻里占据了很大的比例。在通常情况下，测量的电阻值会持续增高，但是增长速度会慢慢降低，最后达到一个极限值。如果测出的这个极限值非常大，$R > 1M\Omega$，那么可以认为电极极体短路可以忽略不计，如果这个极限值在小于 $1k\Omega$ 的范围内，相应的电极极体在化成工序中几乎不会充上电。充电电流将会通过电极的欧姆电阻转化为热能而不是被储存为电能。

交流电测量电阻法还有另外一个缺点，在于它的重复性不够稳定。交流电会影响受测物的湿度含量，而水的介电常数相对而言比较高，会对整个阻抗里容抗部分产生影响，因此电极和隔膜里的水分含量会影响电阻测量的绝对数值。比如说空气湿度的高低变化会导致不稳定的测量值。交流电测量电阻法是一个简单、非常快速的能够检测大短路的测量方法，在使用这个方法时人们必须要了解到整个阻抗是由电阻和容抗两部分组成的。在生产流程监测使用本方法时要注意到考虑上述测试条件。

电阻测量的另外一个方法是直流电测试法，它的工作原理是将受测物加以一个直流电压，然后测量流通的电流。和交流电测试法一样必须先对由隔膜隔开的正负电极（这样的组成相当于一个等效的电容）进行充电，其电容的大小决定了稳定后的直流电流，数值的大小几乎相当于一个纯漏电电流。

直流电流的测量比交流电测试法要更快，用一个小于 20V 的小电压可以直接识别出是否有短路存在，要检测出软短路需要加更大的直流电压，大到 200V。缺点是这么大的电压会导致隔膜在制造过程中预制的较薄部位发生"烧穿"现象。再者运用这么高的电压还需要更昂贵的仪器设备。

短路检测所需的测量时间必须和装配工序的生产周期相匹配。举例来说，在装配双单体技术电极极体时，只有几百毫秒的时间提供给双电极做单个电阻测量。设计成双电极的电极极体相比其他设计方案的单体具有一个优点，就是可以在装配时对电极极体的一个小单位进行性能检测，必要时可以及时将次品分离。通过这样的小批次的检测和分离次品可以把整个流程的次品率降低下来。在后续的生产流程中，在把电极极体装入外壳和连好集流体之后至少还需要再进行一次短路检测。就这里不仅是要检查电极之间的绝缘性能，还要检查电极和外壳之间的接触是否绝缘。这个第二次短路检测是不可或缺的，因为电极极体装入外壳时还有可能再次发生电极堆和集流体的改变，而每一次加工处理都有可能带来对电极极体的损害危险。

单体极体厚度检测：有两个原因导致了电极极体厚度检测的必要性：第一，它可以确保电极极体和单体外壳的物理尺寸相匹配，以致可以把电极极体放置到单体外壳中去。最终尺寸必须保障满足预设单体厚度的要求，而且必须要满足单体数据表里规定的公差。第二，通过测量出来的厚度数据可以再次核实电极带上的电极材料涂层，然后检查单体正负极均衡是否正确。电极涂层厚度的波动会明显地影响电极极体，因为电极带是一层一层地多层叠加在一起的，这就使得电极厚度将发生放大数倍的波动变化。在涂布过程中发生的不规则现象，诸如锥形的涂布横面等，可以通过对电极极体的检测再次进行检查。厚度检测的方法可以是分辨率足够高的机械式触摸测量法，或者是光学系统测量法，或者是激光测量法。

电极定位：假如电极在叠加过程中定位发生错误，那么不仅是单体的性能会受到影响，而且还会产生安全危险。这里通常有一个规则，就是要求每一个正极极片必须要和一片正确对应的负极极片面面相对。没有配对好的正极片特别容易成为锂离子过剩的源泉，在过充电情况下可能会导致金属锂的析出。

在单体设计方案中关于制造公差的考虑，一般的规矩是让负极做得总是比正极稍稍大一点。由于负极的多余部分在充电存储电量时没有激活，所以负极多余部分的定义要折中考虑，既要考虑能量密度的优化方案，又要考虑生产流程中公差的可控性。

电极的制造使用了两种方法，它可以是直接在基带上涂布成所需的模式预制而成，也可以是把涂布好的电极带冲压而成。在装配单体之前必须要检查由电极带冲压制成的电极款式是否处于正确位置，电极的定位是需要100%在线检测的。在线检测使用了摄像系统，图20.1显示的是一套在电极带上检查冲压件位置的摄像系统。为了防止外面干扰光源的射入，摄像头和照明光源是安装在一个保护盖下面的。电极带的前输速度可以达到10m/min，使用这样的摄像系统可以每秒测量10个以上的电极片。随后进行的

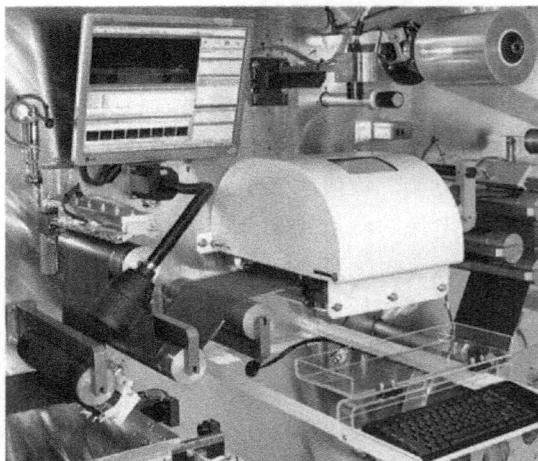

图20.1　电极规格的在线检测（被检测的负极带是由左向右传输的）
（以上信息由 Kemet Arcotronics Technologies Italia S. r. l 公司提供）

生产数据分析可以提供生产流程的稳定性信息以及生产流程的统计误差。

综上所述，电极的定位极其重要。图20.2中右图展示了一个电极堆的切面图，

图中可以看到负极做得比正极要宽 2mm，另外人们还可以识别出电极堆中边条位置的公差。产生这样公差的原因既可能是电极定位所致，也可能是在集流体金属箔上涂布时位置的偏差所致。定位出错的电极必须要加以处理，不是马上分出废品就是要为后续的分出流程做标记，比如说在电极集流体上做一个彩色标记。

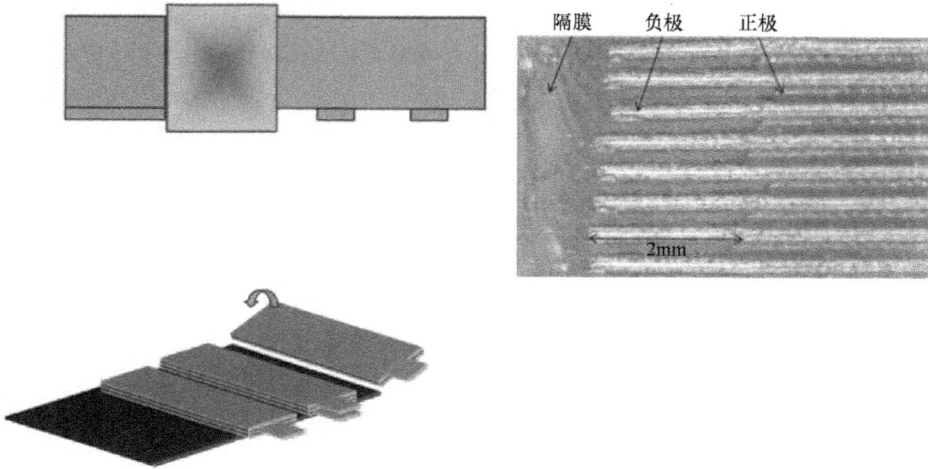

图 20.2　左图：装配原理：从电极带上切断集流体，将电极作方形卷绕；右图：实际装配：由双面涂布电极组成的单体基体的切面图

（以上信息由 Kemet Arcotronics Technologies Italia S. r. l 公司提供）。

短路测量和电极正确定位的光学检查（图 20.3）是单体制造流程中不可或缺的检测手段。目前，对电极表面污染物的探测可以做到发现超过 30 μm 的颗粒，人们正在研究优化提高光学分辨率的方法，以便能够在持续工况下甄别更小颗粒。电极和电极带上污染物问题可以通过清洁处理加以控制，在这里用的是非常柔软的旋转软刷来清洁产品表面。

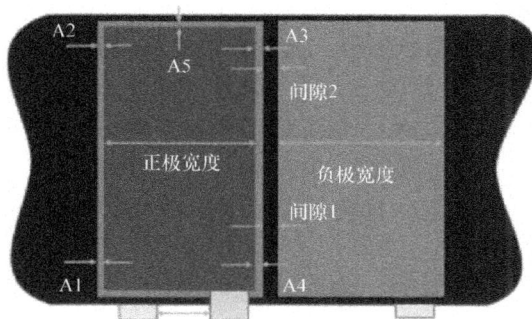

图 20.3　电极正确定位检测时采用的校检量规举例

（以上信息由 Kemet Arcotronics Technologies Italia S. r. l 公司提供）。

20.4 电解液注液剂量

在单体活化或者电解液注液过程中必须要对电解液用量剂量进行检查。电解液的过多剂量和电解液的过少剂量都是不受欢迎的。在过少剂量的情况下，单体得不到足够的电解液来实现规定的能效。在对电解液配料剂量作检测时不建议使用纯粹的体积检查方法，因为体积法会把配料加注时带入的空气气泡一块计算进来。优先采用的检测方案应该是重量检测法，把注液后的单体重新称重，再和先前的重量进行对比。

20.5 化成

化成过程，常常会被错误地称为成型，除了是单体的"电出生"之外，同时也是第一次全面的电子检测步骤。在化成过程中，不光会进行单体的第一次充电，还会形成一个必要的钝化覆盖层，即固态电解液界面膜（SEI）层，其他不受欢迎的污染物质会发生电化学分解。

在单体第一次充电过程中有很大一部分的电量被钝化层的生成以及一次性的副反应所消耗掉。第一次充/放电循环时输入到单体内的电量比能够输出的电量明显要多得多。单体这个过容量随着充放电循环次数的增加而快速降低，第一次循环的充电容量比第二次循环的要高。在这个化成过程里消耗掉了不可逆电量，不可逆电量分别是消耗在钝化层的生成、剩余水分的慢性消除以及污染物的氧化上面。第一次和第二次充放电循环的放电容量却十分相近。

一个可以反映生产流程质量和电池质量的、极其敏感的参数是充电参数，又称为充放电循环效率，它是每个充放电循环里放电电量和充电电量的比值：充电参数（％）＝放电容量（mA·h）/充电容量（mA·h）。

在先后多次充/放电循环过程中，充电参数会慢慢接近100％。一个好的锂离子聚合物电池可以拥有大概为99.5％或者更高的充电参数。一个变化的充电参数也是反映混入流程中各种变化的一个指标，没有其他测量参数可以比充电参数能够更好地跟踪标示出整个流程的状态，作为一个综合式参数它可以反映混浆质量、涂布质量、电极极体的装配质量、隔膜质量、电解液注液质量、电解液分布质量和活性材料的充分利用率。

在化成过程中要对放电容量、充电效率和单体内阻进行100％地测量。这三个参数会在一个检测程序中受到监控，而单体只需受到一次处理和加载一次电压。在测量放电容量时会和单体数据表里的数值相对照，进行校检。充电效率提供了关于单个单体电化学体系的状态（比如说电解液湿润程度、纯度、生产流程的稳定性等）和可能出现的短路方面的信息。单体内阻也是一同被检测的参数，其数值是根据欧姆定律，通过在短暂的放电电流脉动（<1 s）内测量电压降而得出的。放电脉动的时间应该选择一个足够短暂的时间段，使得扩散效应在这段时间内还不能对测量过程产生影响，保证测量的只是纯内阻。

20.6　单体成熟后的终极检测

在化成过程之后常常还连接有一个单体成熟流程，又称为检测存储。在这个流程中，化成后的单体产品在充电状态以及高温条件下经过多日存放而成熟，其中主要发生的事情是电解液会最后作细微分布，剩余的副产物和污染物会被转化代谢。单体因此变得稳定，可能发生的自放电现象会加快。

检测存储完成以后，会因为流程的原因进行最终吸气和最终密封处理，这也是单体生产过程中最后一道机械加工步骤。通过检测存储后的 OCV 开路电压测量，可以检测单体是否有软短路或者最终密封时单体是否受到损害，其方法是把化成结束后的 OCV 测量数值和最终密封后测量的 OCV 数值进行对比。最后还会再次计算单体内阻以及检查单体最后的物理尺寸。

这一阶段完成后就可以根据从整个流程获得的测量数据对单体进行分类。单体分类是根据客户的特殊要求来实施的。比如说有的电池生产商需要把内阻尽量相同的单体归为一类进行划分。

20.7　留存样品的监测

留存样品的监测不仅服务于质量监控，而且还会获取单体老化数据和能够长时间地观察量产质量。在这里会从不间断的生产流程里按照一定的时间间隔或者是在每个产品更换时把单体抽样，抽样的样品会在半充满电的条件下送去储存，同时在变化的时间段内长期地受到监测，比如说会在抽样时测量一次，一个月后再测一次，3 个月后、6 个月后、9 个月后、12 个月后再各测一次，然后每 6 个月再各测一次。检测时每个单体会按照以下顺序进行充电/放电循环：放电、全充电、放电、全充电、放电和半充满电。

从上述留存样品的测量里可以获知每个单体在存储过程中的电量状态。第一次放电检查的是单体尚存有的电量，用来确定自放电率。接下来的一次全充电/全放电循环用来检测单体由于老化而引起的各种变化。第二次放电反映了单体不可逆的老化过程。在检测程序结束时单体又被充电到规定的电量状态，然后再次送去存储。同时还会测量单体内阻并做记录。这种留存样品的监测提供了单体老化和自放电的实时数据。对留存样品的个数必须要做有意义的规划，因为随着生产的持续进行，留存样品的数目会快速地增加。

参 考 文 献

1. Brodd R, Tagawa K (2002) Lithium ion cell production processes. In: Advances in lithium-ion batteries, S 267—288
2. Tagawa K, Brodd RJ (2009) Production processes for fabrication of lithium-ion batteries. In: Lithium-ion batteries, S 181–194
3. Väyrynen A, Salminen J (2012) Lithium ion battery production. J Chem Thermodyn 46:80—85

第四部分　其他课题

第21章 锂离子电池开发、生产和回收的边缘领域

Reiner Korthauer

锂电池的生产是一个复杂的技术过程，其间必须严格遵守所有步骤。然而，即使是一个非常好的单体，也不一定能适合所有的应用范畴。判断其是否合适只能根据具体电池使用的范围和情况来决定。该单体作为电池的具体应用应早在其单体设计环节就被仔细考虑。所有的制造步骤需要高度精心的通过最新、最安全的生产工艺来严格实现。

工作安全：现在锂电池的各项生产步骤并不是每一步都完全自动化了，在生产过程中某些地方仍然需要人工的介入。由于尚未完成的电池单体在经过几步生产步骤后已经具有相当的化学能量，在操作的时候必须特别小心。另外还需要注意的是，这些化学物质拥有不同性质，甚至其中有一些还具有毒性。因此在这里需要强调，在处理这类物质时，行为必须严格遵守规则。并且必须按照规范布置生产电池的场所。

化学安全：在日常使用中，锂电池受各种环境因素影响，可能产生各种后果，甚至会损毁。即使没有直接外部影响，它也可能由于电气、温度以及机械方面不当而致受损。几乎所有电池损坏究其根本都是单体温度的剧烈升高导致的。因此监测控制电池关键部位的温度情况是最重要的。

电气安全：无论是在电动汽车上使用的电池，还是用于静态储能的电池，它们都是在较高电压情况下运行的，系统运行和维护人员需要非常小心谨慎。严格的电气安全可以避免人身伤害和生产事故，因此其重要性不容小觑，必须密切关注。这一点在当下和未来都必须努力保持重视态度，绝不能放松。

功能安全：汽车中电子电气系统的数量在最近这些年一直明显持续增加，在正常运行的情况下，它给驾驶人提供非常多的好处。然而从另一方面看，由于严苛的驾驶环境或错误操作，也许会导致某些重要功能失效。国际标准 ISO26262 规定了一系列着眼于汽车电子电气系统的安全法规，以将功能失效可能导致的严重程度

R. Korthauer (✉)

ZVEI e. V., Lyoner Straße 9, 60528 Frankfurt am Main, Deutschland

e-mail: korthauer@zvei.org

降低至可容忍范围内。它具体描述了电子电气系统的功能安全开发方面的要求。

功能测试和安全测试：功能测试和安全测试涵盖了锂电池系统从研发、实验到量产的各个环节，以及从电池单体到整体布局的所有组件。对所有必须做的测试而言，一个涵盖广泛的安全技术是不可缺少的。由于这些测试大多数是在处于荷电状态的电池上进行的，有时甚至需要执行危险级别为 7 的电池爆炸测试，因此电池测试系统必须包含从温控舱到数据记录仪等多种特殊模块。另外，除了电池生产商需要这些功能和安全测试系统外，随着电动汽车的日益增多，汽车生产商在其电动汽车测试部门也需要这些测试系统。

运输：生产完成的锂离子电池最终必须运输到客户或者使用地点去。运输的过程可能通过陆运、水运、空运来完成。作为危险品，锂离子电池运输需要遵守针对这三种运输方式定义的相关运输要求。最近几年各政府机构和负责运输的组织机构参与定义了广泛的运输要求。

电池回收：锂离子电池如所有商品一样有着有限的寿命，锂离子电池的寿命和其工作环境以及工作方式非常相关。人们对于其电池构造以及此电池单体越了解，电池的回收过程也越容易。这些对所用的化学工艺步骤以及提取电池原材料有很大的影响。未来的许多领域中将实现闭环的产品生命周期，锂离子电池也必须将此作为最终的目标。

教育和培训：训练有素的员工是所有高质生产的基础。尤其是对代表高新技术的锂离子电池而言，其员工的素质和能力是极其重要的。业界已经认识到这一挑战，并对此采取了相对应的措施，尽早培训员工，使其非常熟悉整个流程。几乎电池行业的所有公司都提供针对该企业的整体工艺方面的教育培训。目前电气工程的职业培训涵盖了电动汽车领域的各个方面：电子工程、机电工程、生产技术等职业培训领域。

标准化：标准与技术规范是开发和生产的基础，对于如锂离子电池这样的现代科技亦是如此。标准规范了电池试验，它是电池全球安全运输的基础，并且它在几乎所有电池系统的应用领域保证了用户的使用安全。也就是说，合适的标准需要进行定期修订，并且必须适应各种新的情况。标准化对于锂离子电池技术及其各种应用领域是必不可少的。

第 22 章 锂离子电池开发和应用时的工作安全

Frank Edler

22.1 导言

关于使用锂离子电池可能导致危险的意外情况在很多地方都多次描述了。有一个例子是，在车辆碰撞测试几周之后，该测试车辆的锂离子电池意外起火 [1]。因此在新的储能技术投入实际使用时，除保障用户的生命财产安全的要求外，在电池工作安全方面也需提出新的要求。

每一个操作锂离子电池的人都必须清楚地知道，作为一个电化学能量储存装置，无论电池此刻是"满"是"空"，它们都具有以下特质：

- 电池单体两端电压不能断开或者仅能有条件断开。
- 电池内具有大量的化学能量。
- 电池单体内部的化学成分或反应产物有害健康。

劳动法角度的保护目标已经在欧盟层面和德国劳动保护法确定 [2]：

雇主有义务采取必要措施……，来保障员工的身体健康和工作安全。雇主需要核实所采取措施的有效性，必要时，需要根据具体情况而调整相应措施……。

在规划和实施措施时，雇主需考虑到电池此刻活动的类别

1）将其交付给一个适当的机构来处理，或提供该措施的必要资源。

2）采取预防措施，此预防措施需要在所有活动以及业务管理结构中进行，并且要求所有员工进行合作。

以此推导的具体保护要求可见表 22.1。其中列出的要求和保护措施适用所有电池，无论类型和大小。对于工业应用的锂离子电池，则有以下特殊之处：

F. Edler (✉)
elbon GmbH, Freibadstraße 30, 81543 München, Deutschland
e-mail: frank.edler@elbon.de

表 22.1 针对电池的保护要求和保障措施

对电池的保护要求	保护措施的实例
1. 防止意外导通放电	电气隔离，留足充足的电气间隙和爬电距离，接触防护等
2. 确保电化学过程的可控	电池单体需通过安全测试，电池需要电池管理，电池需在适当的温度存储，须配备冷却系统等
3. 确保电池单体的机械完整性	合适的封装，受保护的安装地点，稳定结实的运输包装等

- 采用比消费电子电池更大的电池，意味着在发生故障的情况下，它也许会释放更多的化学能。

- 由高达上百个单独的电池单体串联所得的更高电压，在事故发生的情况下是可能致命的。

- 电池的工作条件有可能随着负载情况改变而改变，比如在道路车辆运行过程中。

此外，新的应用领域对所涉及行业而言仍是新大陆。新兴市场吸引了更多的新的和跨领域的电池生产商。因此在此领域里，厂商们常常缺少具体的工作安全经验。

22.2 电池生命周期中的工作安全

图 22.1 描绘了工业应用中的电池的生命周期。除了核心生命周期（由上至下）的活动外，此表也列出了一般适用于每个生命阶段的（并行列出）对应的活动。左边所示是关于物流活动，包括存储和运输，右侧是随着研发和事故处理所伴随的活动。

这里的每一项活动，对工作安全都有具体的要求：

生产电池单体：生产电池单体时要对单体原料的危险化学成分进行处理，因此可以使用化学工业普遍使用的工作安全标准。合规生产电池单体为所有后续阶段的工作安全打下了重要的基础。因为有制造缺陷的单体（有起火风险的）会给后续处理和使用带来很大的潜在风险。

集成单体到电池系统：当制造一个高电压电池时，电池整体电压随着电池单体串联数目增加而增加。按照低电压规则［3］的适用范围，当直流电压超过 75V 时⊖，则必须开始考虑电气安全。

在电池单体集成中，关于工作安全最重要的措施是：

- 锂离子电池单体集成工作，必须由有资格人员（电气专业人士⊖）按照安全指示来完成。

⊖ 译者注：现行德国汽车行业电气安全标准为 60V。

⊖ 译者注：Elektrofachkräfte 简称 EFT，是德国电气安全认证的一个等级。

工业电池的生命周期阶段				
存储	运输	生产电池单体	处理材料和物质,使之成为完整意义上的具有功能的电池单体	开发/测试　事故处理
		集成单体到电池系统	电池单体的电气集成和机械集成,整合电池内电子以及其他接口(如电池冷却、壳体等)	
		集成电池到应用系统中	将电池集成到一个完整的系统(如电驱动系统)中,将电池与高压电气系统、电子控制系统、机械固定、冷却系统等集成到一起	
		准备应用系统	调试,检测,可能销售给最终用户	
		合规运行	在指定工作条件下(汽车、工业应用等)使用	
		维护和服务	定期检查、故障诊断等	
		维修	拆卸和更换电池	
		停用	电池应用系统停用,电池退役	
		拆解	逐步拆解电池系统成模块、单体,以及其他组成部分	
		处置/循环利用	拆解电池单体至合适程度,回收部分材料	

图 22.1　电池生命周期

- 使用适合在该电压下工作的特殊工具和工作服。
- 对无资格人员设置警告以及限制。

一般而言,通过单体组装形成了一个封闭的电池系统,在此系统中除了单体的机械和电气连接外,还有以下这些元素需要集成处理:

- 电池断路开关,以及熔丝。
- 用于高压、低压及通信的电气连接元件（插头）。
- 电池管理系统所需的电子元件和传感器。
- 必要情况下,连接冷却系统。
- 壳体。

一个如图 22.2 所示的完成的电池系统,若在以下前提条件下妥善处理,则不会有直接的威胁:

- 在电池端子的电位不带电（!）,电气断开。
- 高压电气易触及部件的绝缘电阻足够高。
- 在电池组装和测试中,未出现会导致单体初步损害的错误或故障。

在单体生产中采取的相应质量保证措施,是后续的电池生命周期内工作安全的基础。功能安全（即电池管理中的电气安全功能的有效性）至关重要,它防止了

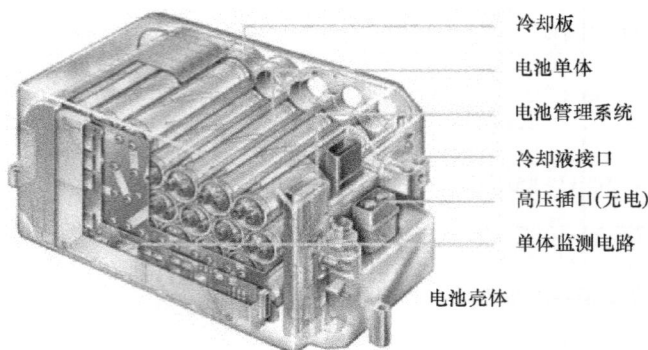

冷却板
电池单体
电池管理系统
冷却液接口
高压插口(无电)
单体监测电路
电池壳体

图 22.2　封闭的电池系统

运行中危险的过载。此保护功能的效果对于电池系统集成测试和实际运行中的安全性具有重要意义。

应用系统中的电池集成：一般情况下机械密封的电池必须妥善操作（即避免机械过载或过热）。在此前提下，工作安全措施的重点在维护电气安全上。合规人员（具有电池风险意识的电气专业人士），适用于带电工作的工具，以及对非专业人员的警示标志和准入限制构成了工作安全的基础，这些对于调试和测试工作特别重要。

应用系统准备和合规运行：在电池系统的工业应用中，必须保证操作人员的工作安全。假设电池系统正常运行时可无害操作，工作安全的接触防护通常根据安全规范培训和企业规范来定义：

- 警示标识的指示（如高压标识等）。
- 电池安装位置的指示。
- 杜绝未授权人员操作电池（在已安全保护区域）。

维护和服务：电池系统的整体应用与工作中的维护和服务虽然有所区别，但从工作安全考虑是一致的，首先必须确保这几点：

- 整个系统的改动不可能损害电池（例如，增加热源输入）。
- 电池不被无意损坏（例如，焊接修理）。

此外，必须辨识有功能缺陷的电池（如通过电池诊断接口），而且保证只有认证过的专业人员才可维修电池。后一点需要组织间的跟进措施，一般必须由车厂和电池供应商之间及时沟通阐明（如以维修合同的形式）。诊断和警示功能必须设计成：安全相关的信息可以目标明确地评估和处理。

储存：电池单体或电池的妥善储存是安全工作的基本前提。需考虑以下几个方面：

- 遵循符合规定的储存温度和温度特性。尤其是高温会导致单体预损坏——在极端情况下甚至会产生所谓的热失控。

- 电池应储存在合适的荷电状态下。尤其必须避免会导致不可逆单体损伤的极深度放电。
- 防止机械损坏（如通过适当的壳体设计）。

此外，该储存区域必须防火，即：

- 其他火灾隐患不会影响到电池（例如，将电池安放在防火等级 F90 的容器内）。
- 电池自身起火尽可能不会影响其他库存物资（例如，将电池存储在独立的建筑内）。

运输：运输锂电池，除了要遵守公共道路运输安全的大量法律法规 [6] 之外，在每次运输时都必须注意以下几点：

- 无机械过载（振动，冲击等）。
- 遵循温度限制。
- 为不受气候影响而提供适当保护。

包装和拆装锂电池时也必须非常小心。尤其是软包单体，其弹性表面可被锋利或尖锐的物体划破。有报道称，在开箱时常出现开箱刀划伤软包单体而导致其必须报废的情况。

工作安全的意义是提供确保质量的措施，来保障电池单体或电池系统的安全操作。工作安全还包括在电池单体被安装到电池系统之前，适当的外观检查和功能测试。

开发/测试：在本章一开始所描述的电池的生命周期是一个理想情况。它是建立在确立的流程和成熟技术的基础之上的。对于创新环境下新的电池应用，产品以及流程都必须开发和优化。因此值得推荐的做法是，考虑不同研发程度，在各个领域为保障工作安全采取必要的额外措施，尤其是以下几种情况：

- 测试不具有安全认证的单体时。
- 测试安全功能尚未被验证的系统时。
- 改动电池单体、电池系统及应用系统的设计时。

电池单体和电池系统的安全相关开发，是电池操作中工作安全的基本前提。安全设计（Design for Safety）是工业电池应用开发的座右铭。（单体）化学设计、机械设计、电气设计以及电子设计均需要非常细心。

为了降低触电危险，装配电池时简单的操作错误导致触碰危险电压的情况应该被设计为不可能，或至少很难。这可通过设计电气连接件为合适的几何形状来实现（机械防呆）。同样，电池总集成时应该控制电池火灾风险：易燃气体应导出到尽可能空旷的区间。

电池的破坏测试，或那些会增加单体损害风险的测试，必须在专门的实验室内完成。在此，那些危害身体健康和存在爆炸危险的反应物可得到妥善专业的处理。

即使是有经验的研究机构都不能完全预料电池风险特性，曾有这样一桩事故，某电动汽车在碰撞测试之后，到三周后才起火，从而烧毁了该电动汽车以及周边汽车（图22.3）。

图22.3　电动汽车碰撞测试导致电池起火，引起该车被烧；火势蔓延到四台相邻的车辆［1］

　　事故处理：若在集成环节和供应链中没有足够把握排除所有质量缺陷，那所有相关组织必须认真考虑事故中电池单体或电池系统起火的紧急情况以及应急对策。随着涉及的电池越来越多，析气并发生起火的事故增多：

- 热量的产生。
- 有毒性的和高腐蚀性物质的释放。
- 可能积累爆炸性混合物。

　　由于锂离子电池起火是"自给自足"的，因此扑灭火焰是非常困难的，这给消防工作带来了麻烦。另外，为达到规定的机械强度而设计的电池封装，以及很难触及的具有特别保护的安装位置（如车身底板），也给灭火带来了额外难度。

　　因此，这里重点是防止电池火势的蔓延，并确保把车上人员或周围人员迅速带到安全区域。紧急情况下，对事故涉及人员必须准备好适当的呼吸保护装置、防火服以及庇护空间。

　　针对电池的应急概念，应与相关负责（单位）消防部门进行协调，应急措施应按合适时间间隔反复演习。在组织制定电气事故的紧急措施时应考虑到，在同一电压范围内，相比于交流电，直流电会对生物体产生更多的生理影响。在人体内可能会产生更强的化学分解反应，或许需要临床的专科治疗。

22.3　公司特定的工作保护

　　关于锂离子电池在开发、测试和操作中需要哪些额外工作保护措施的问题，只能通过专业的目标现状需求分析方法来回答。实践证明，这些需求分析的确是非常有用的。

　　和电池单体或者电池模块的储存、运输、测试以及使用相关的地点和场所，必须详细地记录下来，如图22.4所示。在某地进行的各项活动需详细记录下来，发现潜在危险源，制定详细的保护措施。一个简单的例子示于表22.2。细致的准备工作和保护措施的制定和实施需要多个专业（技术、工作保护、消防、组织）的知识。

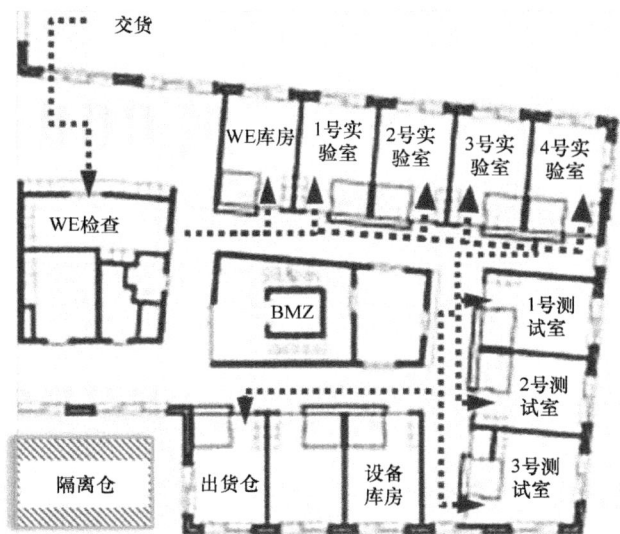

交货：包装单体；电池回收

WE检查：拆包，外观检查

WE库房：保护环境下储存单体

1号实验室：电气模块装配

2号实验室：集成电子元件

3号实验室：完成模块装配

4号实验室：电池包集成

1号测试室：功能测试

2号测试室：耐久性测试

3号测试室：温箱测试

出货仓：检测合格的电池

图 22.4　用于生产原型电池的虚拟地图（例）

表 22.2　确定具体的保护措施（例）

地点/路线	活动	危险源	防范措施
单体交付	收货和退货	摔/碰撞 接触到水 接触到热源 已经损坏的退货	水平的路面 屋顶 及时收货 退货物品隔离存放
……	……	……	……
1号实验室	电气模块装配	接触带电部件 电弧 单体的机械损伤	绝缘工具 个人防护设备 有特殊设计电池连接口
……	……	……	……

22.4　结论

由于不同电池的不同特性，企业应该与锂离子电池的生产厂家建立或扩大合作，从而制定更灵活的安全方案，这也适用于管理层。所有与电池相关的工作人员必须具备电池可能具有的电气和化学危害的基本知识，因为即使是产品的一点小瑕疵，或生产过程中的小疏忽都可能导致严重的后果。应针对电池定义工作保护措施，目标明确且有企业针对性地制定系统方案。目前，关于电池安全操作尚无官方标准［5］。因此，建议这项工作应该由内部和外部的工作保护专家以及电池安全的专业人士共同完成。

任何负责任的公司，从单体生产到电池组装，一直到电池报废和回收，必须安排有针对性的具体安全措施。这一方面是由于电池的潜在危险，另一方面是因为操作人员关于电池单体和电池系统的技术特点的认知水平是不同的。

在建立和扩大与电池相关的工作岗位时，工作保护的需求依然是由企业专门制定的。由于锂离子电池在大规模工业应用中的经验仍然不足，所以构建有针对性且技术可行的措施是一个跨学科的任务。

参 考 文 献

1. Smith B (2012) Chevrolet volt battery incident report no DOT HS 811 573, NHTSA
2. Gesetz über die durchführung von Maßnahmen des Arbeitsschutzes zur Verbesserung der Sicherheit und des Gesundheitsschutzes der Beschäftigten bei der Arbeit (Arbeitsschutzgesetz – ArbSchG) Bundesgesetz, 07 Aug 1996
3. RICHTLINIE 2006/95/EG DES EUROPÄISCHEN PARLAMENTS UND DES RATES zur Angleichung der rechtsvorschriften der mitgliedstaaten betreffend elektrische betriebsmittel zur verwendung innerhalb bestimmter spannungsgrenzen, 12 Dez 2006
4. Spek E (2011) Safe handling of high voltage battery systems. SAE seminar, Birmingham, 21 Sept 2011
5. Edler F (2010) Elektromobilität – aber sicher! AUTOMOBIL-ELEKTRONIK 2010-06
6. UN Manual of tests and criteria, subsection 38.3

第 23 章　化学安全保护

Meike Fleischhammer，Harry Döring

23.1　导言

与其他经典电池（铅酸、镍镉、镍氢电池）不同，现代的锂离子电池在定义中特别写明，除充放电反应之外不允许有其他副反应。经典电池允许的某些副反应，如过充电时的析气反应（电解液分解），会在封闭系统生成氧气并导致升温，但不会毁坏系统。在锂离子电池中，过充电也会导致电解液分解；然而这个过程是不可逆且破坏性的。

锂离子电池的损坏可由不同原因引起，主要表现在部分性能和容量的损失，严重情况下会损毁单体或电池，或会引起一个"灾难性的崩溃"；组件中无法控制的快速反应过程可能会导致气体及物质排出（Venting），引起急剧温升，甚至会发生燃烧。在不利情况下，析出气体与空气的混合物可能会形成爆炸性气体环境。

图 23.1 示出了不同原因触发的热分解反应。有由外部触发的，如电气、热源，或是机械不当操作（Abuse）等造成的。也有由内部触发的，如金属杂质、隔膜破损或负极上锂解析导致的单体损坏等。不论触发的类型，其导致结果主要是电池单体温度升高。这会进一步引起其他单体的热分解反应，从而产生更多热量。这种自加速的过程被称为热失控（Thermal Runaway）。它导致的结果往往是不可控的单体发热，甚至是起火。

锂离子电池的化学安全主要基于两点，保证单体的热稳定性和防止分解产物的潜在危害。典型的分解产物包括可燃气体，如 H_2、CO、CH_4；有毒化合物如 CO、HF、PH_3；有害物质如醛和正极钴和镍氧化物的致癌粉尘。溢出气体的主要源头是电解质，它是通过负极的还原反应和正极的氧化反应产生的。在接下来的章节里将具体讲解电解质、正极、负极的热特性。

M. Fleischhammer (✉)
ZSW, Lise-Meitner-Str. 24, 89081 Ulm, Deutschland
e-mail: meike.fleischhammer@zsw-bw.de

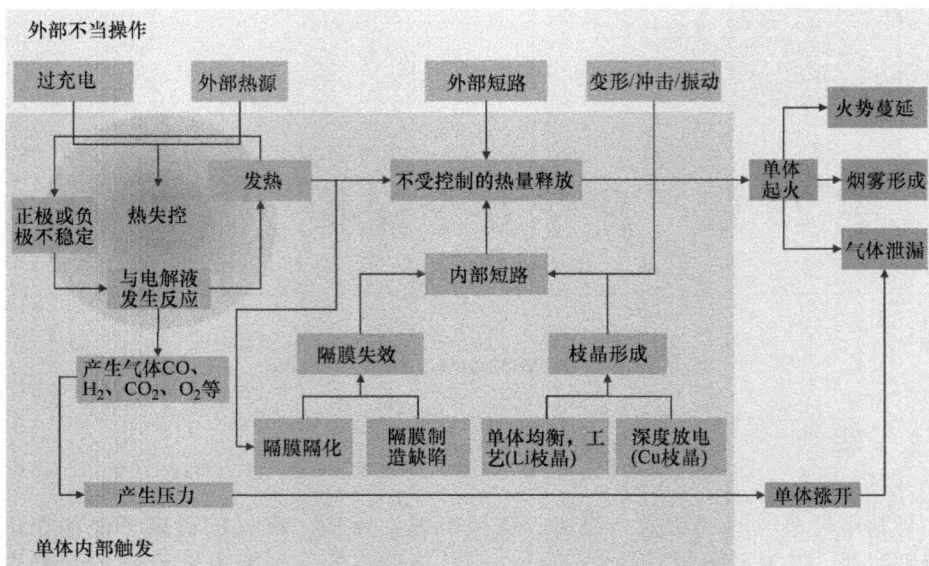

图 23.1　锂离子电池热分解反应的触发原因以及发展过程　来源：ZSW

23.2　电解液

商用锂离子电池的电解液是基于电解质盐六氟磷酸锂（$LiPF_6$）溶解于混合有机碳酸酯溶液，如乙烯碳酸酯（EC）、碳酸二甲酯（DMC）、碳酸二乙酯（DEC）而制成的。典型电解液混合物的热分解发生在约 250～300℃。一部分低沸点（表23.1）和易燃的溶剂给锂电池带来了相应潜在的风险。

表 23.1　与氢气对照的锂电池的溶剂的物理化学性质

物质	简写	沸点/℃	燃点/℃	自燃温度/℃	爆炸极限（%）
碳酸二甲酯	DMC	90	16	465	10～25
乙烯碳酸酯	EC	250	150	465	3～16
丙烯碳酸酯	PC	240	135	510	>2
氢气	H_2	-253		560	4～75.6

$LiPF_6$ 和溶剂之间的热分解反应给整个单体带来了风险。分解反应进程决定于电解质特定组合，主要是基于 $LiPF_6$ 分解形成的 PF_5，以及 PF_5 和溶剂之间的其他反应。图 23.2 对最重要的电解质分解反应进行了总结。

水含量是决定电解液热稳定性的另一个重要因素。一方面即使少量的水就可将分解反应温度降低 [1，2]，另一方面，水直接与 $LiPF_6$ 盐反应形成 POF_3：

LiPF$_6$分解反应:

$$LiPF_6 \rightarrow LiF+PF_5$$
$$PF_5+H_2O \rightarrow PF_3O+2HF$$
$$PF_5+HOR \rightarrow PF_3O+HF+RF$$
$$PF_3O+H_2O \rightarrow POF_2(OH)+HF$$

LiPF$_6$ +DMC:

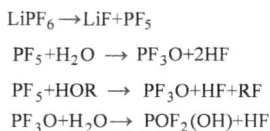

PF$_3$O+DMC:

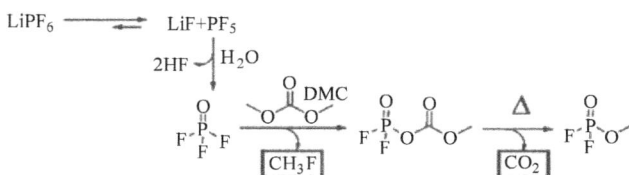

PF$_3$O+EC:

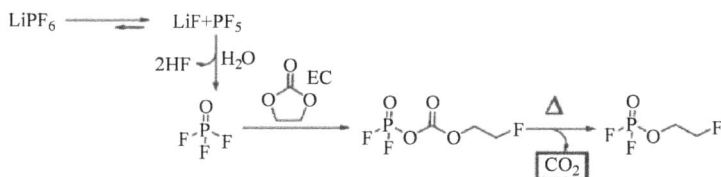

HF+EC:

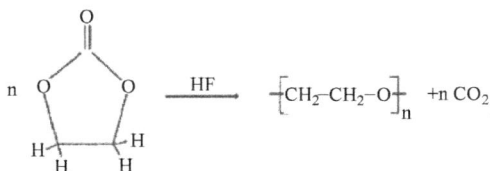

PF$_5$+DEC:

$$(C_2H_5O)2CO+PF_5 \rightarrow C_2H_5OCOOPF_4+HF+CH_2=CH_2$$
$$(C_2H_5O)2CO+PF_5 \rightarrow C_2H_5OCOOPF_4+C_2H_5F$$
$$C_2H_5OCOOPF_4 \rightarrow PF_3O+CO_2+C_2H_4+HF$$
$$C_2H_5OCOOPF_4 \rightarrow PF_3O+CO_2+C_2H_5F$$
$$C_2H_5OCOOPF_4+HF \rightarrow PF_3O+CO_2+C_2H_5F$$

图 23.2　基于 LiPF$_6$ 电解液的可能分解反应 [1, 3 - 7]

$$LiPF_6 + H_2O \rightarrow POF_3 + LiF + 2HF$$

研究 [2] 表明,在水含量300×10^{-6}的电解液里就可以形成 POF$_3$ 和 HF。然而,只能证实 POF$_3$ 与溶剂 EC、DMC 以及 EMC 间有轻微反应。这导出这样一个结论，盐和溶剂之间的反应或需要进一步的催化剂，比如醇或正极活性材料。

概括来说，电解液的热分解会产生以下这些分解产物：CO_2、H_2O、CH_3F、$(CH_3)CHF$、CH_3CH_2F、$FCH_2CH_2Y(Y=OH、F\cdots)$、$CH_3CH=CH_2$、$(CH_3)_2CHOH$。然而，除了电解质盐和电解液发生的独立反应外，电解液或者电解液分解产物也与正极或负极进行其他反应。

尽管不同电解质有不同的化学特性，电解质混合物的高风险是类似的。这主要是由溶剂的低燃点和各种可能的化学反应决定的。

提高电解液的安全性是目前一个重要的研究领域。一种方法是加入添加剂，目的是降低电解液的可燃性或提高热稳定性。此外，另一种方法是开发新型电解质，如固体聚合物电解质或离子液体（Ionic Liquids），以增加其安全性。

23.3 负极

目前，锂离子电池的负极材料主要是石墨和碳。另一个常被讨论的材料是钛酸锂（$Li_4Ti_5O_{12}$）。石墨和碳材料本身具有高的热稳定性。然而其热稳定性会随着锂嵌入石墨或碳素结构而明显降低。在表 23.2 中列出了不同石墨基负极测试组在锂化状态下的热稳定性试验结果。概括起来，它证明了以下放热反应的存在：

表 23.2 不同石墨基在锂化状态的反应温度 [8-12]

材料			放热反应			
			$AT_{max}/℃$	$BT_{max}/℃$	$CT_{max}/℃$	$DT_{max}/℃$
Yamaki et al.	天然石墨					
	1MLiPF$_6$ 在 EC/DMC 中 (1:1)	充满电	140	280		
	半纽扣电池					
Wang et al.	石墨					
	1M LiPF$_6$ 在 EC/DEC 中 (1:1)	充满电	101	217	234	249
	半纽扣电池					
Yang et al.	天然石墨					
	1M LiPF$_6$ 在 EC/EMC 中 (3:7)	充满电	100	283	336	
	半纽扣电池					
Watanabe et al.	石墨					
	1M LiPF$_6$ 在 EC/DMC 中 (1:1)	充满电	105	260		
	半纽扣电池					
Shu et al.	硬质碳小球		104	213	274	292
	人造石墨		92	215		
	天然石墨	充满电				
	1M LiPF$_6$ 在 EC/DMC 中 (1:1)					
	Swagelok，vs. Li		119	207		

A：初 SEI 膜分解形成次 SEI 膜。

B：次 SEI 膜分解，直接与嵌锂和电解液反应。

C：嵌锂和粘结剂发生反应。

D：粘结剂和分解产物发生反应。

所谓的初 SEI 膜（固体电解质界面，solid electrolyte interphase）是初次充电时在负极上构成的保护层。它是在负极表面电解还原的结果，成分有：无机成分如 LiF、Li_2CO_3、Li_2OH 等；亚稳定的有机成分如 $(CH_2OCO_2Li)_2$、$ROCO_2Li$ 及 $ROLi$。当单体温度升高到 80℃时，其有机成分就开始反应形成次 SEI 膜了。SEI 膜毁坏后，它在负极电解还原生成 CO、CH_4、C_2H_4、C_3H_6 等物质（表 23.3）。在更高的温度下（>250℃），不同分解产物和 PVDF 粘结剂之间可能会发生反应。

表 23.3 在负极的分解反应 [10, 16-20]

生成初 SEI 膜	
EC	$2(CH_2O)_2CO + 2Li^+ + 2e^- \rightarrow (CH_2OCOOLi)_2 \downarrow + C_2H_4 \uparrow$
	$(CH_2O)_2CO + 2Li^+ + 2e^- \rightarrow Li_2CO_3 + C_2H_4 \uparrow$
DEC	$(C_2H_5)_2CO + Li^+ + e^- \rightarrow C_2H_5OCOOLi + C_2H\cdot 5$
DMC	$(CH_3O)_2CO + Li^+ + e^- \rightarrow CH_3OCOOLi \downarrow + CH_3^{\cdot}$
LiPF$_6$	$LiPF_6 \rightarrow LiF + PF_5$
	$PF_5 + H_2O \rightarrow 2HF + PF_3O$
	$PF_5 + nLi^+ + ne^- \rightarrow LiF + Li_xPF_y$
	$PF_3O + nLi^+ + ne^- \rightarrow LiF + Li_xPOF_y$
	$H_2O + Li^+ + e^- \rightarrow LiOH \downarrow + 0,5H_2$
初 SEI 膜分解并形成次 SEI 膜	
	$(CH_2OCO_2Li)_2 \rightarrow Li_2CO_3 + C_2H_4 + CO_2 + 0,5O_2$
	$2Li + (CH_2OCO_2Li)_2 \rightarrow Li_2CO_3 + C_2H_4$
	$(CH_2O)_2CO + 2Li^+ + 2e^- \rightarrow Li_2CO_3 + CH_2 = CH_2$
	$LiPF_6 + H_2O \rightarrow 2HF + LiF + POF_3$
	$2HF + Li_2CO_3 \rightarrow 2LiF + H_2CO_3$
	$PF_5^- + nLi^+ + ne^- \rightarrow LiF + Li_xPF_y$
	$PF_3O + nLi^+ + ne^- \rightarrow LiF + Li_xPOF_y$
	$PF_3O + Li^+ \rightarrow LiF + Li_xPOF_{3-x}$
在负极的电解还原反应	
DMC	$(CH_3O)_2CO + 2Li^+ + 2e^- + H_2 \rightarrow Li_2CO_3 \downarrow + 2CH_4 \uparrow$
	$2(CH_3O)_2CO + 2Li^+ + 2e^- + H_2 \rightarrow 2CH_3OLi \downarrow + CH_4 \uparrow$
	$(CH_3O)_2CO + 2Li^+ + 2e^- \rightarrow 2CH_3OLi \downarrow + CO \uparrow$

（续）

	在负极的电解还原反应
EC	$(CH_2O)_2CO + 2Li^+ + 2e^- \rightarrow 2CH_2OLi\downarrow + CO\uparrow$
	$2(CH_2O)_2CO + 2Li^+ + 2e^- \rightarrow (CH_2OCO_2Li)_2\downarrow + C_2H_4\uparrow$
	$2CH_3(CH_2O)_2CO + 2Li^+ + 2e^- \rightarrow CH_3(CH_2OCO_2Li)_2\downarrow + C_3H_6\uparrow$
PC	$2C_4H_6O_3 + 2Li^+ + 2e^- \rightarrow CH_2(CH_2OCO_2Li)_2\downarrow + C_3H_6\uparrow$
	$PC + 2e^- + 2Li + \rightarrow Li_2CO_3\downarrow + CH_3CH=CH_2\uparrow$
DEC	$(C_2H_5O)_2CO + 2Li^+ + 2e^- \rightarrow CH_3CH_2OLi\downarrow + CO\uparrow$
	$(C_2H_5O)_2CO + 2Li^+ + 2e^- + H_2 \rightarrow Li_2CO_3\downarrow + 2C_2H_6\uparrow$
	$(C_2H_5O)_2CO + 2Li^+ + 2e^- + H_2 \rightarrow CH_3CH_2CO_2OLi\downarrow + 2C_2H_6\uparrow$
	$H_2O + Li^+ + e^- \rightarrow LiOH + H_2$
	与粘结剂发生反应
	$(CH_2C_2F_2) + Li \rightarrow LiF + -CH=CF- + 0,5H_2$
	$(CH_2CF_2) + Li_2O \rightarrow 2LiF + H_2O + 2C$

总之，SEI 膜的稳定性对石墨基负极的锂离子电池安全起着至关重要的作用。一方面，通过材料性质改变，如形态、颗粒表面以及尺寸来控制 SEI 膜的稳定性，虽然这种相关性并不十分明确。另一方面，可通过电解液添加剂（如 LiBOB）[13] 来增加 SEI 膜稳定性。

另一个用于商业的负极材料是所谓的钛酸锂（$Li_4Ti_5O_{12}$）。虽然钛酸在锂化状态也有放热效果（反应），但是其发热比用石墨 [14, 15] 的情况下要显著低。因此，该材料被认为有好的热稳定性，即更加安全。

在负极材料上产生的热量通常比在正极上的小。然而负极上在较低的温度下就开始了反应（SEI 膜分解从温度高于 80℃开始），并在散热不足的情况下，可能引发进一步的分解反应，直至热失控。

23.4 正极

锂离子在充电过程中会离开正极活性材料（脱锂），在放电过程中它们又逆向重新嵌入正极晶体结构中（锂化）。正极材料的脱锂结构通常比锂化结构的稳定性低。正极材料如 $LiCoO_2$ 和 $LiNi_{0.8}Co_{0.15}Al_{0.05}O_2$ 在 240℃或 250℃下开始发生放热分解反应析出氧气 [21 - 23]。氧又会引起强烈的电解质放热氧化反应，这有可能会导致单体起火。

因此，正极的安全风险主要是其结构的不稳定性和析氧反应。Ceder 在文献 [24] 中指出，正极材料的安全性随化学氧势减小而增大，具体排序如下：

层状锂金属氧化物（$LiMO_2$，M = Al、Co、Mn、Ni，）< 锂锰尖晶石

（$LiMn_2O_4$）< 磷酸橄榄石（$LiMPO_4$，M = Co、Fe、Mn）（图 23.3）。

不安全

$240°C^{1)}$: $Li_xCO_2 \rightarrow xLiCoO + 1-(x/3)Co_3O_4 + (1-x)/3O_2$

$250°C^{1)}$: $Li_{0.36}Ni_{0.8}Co_{0.15}Al_{0.05}O_2 + 0.18Li_2O + 0.8NiO + 0.05Co_3O_4 + 0.025Al_2O_3 + 0.372O_2$

$220°C^{2)}$: $Li_xNi_{1/3}Co_{1/3}Mn_{1/3}O_2 \rightarrow NiO-Typ + MnCO_3-Typ + LiF + Li_2CO_3$

NiO_2　CoO_2　　　　　　　化学氧势减少

Mn_2O_4　　　　$FePO_4$

$<300°C^{2)}$: $Li_xMn_2O_4 + 2/5EC$
$\rightarrow 2MnO + 6/5CO_2 + 4/5H_2O$

$500°C^{1)}$: $9Li_xFePO_4$
$\rightarrow Fe_7(PO_4)_6 + Li_3Fe(PO_4)_3$

安全

1)干燥
2)在电解质的存在下

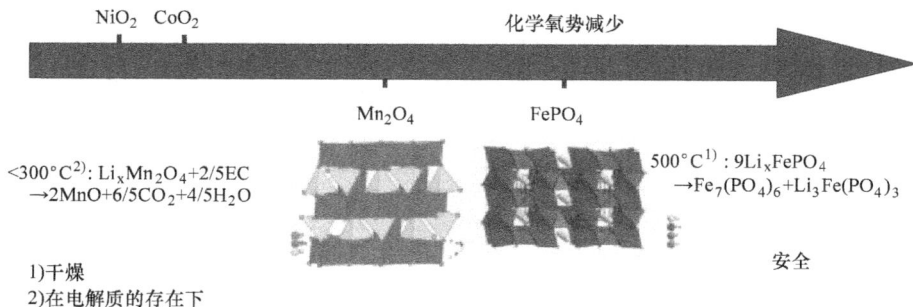

图 23.3　按化学氧势的正极材料安全性排序[21,23-28]

正极的析氧反应是热失控的关键，故也是锂离子电池安全性的关键。从氧化物中析出的氧气引起了氧化反应和促进了随之而来的能量释放。此外，析氧反应还增加了电池起火的扑灭难度，因为无法通过简单的扼氧方式来扑灭这样的火灾。

各种正极材料稳定性的差异可通过动态扫描量热法（Dynamic Scanning Calorimetry，DSC）来测量（图 23.4）。峰的位置表示在什么温度下能量会释放，峰的高度或者峰的面积则反映了所释放的能量多少。

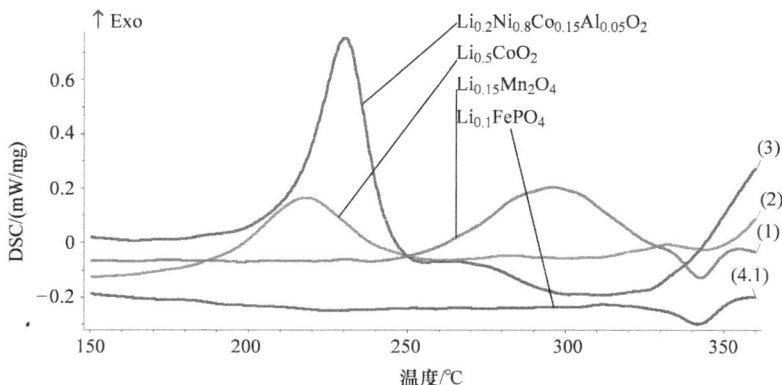

↑ Exo

$Li_{0.2}Ni_{0.8}Co_{0.15}Al_{0.05}O_2$
$Li_{0.5}CoO_2$
$Li_{0.15}Mn_2O_4$
$Li_{0.1}FePO_4$

(3)
(2)
(1)
(4.1)

DSC/(mW/mg)

温度/°C

图 23.4　不同正极材料的 DSC 测量。来源 ZSW

最近的计算［29］指出，其实磷酸橄榄石结构（$LiMPO_4$（M = Co、Fe、Mn）

的正极材料，其结晶原理上是不安全的。有趣的是，这些与 Co 或 Mn 生成为所谓的高电压或 5V 材料。该材料组的热稳定排序为 Fe > Mn > Co。之前提到的计算和专业实验研究 [30] 的结果吻合：磷酸铁锂（$LiFePO_4$）的热稳定性比较高，而磷酸钴锂（$LiCoPO_4$）的热稳定性相对较低。

正极热分解过程中所形成气体的主要成分是电解氧化产生的 CO_2（表 23.4）。CO_2 形成的一小部分取决于正极，而大多是取决于电解质组合物。除了 CO_2 外，还可能形成 C_2H_2 和 C_2H_5F [31]。

另外，正极材料迅速分解时，它们或它们的分解产物可能会从单体中泄漏。这些微小颗粒状粉尘甚至纳米级微粒氧化物，如 NiO、MnO 和 Co_3O_4 都是有害的（致癌）。

表 23.4　正极上电解质的分解反应 [31]

CO_2 形成：	电解质氧化
DMC：	$(CH_3O)_2CO + 3O_2 \rightarrow 3CO_2 \uparrow + H_2O$
DEC：	$H_2O\ (C_2H_5O)_2CO + 6O_2 \rightarrow 5CO_2 + 5H_2O$
EC：	$(CH_2O)_2CO + 2,\ 5O_2 \rightarrow 3CO_2 \uparrow + 2H_2O$
	$C_2H_4\ C_2H_4$ 氧化
C_2H_2 形成：	$C_2H_4 \rightarrow C_2H_2 + 2H + + 2e^-$
	$C_2H_2 + 3O_2 + 2H^+ \rightarrow 2CO_2 \uparrow + 2H_2O$
	表面反应
C_2H_5F 形成：	$C_2H_6 \rightarrow C_2H_5^+ + H^+ + 2e^-$
	$C_2H_5^+ + F^- \rightarrow C_2H_5F$

23.5　其他组成部分

除了电解液、负极和正极活性材料之外，单体内还包含其他组成部分，如隔膜、粘结剂以及导电添加剂。在此导电添加剂主要是指炭灰、碳材料和石墨等物质，它们具有较高的热稳定性，故其化学稳定性可以不必考虑。商用粘结剂主要是聚偏二氟乙烯（PVDF）。PVDF 自身的热稳定很好（>450℃），但是在负极温度 280 ~ 350℃ [20，32] 时，粘结剂可能会与分解产物之间产生反应（表 23.3）。

正常情况下，隔膜可以防止负极与正极之间直接接触。当隔膜破损时，则会造成内短路，并通常会触发热失控。商用自遮断（Shut - down）型隔膜会在 135℃/165℃ 发生融解，即可阻止电流流过。为了追求更高温度下的稳定性，可以为隔膜涂上陶瓷涂层，或者通过为负极涂上一个所谓耐热层 HRL（Heat Resist Layer）来达到。图 23.5 总结了单体各组成部分在不同温度下可能发生的不同反应。

如前所述，锂离子电池的潜在危险主要是来自单体的热不稳定性以及单体组成

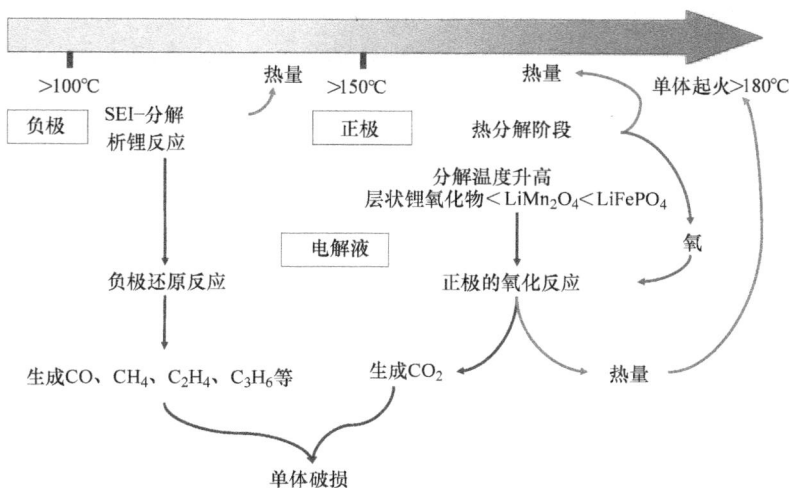

>100℃　　　　　　热量　　>150℃　　　　　　热量　　　单体起火>180℃

负极　　SEI-分解　　　　正极　　　热分解阶段
　　　　析锂反应

分解温度升高
层状锂氧化物<LiMn$_2$O$_4$<LiFePO$_4$　　　氧

电解液

负极还原反应　　　　　正极的氧化反应

生成CO、CH$_4$、C$_2$H$_4$、C$_3$H$_6$等　　生成CO$_2$　　　　　热量

单体破损

图 23.5　在不同温度下锂离子电池中发生的降解反应　来源 ZSW

部分的分解反应；另外还需考虑单体组成部分之间的相互反应（如正极的电解氧化反应）。故要从整个单体来考虑潜在危险，这点很重要。接下来将讲述两块锂电池单体（软包，NMC）以 $1C$ 的倍率进行过充电试验的结果。第一种情况，过充电引起电解液分解，电池包胀开但尚无热失控；另一种情况，过充电导致了热失控。为了检测反应产生的气体量及其气体成分，这些测试在密闭耐压容器（高压釜）中进行。图 23.6 展示了无热失控的单体过充电试验结果。当过充电到约 40% 时可以观察到温度上升开始加剧，伴随单体内气体形成及其渐渐膨胀，高压釜内压力缓

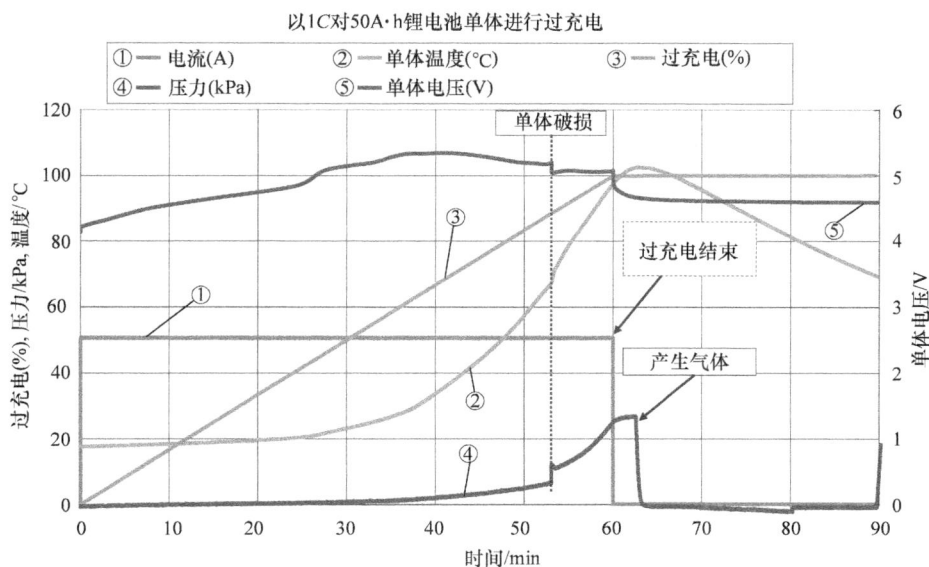

图 23.6　无热失控的过充电试验，过充电至 200% SOC 过程中电池的电流、电压、温度和内部压力走势　来源 ZSW

慢上升。过充电约 53min 后，可以观察到压力、电压以及温度有一个跳跃，这是因为从这一刻起单体被胀开了。随着过充电继续进行，温度继续上升，气体连续释放。按测试规范，在达到 200% 的 SOC 时结束了该过充电试验。最终压力为约 25 kPa，它对应于大约 11L 的气体体积。

图 23.7 示出了有热失控发生的单体过充电试验的测试数据曲线。在达到大约 167% 的 SOC 时，电压崩溃，并可观察到压力突然增加。压力继续上升到 1.23 MPa 的最大值，测量到的单体最高温度高达约 580℃。在接下来的反应中，由于冷却和反应产物凝结，压力降到一个稳定值约 0.41MPa，其对应于约 140L 的气体体积，这即是发生热失控所产生的气体体积

在表 23.5 中对气体分析的结果进行了总结。在没有热失控的过充电试验里，单体袋胀破，可找到电化学氧化反应产物；在发生热失控的过充电试验里，生成气体里大量含有氢气、乙烯、一氧化碳和二氧化碳。这里非氧化产物的比例较高，是由于高压釜中氧气有限导致的。很明显，在热失控时会生成氟化物。故可推测，气体中间形态中曾存在过 HF 这种气体。同样，有毒的磷化氢（PH_3）的存在也可证明高压釜内的低氧环境。

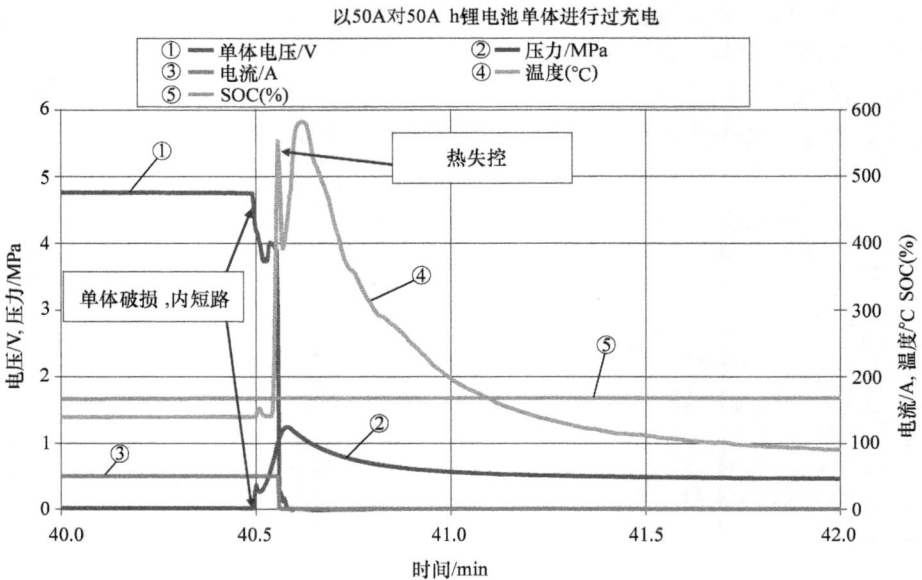

图 23.7　有热失控的过充电试验，过充电过程中电池的电流、
电压、温度和内部压力走势　来源 ZSW

表 23.5　过充电（有热失控或无热失控）锂电池生成气体成分分析结果（来源 ZSW）

	单位	单体胀开，约100 ℃，无热失控	热失控，约600℃
	以 $1C$ 倍率对 $50A \cdot h$ 电池单体过充电"事件"发生后，气体成分和产生物质		
产生气体量	L	11	140
假定来自于 HF 中的氟化物	mg	10.1	500.6
O_2	L	9.2	0.7
N_2	L	36.0	28.9
H_2	L	< 0.05	52.4
CO_2	L	3.28	51.5
CO	L	< 0.05	14.4
膦	μg	1.3	530
甲醛	μg	90	< 20
乙醛	μg	2000	15000
丙醛	μg	170	6000
丁醛	μg	203	800
戊醛	μg	< 10	400
甲烷	mL	230	2
乙烷	mL		1
乙烯	mL	150	8400
丙烷	mL	10	1200
丙烯	mL	< 1	2700

参 考 文 献

1. Kawamura T, Kimura A, Egashira M, Okada S, Yamaki J-I (2002) J Power Sources 104:260–264
2. Yang H, Zhuang GV, Ross PN Jr (2006) J Power Sources 161:573–579
3. Li W, Lucht BL (2007) Electrochem Solid-State Lett 10:A115–A117
4. Kawamura T, Okada S (2006) J.-i. Yamaki. J Power Sources 156:547–554
5. Gachot Gg, Ribière P, Mathiron D, Grugeon S, Armand M, Leriche J-B, Pilard S, Laruelle Sp (2011) Analytical chemistry 83:478–485
6. Campion CL, Li Wentao LBL (2005) J Electrochem Soc 152:A2327–A2334
7. MacNeil DD, Dahn JR (2003) J Electrochem Soc 150:A21–A28
8. Yamaki J-i, Takatsuji H, Kawamura T, Egashira M (2002) Solid state ionics 148:241–245
9. Wang Q, Sun J, Yao X, Chen C (2006) J Electrochem Soc 153:A329–A333
10. Yang H, Bang H, Amine K, Prakash J (2005) J Electrochem Soc 152:A73–A79
11. Watanabe I, Yamaki J-i (2006) J Power Sources 153:402–404
12. Shu J, Shui M, Huang F, Xu D, Ren Y (2011) Ionics 17:183–188
13. Täubert C, Fleischhammer M, Wohlfahrt-Mehrens M, Wietelmann U, Buhrmester T (2010) J Electrochem Soc 157:A721–A728
14. Lu W, Belharouak I, Liu J, Amine K (2007) J Power Sources 174:673–677
15. Belharouak I, Sun Y-K, Lu W, Amine K (2007) J Electrochem Soc 154:A1083–A1087

16. Richard MN, Dahn JR (1999) J Electrochem Soc 146:2068–2077
17. Aurbach D (2000) J Power Sources 89:206–218
18. Andersson AM, Edstrom K (2001) J Electrochem Soc 148:A1100–A1109
19. Roth EP, Crafts CC, Doughty DH, James M advanced technology development program for Lithium-ion Batteries: thermal abuse performance of 18650 Li-ion cells; SAND2004-0584
20. Pasquier AD, Disma F, Bowmer T, Gozdz AS, Amatucci G, Tarascon JM (1998) J Electrochem Soc 145:472–477
21. MacNeil DD, Dahn JR (2001) J Electrochem Soc 148:A1205–A1210
22. Belharouak I, Vissers D, Amine K, Chemical E (2006) J Electrochem Soc 153:A2030–A2035
23. Bang HJ, Joachin H, Yang H, Amine K, Prakash J (2006) J Electrochem Soc 153:A731–A737
24. Ceder G (2010) Mater Res Bull 35:693–701
25. Belharouak I, Lu W, Liu J, Vissers D, Amine K (2007) J Power Sources 174:905–909
26. Delacourt C, Poizot P, Tarascon J-M, Masquelier C (2005) Nat Mater 4:254–260
27. MacNeil DD, Dahn JR (2001) J Electrochem Soc 148:A1211–A1215
28. Thackeray MM, Mansuetto MF, Bates JB (1997) J Power Sources 68:153–158
29. Hautier G, Jain A, Ong SP, Kang B, Moore C, Doe R, Ceder G (2011) Chem Mater 23:3495–3508
30. Theil S, Fleischhammer M, Axmann P, Wohlfahrt-Mehrens M (2012) J Power Sources
31. Kong W, Li H, Huang X, Chen L (2005) J Power Sources 142:285–291
32. Roth EP, Doughty DH, Franklin J (2004) J Power Sources 134:222–234

第 24 章　电气安全保护

Heiko Sattler

24.1　导言

通过不同领域电池应用的持续开发，一方面希望将可再生能源作为驱动能源，另一方面为了摆脱对化石能源的依赖，人们对具有高能量密度的储能设备的需求也日益增加。

锂离子电池长期以来在消费电子、通信技术和 IT 领域中得到广泛应用，之后它会越来越多地应用于工业领域中。为满足该领域的苛刻要求，除了高储存能量外，锂离子电池还需具有高工作电压，由此才能保证经济可行性。

由于电池单体电压被基本化学元素严格限定，因此在实际使用中，会将多个单体进行串联连接，使其总电压达到需要的电压（图 24.1）。这种方式既在储能电池中也在电动汽车电池当中应用。为了获得更高的电池容量或者说更高的电池能量，常会将上述串联的电池组件（它也常被称为电池串）并联连接（图 24.2）。

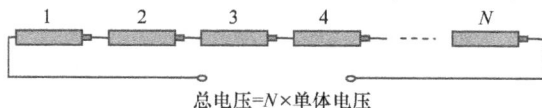

总电压=N×单体电压

图 24.1　电池单体互相串联，以获得更高的总电压

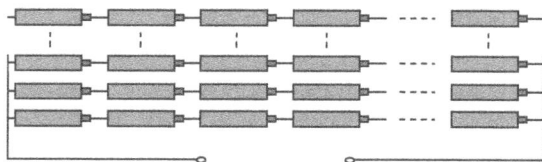

图 24.2　电池串并联连接，该电池具有高的总电压和更大的总电池容量或更高的储存能量

H. Sattler (✉)

VDE-Prüf- und Zertifizierungsinstitut, Merianstr 28, 63069 Offenbach, Deutschland

e-mail: heiko.sattler@vde.com

电动汽车领域的电池可分为两类。一类是用于混合动力汽车的电池，其工作电压可达 180V，所储电能可达 $0.6 \sim 2kW \cdot h$。而另一类电池为纯电动汽车的动力电池，其工作电压目前最大值已达 600V，储能超过 $15kW \cdot h$，其大小主要受限于电池重量。介于这两个能量级别之间的还有插电混合动力汽车的电池，该类电池的储能一般在约 $5 \sim 15kW \cdot h$ 的范围内，其电压一般可高达 400V。

静态储能电池可以通过其最大储存能量来进行分类。用于个人光伏系统的静态储能电池可储存大约 $2.5 \sim 10kW \cdot h$ 的电能，而商业用途的静态储能电池可储电能则高达 $1000kW \cdot h$ 甚至更多。民用静态储能电池的电压范围可达 500V，而商用的电压范围则可高达 1500V。

24.2 锂离子电池的电气安全

电动汽车领域的电池对电气安全的需求取决于与安全相关的运行条件和汽车状态，以下几种运行状态或条件应予考虑：

- 正常运行（待机状态）。
- 受干扰情况下的运行（考虑到一类故障）。
- 电池驱动电动汽车行驶状态。
- 在静止状态下给电动汽车的电池充电。
- 在维修期间的安全。
- 电动汽车在事故发生后的安全。

电池对电气安全的需求在以上不同条件下有很大差异，一部分需求与电动汽车系统相关，另一部分需求是为保护不同人群而定义的。总的来说原则是，杜绝人身伤害，避免财物损失和环境破坏。

对于静态储能电池，比如应用于光伏设施中的电能存储设备，需考虑的运行条件要少一些，原因是这些电池在安装后不被移动。因此只必须考虑以下运行条件：

- 正常运行（待机状态）。
- 受干扰情况下的运行（考虑到一类故障）。
- 从光伏系统或电网为电池充电时。
- 工厂维护过程中的安全。

无论是电动汽车电池或者静态储能电池，不管电池系统在哪种运行情况下，以下危害都必须杜绝：

- 触电。
- 由于绝缘损害造成的过热（对照由化学反应产生的过热危害）。
- 短路（电池两极之间）。
- 超大电流充放电。
- 电池过充电。

- 电池过放电。
- 电池单体电量不均衡。

24.2.1 触电保护

由于这些电池系统被标为主动危险⊖的过高电压，可能会引起非常严重的触电事故，因此必须非常注意带电部件设置是否绝缘。可能情况有几种。

在 ISO 6469 - 3⊖中详细规定了电动汽车中功率电路（高压电网）的电气绝缘安装规范。通过一个被称为绝缘监测（ISO 监测）的设备来监测与汽车底盘间是否有足够的电隔离图 24.3。

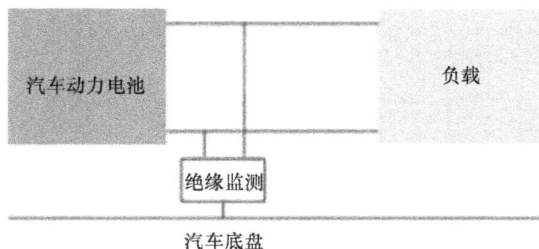

图 24.3 带绝缘监测的电动汽车高压电气系统的基本构造

电隔离一方面通过部件表面固态绝缘来确立，另一方面则指遵守的电气间隙和爬电距离⊖，以及必须避免由于部件表面受到污染而导致的电池两极间导通。这些有可能构成意外回路，最坏情况下会产生危险电流。

电动汽车内电气网络总体布线应注意，与汽车底盘隔离的电池电压绝缘可能会由于电气间隙和爬电距离过小或固态绝缘材料不合适而引起绝缘失效。在选取合适的固态绝缘材料时，除需考虑材料的纯电气特性如其电压耐受值之外，还需考虑机械特性如高温和低温的耐受性，以及其对常规车载液体（如油和制动液），以及外部渗入液体（如盐水）的耐受性。

电池内部则需特别注意单体组成部件，单体自身可能会产生气态逸出物，并随后凝结在电池壳体内。为防止外部液体渗入，电池是采取密封封装的。汽车电池的设计寿命超过 10 年，这种几乎全为有机液体构成的电解液会在电池壳体内聚集，很可能会损害削弱电池内部的固态绝缘，这是最要紧的。

只要所有触电保护措施完好，触碰电池单个电极并不危险。然而，在修理厂维护电池时却应该特别小心，因为在使用工具操作时，可能会无意中造成短路，使

⊖ DIN VDE 0411 Teil 1, EN 61010 - 1：2010：主动危险：能够引起触电或电灼伤的。
⊖ ISO 6469 - 3：2011 电动道路车辆 - 安全规范 - 第 3 部分：触电危险下的人员防护。
⊖ IEC 60664 - 1 是一个用来评估爬电距离和电气间隙的基本安全规范，所有产品标准制定应满足此规范。

得"绝缘结构"的保护措施失效。因此，汽车制造商通常会在电池系统中设置一个专门的维护模式。在维护时，电池所带高电压不会给到电池外接端子上。通过此措施大大降低了触电事故的风险。

事故中的触电保护问题则完全不同。根据事故严重程度不同，电池内部可能导电的部件会导致保护措施"绝缘结构"失效，从而潜在地在整个高压电气网络上会带有危险电压。当事故发生时，人们不能指望电池安全断开装置有效，几乎所有的制造商都会随车附上一份所谓救援卡（图24.4），在此卡上可找到对救援人员非

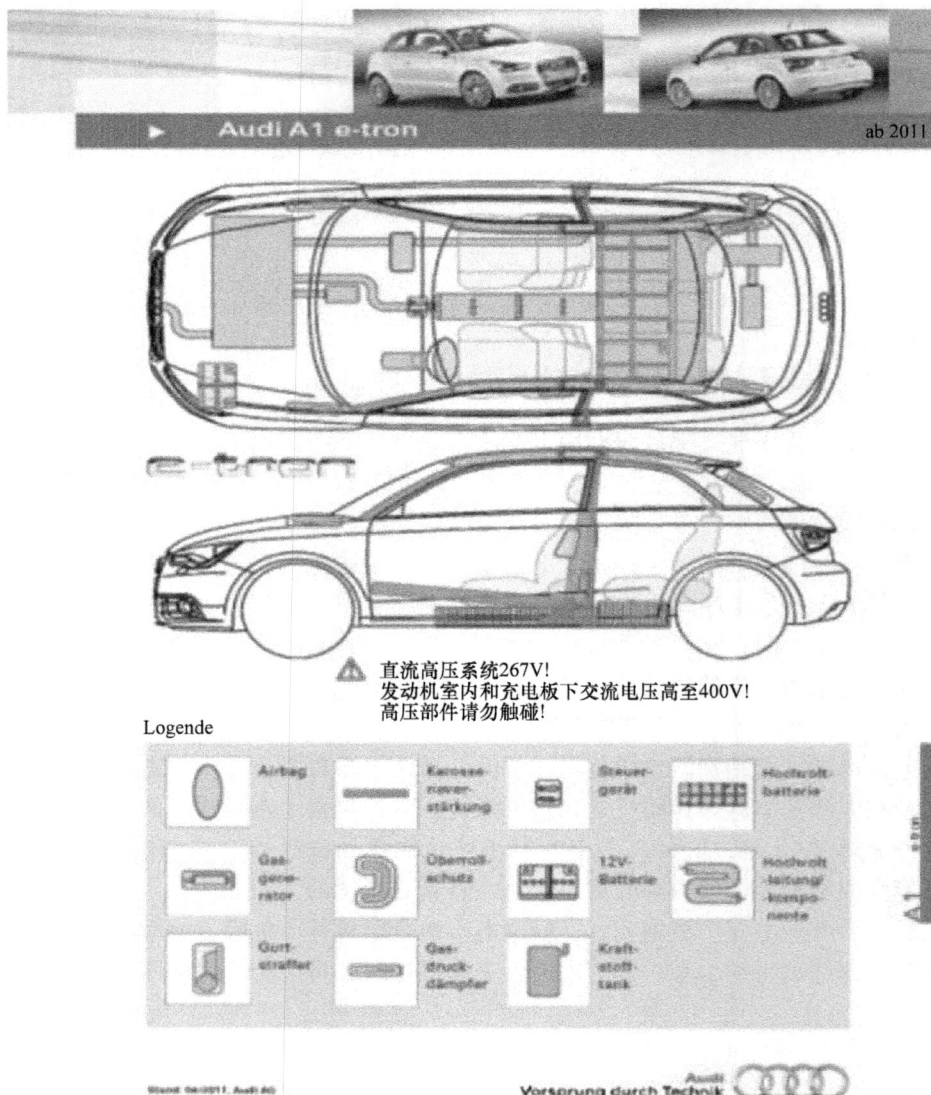

直流高压系统267V!
发动机室内和充电板下交流电压高至400V!
高压部件请勿触碰!

Logende

图 24.4　从 Audi 公司救援数据表中提取的信息

常关键的汽车构造等重要信息。这些信息一方面能保护救援人员本身，另一方面对如何解救车内人员有非常重要的意义。

救援卡上一方面包含性命攸关的重要信息，如标示了汽车电气系统的高电压线路，另一方面还指出了在何位置能最快分离车身，通过这些信息可为被困在车内的人提供最有效的救援。

在静态储能领域的触电保护则有所不同，它通常通过一个电池电压保护导线来完成（图 24.5）。大多数情况下，电池会通过所连接的逆变器将其中所存储的电能转换为交流电，反馈至交流电网，或为其他负载供电。

图 24.5　一个带电池电压保护导线的静态储能电池的基本结构

当电池一端电极的电位置于相关保护导体的电位时，触碰此端是没有触电危险的，电池电压的另外一端必须通过所谓的双重绝缘⊖或加强绝缘⊖来防护，以防止用户或者维护人员触碰。对于非绝缘部分，则应在用户可触碰表面遵守足够的电气间隙和爬电距离，这些数据必须基于电池最大电压来计算得到。

电池连接电缆以及其他与电池电压相接的设备，必须根据此处负载来进行选择。对于静态储能电池，除纯粹的电气性能，如电压和电流负载能力外，最重要的是对其运行时可能出现的温度需足够耐受。静态储能电池和电动汽车的电池不同，一般不特别要求机械耐受性。由于此类电池并不要求壳体绝对密封封装，所以对绝缘材料没有特殊的化学耐受性要求。

24.2.2　短路

工业应用的大电池中，短路造成的电流远超 1000A。这些超高电流会引起导电部件温度升高，也会造成电池内部单体温度升高。这可能会引起电池单体内隔膜材料失效，从而导致单体正极和负极之间的内短路。目前一些用于锂离子电池的材料组合，在高温下会产生所谓热失控。出于这个原因，在电池中必须要么安装过电流保护装置，要么电池所在系统中必须集成过电流保护功能。不论是哪种实现方式，电池端子的连接点必须通过特殊设计，使两端子不可能通过一个扁平的金属件（如一个扳手）相接触从而短路。在选择过电流保护元件时应当注意，它应该既适

⊖ 由基本绝缘和附加绝缘组合成的双重绝缘。

⊖ 隔离危险的带电部件，与双重绝缘程度相同的触电保护。

用于电池的电压，也适用于直流电路。

24.2.3 电池管理系统

电池管理系统（BMS）的任务是，杜绝各种对锂离子电池有害的状态出现。这些必须避免的状态是指，如过大电流放电或充电，过充电以及过放电等。这些状态总称为电池的误操作。上述列出的所有情况下，电池可能会进入某种危急状态，可能会危害用户和环境。一方面，某些锂离子电池的材料组合会发生上述提到的热失控。另一方面，对没有热失控风险的材料组合而言，其危险性也并不少。

这类电池和单体在上述提到的误操作时温度可能会升高，从而在单体中产生很大内压，一般而言会通过一个现有的过压阀来释放气体。释放物质中的一部分，至少是有机材料的电解质，它们通常是有毒的、易燃的，可能造成危害。出于这个原因，在 BMS 中所有旨在杜绝上述情况的功能，被划为安全相关的功能。

电池保护功能的硬件实现是通过分立电路或高度集成的电路来完成的，它是初级故障防护。这个硬件电路是不允许出错的，否则会导致电池陷入危险状况。鉴于算法日益复杂，这样的安全相关的功能常会基于软件系统来实现。这简化了使用不同电池所需的参数设置。

另一方面，与安全相关的软件程序必须按规定的方法来编写，以确保该软件能可靠执行相关任务。这就是所谓的功能安全。功能安全的基本标准是 IEC 发布的 61508.6。[⊖]当没有为某应用领域考虑特殊条件，而为该领域制定特别版本时，IEC 61508 基本标准应始终遵守。针对汽车技术领域，近年来有了新的功能安全标准 ISO 262627[⊖]，它基于 IEC 61508 中的基本要求，针对汽车工程的具体条件进行了

⊖ IEC61508 电气/电子/可编程电子系统的功能安全。

⊖ ISO26262（"道路车辆 – 功能安全"），是一份针对机动车安全相关的电气/电子系统的 ISO 标准，由 10 部分组成。在 ISO26262 中结合开发和生产过程中的需求活动，工作产品以及可用方法，定义了一种流程模型。该标准由以下几部分组成：

　　1. 术语。

　　2. 功能安全管理。

　　3. 概念阶段。

　　4. 产品开发：系统级。

　　5. 产品开发：硬件级。

　　6. 产品开发：软件级。

　　7. 生产、运行和停运。

　　8. 配套流程。

　　9. ASIL 和面向安全的分析。

　　10. 指南（仅供参考）。

适配改编。因此在汽车工程领域，将来开发安全相关功能软件时，应该以及必须基于 ISO 26262 的原则来实现。

24.3　未来发展的展望

目前正在进行的研究项目清楚表明，该领域研究重点在研发一种创新性的储能元件，它需比锂离子电池具有更高的能量密度，并可市场化。一个开发的重点是锂空气电池。其他的新型材料组合有可能很快面市，它们在电气安全和化学安全方面或将面对新的挑战，新材料也需要根据安全要求而不断调整。

第25章 汽车的功能安全

Michael Vogt

25.1 导言

ISO 26262 – 道路车辆功能安全：随着汽车的发展，汽车内的电子系统的数量也迅猛增加，尤其是在过去的 10 年更是如此。在 20 世纪 80 年代的一般车辆上，很多车连基本的安全气囊都没有安装，更不用说确保稳定行驶的 ESP 系统了。与过去相比，在如今汽车上已经广泛应用了复杂性很高的电子安全系统。正是这些如 ABS、ESP 或主动转向等与安全相关的系统的广泛应用，成功大幅减少了交通致死和致伤的数量，这是能通过数据证实的。虽然这些系统有很多优点，但当该系统内的某特定功能失效时，它不仅会失去自己本身的功能，甚至严重时会造成危险的行驶情况。在此，"功能安全"被用来作为一种工具，用来识别和避免这些严重故障。

面向汽车应用的功能安全的国际标准是 ISO 26262，它发布于 2011 年 11 月。该标准的目标是，将由电子电气系统功能失效带来的影响控制在可容忍的最低限度内。有来自 8 个国家的安全专家参加了该标准的研究和制定。这个项目是由 ISO（国际标准化组织）领导的，是由 VDA（德国汽车协会）的汽车工程标准委员会在 DIN（德国标准化委员会）领导下一起编写的。

ISO 26262 以安全相关的开发标准 IEC 61508 为基础，着眼于汽车电子电气系统（E/E 系统）定义描述了安全相关开发的要求。在 ISO 26262 的第 1 部分中有关电子电气系统的定义是，电子电气系统是由电子电气元件（硬件/软件）包括可编程电子单元组成的。因此，ISO 26262 是汽车领域的安全相关的开发标准。

M. Vogt (✉)
SGS-TÜV GmbH, Hofmannstraße 51, 81379 München, Deutshland
e-mail: michael.vogt@sgs.com

25.2　功能安全细则

ISO 26262 的范围概述：该 ISO 标准目前仅限用于 3.5t 以内道路车辆的电子电气系统中；该标准不适用于残疾人车辆。是否适用于货车和摩托车并没有在标准中直接规定，据观察，该标准已在此两类车上使用或准备使用了。开放式的适用范围预计将在修订版中被明确规定清楚。新版本的发布日期目前还不清楚。

该标准包括了对功能安全管理（FSM，Management of Functional Safety）的要求（在第 2 部分），以及对应的必要支持过程（第 8 部分），如开发接口协议（Development Interface Agreement）、需求管理、变更管理、配置管理等。另外，该标准还提出了如何采用系统方法来记录和描述由电子电气系统功能失效所引起的危害和风险。这并不是评估计算失效概率，而是清楚阐述功能失效所引起的危险和风险与特定行驶状态之间的关联。

用一个例子可以阐明：一车辆以中速行驶在蜿蜒的城间公路上。当驶过一个弯道时，在一个有关行驶动力学的电子电气系统中出现了一个功能失效。这意味着车辆进入行驶动力学的危急状态，应尽快安全离开该公路。基于这个考虑，可以推导出相关系统在此刻的安全目标和具体需求。

ISO 26262 的需求：在 ISO 26262 里所述的需求和方法，提供了关于道路车辆功能安全的现有技术标准。因此，该标准有助于电子电气系统中按该领域现有技术来划分产品责任和生产者责任。此外，在发生产品责任问题的情况下，那些伴随着产品开发过程而详细记载的文档可以用来举证责任倒置。

该标准的结构以如图 25.1 所示的 V 模型为基础 [1]，它在汽车产业电子电气

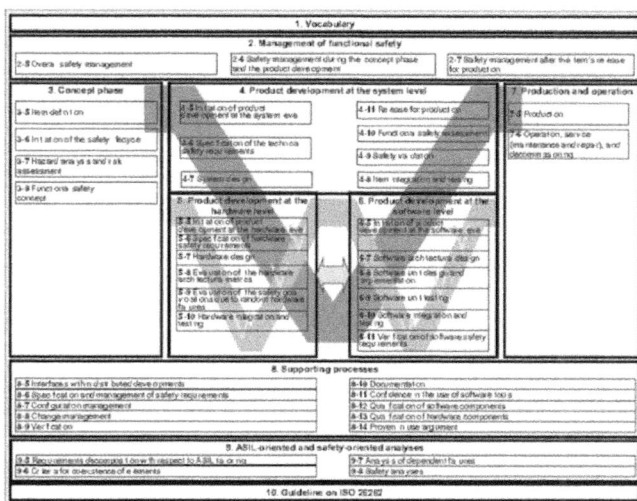

图 25.1　ISO 26262 总览

系统的开发中得以广泛使用。在此 V 模型的不同级别中可允许有更详细的结构化和迭代开发过程存在。

ISO 26262 包括 10 部分。第 1～第 9 部分是标准，第 10 部分仅是作为参考信息给出。

严重度等级S	暴露概率等级E	可控性等级C		
		C1	C2	C3
S1	E1	OM	OM	OM
	E2	OM	OM	OM
	E3	OM	OM	ASILA
	E4	OM	ASILA	ASILB
S2	E1	OM	OM	OM
	E2	OM	OM	ASILA
	E3	OM	ASILA	ASILB
	E4	ASILA	ASILB	ASILC
S3	E1	OM	OM	OM
	E2	OM	ASILA	ASILB
	E3	ASILA	ASILB	ASILC
	E4	ASILB	ASILC	ASILD

图 25.2　ISO 26262 的风险图

25.3　功能安全的管理

在该标准的第 2 部分是功能安全管理（FSM，Functional Safety Management）的要求。功能安全管理参考了高级别的通用方法，根据项目具体情况进行调整。在一个项目开始时，需通过确定其开发类别，根据其是新产品开发还是既有产品，并根据影响分析来决定安全相关的开发所需要的活动。这些会在安全计划中确定，关于整个项目进程的所有活动会被文档记录。通用的功能安全管理（FSM）包括多方面的具体需求：对企业组织结构的需求、安全相关开发的流程的需求、员工职能管理的需求，以及对整个安全生命周期中的各种角色和步骤的需求等。安全生命周期是指，从系统的硬件和软件的研发、生产、运行直至报废的整个周期。整合功能安全管理（FSM）到企业流程的前提条件是，该企业已经执行了质量管理标准（如 ISO TS 16949）。

25.3.1　安全生命周期

该标准接下来的部分（第 3～第 7 部分）描述了安全相关开发的安全生命周期，这是由于汽车工业标准的制定需要体现在汽车行业产品开发流程（PEP）的安全生命周期上。

在该标准的第 3 部分为概念阶段，它为安全生命周期接下来的部分奠定了基础。概念阶段的核心是危害分析和风险评估。这里主要是关于如何评价电子电气系统故障，并将由此带来的危害按照汽车安全完整性等级（ASIL，Automotive Safety

Integrity Level) 来进行归类。ASIL 是保证足够安全的需求和范围的标尺。ASIL 的评定有 3 个指标,可被设为 S (严重度等级,Severity),E (暴露概率等级,Exposure)和 C (可控性等级,Controllability)。图 25.2 所示的风险图可以用来判定 ASIL 等级。图中按必要措施等级从低到高分别为最低级别的 QM (质量管理),然后是 ASIL A,直至最高安全需求等级为 ASIL D。

除了危害分析和风险评估,和由此产生的在标准中被称为产品 (Work Product) 的文档,贯穿前后的工作,直到概念阶段的结束。在 25.4.2 小节中,将对于电动汽车,以及相关特定框架条件的概念阶段进行详细描述。紧接着概念阶段后,是与安全相关开发的系统级 (第 4 部分)、硬件级 (第 5 部分) 和软件级 (第 6 部分),再之后是关于生产和操作的内容 (第 7 部分)。

25.3.2 可接受的风险

QM 方法开发与安全需求开发 (ASIL) 之间的边界线在于该风险是否可接受。这里给出的风险接受边界反映了企业能接受的风险,且此边界和该故障出现的概率和导致的受损程度密切相关,它们互相之间的关系标示在图 25.3 中。

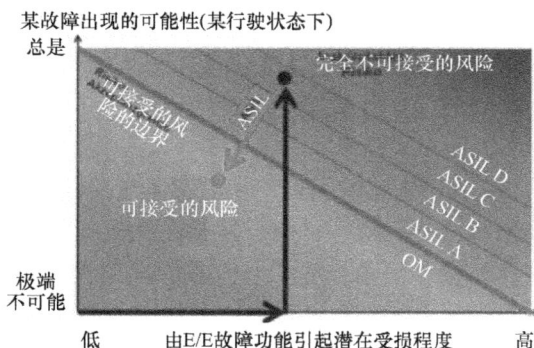

图 25.3 可接受风险的边界

25.3.3 ISO26262 的法律背景

原则上,标准既不是法律也不是政策,但若遵守该标准则应能保障一个足够的安全等级。ISO 26262 标准是基于"世间没有绝对的安全"这个科学认知的。应用该标准的目的是,使得安全相关的电子电气系统中没有不可接受的风险,并通过标准予以佐证。

根据欧洲法规 EC Nr. 661/2009 [2],车辆的安全性必须按照各科学技术的最新发展情况进行分级。由于 ISO 26262 标准是一个框架,用于实现车辆中复杂电子电气系统的功能安全,它属于该领域当前有效的最新科学技术。功能安全是这些系统的一个特征,它可以通过 ISO 26262 的方法来实现。从而 ISO 26262 对于产业链 (供应商,制造商) 中合同的各方,在关于合同和法律责任关系的问题上有巨大的法律意义。

比如说它强制规定了汽车制造商 (OEM) 和供应商 (TIER) 之间要缔结协议,定义两者之间接口的合同责任范围。通过在概念阶段、开发阶段和生产阶段的安全活动的相应概念定义和文档建立,可达到要求。正确的实施标准的需求,也决定着安全相关系统制造商尤其是汽车制造商的民事和刑事责任。

ISO 26262 在法律意义上与两个法律概念相关，即"产品责任"和"生产者责任"。

产品责任（按国家和欧洲的产品责任法）是指，对于缺陷（部分缺陷）产品的非合同规定的法律层面的严格责任[⊖]（如侵权产品责任）。在任何情况下，均需对有缺陷的产品负责。需指出，即使是合乎规格的产品也可视为"有缺陷的"。"制造商的赔偿责任仅在一种情况下可解除，即该缺陷按照当时市场上的科技和技术水平尚无法认清"[3]。

生产者的责任（§823 BGB 德国民法典）描述了非合同规定的过失赔偿责任。它的前提条件是违背义务，包括侵犯权利、损坏和过失。关于法律上的具体解释，强烈建议听从律师的建议，在此不再冗述。

25.4　电动汽车的安全问题

ISO 26262 反映了近年来电子电气系统在车内的比例稳步上升的事实，这一趋势在未来几年将继续保持，尤其是在电动汽车这个大背景下。电动汽车会导致大量组件和系统最后通过电子电气系统来实现。很多在电动汽车里使用的组件和系统，对于内燃机驱动的汽车而言，要么并不存在，要么目前大多是基于机械驱动系统实现的。这一情况尤其关系到汽车驱动、制动、转向以及能量存储系统。此外，需要革新的技术领域还有能量转换系统、空调和内部的加热系统等。

从另一个方面看，电动汽车里引入了很多崭新的以及创造性的技术，从而电动汽车的安全性需要得到确保。来自不同领域的技术给电动汽车带来了潜在的危害和风险。储能系统是在电动汽车上使用的创新技术之一。由电池系统所带来的风险和危险，主要是由于它内部的电化学系统。电池系统必须得到保护以不受外部影响，如受热和变形。目前电池系统一般采用金属壳体或塑料壳体。它一方面保护车辆乘员不受单体溢出气体和液体侵扰，另一方面保护电池本身免受外部的影响，如车祸发生时。此外，车辆上高压部分需设计得易于操控。那些由高压部分引起的，对各种电子电气系统的 EMC 影响，必须最小化。

这些事实说明了，这里需要一套从整个系统层面来整体考虑的系统方法。电动汽车是将不同技术领域的技术综合应用在一起，因此这些不同技术领域的技术可能导致的危险和风险只能通过一个整体的环环相扣的安全概念来降低。目前急需的综

⊖　译者注：在法律中，严格责任（英语：Strict liability），又称无过错责任，指在损害发生的情况下，即使不存在过错，也需要承担损害赔偿责任。在民法上，该原则与过错责任，又称过失赔偿责任原则相对立。

合安全方案必须具备两点，一方面是能够识别所有的危险和风险，另一方面能够实现不同技术的相互支持。在此，整车的安全性取决于不同技术领域的已被验证的安全措施，以及被动安全和主动安全。下文将展示，功能安全能起到什么作用。

25.4.1　电动汽车的能源系统

将电池作为汽车驱动能源集成是汽车工业和电子工业的创新。它的重点是要将锂离子电池技术应用在电动汽车上。在此之前该技术主要是应用在消费电子领域（手机、笔记本电脑、电动工具）。在汽车中应用的锂离子电池的最大的不同点在于，它用到的电池单体数量很多，从而它携带的能量也很多。此外还有一点不同之处在于，汽车用锂离子电池有一项新的需求，它必须考虑安全性的问题。危险可以是由内部或外部短路造成的，或指一辆车发生意外后，带电部件暴露可被触摸到。由于电动汽车所带直流电压通常为 400~800V；这种情况下的电池系统对车内人员或是救援人员都存在潜在危险。

目前调查表明，大部分研究工作放在使电池能够满足汽车驱动条件并且满足安全要求。这可能需要在多个系统级别上来完成。单体几何形态、单体化学材料、电解液以及隔膜的选择，都能对提高安全性产生重要影响。这些是内部安全措施，是指提高单体自身安全性的措施。此外，电池的安装位置和其在车辆整体架构中的巧妙集成，能为保护电池免受外力影响做出贡献。剩下的重要安全隐患，它们既然不能通过单体内部安全措施或是电池安装位置来减少，就需要通过一个电子电气系统来降低风险了。

于是可以导出这样的结论：电池的安全性会受不同因素影响。电池系统相关的风险可分为四类（图 25.4）。分别为与化学特性相关的风险（电解液泄漏、气体泄漏、起火、爆炸），电气性能相关的风险（高电压），机械特性相关的风险（电池单体变形）以及由电子电气系统的功能故障带来的功能性危险（如电池管理系统、BMS 功能故障）。

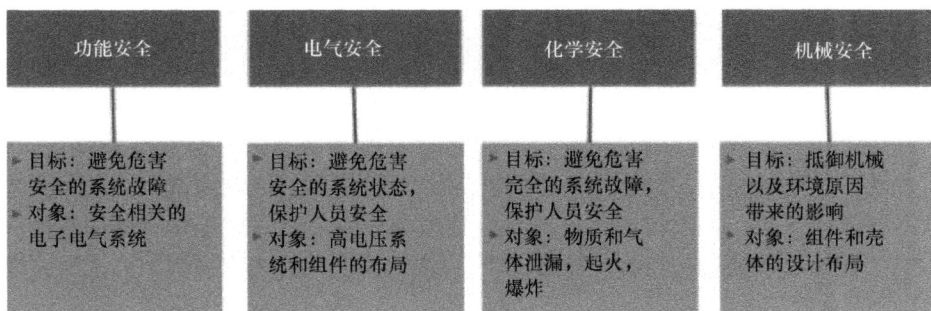

功能安全	电气安全	化学安全	机械安全
▶目标：避免危害安全的系统故障 ▶对象：安全相关的电子电气系统	▶目标：避免危害安全的系统状态，保护人员安全 ▶对象：高电压系统和组件的布局	▶目标：避免危害完全的系统故障，保护人员安全 ▶对象：物质和气体泄漏，起火，爆炸	▶目标：抵御机械以及环境原因带来的影响 ▶对象：组件和壳体的设计布局

图 25.4　功能安全和其他技术

一个电池系统除了电化学系统外，还包括一系列传感器、执行器以及 BMS（电池管理系统）。BMS 担任调整和控制关于电池性能、耐用度、可用性和安全性各方面的功能，同时它也是电池与整车的接口。通过 BMS 可实现很多不同功能，如行驶、能量回收、能源管理、电源供电等。电池系统通过 BMS 与汽车上其他系统间高度互联。

单体的化学安全是由其所使用的化学物质（正极、负极、电解质）决定的。单体内部安全措施决定了电池单体的自身安全性。这些措施包括，如使用陶瓷隔膜、温度稳定的正极材料，以及使用能提高其燃点的电解液添加剂等。电池系统通过 BMS 实时监测电池系统的温度、压力、电压、电流、SOC（State Of Charge）等参数。在危险情况下，如由外部环境造成的某个单体的热失控，可以通过诸如隔离电池和充电系统连接，或是调节局部制冷能力等措施来解决，这些措施都是通过BMS 来完成的。

热失控是由一个单体内部的放热反应触发的。它可能会导致起火或单体爆炸。图 25.5 展示了可能导致热失控的因素。

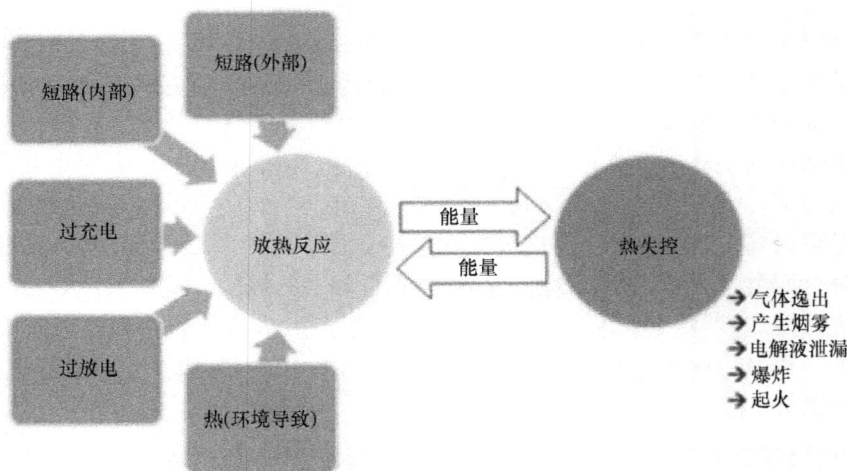

图 25.5   导致锂离子电池热失控的因素

放热反应所释放的热量导致化学反应速率的显著增加，而这又导致温度上升。在此关联下这个反应是自加速的。严重的是，当温度超过特定阈值时，整个反应过程将不可能停止了，在单体内部或会发生猛烈的分解反应。位于该单体周围的其他单体也可能会受到影响，最坏的情况下，它们也会发生相同的化学过程，即热失控。

电池系统的机械安全通常会被融入整车设计当中。机械方面对电池安全的影响主要是机械振动或电池单元在发生事故情况下产生的变形。通过选择合适的电池安装位置，以及设计合适的电池壳体，可达到保障机械安全的目的。电池模块可以布置成：借助碰撞时推力，把模块灵活推开，或者在电池模块内以变形元件吸收这个推力［1］。

电气安全对于 60V 以上的直流电或 25V 以上的交流电具有重要意义。其中心是保护人员免受带电部件伤害。可通过阻止人员直接或间接接触带电部件来实现。直接接触防护可通过使用适当的壳体、盖子、保护塞来保证。

间接接触防护的措施要广泛得多。它的目的是为了防止出现那些如壳体带电类似的危险。这里需要遵守有关标准所定的高压部件和壳体之间的绝缘要求，并通过测试确定。由此，可在整个生命周期达到合适的针对绝缘故障的保护。金属外壳的低电阻连接是其他保护措施有效运作的基本先决条件。如熔丝、熔断器。最后，需要制定一个完整的安全概念来考虑到各个方面，如中间回路的放电时间、绝缘监测的实施，或设置高压互锁等。

25.4.2　安全性的整体考虑

人们可以从 ISO 26262 中所描述的方法为蓝图，来推导整体的安全方案（功能安全、电气安全、化学安全和机械安全）。图 25.6 中清晰地展示了安全生命周期。它描述了一个电子电气系统中所有生命阶段的必要活动、需求及验收方法，至硬件

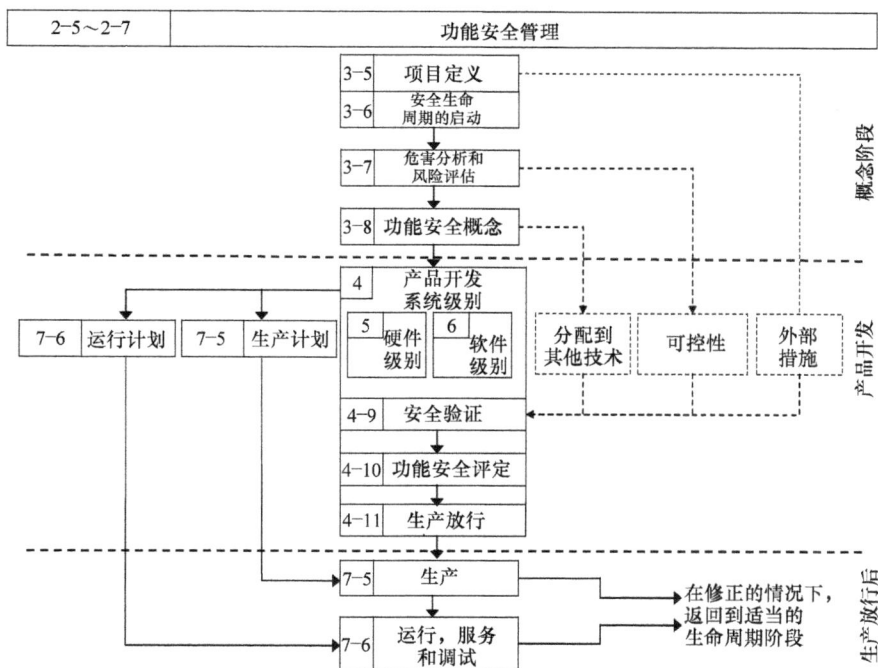

图 25.6　安全生命周期

和软件层面。安全生命周期大致可以分为概念阶段、产品开发阶段和生产开始阶段（SOP，Start Of Production）。

在 ISO 26262 的第 3 部分的 5 ~ 8 小节中说明了概念阶段。它主要包含工作产品"项目定义""危害分析和风险评估"以及"功能安全概念"（图 25.7）。由"安全生命周期的启动"这小节所导出的文档在此就不进一步涉及了。它是一些关于安全相关的开发文档，对于理解概念阶段没有帮助。

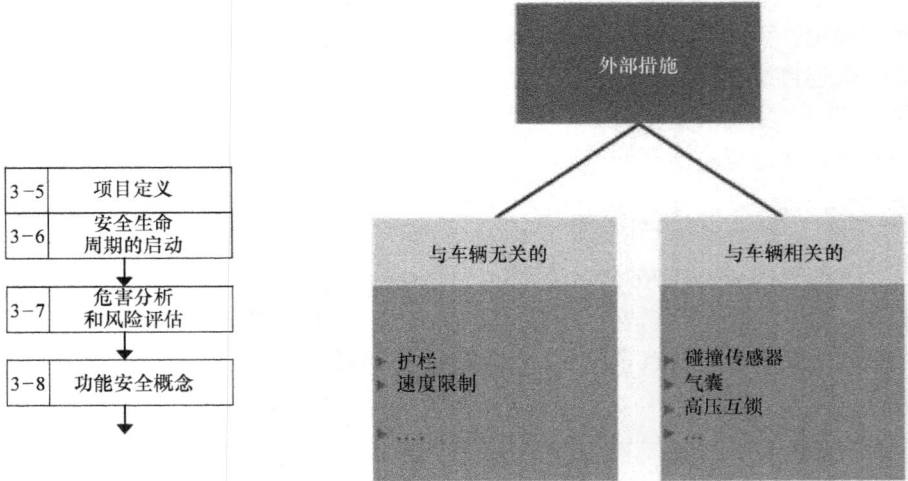

图 25.7　概念阶段的工作产品　　　　图 25.8　外部措施（External Measures）界限

"项目定义"（Item Definition，或译作相关项定义）包含了多个方面内容，主要有功能性、接口、使用条件、环境条件、法律要求、框架以及系统已知风险等。这些风险可以通过各种措施来降低。这些措施包括其他技术（other Technologies）和外部措施（External Measures）。以电动汽车来看，这里所说的其他技术，可以理解为电气安全、化学安全和机械安全。外部措施可以是车辆有关的或是与车辆无关的措施（图 25.8）。它们都有助于提高整个系统的安全性。

危害分析和风险评估（Hazard Analysis and Risk Assessment）评估所有由系统产生的危害和风险。每一个被识别的由某故障引起的危害，都会根据危害分析和风险评估来制定一个安全目标，以此降低危害或风险。如上文中提到过，功能安全是根据严重性（S）、暴露概率（E）和可控性（C）三个方面来进行风险评级的。从对这三个参数（S、E 和 C）的估值可以得到某个危害和风险的 ASIL 评级。从安全角度来看不危险的系统被列为 QM。所有与安全相关的按程度被划分为 ASIL A 到 ASIL D。

从功能安全概念（Functional Safety Concept）的定义推导出"危害分析和风险评估"对安全的要求，并描述安全措施以及功能方面的初始机制。这可以是指如何应付系统错误或系统硬件失效。那些非功能方面的安全问题会被分配到其他技术中处理。这里面的关系如图 25.4 所示。

因此，在电动汽车中应用 ISO 26262 这种方式方法是大有裨益的，它能从整体着眼考虑安全设计。此外，通过这种方法可以快速比较不同安全技术措施，并且可从有效性和成本控制角度进行选择。由于在 ISO 26262 标准建立的时刻，其参数 E（暴露概率）是针对内燃机的，所以对于电动汽车应该重新进行 E 参数评估。所需补充考虑的是电动汽车驾驶情况相关的背景。此外，部分情况会引起潜在危险。例如，在某混合动力汽车加油（情况）时，其高压电气系统出现绝缘故障（风险）。目前关于这样的问题有激烈的讨论。

在这种情况下，需要根据一个故障的级联效应和具体情况加以考虑。该标准在此虽然没有任何规定，但这样的考虑是迫切需要的，要确保建立一个统一的方法，尽量降低竞争和成本压力。

25.5　在实际中的应用

ISO26262 的应用和其在实际中需求的执行情况表明，由于对标准的不同解释，以及一些关于流程的各自的开发理念和已经确立的既定模式，最后可能会出现不同的表现形式。概念阶段是安全相关开发的基础。在这一阶段所执行的活动和制定的规则，对整个后面的开发阶段有深远的影响。由于这个原因，接下来将谈到一些概念阶段特别值得注意的问题。

25.5.1　外部措施与其他技术

按照定义，外部措施是指通过非本项目（Item）的组成部分，来降低或者避免本项目潜在风险的措施。因此在危害分析和风险评估时不会考虑。创建危害分析和风险评估后，在项目定义（Item Definition）以及其后功能安全概念的框架下外部措施需要被考虑。它取决于外部措施是否关于一个电子电气系统，是否被分配了ASIL。

同样，其他技术（other Technologies）措施，原则上只需在功能安全概念中考虑。它不会被分配 ASIL，因为从标准的意义上看，它不属于该电子电气系统，而更多是从别的范畴如电气安全、结构措施（机械安全）等着眼的。

但此定义使其他技术作为外部措施来使用，这是合乎逻辑的，但是在电动汽车领域往往很难找到一个明确的界限。比如关于这样一个问题，电气安全到底属于外部措施还是其他技术，其答案是取决于具体项目的。假如在项目定义（Item Definition）中把电气安全定义成外部措施了，在之后项目中可能较为不利，因为其改动成本一般非常高。

25.5.2　危害分析和风险评估

执行危害分析和风险评估（GUR）是很有挑战的。原则上为了执行它需要一个主持人和一个专家团队。理想情况下主持人最好有风险分析的经验，并对所涉及的项目（Item）系统也有相应的专业知识。主持人既可以是一个从公司外部请来的，也可以是一个本公司内部的人，比如功能安全经理。专家团队则只能由本公司人员或项目参与公司的人员组成。只有这一群人具有相应专业知识和技术专长，可以展开危害和风险方面的评估，并能够讲述清楚。主持人的任务是引领专家团队进行危害分析和风险评估（GUR），并在出现意见冲突时找到共识。因此，最后的结果好坏取决于主持人以及专家团队。此外，危害分析和风险评估是对产品责任索赔的避险，因此应尽可能用广泛的专业知识来进行自我保护。对于那些应用于电动汽车里的新创新技术而言，这一点不可忽略。

准备危害分析和风险评估（GUR）也需要经验和谨慎。先把对应的运行模式、情况、环境条件等情况为清楚起见列举出来，再综合起来一起考虑。这样在对某E/E系统的功能故障进行危害分析和风险评估（GUR）时，会与之前描述的情况结合起来进行。比如对于电池管理系统里的单体温度监测功能，按照当下情况不同，比如此刻的运行模式（行驶或停车）、情景（公路或高速公路）以及环境条件（外界高温），一旦失效，会导致不同的后果。

评价风险带来的危害在很多情况下并不容易，常常由于缺乏之前开发类似项目的经验，没有可以作为评价的基础。在评价中，有一点极为重要，不考虑实际安全措施来评价目标系统。因为一旦在分析阶段就考虑实际安全措施，就很难证实开发安全相关功能的执行难易程度。在外部措施和其他技术的背景下，这个是很重要的一点。根据不同的论点，需要在安全生命周期中考虑不同的点。最后，这引出了需注意的下一点，标准所要求的需求管理。即使危害分析和风险评估（GUR）已经成功执行，仍然需要继续应用需求管理。因为只有这样，才能确保在整个开发过程里，所有的需求，以及所有引申出的测试（核查和验证）都被执行了。

25.6　展望

目前，电动汽车的特点是高动态性和全新的技术框架。电动汽车行业的参与者主要是来自于汽车企业以及来自于电气企业。除了成本之外，另一个至关重要决定该车是否能被市场接受的因素就是安全。当然，目前消费者也很看重电动车辆的行驶距离。不过从长远来看，最终的焦点会集中在其安全性上。这种情况可能要等到道路电动汽车数量非常可观时才会出现。在此之前，需要找到确保电动汽车安全的方式。最后一点重要的是，需全面审查所有风险，建立一个全面学习的过程，使电动汽车达到安全且价格合适的程度。为了这个目的，有必要细化已建立的方法并同时使其获得业界认可。

　　这就需要加强汽车制造商（OEM）和系统供应商（TIER）之间的合作。接口和管理这两个方面的重要性也因此更加受到重视。最终它关系到，如何能通过差异化在电动汽车和电池系统开发的技术竞争中胜出。

参 考 文 献

1. http://www.v-modell-xt.de/
2. Verordnung (EG) Nr. 661/2009 des Europäischen Parlaments und des Rates vom 13 Juli 2009 über die Typgenehmigung von Kraftfahrzeugen, Kraftfahrzeuganhängern und von Systemen, Bauteilen und selbstständigen technischen Einheiten für diese Fahrzeuge hinsichtlich ihrer allgemeinen Sicherheit
3. Gesetz über die Haftung für fehlerhafte Produkte (Produkthaftungsgesetz- ProdHaftG) 1 Abs. 2, Ziffer 5

第 26 章　锂离子电池的功能和安全测试

Frank Dallinger，Peter Schmid，Ralf Bindel

26.1　导言

对于工业用锂离子电池而言，功能测试和安全测试是必不可少的。电池的一般结构如图 2.2 所示。一个电池是由多个单体组成的，多个单体先电气连接成为电池模块，多个模块再连接在一起成为整块电池。此外，电池内还有调节温度的冷却系统，以及用来导出单体析气的导气系统。在电池壳体内还装备有电池管理系统（BMS）及电气隔离开关。

在电池的生命周期和生产周期中，电池内部的不同部件/组件以及整个电池系统都需通过针对各种目标的不同测试。为结构化梳理所需测试，图 26.1 按照以下几个维度来展示。

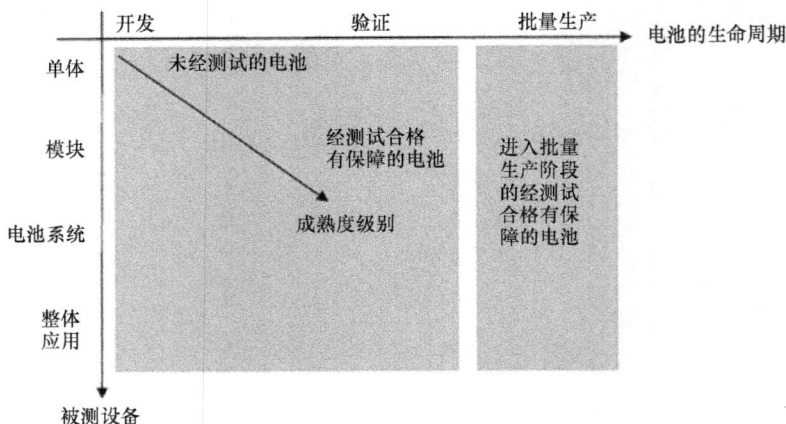

图 26.1　电池测试的影响因素

F. Dallinger (✉) · P. Schmid · R. Bindel
Robert Bosch GmbH, Wernerstraße 51, 70469 Stuttgart, Deutschland
e-mail: Frank.Dallinger@de.bosch.com

- 电池的生命周期：开发 - 功能验证/耐久测试 - 批量生产。
- 被测件（DUT，Device under Test）：单体 - 模块 - 电池 - 整体应用。
- 电池的成熟度：由于电池潜在危害，因此开发和验证阶段的测试必须考虑电池的成熟度。成熟度决定了测试所必要的安全防范措施等级。

在表 26.1 中列出了由这几个维度导出的测试概要。由于是新技术，所以这个概要并不完整。

表 26.1　锂离子电池的功能测试以及安全测试概况

	开发	验证，测试	量产
单体	利用阻抗频谱分析来进行单体化学优化 电气特性测试	日历老化和循环老化测试 电气参数测试 滥用测试 如果需要的话，振动测试	化成 测量 OCV，内阻 检查单体的密封性
模块	不同内容的应用测试	日历老化和循环老化测试 电气特性测试	绝缘检测，电阻测试 触点检测
电池组	不同内容的应用测试	日历老化和循环老化测试 电气特性测试 滥用测试 泄漏测试 环境测试	电气特性测试 通信测试
总应用	应用测试，以优化整体应用以及单独组件间交互作用为目的的研发测试		

截至 2009 年 3 月，关于锂离子电池反应有两个规范可用：美国 FreedomCAR 规范 [1] 和欧洲 EUCAR 规范 [2]。在一般情况下，会使用 EUCAR（表 26.2），即使是在美国也是如此。

表 26.2　测试规范 EUCAR 和 FreedomCar 的比对

FreedomCAR 滥用级别	EUCAR 危害等级	电池故障导致的危害[1]
一级	0	无危害
	1	可逆电池损伤
二级	2	无危害[2]
	3	可逆电池损伤有可能有无危害的泄漏
三级	4	
	5	危害
	6	可逆的电池损伤
	7	

① 此危害是由于故障引起的，会危害人身或财产安全，测试前提条件是使用个人防护装备，如护目镜和手套。

② 此危害可通过个人防护设备（手套、服装、面部防护（挡板））完全排除。

26.2 应用 EUCAR 危害等级规划实验

实验操作者须为要执行的实验或待测品的危险性定义其危害等级（Hazard Level）。实验系统将根据相对应的安全等级来进行布置。对列出的危害及风险，可通过对应的安全技术来结构模块化处理。通过选择适当的安全技术模块，可使如表26.3 所示的测试系统——对应于图26.2 所示的 0~7 的危害等级。

表 26.3 危害级别

危害级别	描述	分类标准和影响	可接受的风险
0	无影响	无影响，无功能障碍	
1	被动安全装置触发	无损坏，无渗漏，无充气，无起火，无火焰，无破裂，无爆炸，无放热反应，无热失控。单体仍然可以使用，安全装置必须进行维修	
2	有损坏	与危害级别 1 类似，但单体不可逆损坏，需要更换	
3	泄漏，重量损失 <50%	无充气，无起火，无火焰，无破裂，无爆炸。电解质溶液（溶剂 + 电解质盐）的重量损失 <50%	充气但不允许损害健康，不允许产生有毒物质
4	充气，重量损失 >50%	无起火，无火焰，无爆炸。电解质溶液（溶剂 + 电解质盐）的重量损失 >50%	充气但不允许损害健康，不允许产生有毒物质
5	起火或可见火焰	无破裂，无爆炸（如无飞溅的碎片）	充气且燃烧产物不允许损害健康，不允许出现或产生有害或有毒物质
6	破裂	无爆炸，但有电极活性物质的碎片飞溅	充气，燃烧和溅出的产物不允许损害健康，不允许出现或产生有害或有毒物质
7	爆炸	爆炸（如单体解体）	充气，燃烧，溅出和爆炸的产物不允许损害健康，不允许出现或产生有害或有毒物质

危害等级 0~3 的实验所需要的装置有：指示灯、安全门锁以及安全分离设施。

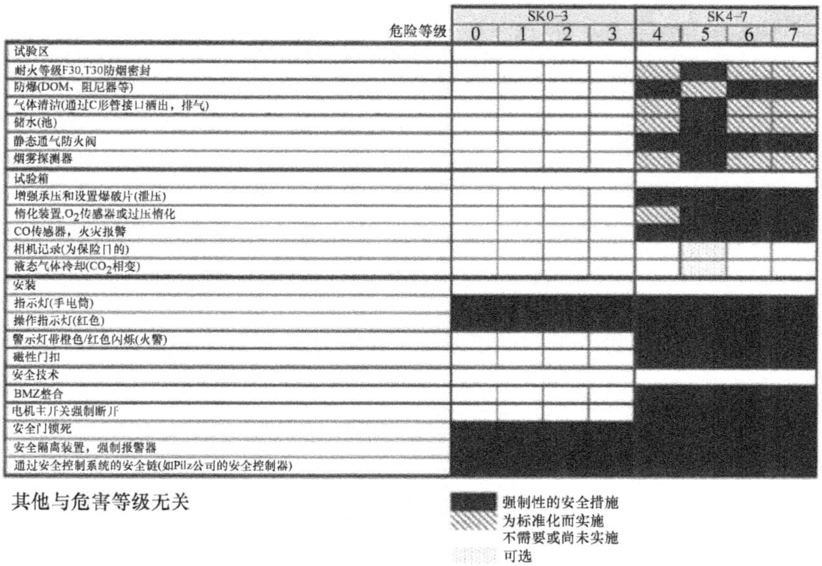

试验区	SK0-3				SK4-7			
危险等级	0	1	2	3	4	5	6	7
试验区								
耐火等级F30,T30防烟密封								
防爆(DOM、阻尼器等)								
气体清洁(通过C形管接口溢出，排气)								
储水(池)								
静态通气防火阀								
烟雾探测器								
试验箱								
增强承压和设置爆破片(泄压)								
惰化装置,O_2传感器或过压惰化								
CO传感器，火灾报警								
相机记录(为保险门而)								
液态气体冷却(CO_2相变)								
安装								
指示灯(手电筒)								
操作指示灯(红色)								
警示灯带橙色/红色闪烁(火警)								
磁性门扣								
安全技术								
BMZ整合								
电机主开关强制断开								
安全门锁死								
安全隔离装置，强制报警器								
通过安全控制系统的安全链(如Pilz公司的安全控制器)								

其他与危害等级无关

■ 强制性的安全措施
▨ 为标准化而实施
　 不需要或尚未实施
▢ 可选

图 26.2　电池测试系统的模块化安全技术

从这类危害等级的危险起，均会通过一个安全控制系统来完成安全信号的控制和触发。从危害等级 4 起，安全措施是针对充气、起火或火焰以及爆炸等情况的。

若要为危害等级 4～7 建立测试系统以对电池系统进行测试，则测试系统须相应扩展。操作这种高危害等级的实验时，普通防护设备将不能为操作员操作这种等级的被测物提供足够保护。测试设备中必须有能够防御化学性危害（显著放气或有害物质溢出，4 级）和物理性危害（火灾、破裂、爆炸：5 级、6 级、7 级）的保护装置。

防火分区由试验舱（安全盒）来承担，德国根据 DIN4102 第 2 部分定义试验舱耐火等级为 30min（F30／T30）。其他欧洲国家对这个值有不同定义，可多达120min，而在美国和加拿大，根据当地政府要求，可高达 240min。

在安全盒里集成了清洗设备，它包含：C 形管接口，储水池及出水口，门扣，烟雾探测器，防火阀。温度舱安装在试验区间内。此温度舱是根据电池测试的具体特点制造的：当电池内压力超过触发阈值时，由爆破片、排气通道（烟囱）组成的泄压通道被打开。CO 传感器可检测火灾，且由于其具有很好的交叉灵敏度，它对碳氢化合物也很敏感，可用于检测电池胀开情况。舱内还包含惰化装置，CO_2 冷却剂，以及电气或流体方面的轴套与连接适配器等。整个实验设施的控制和监视由一个安全控制系统来完成。基于安全传感器信号以及试验舱和测试者的反馈信息，安全控制系统时刻监测整个实验设施的状态，并在危险发生时激活相应的安全系统。它还确保在正常无故障运行时，实验系统不会出现任何对人有危害的运行状态。警报信息的向上传递也是通过安全控制系统完成的。

26.3　电池测试的功能和模块

电池测试系统由多个模块（图 26.3）组成，其涵盖了电池测试的不同功能，可进行安全且可重复的测试。它可以帮助测试人员创建测试序列，设置缺省数据以及管理测试结果。

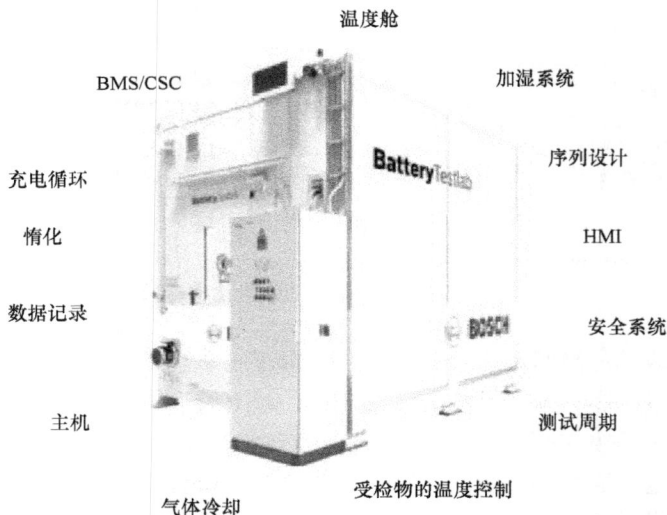

图 26.3　电池测试系统的功能和模块　来源：博世

电池的充电和放电：电池的常规运行状态就是持续有电流流出（放电）和电流流入（充电）。在测试中，这种运行状态会通过直流电压源（在此称为电池测试器）来进行模拟。此处需选用合适的直流电压源，在电池充电时作为能量源，在电池放电时作为负载来工作。非常重要的一点是，该电池测试器需要回收电池放电过程中放出的能量。它可以将此能量存至直流中间电路、测试电气网络或者是公共电气网络内。投资转换效率高的电池测试器是很值得的：一方面节省了能源成本，另一方面避免了采购大型制冷设备。电池测试器的电压和电流范围必须根据每个电池来进行匹配。表 26.4 列出了典型性能指标。

设备里安装的测量仪器不仅用于调整电流和电压，而且用于计算和输出测量值。因此，它的精确度必须适应特定的任务。对于开发和验证任务而言，必须保障高精度和高动态性。对于生产线终端测试，仅需类似于汽车上充电设备的精度和质量就足够了（表 26.5）。

表 26.4　电池测试的典型性能指标

	单体	模块	电池包
输出电压	0～6V	0～60V	50～600V 甚至 900V
最大输出电流	±400A	±(300～600)A	±(600～900)A
功率	±2.4kW	±18kW	±(120～350)kW

表 26.5　电池测试的典型精度要求

	单体	模块	电池包
转换速率	300A/ms	600A/ms	1200A/ms
电流纹波	0.2% FSeff	0.2% FSeff	0.02% FSeff
电流测量精度	±80～±400mA	±80mA～±0.4A	±120mA～±0.6A
电压测量精度	±2～±10mV	±20mV～±0.1V	±200mV～±1V

环境温度的管理：在测试系统中，由温度舱来模拟电池在车辆或其他应用中的环境温度，试验在温度舱内完成。其温度范围为 -40～+85℃。对于新兴的锂离子电池技术，一些开发标准并未明确定义。因此目前应用于测试中的温度梯度规定是从电子测试标准中推导而来的，如 ISO 12405-1，IEC 60068-2-38，ISO16750-4 等。然而，对于锂离子电池而言，温变梯度 4K/min 的定义应仔细考虑：由实验舱内的空气通过电池壳体及内部空间到达电池单体上所需热交换是非常多的。

电池温度调节：电池内各单体的温度一方面是安全相关的，另一方面对电池的最大输出功率以及老化（图 26.4）都有很大的影响。

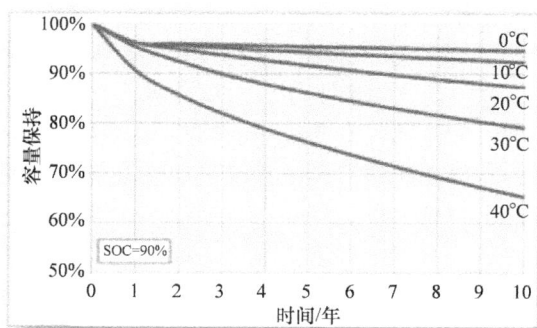

图 26.4　电池老化与温度的相关性　来源：Pankiewitz，AABC 2012，奥兰多

在低温情况下，电池只能输出其额定功率的一小部分，此时功率输出也影响使用寿命，因此电池需配备温度控制系统。它可以是更高效能的液体温度调节系统或

者是气体温度调节系统。在电池测试系统中，模拟了最终使用的温度调节的情况。温度调节系统可以静态预设在测试程序里，或是经由电池管理系统与测试设备的通信动态来控制。在此，需预设的值包括温控媒介的温度和流速，或是这两者的结合。此外，功能强大的电池测试系统在操控电池的动态充放电行为时需考虑温度情况。

数据管理：在电池测试系统中，有各种各样的数据管理的任务。存储测试序列是保障重复测试结果的可比较性的先决条件。这个可通过直接控制电池测试系统来完成。然而，测试序列并不能在其他电池测试系统中自动使用。因此，联合各独立的电池测试系统成为一个测试域，通过一个具有较高级别的制造执行系统（MES, Manufacturing Execution System）是有意义的。在 MES 中保存测试序列带来了额外的好处，可为有效的或验证过的测试序列以及受检对象进行标注。一般情况下，受检对象在进入到电池测试系统时会通过一个扫描仪直接识别其类别，找到相应测试序列的最新版本，并自动通过 MES 加载测试程序。据此可避免操作者人为错误。此外，在存储测试结果数据方面，MES 也有非常大的优点。它可以从收集的数据中提取简单的统计信息，比如，电池制造的流程链的系统变化的注意事项，以及简单地对比不同的生产厂的生产网络也可以由此实现。

安全控制：安全控制是电池测试系统中的一个重要任务。锂离子电池所储存的能量密度非常高。除了锂电池的高电位和强电流具有危险外，意外的能量释放也具有潜在危险。这种突发情况可能是因为单体的制造误差导致，或者是电池模块或电池包的装配差错导致，也有可能是在电池管理系统中出现错误，或者是因为操作员操作不当而引起。

安全控制系统会通过合适的传感器来监视所设置的温度、电压和电流的阈值，通过对带电部件的锁定来防止意外接触，以此来保证安全。当出现人为操作失误时，它会中断测试，调入相应保护措施并且发出警报。

自动化测试系统：自动化测试系统承担着以下任务，与测试系统（子系统）中单个元器件间通信，并在受测对象上实现测试任务（图 26.5）。该通信信道是双向的，也就是说，它可以发送预设值和接受的结果值。将子系统集成到一个更高级别来控制是很有必要的，这样能使得测试系统更加安全且操作方便。单独操作和控制每个子系统会很复杂且容易出错。此外，自动化测试系统是执行自动和动态测试序列的前提条件。在这里，自动化测试系统可根据子系统和受测对象的情况动态调整测试序列。

此外，自动化测试系统作为操作工具，可允许复杂的测试序列系统地发展，并可检查合理性。自动化测试系统的通信接口直接取决于各自的测试任务：当测试电池单体时，测试系统的子系统的双向界面是很必要的；当测试模块时，额外与 CSC 的通信也是必要的，通常是通过 CAN 总线系统。测试电池组则还需要通过各种 CAN 和 LIN 总线系统与 BMS 通信。

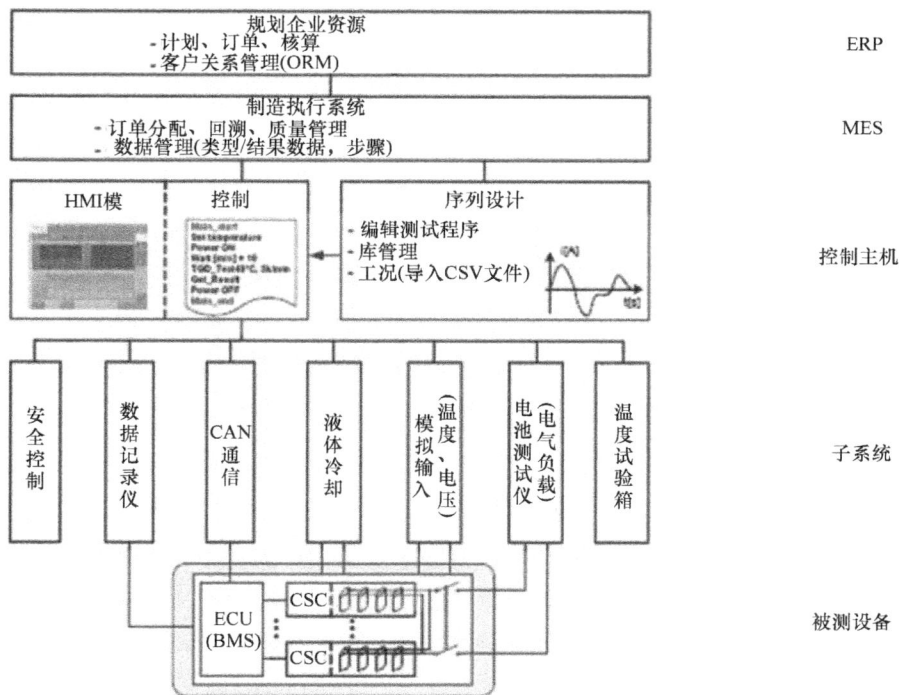

图 26.5　测试设备的控制结构　来源：博世

26.4　电池测试系统的用例

电池测试设施广泛地应用在很多领域中：从单个单体到电池组件的研究开发，到模块测试系统，以至于到整个乘用车、商用车和静态储能系统中的整个电池系统。该领域的研究工作仍然集中在化学原料（少量使用的）上，在电池组方向则越来越多地在电子和热管理方向上。热管理关系到电流源的可循环能力衰减、单体充电和放电能力，它对于电池包的意义变得越来越重要。因此，电池测试系统在单体层面，信号质量、信号转换速率和电流干扰是有决定性意义的；而到了电池组层面，往往只是触发必要的单体的散热设计。环境温度控制设备随着被测对象的尺寸的增加而失去部分功能。因为冷却功能受热交换表面积的限制，在此相对于被测对象体积增大，其表面积未等比增大，故此被限制住了。因此，对测试设备而言，这两方面，体积大小和价格定位需要找到合适的位置。相应的是生产技术的安全设计。如果在研发过程中早期样品已具有对应潜在危险的耐受，那说明在大批量生产中此材料成熟度很高，并可有很高的安全技术。

图 26.6 展示了一个电池测试设备，其大约有达 $8000\mathrm{m}^3$ 的容积。一个典型的负

荷大约在 2t 左右。试验内容主要是寿命试验、热设计和电池控制单元（BCU，Battery Control Unit）或 BMS 的数据交换测试，以及每个电池包内控制技术的测试。测试电流可高达 900 A。多室结构设计是必需的，以便满足北美市场的高要求，并且其可用于低成熟度的开发样品的测试上。对于较低的消防技术要求的设备会使用单室结构，其外壁高度热绝缘，从而起着一个防火温度舱的功能。

图 26.6　商用车及静态储能设备的电池组测试系统、批量测试，
Cobasys 开发实验室，密歇根州　来源：博世

该测试舱的装载需要相关设备提供帮助。在这里叉车一般是禁止使用的，因为它可能会损坏温控舱的内表面。测试系统通常不是一个单一设备来运行，常常有多个，最多可达 50 个单位，在工厂大厅中运行，一方面满足高测试需求，另一方面维持低的基础设施成本，这里指包括变压器、供电母线、冷却水供应等设备。

图 26.7 中展示了一个研究用的试验设施。很明显可以看到，发生事故时所需

图 26.7　研究实验室内单体测试的测试系统　来源：博世

的排烟管道安装在该测试舱顶上，地面区域可见有红色的消防栓。清洗该实验设施可通过"沐浴"方式，清洗剂的后续排出是通过在地板上的管道进行的。

在研究中常常需要对独立单体进行单独分析。这种单室紧凑型试验系统很适合这个用途。它有进行阻抗测量和对半电池测量的测量系统。图 26.8 左图展示了一个特别紧凑的测试模块。

对于大量单体的大规模测试在称为生产中的化成测试步骤中进行（图 26.8 右图）。这种测试不是在单独的测试室里进行的。它是在制造工厂的一部分中进行的，一般会建在单体生产厂内的一个保护区域里。

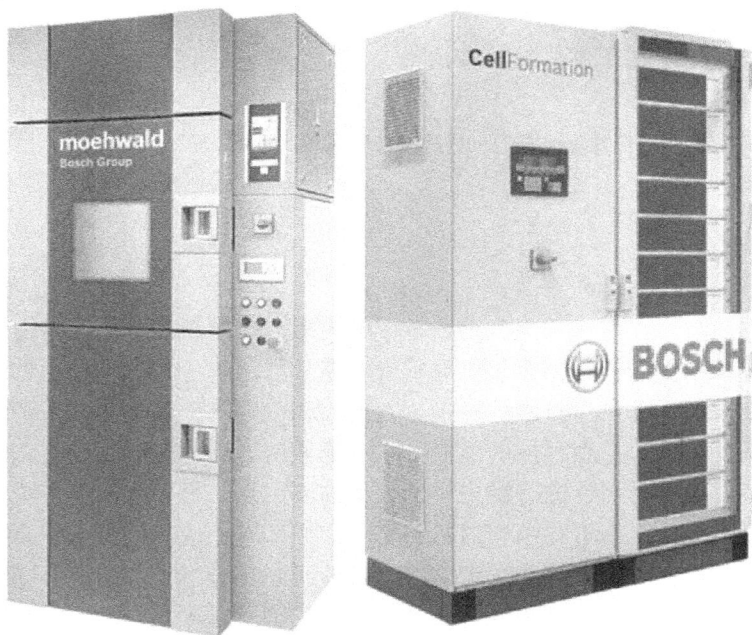

图 26.8　左：单体容量 100A·h 以内锂离子电池单个单体测试系统
右：用于锂离子电池单体生产的化成测试设备　来源：博世

在研究层面上，进行有关危险单体材料的试验时，以及进行误操作实验时将使用如图 26.9 所展示的建在室外的双舱系统。它的排烟系统必须有正式批文，必须具有气体洗涤或污染物隔离功能，因为在这里的危险产生几乎是个必然事件。

图 26.9　带处理装置的单体测试实验设备（moehwald/ Scienlab）

26.5　展望

锂离子电池技术在汽车和大型工业领域的应用是一项新技术。在电池中的许多影响参数以及因果关系即使到今天也没有得到充分的理解。因此可以预见，随着电池以及随之而来的电池制造技术的进一步发展，相关的测试策略和测试平台将随之进行演变和调整而适应。在目前的电池测试中都使用通用电池测试系统，但在未来可以预见，随着更有针对性的测试内容和大量的测试量，需要投入更多花费和更优化的测试仪器。现在，在进行烦琐的日历老化和循环老化试验过程中需要投入大量时间，已有在如何从时间上简化压缩这些测试的研究在进行了。由此可以预见，未来的电池安全方面的压力测试系统将可显著减少测试所需时间。

当前的长期耐久性试验显示，充电和放电对电池的容量损失具有巨大影响，从而影响到电池的寿命。这点在开发为了实现寿命预测目的的压力测试时必须考虑到，这可能会造成验证测试的测试时间增多，以及为更真实的验证测试结果而花费更多。

参 考 文 献

1. FreedomCAR: Electrical energy storage system abuse test manuel for electric and hybrid vehicle applications; SAND 2005–3123
2. Josefowitz W et al (2005) Assesment and testing of advanced energy storage systems for populsion-european testing report. In: Proceedings of the 21 worldwide battery, hybrid and fuel cell electric vehicle symposium & exhibition, Monaco, 2–6. Apr 2005

第 27 章　锂电池和锂离子电池的运输

Ludger Michels

27.1　导言

自 20 世纪 70 年代起，锂电池开始进入市场，开始只限于特殊领域应用且所需数量较少。然而随着技术发展，如今每年要运输数十亿的设备电池以及锂电池系统。

锂电池包、电池单体以及配备了锂电池的设备，由于其基本特性，均被列为危险品。鉴于电池事故屡次发生，其运输的安全问题一再被讨论，并制定了越来越严苛的运输管理条例。在航空运输业中，须特别严格管控，无论商业运输还是私人运输，以及运输中锂电池设备的使用都应有详尽条例，这样才可控制运输中的不确定性事件。

当下可用的运输规范主要是针对设备电池而定的，对于（混合/纯电动）电动汽车内使用的大型电池，或者大型的储能电池并未充分考虑。目前，国际上正一起协作制定新的规范以改变这种情况。那些关于锂电池电池包以及单体的商业运输规范均写在危险品法规里。运输时须针对不同的运输方式，应用且遵守本国以及国际有关条例和法规。在航空运输中有额外条例针对个人使用及私人运输锂电池，详细规定了如何照管、处理以及约束使用这类电池。另外须特别注意区别对待在托运行李内的电池和随身携带的电池。

这方面的政策和法规一直在不断地调整。因此，本书中列出的关于锂电池及单体运输的要求和细节只适用于当下撰写此书的时刻。法规修订节奏通常是每年度或者每两年一次。本章概述了锂电池作为危险品运输的情况。它只可作为参考绝不能取代法律规定的培训和监管审查。

L. Michels (✉)
fortu PowerCell GmbH, Chempark Geb. F29 Nord, 41538 Dormagen, Deutschland
e-mail: ludgermichels@aol.com

27.1.1　危险品法规基础知识

我们日常生活中接触到的许多物品都在危险品法规管理范围内。危险品法规中描述了如何避开危险，以及安全运输这些物品的前提条件。这里提到的危险品指的是某物质或某货物，它们的自然特性或其处于运输状态下的性质，可能对公众构成危险，或可能破坏重要公共设施，或可能危及人或动物的生命安全，以及可能对环境造成影响。

危险物品的运输条例涵盖从规划到实际操作的所有必要步骤。对交付运输的物品要进行识别和分类，选择合适的包装方式进行包装，并将包装好的物品外部做好明确记号，且生成危险品文档。另外，对于货物的装载、实际运输、接收和卸载的注意事项也在危险品运输条例中有详细规定。关于危险品的法规是专门规定如何运输此类物品，以及如何处理由运输导致的危险。

公司或企业主应对危险品运输负责，其责任主要包括危险品的包装、装货、运出、卸货、接收、开箱以及包装、货盘或运输车辆等的合规生产。

27.1.2　联合国规则

危险品法规的基础是联合国示范条例（UN Model Regulations），它是由一个国际委员会，即联合国欧洲经济委员会（UNECE）阐述和界定的。以此为基础，各国根据其特定的运输问题而改编入本国法律。

联合国针对危险品运输的专家委员会总部设在日内瓦。此专家委员会分为两个分委员会：其中一个负责制定联合国示范条例（UN Model Regulations），即所谓的"橘皮书"，以及联合国测试和标准手册（UN Manual of Tests and Criteria）。另一个分委员会则制定全球化学品统一分类和标签制度（GHS，Globally Harmonized System of Classification and Labeling of Chemicals）。

直接隶属联合国的有国际民航组织（ICAO，International Civil Aviation Organisation）和国际海事组织（IMO，International Maritime Organisation）。在这些组织内有专门的工作组，它们根据联合国欧洲经济委员会（UNECE，UN Economic Commission for Europe）工作组的条例，按照对应交通工具的特点来制定具体规则（表27.1）。

表27.1　撰写针对特定运输方式法规条例的工作组

运输方式	组织/公约	规则
空运	国际民航组织（ICAO）	ICAO 技术指导（TI, Technical Instructions）
	国际航空运输组织（IATA）	IATA 危险品条例（DGR, Dangerous Good Regulations）（IATA 对应 ICAO TI 的条例）
海运	国际海事组织（IMO）	国际危险品海运条例（IMDG, International Maritime Dangerous Goods）

（续）

运输方式	组织/公约	规则
公路运输	联合国欧洲经济委员会（UN-ECE, UN Economic Commission for Europe）	欧洲国际公路危险货物运输协定（ADR, Accord européen relative au transport international des marchandises Dangereuses par Route）
铁路运输	国际铁路运输政府间组织（OTIF, Intergovernmental Organization for International Carriage by Rail ）	关于铁路危险货物国际运输条例（RID, Regulations concerning the International Carriage of Dangerous Goods by Rail）
内河水运	欧洲经济委员会（UNECE）	欧洲国际内河水运危险货物运输协定（ADN, Accord européen relative au transport international des marchandises Dangereuses par voices de Navigation interieures）

27.1.3　一般分类

与危险品打交道的一个重要步骤是正确识别和分类。其他后续步骤都需以此为基础。按照它们各自性质，危险品可分成九类（表27.2）。

锂离子电池单体以及锂离子电池设备被划为第9类危险品。除了一般的规定外，对应的联合国编号下还包含了具体信息：名称、描述、类别、其他风险、包装类别、危险标记/标签、特别规定、限制数量和允许数量、包装要求以及各种交通细节。

表27.2　危险品分类

级别	物质类别
1	爆炸性物质
2	气体
3	易燃液体
4	易燃、可自燃、不稳定的固体以及受潮、沾水易燃的物质
5	强氧化性物质和有机过氧化物
6	毒性和传染性物质
7	放射性物质
8	腐蚀性物质
9	其他危险物质和物品

27.1.4　针对运输方式的法规条例及国家层面的法规移植

联合国示范条例（UN Model Regulations）针对不同的运输方式制定了具体的

基本规则。不言而喻，采用不同运输方式运输危险物质或物品所面对的风险级别是不同的。因此，针对不同运输方式，其条例的内容和结构也有所不同。

不过即使是国家层面的法规也并不总是与联合国保持一致的。比如欧洲国际公路危险货物运输协定（ADR，Accord européen relative au transport international des marchandises Dangereuses par Route）的内容和结构与联合国示范条例非常相似，然而美国联邦法规第49篇运输（49 CFR，Code of Federal Regulation，Title 49，Transportation）中的结构以及许多细节却与联合国示范条例（UN Model Regulations）有很多不同。不仅针对一些具体问题根据其国家具体情况规定了一些多边协定，就连官方机构的具体阐述也很不一样。联合国测试和标准手册（UN Manual of Tests and Criteria）详细介绍了判定物质和物品的多种测试方式，并针对不同运输方式制定了相应的评定标准和测试流程。

27.2　锂电池包和电池单体的运输

在任何情况下，锂电池的商业运输都属于危险品法规管制范围，对于豁免情况也是如此。只有经过相关培训的专业人员才有资格担任运输准备和运输工作，且整个运输过程应有相关专家或有资历的公司参与。

除了少数例外，运输前需先通过联合国测试和标准手册（UN Manual of Tests and Criteria）38.3节中规定的测试。在开发单体和电池组时，以及开发含有锂电池的设备时，都应尽早考虑此手册内容，需以此手册为指导来安排锂电池安装位置，以求符合测试要求。在设计单体以及电池的容量大小时，应该参考豁免阈值提前规划。

单体和电池的重量对于航空运输是一个很重要的值，它对于运输可行性、包装规格等问题有决定性的影响。它也会影响到测试参数。

可惜许多参数都并不固定，在重新制定测试以及定义具体运输量的阈值时，这些值都常常需要改变。尽管如此，这种设计已经很具有创意了。即使是电池重量上几克的差别都可能会决定是否能采用另外某种运输方式。即使是电池系统内一个很小的改动，都必须通过一个新的全面测试来验证。在下一个版本的联合国测试和标准手册（UN Manual of Tests and Criteria）里定义的改动，不仅指硬件部分的改动，也包括了软件部分（例如，内置电池监测模块和电池管理系统）的改动。

危险品规则对于电池行业的影响，在物流链开始前很早之前就显现了。危险品的运输有很多必需的前提条件，这些对于产品研发和产品规划人员是必须考虑的内容。此时已经决定了开发出的产品是否可以按期望的形式来运输。此外，它还为减少不可忽视的测试成本起到重要作用。图27.1所示的是以锂离子单体和电池运输为例的决策树，它展示了不同运输方式的不同前提条件。在接下来的章节中将讲述一部分这里所说的前提条件。

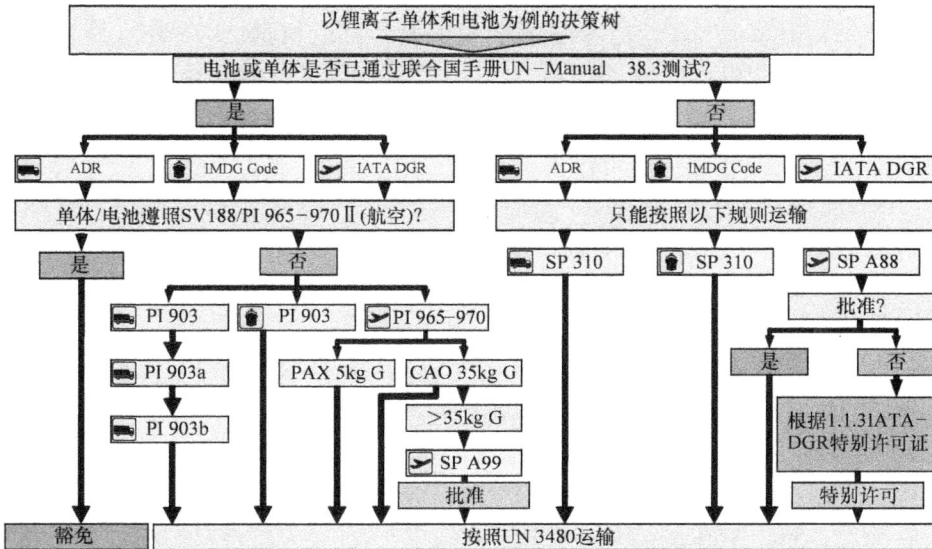

图 27.1　锂离子单体或电池运输的决策树（实例）（按运输方式分类）

27.2.1　分类和运输条例

本节将简短介绍各种法规的相关条目。锂电池单体和锂电池设备属于第9类危险品，危险品条例介绍了其作为危险品的相关规则和例外情况（表27.3）。

表 27.3　联合国与锂电池相关的危险品条例

危险品	
UN 3090	锂金属电池
UN 3091	设备里的锂金属电池，或与设备一起包装的锂金属电池
UN 3480	锂离子电池（包含锂离子聚合物电池）
UN 3481	设备里的锂离子电池，或与设备一起包装的锂离子电池（包含锂离子聚合物电池）

虽然并没有明确说明，但在此表内，锂金属电池是不可再充的电池系统，锂离子电池是可再充的电池系统。

公路和铁路运输：以下列出了除特别情况外的特殊条款和包装规则。参考编号的全文版可以在对应规则中找到：

● ADR，RID

特殊条款：188，230，310，348，636，656

包装规则：P903，P903a，P903b

- 根据 ADR 第 1.1.3.6 和 1.1.3.7，豁免：

对于每运输单元[⊖]仅运输有限数量的情况，可以根据 ADR 第 1.1.3.6 进行一般豁免来简化。根据 ADR 第 1.1.3.7 小节则豁免了那些安装于交通工具上的锂电池（为交通工具提供动力，或为设备提供能量），或为运输中所需设备中的电池。

- 多边协定 M228 和 M233：

多边协定 M228 描述了，运输超过 100kg 的原型电池时，根据特殊条款 310 对包装的简化方法。针对那些无法通过 ADR 第 4.1.3.7 条的情况，多边协定 M233 描述了包装要求。

航空运输：航空运输的特殊性和航空运输的特殊条款以及包装规则如下：

- ICAO T. I. ：

特殊条款：A48，A88，A99，A154，A164，A181，A183

包装规则：P965，P966，P967，P968，P969，P970

特殊性：State Variation US 2 & US 3

海路运输：以下特殊条款和包装规则仅适用于海运：

- IMDG Code：

特殊条款：188，230，310，348，957

包装规则：P903

27.2.2 联合国测试和标准手册

在第 26 章中已经介绍了产品开发测试和产品规划测试的相关性。除了少数特殊情况外，每个新单体或新电池组在运输前必须先通过危险品规定中关于锂电池的所有测试，这部分测试在联合国测试和标准手册（UN Manual of Tests and Criteria）中有详细说明。这些测试也适用于由多个单体或电池成组为新电池（电池包或电池组）的情况。该手册还规定了电池的结构性措施以及安全机制。

现在测试主要包括：高度模拟、温度变化、振动、冲击、外部短路、撞击、过充电和过放电等多个方面。这些测试需要对大量单体和电池以不同 SOC 运行，对于可再充电池则要在完成多个充放电循环后进行。电池内所有组件都必须经受住测试。首先，电池单体必须先通过测试，然后将对电池单元如电池模块进行测试，最后再测试整个电池。由大型模块组成的电池可作为例外，但豁免测试的前提是其他的标准必须要满足。在该手册的下一版将提出更深远的要求。除了对新技术有更严格的条例外，还要求一个可用的有合适的质量保证措施的质量管理体系。

⊖ 译者注：在 ADR 1.1.2.4 中定义如下：运输单元：一个不带拖斗的机动车辆，或一个带拖斗的机动车辆。单独拖斗本身不是一个运输单元。

27.2.3　运输未经测试的锂电池及单体

运输没有按照联合国测试和标准手册（UN Manual of Tests and Criteria）测试过的电池是有可能性的。这种豁免运输的重要前提是，等待运输的电池已通过了外部测试。这种例外仅适用于运输最多含100个单体的小批量样件，以及预生产样品的情况。针对不同运输方式，需要额外措施，以保证运输过程中的充分安全。这措施可能是更高安全级别的包装，或者其他各种措施。部分情况或要求其持有政府开具的特殊许可证或豁免许可。非常重要的是它们必须满足联合国示范条例（UN Model Regulations）和ADR特殊条款第310条所提及的豁免条件。在此，需特别注意这些涉及合适保护而提出的进一步包装要求的特殊性。在多边协定 M 228 中，对未经检测的大于100kg的电池规定了简化包装的方法。

对应于特殊条款310，在航空运输中的条款是A88。使用它的先决条件是政府部门为其开具了特殊许可。在德国主管此方面事宜的部门是联邦航空署（LBA，Behörde das Luftfahrt Bundesamt）。开出此特殊许可的前提是，联邦材料和测试研究所（BAM，Bundesanstalt für Materialforschung und – prüfung）对其发布了安全评定，在该评定里列出了为达到等效安全级别所必须采取的措施。若没有此特殊许可证，在有重大原因的情况下仍然有可能按照 ICAO T. I. 第 1.1.2 节运输。然而，这需要所有运输相关国的特别许可。对于进入美国或在美国境内的运输，依照49 CFR，对所有交通方式在几乎任何情况下，均须提供由相关政府部门开具的特殊许可证。

27.2.4　运输已用锂电池及单体

已用电池也受危险品法规的约束。一般而言，新电池的相关规定也适用于尚完好无损的已用电池。对于有缺陷或已损坏的电池则按损坏程度不同对应有更严苛的规定，甚至完全禁止运输。此处所说的完全禁止运输是针对航空运输的（ICAO T. I. ，IATA DGR：特殊规定A154）。

针对运输未损坏的已用电池有额外的特殊规定，具体见 ADR 里636条，以及 ADR 包装要求 P903a 和 P903b。根据 IATA DGR 特别条例 A183，废旧电池和回收处置的电池是禁止航空运输的。除非经由两个国家政府机关的额外的批准，即空运始发国以及航空承运公司所在国的国家政府机关，才能航空运输此类已用电池。

目前一个国际工作小组从联合国欧洲经济委员会（UN ECE）层面在研究运输损坏电池的根本基础。联合国将依据 ADR 的相关内容制定章程，以解决运输需回收处理的已用设备锂电池的问题。为找到合适可用的方法解决此问题，大概仍然需要几年时间。

27.2.5 有关锂电池及单体的联合国条目

以下联合国编号尤其对公路运输，或某些条件下对海上运输，可能是有用的：

- UN 3166 可燃气体/可燃液体/燃料电池驱动的燃料汽车。
- UN 3171 电池驱动的汽车或者电池驱动设备。

根据 ADR，这些情况对于公路运输可完全豁免。

参 考 文 献

1. Recommendations on the transport of dangerous goods vol I/II, 2011, Rev. 17, ISBN 78-92-1-13914-1
2. ADR 2011, 2010, ISBN 978-3-609-69338-5
3. Technical instructions for the safe transport of dangerous goods by air, 2011–2012 Aufl, ISBN 978-92-9231-605-1
4. ADR: www.bmvbs.de/SharedDocs/DE/Artikel/UI/Gefahrgut/gefahrgut-recht-vorschriftenst-rasse.html
5. IATA Guidance Document über Lithiumbatterien: www.iata.org/whatwedo/cargo/dangerous_goods/Pages/lithium_batteries.aspx
6. UN Manual of Tests and Criteria: www.unece.org/trans/danger/publi/manual/Rev5/ManRev5-files_e.html www.unece.org/fileadmin/DAM/trans/doc/2011/dgac10/ST-SG-AC10-38a2e.pdf www.unece.org/trans/danger/publi/unrec/rev17/17files_e.html Deutsche Übersetzung der BAM: UN Handbuch Prüfungen und Kriterien www.bam.de/de/service/publikationen/publikationen_medien/handbuch_befoerderung_gefaehrlicher_gueter.pdf
7. Multilaterale Vereinbarungen: www.unece.org/trans/danger/multi/multi.html

第 28 章 锂离子电池的回收

Frank Treffer

28.1 导言和概要

从 20 世纪 80 年代起，在经过长时间的停顿后，以电池作为储能元件的电动汽车的研究工作开始复苏。其关键点在于发展具有高功率和高能量密度的低成本电池。当前，锂电池的大规模应用主要是在消费电子市场中（如笔记本电脑电池），不过市场上也出现了一种应用在电动汽车领域的锂电池，它可使汽车续航达到所需要的 250km，并且其电池重量也控制在可接受的范围内，大约为 300kg。这些年来，私人和公共科研机构一直在这方面进行持续深入的研究，旨在进一步优化电动汽车的电池驱动能力。

电动汽车这个课题因此成为近些年的新热点。目前大型汽车和能源公司的工作重点是实现基于纯电和混合动力的汽车设计。实现这些汽车设计有一个基本前提，那就是确保汽车中大量使用的电池中某些特种金属的中长期资源可用性，这些电池材料中的特种金属必须通过经济且对环境友好的方式来回收。

从报废汽车中回收特种金属已有一系列工业工艺。一个很好的例子是从报废汽车的排气催化剂中回收贵金属。第一个电池回收处理工艺在 2003 年研究成功。通过这个工艺可从废弃的锂离子电池、锂聚合物电池和镍金属氢化物电池中回收金属钴、镍和铜，而且此项回收工艺对环境是友好的。锂电池当中所含的锂存在于熔渣里，它将和所有剩下的熔渣物质一起继续作为工业原料处理。另外，也有可以将锂从剩余熔渣物质中回收出来的解决方案。

在瑞典 Hofors 有一个第一批商业用途的电池回收试验工厂，它每年标准产能为处理 2000t 电池。它的回收重点是废弃的小型设备电池，如笔记本电脑、手机和 MP3 播放器中的电池。新建的回收设施每年能处理 7000t 废弃电池，它可以处理大型混合动力和电动汽车的电池系统。该回收设备（全球联网，操作交货地点）会

F. Treffer (✉)

Umicore AG & Co. KG, Rodenbacher Chaussee 4, 63457 Hanau-Wolfgang, Deutschland

e-mail: frank.treffer@eu.umicore.com

通过机械化预处理来回收这些电池（正在建设中）。

电池回收非常具有经济潜力。以每个电动汽车上的电池仅按几十千克到100kg来计，仅仅欧洲在未来每年有1000万个电池要回收，那就是每年有好几十万吨的电池需要回收再利用。再考虑到其他领域的电池回收需求，也就是说在现在必须建立相关回收设施，以保证未来20～30年的回收能力。

目前处于研究阶段的用于混合动力汽车和电动汽车的高功率电池各式各样，它们所含化学物质种类、单体形态，均有所不同。电池内的组件，如电子系统、壳体、冷却系统等，在一起的组合方式也有很大不同。由于材料的错综复杂，为了能够以稳定的良好工艺，低成本高产能地提取高价值材料，只能通过全方位考量并基于现代化技术来实现。

至今为止，重要的电池原料（钴、镍、锂）仍主要是从初始原料制备。在欧洲，从便携式设备电池中回收钴和镍已经开始；而对于锂的回收也已有初步设计。当下锂几乎100%会返回至工业（通过熔渣方式）。

在混合动力和电动汽车的储能设备中大量使用了这些战略金属，由于规模经济（Economies of Scale）的原因，这使得将来对于钴、镍、铜、锂和锰的回收必须具有工业规模。因此，为了保障这些对欧洲有战略意义的材料供应，必须开发出一套这些材料的循环再生工艺链来。这个材料循环再生工艺链的发展对于未来电动汽车的大规模进入市场而言是一个重要前提，它是前文所提到的战略金属的中长期安全供应的关键。

28.2 锂离子电池的回收

28.2.1 国际技术标准

针对小型设备电池的有效回收设施已经长期存在了。它主要采用的工艺基本上是两种，湿法冶炼和火法冶炼。在此要区分两个概念，回收和精炼。有价值的材料以提纯的形式回收重新投入工业应用，这是精炼，但并不是所有的回收企业会进行精炼的。

火法冶炼工艺特别适合回收镍和钴（副产品铜），有很高的回收率。它也可以用于回收其他含镍和钴的材料，如用过的催化剂。基于市场形势，锂的回收是很被关注的。锂元素可以通过氧化物或碳酸锂的形式被回收，所需的技术概念工艺等已经在实验室和小规模试验工厂中得到应用和证实。

稀土类元素的回收（例如，从报废的镍氢电池中）当前仍处于开发测试阶段。

图28.1显示了从事电池回收领域的公司们的概况。该图内只包含公开渠道

信息。

与小型便携设备电池不同，大型电动汽车或者混合动力汽车内的电池具有明显更大的尺寸，由于工艺技术原因，在开始回收处理电池前需要先进行预处理工作。由于这类电池尺寸大，重量重（50~450kg），组成结构复杂，因此预先机械处理拆解是必不可少的。除此之外，考虑到电池内部所残存的能量以及电池的机械和电化学状态，需要采取进一步的相应措施，以避免在储存、运输和操作过程中产生危险。

ACCUREC	BATREC	umicore	TOXCO	ERLOS
所在地： Mühlheim(德国)	所在地： Wimmis(瑞士)	所在地： Hoboken(比利时)	所在地： Trail(加拿大)	所在地： Zwickau(德国)
处理能力：2500t/a	处理能力：5000t/a	处理能力：7000t/a	处理能力：3500t/a	处理能力：无资料
备注： 能耗低，几乎无废气排放， 可回收铁、铜、锰和钴	备注： 可回收铁、铜、锰、 锌和钴	备注： 小型设备电池或电池单体 无须预处理，无危险物排放 可回收铁、镍、铜和钴	备注： 世界最大的一次性锂电池回收厂，可回收钴	备注： 打开电池进行镍精炼 可回收铜、镍、钴 钢
工艺： 真空热处理	工艺： 材料分离	工艺： 火法和湿法冶炼，按 工艺步骤进行	工艺： 制冷，湿法冶炼	工艺： 火法冶炼

图28.1 锂离子电池回收的市场形势（截至2009年，[1]）

28.2.2 锂离子电池的循环利用技术

在下文中，将讲述电池回收处理工艺。在比利时安特卫普（Antwerpen）附近的Hoboken有一个世界上最先进的回收工厂（图28.2），它已具有处理很多二次材料的能力。通过复杂的火法冶炼工艺流程，这里每年会高产地从超过35万t的原料中（催化剂、电路板、移动电话、工业过渡产品和残余物、矿渣、粉尘等）回收贵金属。

图28.3所示的工艺流程图已针对贵金属进行了优化，实现了回收周期短且贵金属产量高。通过图中各种工艺的综合处理，进一步提高了含有贵金属的复杂材料的吞吐率。同时，此工艺流程具有较高灵活性且对杂质不敏感。

融化物中包含的铜与贵金属将一起被直接导出并形成颗粒形态，然后送到接下来的电解工艺步骤进行下一步处理。贵金属将在此和铜分离。而初次熔渣则会经受进一步高炉法提炼加工，以分离出铅和其他有色金属，从而提取得到这里残留的贵金属。这里产生新的测流材料，同样也在工艺循环里被控制，将在接下来进一步处理。故现在除了贵金属之外，还有许多特殊金属可以优质且高效地回收。在整个回收流程中，一套非常有效的废气处理系统始终在运转，通过它能够将当前的排放可

图 28.2　位于 Hoboken/Antwerpen 的综合金属冶炼厂 Umicore（来源 [1]）

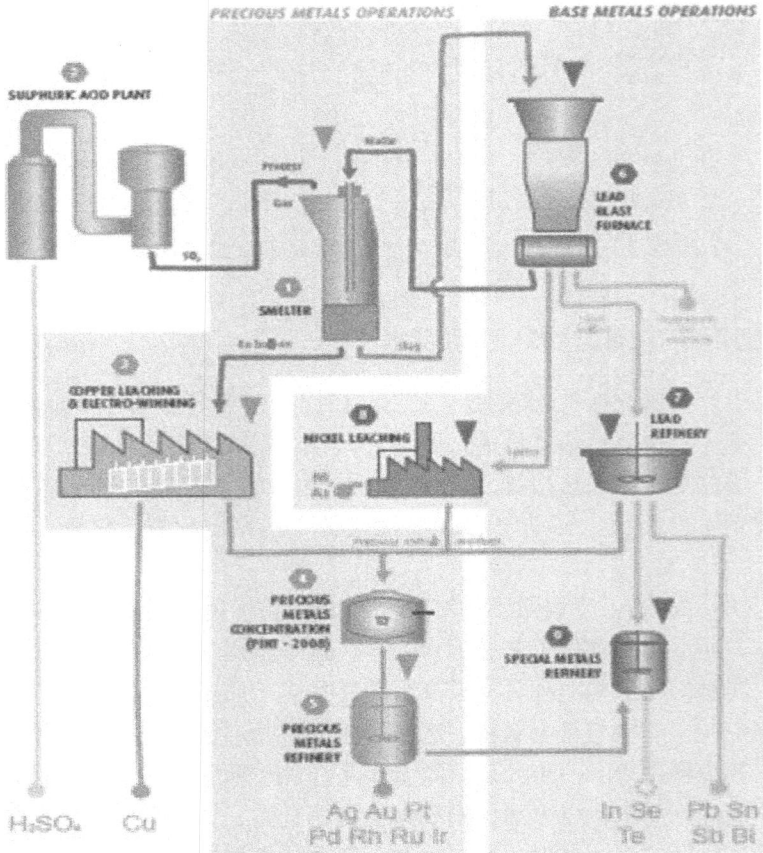

图 28.3　综合贵金属精炼工艺流程图（来源 [1]）

靠地控制在给定限值之内。接下来，预先富集的浓缩物会被导入特定的湿法冶炼工艺中，通过这个步骤可将单一元素高纯度析出。多年的经验表明，成功的现代化循环回收的关键点在于：全盘考虑各环节，废弃元器件的预处理、确定原料、采样过程、火法和湿法冶炼以及整体优化组合。由此回收的金属将以化工（预）产品的形式用于生产新的产品。

在上面介绍的工艺流程范围内，积累了很多近些年在物流领域、金属管理（价值金属贸易）、采样和分析（Analytik/Sampling）以及金属回收方面的经验。这给未来各种应用类型的消费后（Post – Consumer）再生循环打下了关键的基础，并最终得到了当前的电池回收方法，下文将详细说明。

从 2009 年到 2011 年，作为政府资助的公益项目之一的锂离子电池回收项目，得到了很大进步，尤其是通过实验工厂开发了大型工业电池系统的预处理、安装和投入运行的流程。流程模型图见图 28.4，工艺流程图见图 28.7。

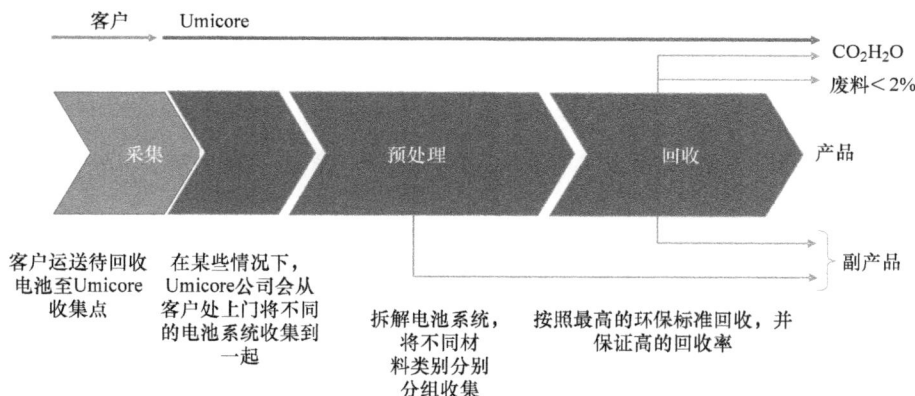

图 28.4 带综合预处理的锂离子电池回收流程模型

此实验工厂符合欧洲电池准则规定的所有技术要求和法律规范。下文将要描述火法冶炼回收工艺。对于锂离子和镍氢电池系统，无论其设计和性能如何，其再循环率均可远超过 50%。

首先，电池系统先在预处理步骤被拆解至单体层面（图 28.5 和图 28.6）；这里单体仍然保持未开封状态。电池单体是最重要的一类材料，它会送到回收装置里继续处理。所有其他材料将被尽可能细致的按种类的分开，并送至冶金工厂（图 28.5）继续处理。

小型设备的电池，特别是移动电话、笔记本电脑、MP3 播放器内的锂离子电池无须经过预处理而直接进入回收阶段。由于在电池回收过程中允许将各种各样的电池混合一起处理，因此其具有非常好的经济性，能实现非常高的产能利用率（目前 7000t/年）。

在元素分析的基础上，针对某种电池材料将其通过火法冶炼，以达到提高这类优先元素的回收率。火法冶炼工艺产生三种输出：熔渣、熔融合金和烟尘。

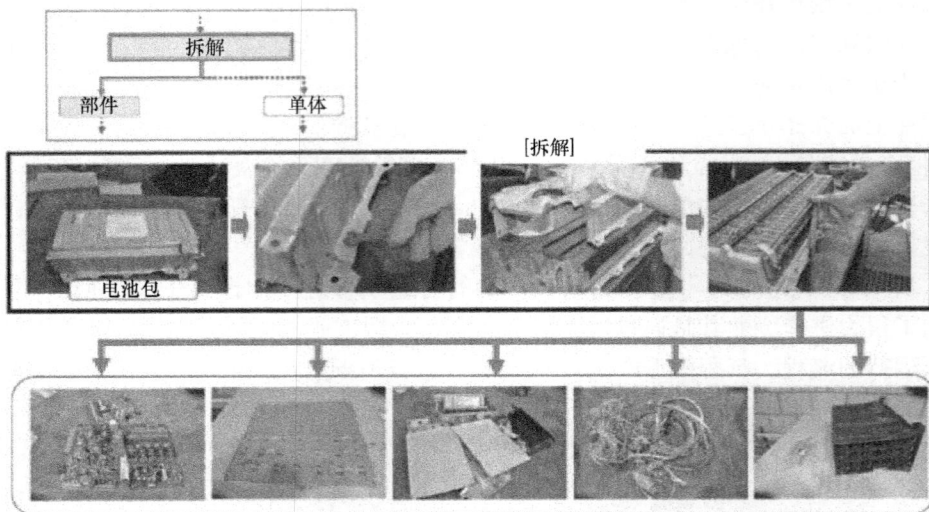

图 28.5　预处理/拆解电池系统使之成为单一形态的材料：金属、塑料、电子元件、复合材料

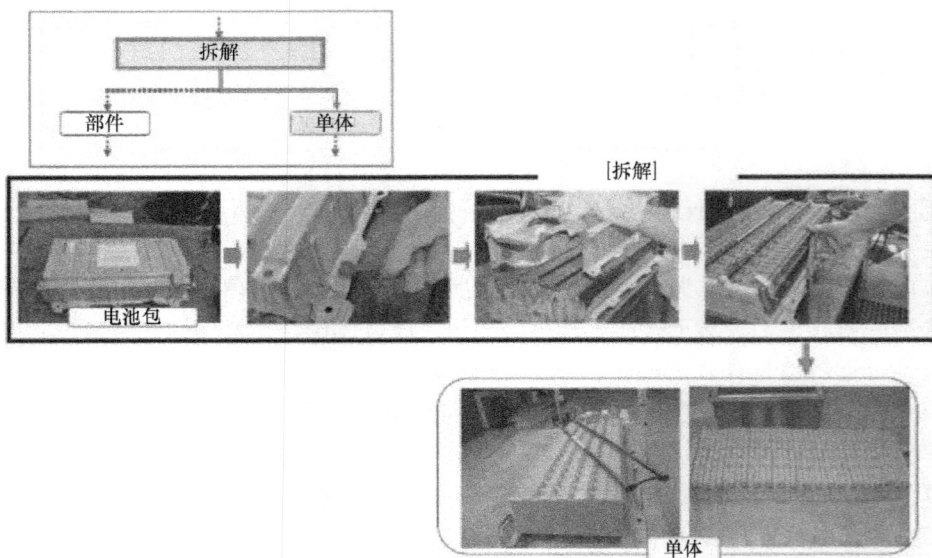

图 28.6　电池系统拆解至单体级别

首先基于冶金性能，使熔渣中和熔融合金中的有价材料的含量进一步浓缩。

目前整个熔渣直接用作预制混凝土的工业原料（矿物附加料）。另一种方案是通过湿法冶金加工，将此熔渣内的金属元素，比如以氧化物形态存在的锂，以化学方法浓缩，从而最终以锂元素或锂化合物形式回收。

熔融合金在通过导出和粒化后进入处理设备（精炼系统），经过化学分离（溶剂萃取），其目的是在此提纯单一元素（尤其是钴（Co）和镍（Ni）），并以纯粹的形式回收，进入下一步处理。第三类物质是废气处理装置排放的烟尘，烟尘内还含有非常少量的有价金属。回收的烟尘一般会进入热循环流程，以达到浓缩的目的。含氟混合物的浓缩工艺，是为材料的循环使用目的而开发的，旨在最终获得绝对无残留的流程。

目前在此烟尘混合物中所含物质是开始输入回收前材料的2%～3%。还有一个进一步的方法，该烟尘可通过一个特殊湿法冶炼工艺来进行处理，这项技术是克劳斯塔尔技术大学（TU‐Clausthal）开发的。

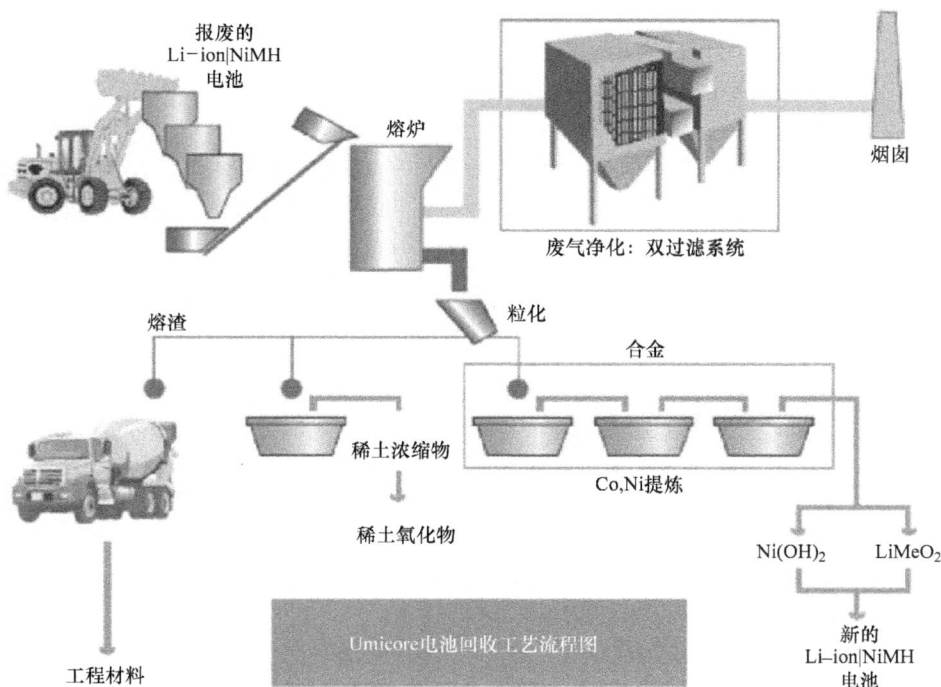

图 28.7 回收报废可充电池的工艺流程图

这种方式回收的金属，如钴和镍，可以作为生产电池的原材料，将用于生产新电池的正极材料。相应的物质循环图细节请见图28.8。

除了已存在的循环回收流程工艺链以外，回收问题必须在产品开发的早期阶段就考虑到，这需要通过改善所涉及产业之间的合作来完成。

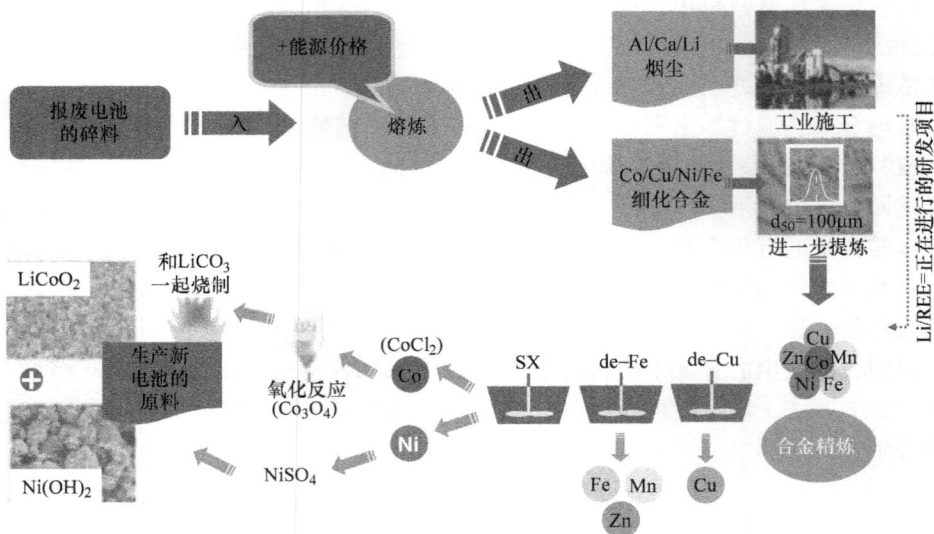

图 28.8　Umicore 整体的封闭式的可充电池回收工艺物料流

通过使用这一整套工艺方法，目前针对某单一元素的回收利用率可达 90% ~ 95%。考虑到额外利用的能量，计算出更高的回收率也是可能的。因此，通过报废电池的现代化再循环回收将显著缓解原料的可用性，且不破坏环境。生态平衡研究（LCA 研究）证实，针对锂离子电池中钴酸锂的供应而言，相比于从自然资源中提取，通过回收的方法提取可以节省 70% 的 CO_2 排放以及 70% 的能量。

28.3　小结与展望

在电池回收领域，各公司工艺流程技术的发展取决于各自回收技术重点以及回收目标。原则上，现有的回收技术已经有很好的应用性和易验证，并且技术上也很有可控性。处理工艺的差异性主要表现在，前导工序处理（浓缩处理）、工艺对环境的影响、工程的能量需求和能量回收的可能性。

工艺流程的优化是具有潜力的。进一步的研究活动围绕着如何提高单个元素的回收率展开进行。但是总体来说，现代化循环回收技术可以扩展到其他消费后（Post - Consumer）的产品上，以求最终显著扩大城市资源回收系统 "Urban Mining" 的范围。

电池回收需要进一步努力解决的是电池运输物流和与安全技术相关的问题。这里也包括寻找一种高效的解决方案，来系统完成合适废旧锂电池的收集工作

随着电池回收工艺和方法的蓬勃发展，可以推测，在未来几年生命周期评估（LCA Life - Cycle - Assessment）将会在其他应用上进一步加强，以找到潜在的优

化可能性，以及证明工艺链的可持续性。

因此，有关电池回收的进一步研发课题主要在以下几方面［2］：

- 有关废旧电池的安全运输研究，特别是对于受损的电池系统。
- 制定并实施废旧电池的供应链，以及涉及回收和再利用的可行的商业模式。
- 研究废旧的锂离子电池（例如记录生命周期、老化机理），旨在进一步优化电池和电池系统。
- 开发可拆卸的单体连接技术，以达到易于回收和拆解电池系统的目的。
- 旧电池的快速诊断方法（OEM 层面的）。
- 自动化预处理电动汽车及混合动力汽车电池系统，进一步提高生态循环概念的经济效益和竞争力。

关于集中或分散解决电池回收的方案，在未来将必然会越来越多地被讨论。需要首先注意，分散的电池回收方案会导致以下几方面效应：

- 能源消耗总量的增加。
- 回收过程相关的二氧化碳排放量增加。
- 运输成本降低，且与运输相关的二氧化碳排放量降低。

参 考 文 献

1. Hagelücken C, Treffer F (2011) Beitrag des Recyclings zur Versorgungssicherheit – Technische Möglichkeiten, Herausforderungen und Grenzen, EuroForum-Konferenz in Stuttgart, Mai
2. Projektabschlussbericht Verbundprojekt „Entwicklung eines realisierbaren Recyclingkonzeptes für die Hochleistungsbatterien zukünftiger Elektrofahrzeuge" – Lithium- Ionen Batterierecycling Initiative – LiBRi

第 29 章 电池系统生产专业人员的教育和培训

Karlheinz Müller

29.1 导言

现代培训理念使企业能迅速对工业电池生产技术要求做出反应，并且让企业后续力量及早接受最新操作规程的培训。有经验的专家也可以根据自身潜力和兴趣，在某项操作或者流程环节继续进修深造，学习最新的技术和流程的变化，并使本企业生产随之契合。

通过培训和深造，使得员工对于价值生成链、生产流程，以及内部网络的认识和看法一致。对总体工艺的理解和共识保证了智能生产所有环节的沟通和合作。通过培训，为员工长期的继续学习打下了扎实的基础，这样专业人员的自身能力可以随着产品和工艺创新发展而逐渐提高 [6]。

29.2 合格的员工，可变化的生产系统

电动汽车是一个机遇，也是一个挑战，德国希望通过它而进一步扩大其在工业、经济、科技和技术方面的领先地位。德国政府和经济界对此设置了共同目标："德国在 2020 年成为电动汽车的领军供应商，且在市场上占有领先地位"。为了达到这个目标，对于接下来的几年的技术转型有着非常严苛的要求。新价值生成链的形成以及业务/工作流程的发展变化，要求越来越多的跨行业合作。企业只有通过合格的员工才能顺利面对这些新的变化。

因此，关于目前本企业能否在合适的时间拥有具有必要专业知识的专家，这个问题企业必须足够重视，并且有非常彻底和有远见的考虑。而这恰恰是这个行业的问题所在，该行业对熟练专业人才需求增大，进入该行业面对的门槛提高，拥有相

Kh. Müller (✉)
Berufsbildungsausschuss, ZVEI - Zentralverband Elektrotechnik- und Elektronikindustrie e.V.,
Im Lucken 9 a, 64673 Zwingenberg, Deutschland
e-mail: mueller.zwingenberg@t-online.de

应知识的员工队伍在逐渐老化，而且成长起来的年轻人相对缺乏。因此该行业很快需要面对的巨大挑战，是专业人员的短缺以及人口统计层面导致的劳动潜力人口的持续下降。

29.3　金属和电气工业新员工的培训和专业人才的培养

如果行业环境变了，为了确保企业在未来的竞争力，它必须制定有针对性的新战略，并且对员工进行相应的职业培训，以保证人才发展适应新变化。近些年来，随着金属和电气行业的现代化进程，岗位要求也越来越面向未来，员工需要满足这个充满活力的行业所需的资格要求。新的职业培训课程的一个重要特点是所需资格要求很大范围的知识面。它的课程设置是要求熟悉整个业务流程，并以对整个客户关系的专业理解为基础。这种面向整体流程的职业规划有很大优势，它符合电动汽车领域的几项特点，它行业变化快，创新多样化，员工在日常工作中常常需要面对复杂的具有挑战性的问题。

培训条例有一定自由度，这使得培训公司如今可以非常灵活地按照被培训人员所需求的知识来进行安排。培训是在员工当前操作环境下，根据其实际工作的基础进行的。考核的核心与以往不同，它的形式是执行一个实际项目操作或者解决一个复杂的工作任务。因此，职业能力是通过解决具体运营中［4］的挑战来考核的。

量身定制的专家进修——直接基于职业培训——是一个流程导向的培训体系：电气工程领域职业训练课程的毕业生能够在第一时间继续选择自己下一步的职业方向，系统专家、生产专家、装配专家或服务专家，从而再接受有针对性的下一步培训，最终获得由 IHK（德国工商协会）颁发的电气流程管理（操作专业）的培训证书（图 29.1）［8］。

这种进修形式使得专业人才，在充满创新活力的技术领域（例如电动汽车领域）的员工能够应对技术和组织方面的各种挑战。通过这些进修结业，也使得企业内有另一条成长为专家的上升道路，这些专家岗位此前通常是只留给技术人员或者工程师的。与培训、进修、深造可比的还有生产技术领域的培训，它将在下面详细描述。［10］

29.3.1　电动汽车行业的职业蓝图

在"电动汽车技术（eCar）"电动汽车领域的资格要求，也归于对电池系统的要求，主要包含以下职业领域：

- 针对设备和系统的电子技术人员的技术特点在于电子系统综合能力。他们了解汽车系统的各个硬件和软件组件的细节，不仅包括其本身的技术设计，也包括与其系统功能相关的传感器和执行器。
- 信息和系统技术的电子技术人员的特点表现在他们的电气和软件工程能力

操作专业人士

电气流程管理认证专家

IHK结业

特别人才

| 系统专家 | 生产专家 | 装配专家 | 服务专家 |

认证

职业实践

专业人员

电气专业或其他专业人员

IHK结业

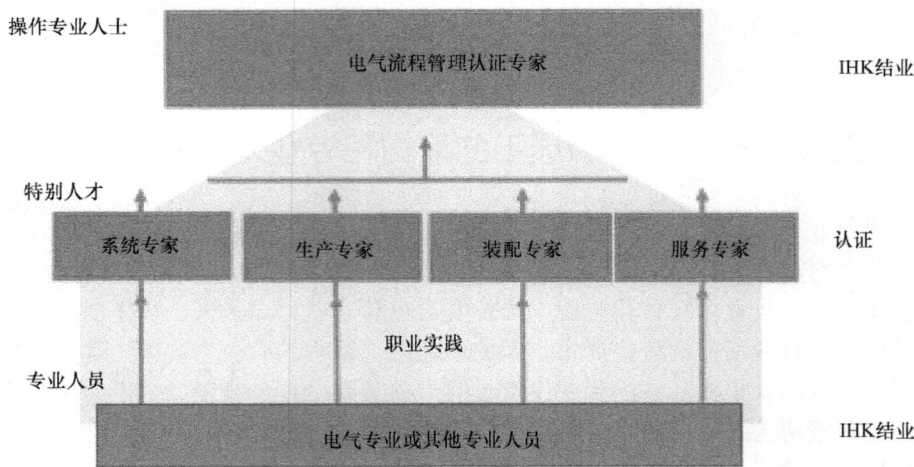

图 29.1　电气工程行业的教育和培训

上。其重点是将硬件和集成软件组件联合起来工作（即所谓的嵌入式系统——embedded systems）。具体工作包括开发硬件相关的软件、接口编程以及车辆系统集成。

- 电机和驱动技术（工业和手工业）方面电子技术员是电机方面的专家，他们掌握了电机的控制和调节系统。他们了解各种类型的电机，熟练掌握它们相应的绕组数据和运行特点等知识。
- 机电一体化方面的技术人员，它们拥有系统的专业知识，能理解机械、电气和电子系统组件，包括个体功能和它们在整个系统中的功能。
- 生产方面技术人员的能力体现在对生产流程的掌控上。他们的任务是维护工作流程的稳定性和保证产品的质量，以及更加灵活和高效地改进生产流程。
- 自动化技术的电子技术人员的工作主要在自动化生产系统的重新规划和使用维护方面。

所有的职业需要培训三年到三年半的时间，学习地点在培训企业和职业学校[2]。这些工作从资质方向来讲——对应于下面从业资格培训：

- 设备和系统的电子技术员，以及信息和系统的电子技术员，可工作于系统供应商和汽车制造商的开发和测试车间。
- 电机及驱动技术电子技术员，可工作于系统供应商和汽车制造商的开发和测试车间，或制造工厂批量生产所用机械。
- 机电一体化技术员，可工作于汽车制造商、系统供应商以及零配件供应商的开发和测试车间。
- 产品生产技术员，可工作于汽车制造商和系统供应商的生产岗位。

29.3.2　电池系统生产的学徒培训

以下描述了与电池生产相关的学徒培训生的工作领域和所需专业资格。

（1）产品生产技术员

工作领域：产品生产技术员需准备生产订单、生产产品范本和样机，测试生产设备，操作检测设备。他们调试生产机器并设置好，使用程序来模拟生产，控制和监测工艺流程。他们操作和监控正在进行的生产，以确保生产过程正确并对其进行优化。"电动汽车技术（eCar）"领域的产品生产技术员还需对新汽车以及汽车部件（如电机和电池）的生产线负责。

相关专业资格：

- 调试生产设备，启动新工艺。
- 布置物流流程。
- 生产设备的操作、优化和监控。
- 确保质量标准和工艺流程。

（2）仪器和系统电气技术员

工作领域：仪器和系统电气技术员需生产组件、构建设备和系统。他们运行和维护系统与设备。"电动汽车技术（eCar）"领域的仪器和系统电气技术员还需对电机、驱动控制，以及逆变器进行操作。

相关专业资格：

- 电路设计和制造原型机。
- 集成电子组件和部件。
- 安装和配置软件程序。
- 分析和测试技术功能。
- 检查和修复设备与系统。

（3）系统信息技术员

工作领域：系统信息技术员需开发和实现工业信息技术系统并进行维护。"电动汽车技术（eCar）"领域的系统信息技术员，需实现软件组件、配置模块、编写嵌入式驱动控制程序、编写电池管理程序、编写安全性和诊断程序，以及编写辅助驾驶系统程序。

相关专业资格：

- 实施检测信息技术元件。
- 安装配置操作系统和网络。
- 创建软件组件，集成接口。
- 在系统中整合测试组件。
- 在发生故障时提供支持。

电极生产	单体装配	电化成	电池包装配	原型系统集成
浆体混合	干燥	预化成	包装	集成电池
涂层	标签焊接	老化	固定/连接	- 管理系统，控制单元，充电单元， - 安全单元 - 热管理元件配置 - 软件写入/开发 - 客户应用 - 硬件/软件界面
蒸发	测试	除气	- 单体+电子器件	
压缩	堆叠	化成	- 集成检测/均衡系统	
分切	包装	测试+分拣		
	填充	储存	充电	
	密封试验		最终测试	
			测试合格	系统测试
			储存	验证
				文档生成

- 相关专业培训生/学徒

生产技术员

仪器和系统电气技术员

信息和系统电气技术员

- 相关专业人员(继续培养资历)

流程专家

电气系统专业人员

- 相关专家(进修资历)

验证合格的生产工艺技术负责人

验证合格的电气工艺技术负责人

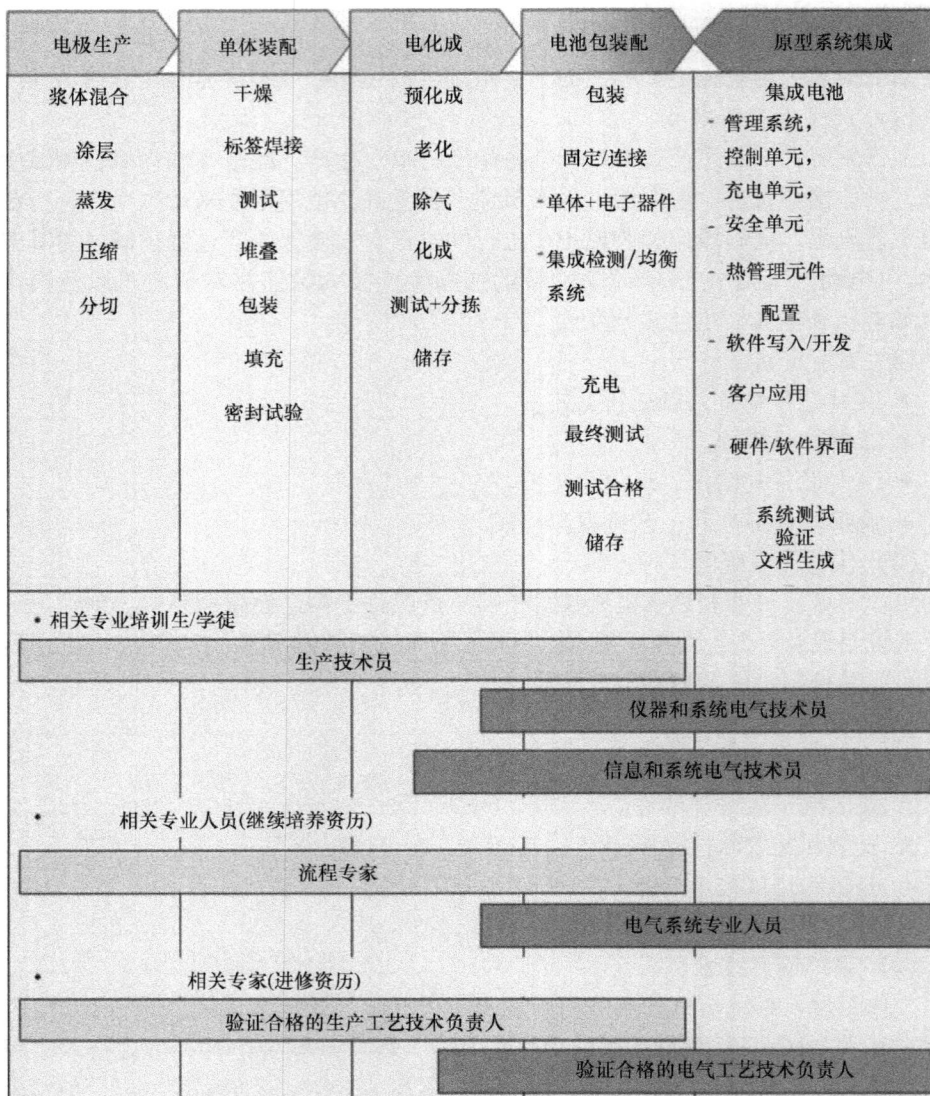

图 29.2　电池系统制造的专业人员

29.3.3　用于生产电池系统的高新技术资格鉴定

在电极制造、单体装配、化成与电池装配领域中的资格要求主要是面向生产技术的。电池系统集成、原型装配和测试领域中的资格要求主要是面对电子电气和信息技术的。电池化成和电池组装属于测试领域，测试以及高压部件处理等也需要电气方面的技术（图 29.2）。

29.4　生产技术整体资格概念认证

工业生产是德国经济最重要的强项。超过三分之二的经济产能直接或间接与制造业相关。灵活性、快速适应性、模块化和系统集成这些关键词虽然并不新鲜，但对于电动汽车领域而言，这些关键词却有崭新且更重大的意义。生产技术的重点是，如何低成本地为关键部件和系统生产提供高产能且技术灵活的生产设备。生产组织是关乎价值链改变的机构，它直接与汽车生产商和零配件供应商之间合作的业务流程和工作流程相关。这两个方面都对于电池生产正好有特别重要的意义[11]。

生产技术认证的例子显示了，当在一个至今非常成功的经济领域存在创新压力，以前使用的员工不能覆盖具体工作内容的情况下，应寻找新的解决方案，即通过培训和继续教育使员工具有将工作内容与系统概念相结合的能力。相应的，新的"生产技术人员"培训内容有很多交互方法，对应的深造考核结业为"认证为验证合格的生产工艺技术负责人"。

29.4.1　生产技术人员的培训

生产技术人员是一种新的专业工种，要求结合经典制造工艺领域的操作能力以及创新的生产技术。其潜力是基于一个特别的专业特性与职业社会化，这直接发生于工作流程和相关联的任务[1]。

（1）工作区间和使用范围

生产技术人员的工作在工作流中位于开发和生产之间，在量产前/初始量产和生产启动阶段。他们是组织者，与产品开发者、流程开发者、零配件供应商以及制造商一起合作。在电池的生产行业，特别关乎制造工艺开发和生产设施开发。

只有人和生产技术成功的互动才能保证灵活生产系统的鲁棒性，即对干扰的低敏感性。在这里，对于专业人员能力的要求非常高，他们需在生产流程中立即直接和机器通信，以保证大批量生产产品的品质标准。

启动阶段有一个特别重要的意义：新开发或新改进的产品和生产技术，需要第一次在特定的生产系统内，与企业内外物流流程及 IT 工具一起顺利运作。这里是生产技术人员的特殊工作现场，他们需要把各种东西拼接在一起并进一步优化。对他们来说，只有生产过程"稳定"了，才意味着启动阶段完成，即生产数量、交货时间、质量控制、成本控制都达标。启动阶段所需时间的长短决定了一个产品是否能及时出现在市场上，这决定了该产品是否能取得经济成功。

（2）资质和权限

为期 3 年的职业培训的内容是面向流程的、面向生产和信息技术的。

产品的生产技术人员调整生产设备，测试产品的样品和原型，确定工艺参数和控制程序。他们加工先进的材料，使用新的制造工艺。在专家、技工以及工程师组成的团队里，他们一起分析和模拟整个流程，测试和优化产品和工艺流程。他们与供应商和客户一起共事。他们准备生产和组装，布置物资流，尝试启动生产，管理和控制流程以及监控产品的质量（图29.3）。

图 29.3　生产技术人员的职责范围

在机电一体化方面的资格是由他们的系统能力决定的，生产技术专业人员资格的特点是流程专长，与生产工艺、生产组织和 IT 使用融合一体。不是作为一个特定的"角色"，而是作为"平衡之间的平衡"，他们为智能化的生产过程带来了最重要的各专业人士团队。团队因此获得了能力上显著的提升，并且获得"影响力"。生产技术专业培训岗位成为企业里一个很有吸引力的培训岗位，它们激励和增强青年人的能力，使他们取得职业成功。

29.4.2　生产技术人员的进修和继续教育

为了支持流程集成开发的专业人士发展，构建人才培养培训需要分两步认证。

"流程专家"和"应用专家"都在专业培训和专门的第一阶段。在资格认证的第二阶段是"认证流程经理/认证生产技术"，这是一个高价值的基于学士学位的"操作型专家"认证。

资格认证项目和措施应该设置成，能够促进个人创新能力和个人工作相关的学习。因此，新型全面资质认证的关键要素［9］是：工作过程为导向的、可灵活实现的、可渗透如职业发展道路的。

（1）流程专家和应用专家的继续培训

在继续教育层面定下的专家是职业教育层次和职业培训进修规范运作专业人士之间的连接环节。认证专家的基础是法规定义的工作流程的鉴定。这些成为认证的参考和标准。

流程专家的任务是：分析流程要求，制定技术方案，计算成本，分析所需产量，估计处理时间，创建流程描述，协助生产设备安放，协助生产规划和控制，制定解决方案以提高系统的可用性和优化流程（图29.4）。

应用专家的任务是：处理客户咨询，明确技术要求，明确费用和期限，参与制

图 29.4　流程专家的职责范围

定客户解决方案，将客户订单转化为设计需求、生产需求或交付需求，监控产品和期限，商定参照产品，处理投诉、变更请求和保修情况，为客户提供服务（图 29.5）。

图 29.5　应用专家的职责范围

（2）流程负责人——生产技术（执行专业人员）的进修

执行专业人员领导组织单位并担任工程技术任务。他们有资质解决一个专业门类的复杂问题，他们为决定负责，并决定他们的团队的专业发展。

流程负责人贯彻生产技术上的生产流程管理，实施与生产相关的创新和改进。任务也包括与生产相关的复杂项目的项目管理。在这些背景下，他们的工作范围包括：产品流程设计、流程开发和流程实现、生产启动或者生产计划和控制等（图 29.6）。

图 29.6　流程负责人和生产技术专家的职责范围

参加考试的前提是具备某项专门能力，或通过生产技术的职业教育学到的成为流程专家或者应用专家的专项资质，或具有与此相当的专业经验。考试本身经由德国工商协会（IHK，Industrie – und Handelskammer）存档。进修考试的目的是保证那些通过考试的过程管理人员，对生产流程具有规划、设计、实现、安全和优化的能力，并可以担当管理职能。

29.5　面向流程的资质

在现代流程结构中各职责范围是集成的，相互相通的。工作任务的范围更宽，每个单一操作总是和其他操作相互影响和关联的。决定需委托给专业人士来做。为此需要有称职的员工在所有工作层面上对流程有一个总体的认识。

在职业培训和职业进修过程中，把工作和业务流程作为统一的基础。这确保了在团队中使用统一的术语、描述、定义、图表、图纸等。每个特定的专家，在对于整体流程的理解保持统一的情况下，设置各个子流程的组成结构。

职业培训以及进修和继续教育的资质认证应从实际企业工作流程和具体项目中来，它们的内容应针对具体的企业需求和实际应用领域。这样设置的职业需求才具有高度可移植性，且培养了全面的职业处理能力。

在工作流程中，学习并不会自行发生。工作流程中的经验必须思考反馈，才能得出正确的结论。只有这样，所学到的知识才能被提炼出来，并且能将此新获得的知识运用到其他新的情况去。通过成功实践边学边用取得的知识，要比仅通过课堂学到的知识更多且能掌握得更牢固。学习可把专业人士们的经验连接起来，通过此可找到悬而未决问题的答案；学习动机和知识传递几乎完全是从自身产生的。在这个行业里，即使是老员工也都卓有成效地学习，并在此过程中还可获得自己的专业诀窍［5］。

29.6　日常工作中的学习

对于电动汽车这样高度动态的行业需要有前瞻性的专业人士的认证。为了确保进修和继续教育的效率和可持续性，资格认证程序必须尽可能与新的工作流程密切贴合。员工应该掌握合适的技术，且也必须能适应不断变化的工作流程。这是不言而喻的，但这两点间的紧密联系却往往被忽视。

企业管理层和高管们必须在技术和组织变革的背景下做好员工培训工作，为企业发展创造必要的条件。形成促进学习的框架并不是新"管辖权"。企业管理者的任务和责任是员工资质的促进者。这对员工的行为能力有很大意义，并直接与其职责范围内的绩效有关。所以，管理者可以直接要求和促进员工个人发展，以确保员工学习的是在工作过程中长期有用，甚至共同塑造员工的职业发展。

这种新的认证方法使得企业员工培训更为有效，而且是在人口减少背景下可持续的人力资源开发的优秀方法。专业人员和新近转入本行业的人们，他们自己的技能在工作过程中进一步发展，并随着电动汽车［12］的创新，开辟了大量的就业机会。

参 考 文 献

1. BiBB (Hrsg) (2008) Aus- und Fortbildung in der Produktionstechnologie. Bonn: BiBB– ARGE PT

2. BMBF (Hrsg) (2011) Ausbildungsberufe für die Elektromobilität. Broschüre/CD-Rom. Bundesministerium für Bildung und Forschung, Bonn

3. Borch H, Zinke G (2008) Aus- und Fortbildung aus einem Guss. Berufsbildung in der Produktionstechnologie. In: BiBB – BWP 4/2008, S 43–47

4. Diegner B (2010) Industrielle Elektroberufe: Einsatzgebiete für die Nachwuchssicherung und Fachkräfteentwicklung im Bereich der Elektromobilität. In: Korthauer (Hrsg) Handbuch Elektromobilität. EW Medien und Kongresse GmbH, Frankfurt/M

5. FhG – ISST (Hrsg) (2007) Weiterbildung mit System. Lernen im Prozess der Arbeit (APO IT). W. Bertelsmann Verlag, Bielefeld

6. GGEMO (Hrsg) (2010) Zwischenbericht der Nationalen Plattform Elektromobilität – AG 6 Ausbildung und Qualifizierung. BMWi, Berlin

7. GGEMO (Hrsg) (2011) Zweiter Bericht der Nationalen Plattform Elektromobilität. BMWi, Berlin

8. DIHK (Hrsg) (2011) Rahmenplan – Geprüfte Prozessmanager Elektrotechnik. DIHK Verlag, Meckenheim.

9. Müller K (2009) Enge Verzahnung von Aus- und Weiterbildung in der Produktionstechnologie. In: Loebe/Severing (Hrsg) Zukunftssicher durch flexible Ausbildungszeiten? Neue Metall- und Elektroberufe in der Diskussion. W. Bertelsmann Verlag, Bielefeld

10. Müller K, Schenk H (2011) Berufliche Karrieren mit System – Fort- und Weiterbildung in der Elektrotechnik. In: BIBB-BWP 1/2011, S 36–40

11. VDMA (Hrsg) (2007) Aus- und Weiterbildung: Produktionstechnologe/in. Fachkräfte für die intelligente Produktion. VDMA, Frankfurt am Main

12. ZVEI (Hrsg) (2009) Neue Weiterbildungsmöglichkeiten für die Elektroindustrie. In: ZVEI Mitteilungen 17/2009, S 14–15

第 30 章　锂离子电池安全和性能标准

Hermann von Schönau，Matthias Baumann

30.1　导言

当今，几乎所有技术研发工作都是基于标准进行的。它们是企业进入国内和国际市场的基础，及受法律保护的根据。在我们社会，标准提供了信任和安全，以此可以汇集开发者资源，开发具有针对性的安全和可控的产品。

随着能源革命的迫切需求和锂离子电池技术的迅猛发展，该行业急需出台相关标准。标准旨在解决由锂电池在不同领域应用引起的迫切需要，它可以带给消费者必要的信心，并且提供生产厂家所需的法律确定性。

电池是电气工程学科里历史最悠久的元件之一，因此其标准化也经历了一个漫长的过程。可以预见，锂电池也将经历一个与铅酸电池类似的标准化过程：在各个不同的应用领域有几十个不同的标准可用。基本上来讲，电池标准可以分为尺寸标准和材料标准，以及性能标准和安全标准。

几乎所有的（电气）技术的发展总是伴随着不可预测的情况，比如各种事故。因此安全标准的建立有绝对必要。锂电池的发展迅速，应用广泛，从手表纽扣电池到电网储能系统，故全球都有针对其的标准化运动。与之前广泛应用的基于铅的电池系统不同，锂电池具有显著更高的质量能量密度和体积能量密度，因此它打开了一些全新的应用领域。应用于正极、负极和隔膜上的新型化学材料使更高能量密度成为可能。

30.2　标准化组织

原则上来讲，国家标准化组织、国际标准化组织和全球标准化组织是不同的。

H. von Schönau (✉)
Schönau-Consulting, Hauptstraße 1 a (Schlosshof), 79739 Schwörstadt, Deutschland
e-mail: Hermann.Schoenau@t-online.de

除了官方组织从行业和消费者角度以及从政策要求创建的行业标准，另外也有其他组织出于各种别的原因从事建立行业标准的工作。大多数参与标准化工作的组织在编写标准时，其内容会加入自己的观点和贴合自己的经济利益。这点官方标准编纂机构关注不多。举例说明，一个叫做 BATSO e. V.（Battery Safety Organisation 电池安全组织 e. V.）的组织，它从 2007 年来一直从事针对轻型电动汽车（LEV，Light Electric Vehicle）上锂离子电池安全相关的安全标准方面的工作。

一些协会组织（UL，TÜV，ZVEI 等）和细分行业（如保险业）也会创建自己的规章。在工业界中的许多领域，如电信、汽车、航空、铁路等，会自己定义标准，或是远高于公开的标准，或在其他不同领域参考现有标准，为的是相关企业把对他们列出的需求建成可用的标准文档（表 30.1）。

表 30.1　相关组织总览

UN	UN Transport Regulations	联合国运输条例
DIN	Deutsche Industrie Norm	德国工业标准
DKE	Deutsche Kommission für Elektrotechnik	德国电气工程委员会
CENELEC	European Committee for Electrotechnical Standardisation	欧洲电气标准化委员会
IEC	International Electrotechnical Commission	国际电气委员会
ISO	International Standard Organisation	国际标准化组织
ANSI	American National Standard Institut	美国国家标准研究所
SAE	Standards of Automotive Engineering	汽车工程师协会标准
JBA	Japan Battery Association	日本电池工业协会
CSO	Chinese Standard Organisation	中国标准化组织

各标准组织间常存在互相竞争。它们在本国的地位一部分是和法律挂钩的，另一部分则是靠多年来巩固和发展得来的。每个组织都尝试着，不仅从本国视角，也尽可能地从国际视角来定义标准。国际标准化体系的楷模，德国工业标准（DIN）目前正面临巨大压力，因为其他经济地区的标准化组织正非常努力地尝试用他们的标准占领重要的市场。

30.3　标准的应用范围

一次电池和二次电池各自适用的标准是有区别的。本章只涉及二次电池，因为对电池应用的新领域而言，充电特性是其主要特点之一。

联合国的运输法规对所有锂电池都适用。在第 38.3 节中所描述的试验，除了少数例外情况，对于电池单体以上是强制要求的。它们确保了电池在运输过程中不构成任何危险。德国在电池法里规定了，将欧盟法规 2006/66/EG 纳入本国的法律中。因为运输是进一步加工和销售电池的基础，故有许多标准是基于运输的。

然而，在联合国运输法规中，有一些目前按照法规几乎无法解决的问题。比如受损锂电池的运输是禁止的。这意味着，事故电动汽车中替换下来的锂电池不允许运输，该电池必须继续存放在车间。在电池单体以及它们组成的电池组通过了运输安全规定之后，它们还必须进一步测试其预期用途。

30.3.1　电动汽车领域的标准化

德国政府的战略是到 2020 年为止，在德国市场上拥有 100 万辆电动汽车。该战略导致了近年来基于锂电池技术的驱动电池迅速发展。然而所需要的标准却并没有以相同的速度发展起来，因此，该领域的标准化工作仍有较大的缺口。

许多已经存在的标准，从法规体系 ECE R100 到组件测试标准，并没有随着该领域的技术发展而相应调整，或者最近才开始有所调整。更糟糕的是，由于关于电动汽车上的基础架构有很多不同设计，然而在该行业的开发初期，并没有通过标准化资料来整合开发资源。

关于这一点，在汽车动力电池领域有很大优势，由于汽车制造商对于自己售出产品的安全性极为关注，很大一部分的安全要求已经通过他们自己的工业标准覆盖了。标准化活动也有边界，因为用于汽车的大能量存储技术的复杂性是非常高的，并且对于术语"电池"，可以理解成电池单体、电池单体组合、电池模块或包括整个复杂温度监控和电流监控电子装置的电池系统。

30.3.2　静态储能领域的标准化

锂离子电池在静态储能领域的应用，预计在不远的将来会更重要。不仅在大型系统内作为中间能量存储设备使用，对于私人家庭中，其也可以作为很多光伏设备的能量存储设备而发挥重要作用。尤其是在私人环境中，它的运行可靠性是最重要的，其必须可以标准化，并进行监测。

目前，新成立的工作组织 DKE 正从事于这个课题的研究。对于此类情况，标准化的挑战在于，其定义的基本要求应能保证即使在滥用的情况下，电池也不能对使用者构成危险。

30.3.3　其他应用领域的标准化

在未来，锂离子电池的应用领域肯定比现在更广泛。在铁路和航空航天领域，已有初步的进展。在航空领域应用的第一个切入点是对基于锂电池的滑翔机进行测试和认证。在铁路方面则出现了第一个柴油电混合动力原型机车。在这些方面也必须通过标准化才能投入应用。

即使在今天的市场上也存在对于某些电池应用完全没有可适用的标准的问题。比如之前提到的 LEV（轻型电动汽车）就是这种情况。在电动自行车电池使用领域，几乎没有已经通过测试的电池。唯一可用的是 BATSO 的标准（Battery Safety Organization），它在努力把工业标准与国际标准世界整合起来。不过，这将是一两年后发生的事情。尤其对于电动自行车领域而言，由于它是在私人环境中使用、储存和移动的，因此其安全性要求应该放在最高。以上描述的问题已经是公认的了，这仅仅是技术远远领先于技术标准的一个例子。

30.4 标准化工作流程

30.4.1 标准化工作层面

国家标准化组织

所谓的"利益相关者"（企业、商家、高校、消费者、检修厂、检测机构、政府部门）派专家到国家标准机构（比如，DIN 和 DKE）的工作组（委员会），标准化工作的组织和实施将在此完成。德国工业标准学会（DIN，Deutsche Institut für Normung）和德国电气工程委员会（DKE，Deutsche Kommission Elek trotechnik Elektronik Informationstechnik）是最重要的官方和法律上认可的负责德国标准化的机构。它们是欧洲和国际标准组织里的德国成员。

欧洲标准化组织

欧洲标准化主要由三个组织 CEN、CENELEC 和 ETSI 来贯彻执行。它们各自国家分支机构会对欧洲标准进行表决，并在其国家贯彻落实。这些标准组织，除 ETSI 外，在每个国家只设一个分支机构，来负责该国的整个标准化利益。在欧洲层面，德国的标准化利益由 DIN 和 DKE 代表，其标准委员会参与决定欧洲标准化项目。专家支持可以以一个所谓的"镜子委员会"形式展现，它说出德国的意见，并代表他们反馈到欧洲层面。这个过程可以通过提交书面意见，派出代表团，和/或委派专家的形式来完成。如果一个欧洲标准的最终草案在正式表决中被大多数表决国家通过，那么成员组织必须将这条草案作为国家标准来接受。欧洲标准化的目的是希望通过统一采用相同的欧洲标准，来协调各成员国的国家标准。

国际标准化组织

在国际标准化的框架下有三个组织，分别是国际标准组织（ISO，Internationale Organisation für Normung），国际电气委员会（IEC，Internationale Elektrotechnische Kommission）和国际电信联盟（ITU，Internationale Fernmeldeunion）。ISO 和 IEC 在每个国家均设有一个分支机构，由它们代表这个国家在整个标准化中的利益。德国在 ISO 的成员也是 DIN。ISO 和 CEN 之间的合作按维也纳协定来执行。

国际标准化工作的目的是，将国际协议作为国际标准发布。它的任务是推动标准及相关领域事项的全球化，以促进国际商品流通和交互服务，增强知识、科学、技术和经济活动等各个领域的合作。国际标准化的协作，原则上是类似于欧洲标准化组织的。作为国家成员，它并没有任何义务将国际标准作为国家标准来采纳。但一旦国际标准被认证为国家标准，则其必须完整采纳。

30.4.2 标准的发展

有多种原因可以解释为什么需要标准化：比如由于规则的繁复多样性，或者某些人在寻求一个范本以作为路标使用。任何人都可以在 DKE 中关于某一工作领域的 73 个技术委员会之一中提交申请作为标准的提案。

上级机构技术委员会（TK，Technisches Komitee）会决定，是否有必要建立一个工作组（WG，Working Group）。遵循 DKE 的行业要求，需委派懂行、自愿、长期和无偿参与的专家来参与工作。在此很重要的一点是，所有利益相关者都参与了达成共识的过程。

提交申请后，根据其课题（范围），明确涉及范围和初步建议。它将在国家标准工作组内多次反复推敲。之后按具体情况，CENELEC 或 IEC 或会接受该申请为可能的标准。为此，它需要全球范围内建立专家咨询组（Call for Experts）。标准覆盖区域越大，则从申请到正式发布所需时间越久，时间按区域标准、国际标准到全球标准递增。提案也可以直接在 IEC 提交，然后接下来的步骤就是建立专家咨询组。所有国家的官方标准组织必须被告知。该标准成立后必须按完全一样的内容被接受。

生成一个标准的发展阶段是（按时间顺序）：委员会草案（CD，Committee Draft），投票委员会草案（CDV，Committee Draft for Vote），最终国际标准草案（FDIS，Final Draft International Standard），国际标准（IS，International Standard）一个国际标准发展形成的平均时间为 2.5 年。所有标准都会被所谓的维护周期（MC，Maintenance Cycle）从各个层面定期检查是否有更新必要以及更新是否有益。另外，在存在技术更新的情况下，相关标准也有机会申请重新修订（图 30.1）。

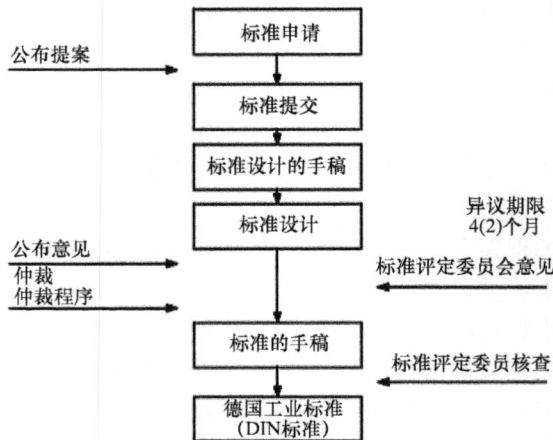

图 30.1 一个标准建立的过程

30.5　目前标准化项目和对锂电池的建议

当前，下面几个领域的标准化工作处于维护周期（MC）：

● 国际电池运输法规的基础标准。

● 静态存储用电池的尺寸标准、检测标准、安全标准：

－可使用在银行、保险、电信领域的中等应急供电系统（100~500kW·h），如 UPS 不间断电源（UPS, uninterruptible power supply）。

－分布式储能系统（太阳能设备）（>500kW·h）。

－用于未来智能电网的大型储能设备（MW·h 范围）。

● 航空领域关于测试和安全的实验室间的合作标准，在与应用相关的测试和安全标准中，修改或添加铅酸电池和锂电池的部分。

● 测试标准，回收安全标准（CENELEC）。

30.6　标准列表

下面的表 30.2 中列出了关于锂电池的现有的和正在制定的标准化项目（不同国家级别/国际级别标准导致的标准多样化）。

表 30.2　电池领域的标准

标准	范围
IEC	
IEC 62619；Ed 1	Secondary cells and batteries containing alkaline or other non – acid electrolytes-Safety requirements for large format secondary lithium cells and batteries for use industrial applications 二次电池和含有碱性或其他非酸性电解液电池 – 工业用大型二次锂离子电池单体和电池组的安全要求
IEC 62620 Ed 1	Secondary cells and batteries containing alkaline or other non – acid electrolytes – Large format secondary lithium cells and batteries for use in industrial applications 二次电池和含有碱性或其他非酸性电解液电池 – 工业用大型二次锂离子电池单体和电池组
IEC 61960，Ed 2	Secondary cells and batteries containing alkaline or other non – acid electrolytes – Secondary lithium cells and batteries for portable applications 二次电池和含有碱性或其他非酸性电解液电池 – 小型便携设备用二次锂离子电池单体和电池组
IEC 61982 – 4	Sekundärbatterien für den Antrieb von Elektrostraßenfahrzeugen – Teil 4：Prüfung des Leistungsverhaltens von Lithium – Ionen – Zellen 用于电动道路车辆驱动的二次电池 – 第4部分：锂离子电池的性能测试
IEC 62281 Ed 2	Safety of primary and secondary lithium cells and batteries during transport 一次和二次锂电池单体及电池组在运输过程中的安全

（续）

标准	范围
IEC 62660 - 1	Secondary lithium - ion cells for the propulsion of electric road vehicles Part 1: Performance testing, Publication date: 2010 - 12 - 16. It specifies performance and life testing of secondary lithium - ion cells used for propulsion of electric vehicles including battery electric vehicles (BEV) and hybrid electric vehicles (HEV). 用于电动道路车辆驱动的二次锂离子电池 第1部分：性能测试，出版日期：2010 - 12 - 16。它针对包括纯电动汽车（BEV）和混合动力电动汽车（HEV）在内的电动汽车的驱动用二次锂离子电池的性能和寿命测试
IEC 62660 - 2	Secondary lithium - ion cells for the propulsion of electric road vehicles Part 2: Reliability and abuse testing. It specifies test procedures to observe the reliability and abuse behaviour of secondary lithium - ion cells used for propulsion of electric vehicles including battery electric vehicles (BEV) and hybrid electric vehicles (HEV). 用于电动道路车辆驱动的二次锂离子电池 第2部分：可靠性和滥用测试。它针对包括纯电动汽车（BEV）和混合动力电动汽车（HEV）在内的电动汽车的驱动用二次锂离子电池的可靠性和滥用测试
IEC 61427 - 1	Secondary cells and batteries for Renewable Energy Storage - General Requirements and methods of test - Part 1: Photovoltaic Off grid application 可再生储能二次电池单体和电池组 - 一般要求和试验方法 - 第1部分：光伏离网应用
ISO	
ISO 12405 - 1	Electrically propelled road vehicles - Test specification for lithium - ion traction battery packs and systems - Part 1: High power applications 电动道路车辆 - 锂离子动力电池包及电池系统测试规范 - 第1部分：高功率应用
ISO 12405 - 2	Electrically propelled road vehicles - Test specification for lithium - ion traction battery packs and systems - Part 2 High Energy applications 电动道路车辆 - 锂离子动力电池包及电池系统测试规范 - 第2部分：高能量应用
ISO 12405 - 3	Electrically propelled road vehicles - Part 3: Safety performance requirements 电动道路车辆 - 第3部分：安全性能要求
ISO/IEC PAS 16898	Electric road vehicles - Battery system design - Requirements on dimensions for lithium - ion cells for vehicle propulsion 电动道路车辆 - 电池系统设计 - 驱动用锂离子电池的尺寸要求
ISO 6469 - 1	Electrically propelled road vehicles - safety specifications - Part 1 On - board rechargeable energy storage systems. 2nd Ed. 电动道路车辆—安全规范 - 第1部分：车载可充电储能系统第2版
ISO/DIS 6469 - 3	Electrically propelled road vehicles - safety specifications - Part 3 Protection of persons againstelectric shock 电动道路车辆—安全规范 - 第3部分：防触电保护

（续）

标准	范围
CENELEC	
EN 62660 – 1：2011 – 03	Secondary lithium – ion cells for the propulsion of electric road vehicles – Part 1：Performance testing 电动道路车辆用二次锂离子驱动电池 – 第 1 部分：性能测试
EN 62660 – 2：2011 – 03	Secondary lithium – ion cells for the propulsion of electric road vehicles – Part 2：Reliability and abuse testing 电动道路车辆用二次锂离子驱动电池 – 第 2 部分：可靠性和滥用测试
FprEN 61960：2011 – 02	Akkumulatoren und Batterien mit alkalischen oder anderen nichtsäurehaltigen Elektrolyten – Lithium – Akkumulatoren und – batterien für tragbare Geräte 二次池和含碱性或其他非酸性电解液电池 – 便携设备用锂电池单体和电池组
DKE	
E DIN EN 62620（VDE 0510 – 35）：2011 – 05	Akkumulatoren und Batterien mit alkalischen oder anderen nichtsäurehaltigen Elektrolyten – Große Lithium – Akkumulatoren und – batterien für industrielle Anwendungen 二次电池和含碱性或其他非酸性电解液电池 – 大型工业用锂电池单体和电池组
E DIN IEC 61960：2008 – 11	Akkumulatoren und Batterien mit alkalischen oder anderen nichtsäurehaltigen Elektrolyten – Lithium – Akkumulatoren und – batterien für tragbare Geräte 二次电池和含碱性或其他非酸性电解液电池 – 便携设备用锂电池单体和电池组
E DIN IEC 61982 – 4（VDE 0510 – 33）：2009 – 12	Sekundärbatterien für den Antrieb von Elektrostraßenfahrzeugen – Teil 4：Prüfung des Leistungsverhaltens von Lithium – Ionen – Zellen 电动道路车辆用二次锂离子驱动电池 – 第 4 部分：锂离子电池的性能测试
E DIN IEC 61982 – 5（VDE 0510 – 34）：2009 – 12	Sekundärbatterien für den Antrieb von Elektrostraßenfahrzeugen – Teil 5：Zuverlässigkeits – und Missbrauchsprüfung von Lithium – Ionen – Zellen 电动道路车辆用二次锂离子驱动电池 – 第 5 部分：锂离子电池的可靠性和滥用测试
E DIN IEC 62466（VDE 0510 – 9）：2007 – 04	Akkumulatoren und Batterien mit alkalischen oder anderen nichtsäurehaltigen Elektrolyten – Lithium – Sekundärbatterien für Uhren 含碱性或其他非酸性电解液的电池 – 手表用二次锂电池
SAE	
SAE J 2929 Feb 2011	Electric and Hybid Vehicle Propulsion Battery System Safety Standard – Lithium – based Rechargeable Cells 电动和混合动力汽车用驱动电池系统的安全性准则 – 基于锂电的可充电电池
SAE J 1766	Recommended Practice für Electric and Hybrid Electric Vehicles Battery System Crash Integrity Testing 针对电动汽车和混合动力汽车用电池系统碰撞完整性测试的建议做法

（续）

标准	范围
SAE J 2380	Vibration Testing of Electric Vehicle Batteries 电动汽车用电池的振动测试
SAE J2464	Electric and Hybrid Electric Vehicle Rechargeable Energy Storage Systems（RESS）Safety and Abuse Testing 纯电动和混合动力汽车用可充电能量存储系统（RESS）安全性和滥用测试

30.7　结语

　　标准化的工作是电池行业成功发展的重要组成部分。只有当国际上有可靠标准可用时，才能安全且可控地实现新的应用。今后，锂电池除了用于目前主导的电动汽车和静态储能的应用之外，还会拓展到其他新的应用领域，如铁路、船舶、航空航天等。在所有的专业领域，需要那些愿意无偿协力制定标准的专家，以尽可能完善标准目录且妥善维护现有标准。当下，已可以预见电池行业内会产生更多的新技术，这一点必须在制定标准时就考虑到。

　　如今，标准的发展滞后于技术的发展。希望经济情况的改善可以增强专家参与标准化工作的可能性。那些参与标准化工作的人有机会制定标准。在索赔和其他法律纠纷产生时，法院的判决常常会参考标准和规范，因为它一般情况下反映的是最新的现有技术。

第五部分　电池应用

第31章　锂离子电池的应用范围

Klaus Brandt

　　全球人口的不断增长，以及对基于化石燃料的能源需求的依赖性不断增长，将导致能源短缺和气候持续恶化。人们普遍认识到，能源的来源必须逐渐由可再生能源提供。这种趋势将由各个新兴发展中国家的快速经济增长和一些工业国家逐渐退出核能发电的趋势加速推进。可再生能源（如太阳能和风能）使用的增加使得电能必须要通过缓冲设备来储存，以弥补电能在发电和使用之间的时间间隔。到兆瓦级别范围的电能都可以通过电池提供必要的存储容量。其他系统如抽水蓄能电厂或压缩空气储能已经存在，但都只是在很有限的范围得以应用，因为它们受到一定地理环境的约束。在固定储能电池系统的应用领域还有其他电化学存储方式诸如高温电池和氧化还原流电池系统正在使用或开发阶段。

　　如今石油产量的很大一部分都被各种交通工具所消耗。电池作为储能系统给电动车应用在某些特殊的领域已经有超过100年的历史。但其推广却因为能量密度低而受到很大的限制。以每千克存储介质所存储能量的多少来衡量，普通的电池的能量密度远远低于化石燃料（如汽油和柴油）的能量密度（铅酸电池约为40W·h/kg，汽油约为12000W·h/kg）。因此，这导致了电动汽车的功率和续航里程受到了非常大的限制。想要普遍推广电动汽车，需要电池系统具有很高的能量密度和比能量。从当前锂离子电池系统的状态来看，其能量密度还与化石燃料的能量密度相差甚远。作为过渡解决方案的混合动力汽车（HEV），它的驱动系统按照具体驾驶工况的不同，可以由内燃机、电动机或两套动力源共同来提供动力。这类车辆通过电动机充当发电机来回收能量以达到节省能源的作用。另外，还有正在研发中的燃料电池汽车，使用氢气作为能量存储介质从而提供车辆动力。然而，由于在快速负荷变化和峰值负载的情况下，燃料电池的效率很低，因此，燃料电池和电池被组合到一起应用，也就是说，这也是一种混合动力的方案。

　　固定储能系统和所有类型的电动车辆在可预见的未来最大的应用都会是以锂电池系统为基础。也有在一些工业应用领域，电池系统应用在如能量回收方面的可能

K. Brandt (✉)

Clariant Produkte (Deutschland) GmbH, Lenbachplatz 6, 80333 München, Deutschland
e-mail: klaus.brandt@clariant.com

性或许也将替代化石燃料。这里以港口应用为例。货物的起吊和下降，例如，通过移动集装箱起重机可以从能量回收中受益，港口拖船可以通过电力驱动变得更环保。类似的操作也适用于机场的应用。锂电池系统也可以代替原铅酸蓄电池在固定储能中的应用，其中多数是用在应急电源市场上。

31.1 固定储能设备领域的应用

该应用范围可以根据三个标准进行划分。第一个标准是鉴别电池是否是普通电力网络的一部分，或者是一个独立的解决方案。后者是自供电系统，其应用大多是在没有接入电网或者不完全接入电网的地区确保电源供应。这方面的例子比如在偏远地区电信系统的应用。其他两个标准是储存能量（放电率）的时间长短以及存储器的容量（表31.1）。

表 31.1　静态领域的应用分类（按照存储时间和存储量）

	本地存储器 电池电量≤100kW·h	集中存储器 电池电量≥1MW·h
短存储时间 （小于1h）	不间断电源供应（UPS）	电网稳定
长存储时间 （1h至几天）	家用太阳能系统 电信系统 家用能量缓存系统	太阳能设备 风力发电厂 电网能量缓存系统

可再生能源发电份额的增加引起了供电量越来越大的波动，从而导致电网的不稳定。固定储能系统基于锂离子电池，能够提供短时间的可用电力，让电网可以趋于稳定[1]。一些最高功率达到32MW的示范项目已经投入运行[2,3]。在个体应用层面，针对一些很关键和敏感的系统，如数据存储系统和通信系统，短时间电能供应的中断会通过不间断电源系统（UPS）得以保护。较长时间的供电中断通常是使用柴油发电机或燃料电池来保证。锂离子电池在这里与相对成本较低的铅酸电池（表31.2）形成强有力的竞争。

表 31.2　形成竞争的电化学存储系统在静态存储系统的应用

	本地存储器 电池电量≤100kW·h	集中存储器 电池电量≥1MW·h
短存储时间 （小于1h）	铅酸电池 锂离子电池	锂离子电池
长存储时间 （1h至几天）	锂离子电池 燃料电池 铅酸电池	锂离子电池 高温电池 氧化还原流系统

光伏发电设备（PV）既可以用于集中发电供应，又可用于分布式本地发电应用。最高发电量大约是在中午，最大消耗量大约在傍晚时分。电池可以在这里抵消约4h的时间差。在存储容量足够大和建筑物被阳光照射时间足够的情况下，单个建筑物的电源供应完全可以自给自足。在日本、德国等国家，个人家庭的住房已经有很多使用太阳能光伏发电、电池存储系统以及连接到公共电网供电的组合方式来保证电能供应[4，5]。此外，电动车辆也被包含在整个能源网络考虑的范围内，它允许根据不同的情况，用太阳能发电给电动车辆的电池充电，或使用电动车辆的电池作为额外的能源存储设备给家庭提供电源。用固定储能系统给电动汽车的电池快速充电也是可能的[6]。这个概念被称为"车辆到家"（Vehicle – to – Home，V2H）。

风电发电厂所生产的电能的稳定性高度依赖于风电厂的地理条件和季节。风电厂的装机容量超过100万kW就需要巨大的能量存储系统，尤其是在所发电能的波动需要在很长的时间来抵消的时候。针对这样的大型设备，锂电池只能作为解决存储问题方案的一部分。

电网能源缓存及套利装置能为电网储存或输出能量，当电网能量过剩并且很便宜的时候它便储存能量，当电网能源需求很高并且电价昂贵的时候它可以输出给电网。其中一个例子就是夜间电能的存储技术。用于此目的的电池可以安装在每个本地家庭，或者也可以安装在能够跟电网直接连接的更大的地方。利用本地储能系统的最重要的前提条件是智能电网（Smart Grid）[7 – 9]，它能够对电能的存储和电能反馈给电网进行控制和结算。智能电网还可以利用电池容量连接到电网实现其他的目的，及套利装置。电动车辆的电池连接到充电桩并实现双向的计费结算就是一个套利装置的例子。这个概念被称为"车辆到电网""Vehicle – to – Grid"（V2G）[10]。

31.2 固定能源存储系统的技术需求

针对固定能源存储系统应用的电池技术要求高度依赖于不同的用途，特别是在被存储的电量大小和放电时间的差异（表31.2）。安全是最重要的因素，尤其是当这些电池被安置在建筑物内的时候。固定能源存储系统的平均寿命期望值一般为20年，这意味着，针对不同的应用会有非常高的循环次数。比如光伏系统每天一个充放电循环的话，全寿命将达到约8000次循环。能量密度在大多数应用中并非关键因素，而功率密度在很多需要较短放电时间的应用上显得尤为重要。

使用大电池系统用于支持电网已经有相当长的历史，从最初的使用铅酸电池和高温电池开始[2]。锂电池系统具有一定的特点，使其有别于其他存储系统。它具有非常高的存储效率，也就是说，所存储的能量再次释放的转换率很高，一次完整充放电的能量转换率在95%以上。锂电池的电极化学和电池单体的设计使得其所存储的能量在很长的时间内都没有很大的损失（低自放电），并且其存储的能量在很短的几分钟时间内就能够转换为电能输出。但从另一方面讲，锂电池的成本比铅酸电池要高很多。

大型锂离子储能设备的成本将是在固定储能系统领域市场份额的关键因素。因此需要从其他视角去探索，电动汽车用的锂电池在结束了汽车的可用寿命后可以给固定储能系统使用，作为锂电池的第二次生命［11］。锂离子电池的老化体现在容量的持续亏损。在电动汽车应用的锂电池被设计为当其容量只有原始容量的80%的时候就是它们的寿命终结点，但这时所剩的容量对于固定储能系统来说是足够用的。当然，旧电池的可用性也不仅仅受到容量降低的限制，其大电流的负载能力（功率）也将有所降低［12］。

锂电池，以及其他电池，都使用相同的活性物质作为化学的能量储存以及电能与化学能之间的能量转换。而其他的存储系统，如氧化还原液流系统［13、14］或燃料电池系统，其能量转换和存储是分离的。对于氧化还原流系统来说，增加存储容量就是增加罐的容积，不等于增加了占成本最大部分的能量转换单元。因此，当在需要存储大量能量去支撑长时间的使用的应用情况下，它被认为是具有成本优势的方案［14］。钠硫是一种高温能量存储系统［15］，这在日本已经有兆瓦级的系统应用［16］，并且还通过了美国众多能源供应商们的测试。

31.3　锂电池在汽车上的应用

电池在汽车上的使用主要有两方面的目的。一方面的目的是为了提高传统内燃机驱动汽车的能量效率；另一方面，可再生能源可以通过电池的存储再释放给人员和货物的运输使用。

提高传统内燃机驱动汽车的能量效率可以通过三个方面的措施来实现：轻量化、制动能量回收和内燃机的小型化。在传统汽车上通过用锂电池更换铅酸蓄电池的办法让整车重量减少最多10kg［17］。通过发电机（大部分情况下也是起动电动机或牵引电动机）回收制动能量以及把所发的电能存储到车载蓄电池里可以额外降低一些燃油消耗。在微混合动力系统中，这些被回收的能量用于汽车发动机在起停过程的消耗（例如在等红灯时关掉发动机，再前进时再起动发动机）［18］。对于既有内燃机驱动又有电机驱动的两套驱动系统的混合动力车辆来说，这些额外的电能还能够在车辆加速时给内燃机提供动力支持。这使得内燃机可以设计得更小型化（表31.3）。

随着电池电量的增加，使得纯电驱动成为可能。对于乘用车来说，纯电行驶5～10km的行驶半径相当于需要1kW·h电的电池电量。插电式混合动力车通常配置10kW·h的电池可用电量，完全通过电网供应充电，能够在不起动内燃机的情况下，纯电行驶大于等于 50km 的短途距离。纯电动汽车需要配置 20kW·h 至 60kW·h 的电池电量，才能够保证日常出行使用的续航需求。按如今能达到的电池能量密度想让小型电动乘用车的续航里程超过 300km 是比较困难的，毕竟车载电池的重量不能无限增加。

表 31.3　各类新能源车型的特性

类别	电池容量	功率能量比	能耗节约途径	能量源
起停系统	≤1kW·h	10	空载	汽油/柴油
微混系统	≤1kW·h	20	回收	汽油/柴油
混动系统	1~2kW·h	20	回收/发动机小型化	汽油/柴油
插电式混动系统	5~15kW·h	5~15	回收/发动机小型化/电网	汽油/柴油/电网
纯电驱动	20~60kW·h	2~3	回收/电网	电网
增程式纯电动	20~40kW·h	2~3	回收/电网	电网/汽油/柴油

电动汽车充电的方案对电动车的普及以及日常的使用具有重要作用。在家里车库的电源插头一般能提供最大 3kW 的功率。充满电动车辆的电池需要一个晚上的时间。快速充电（小于 1h 以及大于 20kW 的充电功率）需要高的技术要求以及新的基础设施建设。换电模式，即把电量耗尽的电池直接从车上拆下，换装上充满电的电池，被认为是需要大量基础设施建设投资的方式 [19]。解决续航里程不足的一种办法是增程式电动车：配备一个小的内燃机驱动发电机发电，当车辆电量不足时起动这套系统给动力电池充电。

驾驶中所消耗的能量，如果来源于电网的比例越大，那么，通过电动汽车应用电网的可再生能源的机会就越大。不过，续航里程的增加也意味着电池的大小和成本的增加。对于电动车来说，只是搬运这么一大块电池的运输成本就已经远高于作为能量存储的电池成本。当然，随着动力电池产量的增加和整个价值链的优化能够促使电池成本的持续下降 [20，21]。

另外一组可以使用电力驱动的车辆是商用车辆，尤其是公交车辆 [22]。比如在城市内运营的公交车辆或垃圾回收车辆需要频繁的起停，使用混合动力的方案，与轿车比较，能够有更大的能量节省空间。对于纯电动方案来说，因为此类车辆运营路线固定的优点，就有效回避掉了电动车辆续航里程不足以及充换电不方便的问题。这类纯电动公交车辆或运输车辆需要装配最大甚至到 400kW·h 的大电池。在中国已经有大量这类车辆投入运营 [24]。

31.4　在汽车领域应用的技术需求

在汽车行业的应用中，电池安全性的要求比在固定储能系统的应用中要高，因为当发生事故的时候，可能会导致电池机械结构的损伤。基于所需的功率（P）和所存储的能量（E）的比，可以划分电池的类型为高功率型电池（$P/E \geq 10$）或高能量型电池（$P/E < 10$）。对于这两种不同类型的电池，其电化学、电池单体和电池组的设计也都不同。

对于纯电动车来说，最重要的特征就是续航里程，也就是对应电池的比能量和能量密度。此要求确定了最终要使用的锂离子电池单体的化学成分的选择。对续航里程的需求，类似于传统汽车的油罐，驱动着新的电池系统的开发，例如：锂硫电池或锂空气电池，可以取代目前通行使用的锂离子电池。[23]

锂离子电池的发展道路，从历史来看，通过了可充电的锂金属电池的发展[24，25]。这个系统的激励来源于金属正极还是碳正极的高比容量的比较。金属正极与液体有机电解质的组合一直没有成功。这种技术的一个变体（与固态高分子电解质的组合）已经在巴黎的一个电动车辆车队的规模实验中使用[26]。

纯电动汽车发展到什么程度才具备好的经济性，它主要是依赖于电池成本、化石燃料的成本，以及对其的应用情况。截至今天，大多数纯电动汽车的市场应用，在没有补贴的情况下对消费者来说还没有成本优势，因此，显著降低电池系统的成本是电动车广泛渗透市场的必要条件。目前，购买新能源汽车在很多国家都有一定程度的补贴，是为了确保能够持续有效地推动这项技术的发展[27]。

大多数混合动力汽车如今还是使用的镍氢电池，虽有一定争议，但它的功率能量比完全能够满足需求[20]。对于插电式混合动力车型来说，纯电的续航里程就显得比较重要了，因此会使用锂离子电池。对于起停系统和弱混系统还使用铅酸电池，因为它有显著的成本优势。在汽车行业，对减少车辆的二氧化碳排放量的压力不断增加，一定时期内，新能源汽车行业对锂离子电池的减重也应该成为备受关注的要点。

通过对各种不同车辆方案优缺点的讨论，基本上可以看出，在新能源汽车推广过程中的两个主要问题：一是与化石燃料相比，电池相对低的能量密度；二是与内燃机驱动相比，相对高的整车成本。技术解决方案是可以预见的，它同时也需要政策的有效推动，为了使车辆具备竞争力，可以通过提高产量来降低成本，并且资助新系统的研究工作。

31.5 其他应用范围

固定储能系统和新能源汽车当然是如今最广泛讨论的电池应用领域。电化学存储器在其他领域的应用也都是这样的情况，有可能把已经消耗的能量显著地回收再利用；其次，通过使用混合动力系统降低燃油消耗；第三，通过使用高充放电功率的锂离子电池使得电力驱动成为可能，而铅酸电池是做不到的。

之前所述的货物升降的例子，例如港口起重机，只要它们是可移动的，回收的电能送回电网是最简单有效的解决方案。这同样适用于汽车需要频繁地加减速的应用。例如城市轨道交通，特别是在站点间距离非常短的情况下。使用现有的电气化设备可以把制动能量回收，并可能受到青睐。

柴油电驱动也有广泛的用途，例如：机车、起重机、船舶。柴油发动机的设计通常需要很大的负荷。然而此大负载通过电池缓冲，所以就允许柴油机的设计小型化，从而使其工作更加均衡并节省了燃料消耗 [28]。

为了避免对水域的噪声污染和水污染，使用铅酸电池的电动船舶也已经在某些内陆水域小规模使用。另外，船舶停泊在港口时候的电源供应也通常使用电池供电，从而减少发电机排放对环境的影响 [29]。锂离子电池的高功率特性将允许它有其他的应用，如海港拖船或机场的飞机牵引车 [30]。

参 考 文 献

1. Kamath H (2011) Integrating batteries with the grid. In: 28th International battery seminar & exhibit, Fort Lauderdale, 14–17 März 2011

2. Doughty DH, Butler PC, Akhil AA, Clark NH, Boyes JD (2010) Batteries for large scale stationary energy storage. Electrochem Soc Interface 19(3):49–53

3. Advanced Energy Systems: AES energy storage projects. http://www.aesenergystorage.com/projects.html

4. VDI Nachrichten (2012) Lithium-Ionen-Speicher sollen Stromversorgung im Niederspannungssektor stabilisieren. http://www.vdi-nachrichten.com/artikel/Lithium-Ionen-Speicher-sollen-Stromversorgung-im-Niederspannungssektor-stabilisieren/56916/2

5. Kyocera news releases: Kyocera to start exclusive sales in Japan of new residential-use energy management system combining solar power with Li-ion battery storage unit. http://global.kyocera.com/news/2012/0102_qpaq.html

6. Denso Corporation news release: Denso develops vehicle-to-home power supply system for electric vehicles. http://www.globaldenso.com/en/newsreleases/120724-01.html. Zugegriffen: 24. Juli 2012

7. Harris C, Meyers JP (2010) Working smarter, not harder: an introduction to the „Smart Grid". Electrochem Soc Interface 19(3):45–48

8. Electric Power Research Institute (Hrsg) EPRI smart grid demonstration update, April 2012. http://smartgrid.epri.com/doc/EPRI_Advisory_Update_April_2012_Issue.pdf

9. Roberts BP, Sandberg C (2012) The role of energy storage in the development of smart grids. Altairnano White Paper. http://www.altairnano.com/wp-content/uploads/2012/02/EnergyStorageSmartGridsWP.pdf. Zugegriffen: 2. Feb 2012

10. Kempton W, Marra F, Anderson PB, Garcia-Valle R (2012) Business models and control and management architecture for EV electrical grid integration; Vorveröffentlichung, Kapitel 4. In: Garcia-Valle R, Pecas Lopes JA (Hrsg) Electric vehicle integration into modern power networks, Springer. http://www.udel.edu/V2G/resources/Chapter-4_09-05-12_clean.pdf

11. Norman S (2012) Demand for large scale batteries and alternatives. AABC Europe, Mainz, Juni 18–22

12. Narula CK, Martinez R, Onar O, Starke MR, Andrews G (2011) Final report. Economic analysis of deploying used batteries in power systems, ORNL/TM-2011/151. http://www.ornl.gov/sci/physical_sciences_directorate/mst/Physical/pdf/Publication%2030540.pdf. Zugegriffen: Juni 2011

13. Nguyen T, Savinell RF (2010) Flow batteries. Electrochem Soc Interface 19(3):49–53

14. Gibbard HF (2011) Redox flow batteries for energy storage. In: 28th International battery seminar & exhibit, Fort Lauderdale, 14–17 März 2011

15. Sudworth J, Tilley AR (1985) The sodium sulfur battery, Springer
16. Bito A (2005) Overview of the sodium-sulfur (NAS) battery for the IEEE stationary battery committee. http://www.ieee.org/portal/cms_docs_pes/pes/subpages/meetings-folder/2005_sanfran/Non-Track/Overview_of_the_Sodum_-_NAS_IEEE_StaBatt_12-16Jun05_R.pdf. Zugegriffen: 15. Juni 2005
17. Eger U (2011) Dual-battery system with lithium battery for the 12-V powernet of a vehicle. AABC Europe, Mainz, Juni 6–10.
18. Kessen J (2012) Lithium-ion advances in micro-hybrid applications. AABC Europe, Mainz, Juni 18–22.
19. How electric cars swap batteries. MIT Technology Review. http://www.technologyreview.com/demo/425889/how-electric-cars-swap-batteries/. Zugegriffen: 25. Oct 2011
20. Pillot C (2012) Battery and material market outlook. AABC Europe, Mainz, Juni 18–22
21. Nelson PA, Gallagher KG, Bloom I, Dees DW (2011) Modeling the performance and cost of lithium-ion batteries for electric-drive vehicles. Report ANL-11/32, Argonne National Laboratory, Sept 2011. http://www.ipd.anl.gov/anlpubs/2011/10/71302.pdf
22. Sauer DW (2012) Full electric busses for public transport – markets and technology options for energy supply by lithium-ion batteries. AABC Europe, Mainz, Juni 18–22
23. Thielmann A, Isenmann R, Wietschel M (2010) Technologie-Roadmap Lithium-Ionen-Batterien 2030. Fraunhofer-Institut für System- und Innovationsforschung ISI, Karlsruhe. http://www.forum-elektromobilitaet.de/assets/mime/c6ef10b72e9f2b1588821ed9baae7ba0/Lib_Road[1].pdf. Zugegriffen: Juni 2010
24. Brandt K (1986) A 65 Ah rechargeable lithium molybdenum disulfide battery. J Power Sources 18:117–125
25. Brandt K (1994) Historical development of secondary lithium batteries. Solid State Ionics 69:173–183
26. Marginedes D, Planchais E (2011) Lithium metal polymer: performance and design for Paris EV project Autolib. AABC Europe, Mainz, Juni 6–10
27. Crist P (2012) Electric vehicles revisited – costs, subsidies and prospects. Discussion Paper No. 2012-03, International Transport Forum at the OECD, Paris. http://www.internationaltransportforum.org/jtrc/DiscussionPapers/DP201203.pdf
28. Hybrid electric locomotives will utilize 514 megawatt hours of battery capacity by 2020. Pike Research Newsroom, 9 Aug 2011. http://www.pikeresearch.com/newsroom/hybrid-electric-locomotives-will-utilize-514-megawatt-hours-of-battery-capacity-by-2020
29. Emissionsfrei im Hafen; Schiff & Hafen. http://www.schiffundhafen.de/news/schiffbau/single-view/view//emissionsfrei-im-hafen.html. Zugegriffen: 10. Juli 2012
30. Driving change; Airport World. http://www.airport-world.com/home/item/1460-driving-change. Zugegriffen: 3. Apr 2012

第32章 电池系统在电动车辆上的应用需求

Peter Lamp

32.1 导言

对未来出行的理念上的变化，使得在个性化出行需求与资源的可持续利用和环境保护之间取得平衡（图32.1）。气候变化和有限的化石燃料储备使得我们需要做出更大的努力以减少二氧化碳排放量。在整个汽车业，如今不断优化的发动机技术、发动机起停技术以及制动能量回收技术已经取得相当大的成功。这些在现有的发动机驱动技术领域的努力还在不断地探索与进步。

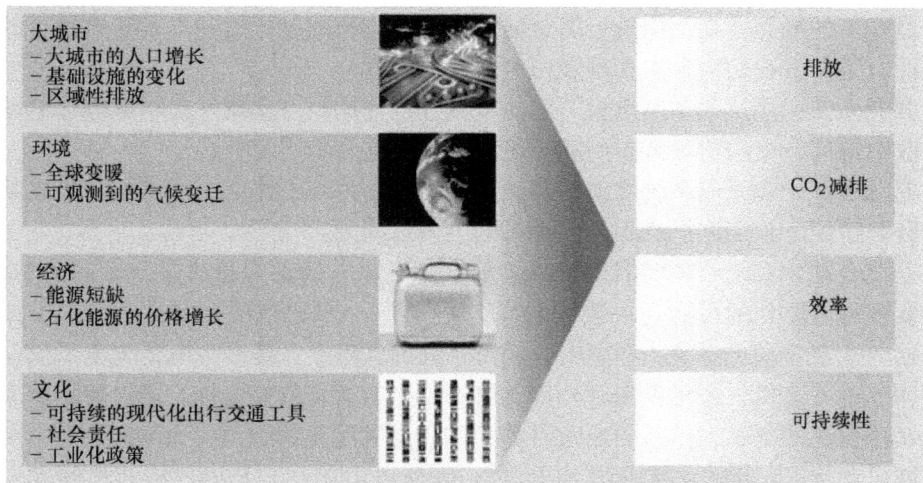

大城市
- 大城市的人口增长
- 基础设施的变化
- 区域性排放

环境
- 全球变暖
- 可观测到的气候变迁

经济
- 能源短缺
- 石化能源的价格增长

文化
- 可持续的现代化出行交通工具
- 社会责任
- 工业化政策

排放

CO_2减排

效率

可持续性

图32.1 不断变化的社会大环境导致新的移动出行设计

但是，新的驱动技术也是必要的。从长远来看，新驱动技术的趋势是能够使基

P. Lamp (✉)
BMW AG, 80788 München, Deutschland
e-mail: peter.lamp@bmw.de

于化石燃料的驱动逐步过渡到基于可再生能源的燃料使用。驱动技术的电器化：从混合动力汽车到插电式混合动力汽车，最后到纯电驱动的汽车，从当今视角来看，这一路线被认为是无论在技术层面、社会接受度、政府层面，还是工业界都普遍接受的路线。

无论汽车的电气化程度如何，电能的存储技术，即电池，都扮演着无比重要的角色。电池的能量密度和功率密度直接定义了车辆驱动系统的特性，也即确定了车辆二氧化碳减排的能力以及客户对车辆的接受程度。

在过去很长的时间里，电动车辆的市场导入由于电池技术的不足而多次遭遇失败。而过去几年电池技术的发展，特别是锂离子电池技术的发展逐步改变了公众的看法，从而引发了电动汽车发展的新一轮攻势。电动汽车所使用的电池的技术含量要求颇高，当今的电池技术仍不能在所有方面满足汽车的需求。当前的技术状态和未来发展的关键点将在本章中讨论。

32.2　作为需求前提的车辆和驱动系统定义

当我们在谈及电气化车辆和电池在车辆中的应用时，首先必须要从原理上区分不同的车辆概念。即：混合动力汽车、插电式混合动力汽车和纯电动汽车。当然，在这些分类的基础上，不同的汽车制造商，不同的车型都有其内在特殊性。

最基本的概念将在下面进行简单描述。应该指出的是，这并不是普遍适合的定义，而只是帮助我们区分本文框架内所提及的概念。

微混系统：通过起动发电机、电池或额外电池的组合实现发动机起停和制动能量回收的功能，电动机没有参与动力驱动，没有电力牵引部分。

弱混系统：在微混系统功能的基础上，在传动系统上集成了电动机，以在某些特殊行驶情况下辅助内燃机工作，没有电力牵引部分。

全混合动力系统：在弱混系统的基础上，使用电动动力总成参与驱动的功能，从而实现纯电驱动的可能（一般纯电续航里程在 1~3km 范围）。

插电式混合动力系统：在全混合动力系统的基础上，给动力电池充电不仅仅依赖于车上的发电机，还可以通过外部充电器，比如插座或充电桩。通过使用更大的电池实现更高的电驱动单元的比重（典型的纯电续航里程在 20~50km 范围）。

纯电动汽车：动力系统只有纯电动，100% 电力驱动。车辆的续航里程完全由电池容量确定。

对于上述的每种技术都有其不同的技术实现方案，这里就不具体讨论了。对于降低二氧化碳排放量的多少就基本上取决于电气化的程度，也就是电驱动部分所占比重的高低，图 32.2 体现了其关系。

德国的汽车制造商如今已经普及量产使用弱混合动力以及全混合动力系统。从 2013 年底开始，插电式混合动力汽车和电动汽车也相继量产。

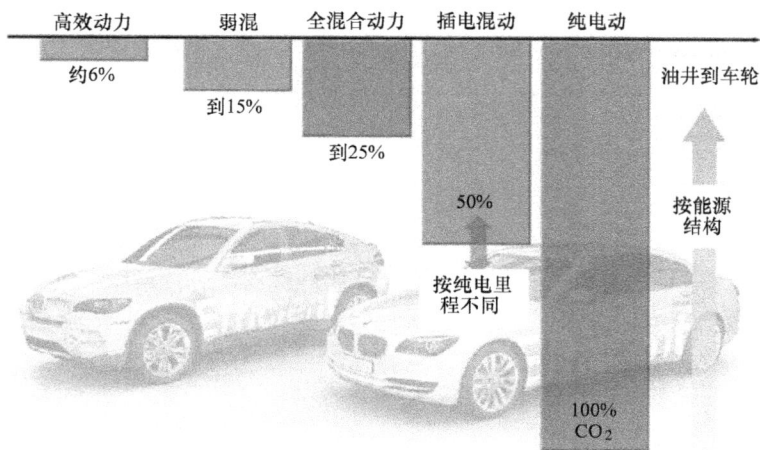

图 32.2　二氧化碳排放与汽车电气化方案及程度的关系

对于宝马汽车公司来说，上述车辆的发展是建立在数十年的驱动系统电气化的发展经验上的（图 32.3）。

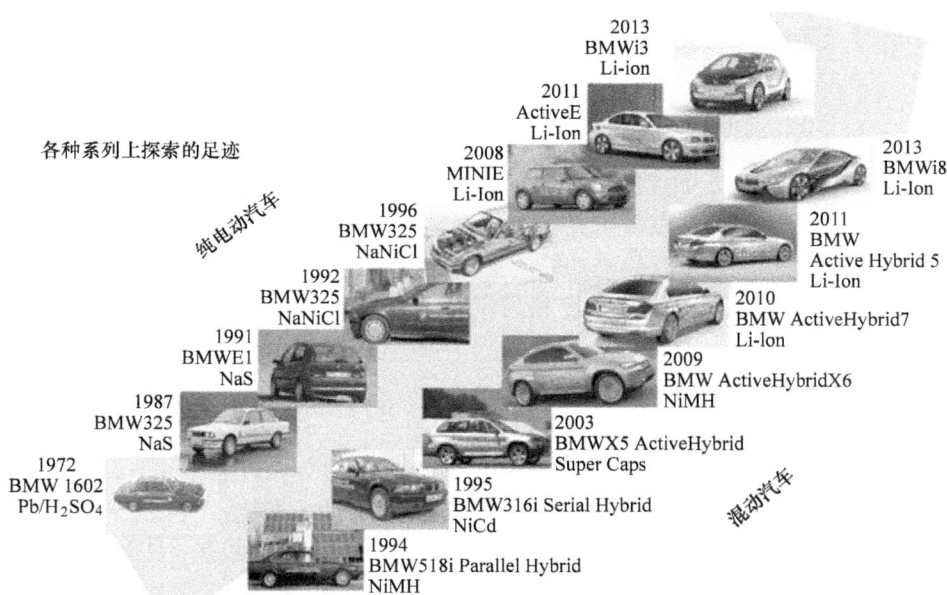

图 32.3　宝马公司混合动力汽车和纯电动汽车的发展历史

这方面的经验是非常有价值的，从而能够针对不同的市场应用选择不同的方案和技术，以建立对应的产品需求，最终在可预见实现的技术和成本最优的结果下实现客户利益的最大化。

动力系统电气化的设计始终是一个复杂的多步骤的过程，在其设计的最终都会落到对子部件的设计规范上，如电池（图32.4）。

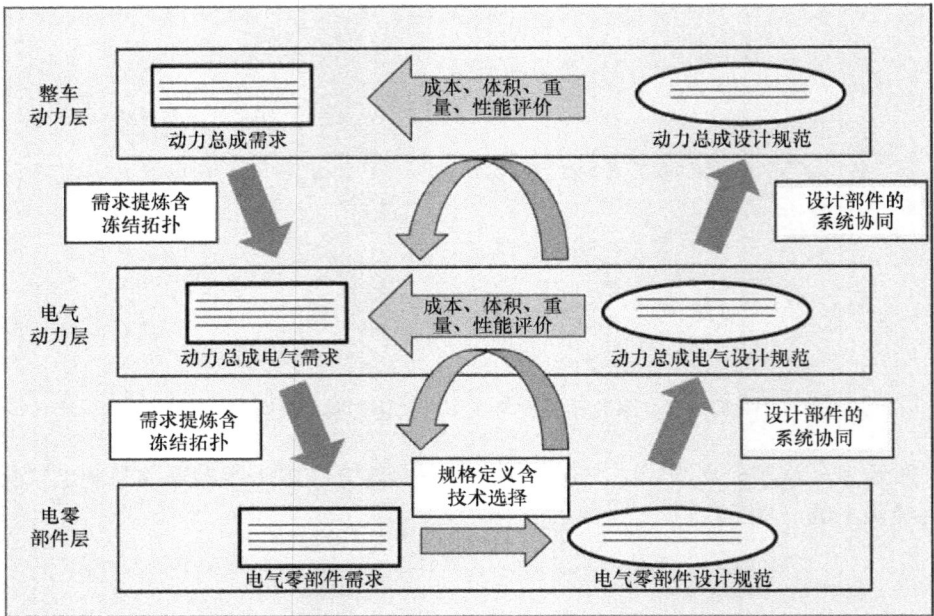

图32.4　电动动力总成的迭代设计过程的示意图

基于车辆的性能（如续航里程和车辆动力性），需要传动系统的各个部件，特别是它们之间的协同关系以及把它们集成到整车的设计，需要一个反复设计优化和迭代的过程，直到最后不仅仅是功能上达到目的，还有空间、重量和成本等要求都要得到满足。特别是车辆的安全性和耐用性以及车辆质量的特性与这些目标息息相关。

32.3　整车和电池方案的应用举例

下面将用宝马公司采用先进的锂离子电池的工作进行阐述。

一个典型的在混合动力车型上的应用的案例是宝马5系Active Hybrid。通过这个案例将明确如何由整车的目标得出对电池的具体需求。设计目标是：通过集成一套电驱动系统到原宝马535i的6缸双涡轮增压发动机，使整车动力性能达到8缸的540i水平的同时，其油耗与原535i高效动力相比要降低15%。为了实现这一目标，首先需要分析在标准驾驶循环中，电力驱动所占的百分比。由此就能够确定整车所需配备的电池容量。而电池功率的确定，在这个例子里，就是8缸发动机和6缸发动机之间的功率差，这一部分由电力驱动系统得以补偿。这个车辆的特性以及电驱动系统的相应数据见图 32.5。

技术参数表	
发动机	6缸汽油机
排量	2979mL
最大功率	225kW
最大转矩	400N·m
电机最大功率	40kW
电机最大转矩	210N·m
0～100km/h加速	5.9s
NEDC油耗	6.4L/100km
纯电里程	3km

图 32.5　宝马 5 系 Active Hybrid 的介绍和特征性能参数作为电池设计的基础

在宝马 5 系 Active Hybrid 车型上使用的电池是宝马公司第一款实现量产的电池，并且完全由宝马公司自主设计开发并生产。这款锂离子电池的单体和其他的子部件来自于不同的供应商公司。单体使用的是磷酸铁锂作为正极材料的圆柱形单体。图 32.6 显示了这种电池及其特点。

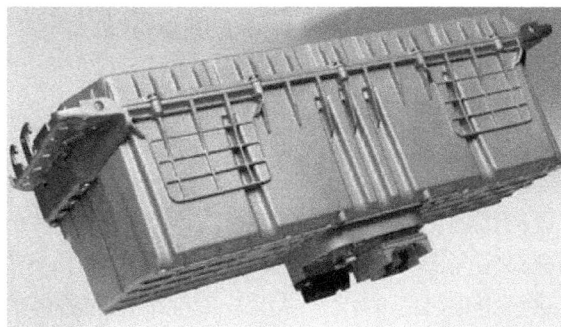

技术参数表	
总单体数	96(1p,96s)
额定电压	317V
电压范围	200～385V
额定容量	4A·h
额定电量	1.35kW·h
可用电量	0.6kW·h
放电功率	43kW
体积	40L
重量	46kg
冷却	制冷剂

图 32.6　宝马 5 系 Active Hybrid 的锂离子电池设计图与其特有的性能参数

另外一个电动汽车的案例是宝马 Active E。这个案例也可以说是一部改装车辆，即在常规的宝马 1 系轿跑车的基础上改装成电动汽车。继宝马 MINI E 车型之后，宝马 Active E 车型是第二款上市销售的电动汽车，小批量生产了大约 1000 台。与 MINI E 相同，宝马 Active E 的主要用途是收集市场的用户行为。但与 MINI E 不同的是，宝马 Active E 同时也承担了测试各个零部件技术平台的开发作用，为之后的首个全新平台的批量生产的纯电动汽车（宝马 i3）打下坚实基础。这里通过整车需求的续航里程和整车功率把电池的主要特征参数，如电池容量和电池功率确定下来（图 32.7）。

想把电池系统集成到一个现有的汽油机车辆平台是一项特别大的挑战。现有的

续航里程	mile	150
客户续航里程	mile	100
座位数	–	4
行李箱体积	L	200
加速度	s(0–60mile/h)	9.0
车速	最高电动车速mile/h	90
前后重量比		50∶50
驱动方式	–	后驱
技术成熟度	–	可量产

图 32.7　宝马 Active E 的介绍及其特征性能参数作为电池设计的基础

这个结果往往只是一种不得已的折中，而无法在技术上和经济上找到最佳的解决方案（图 32.8）。

技术参数表	
额定电压	355V
最大电流	400A
电量	32kW·h
持续放电功率	78kW
峰值放电功率	140kW
单体总数量	192(2P96s)
充电时间(7.7kW)	4～5h
冷却和制热	水

图 32.8　宝马 Active E 的锂离子电池设计图及其特征性能参数

　　宝马 Active E 作为一个技术扩展的试验平台是可以被接受的。下一步的专门基于电动车辆设计和开发的全新平台就是宝马 i3（图 32.9）。这个车型实现了一个整体的电池包集成到整车的下车体。这使得电池包的设计可以基于标准化的单体和模块，从而具有更好的成本效益和模块化设计。此外，宝马 i3 还拥有全碳纤维车身和其他一些关键的创新功能，这也将是未来电动汽车重要的技术。

图 32.9　量产版电动汽车宝马 i3 及其电池的设计理念

以上的案例表明，基于如今现有的锂离子电池技术已经可以开发出并提供对用户来说有价值的车辆。对于电动汽车是否能持久并大量地进入消费市场还需要电池技术的不断发展和优化。从汽车应用的角度来看，电池技术当今的技术状态以及持续发展所必需的目标方向将在本章的剩余部分进行讲解。

32.4　对电池的需求

以德国国家电动交通平台（NPE）为基础，参与企业已经描绘了电池，特别是在插电式混合动力汽车和纯电动汽车上的需求特性，以及其发展随着时间的推移所要达到的目标。图 32.10 用蛛网图的形式总结了这些目标。

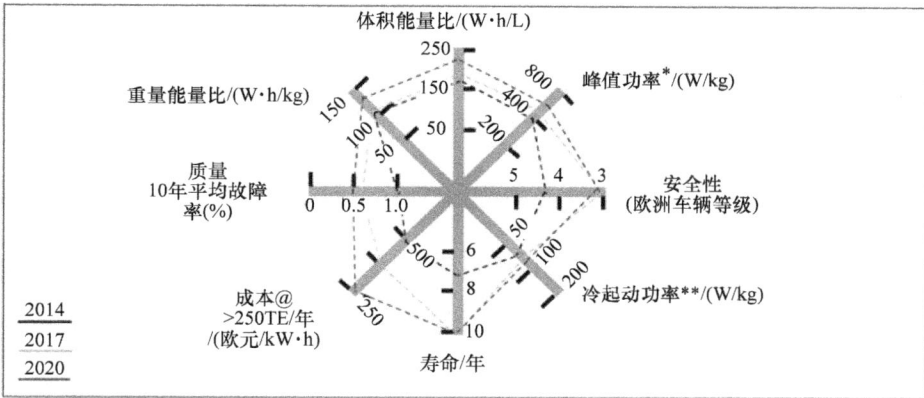

*　　25℃,50% SoC
**　-25℃,50% SoC

图 32.10　电动汽车用动力电池的主要性能参数（目标 2014 年至 2020 年）

这些通用的目标值一起构成了电动汽车电池系统的基本要求。当然，具体细化的数据值的推导还取决于不同的汽车制造商的具体情况和特定的产品模型策略而定。然而，下面的部分尝试推导汽车工业对相应的电池系统的一般需求，尽可能地展现现有技术的状态，并导出对未来发展的需要。当然，应该指出的是，实际上也无法导出一个针对汽车工业完全通用有效的结果。

32.4.1　概述

如今，在消费市场领域（计算机、摄像机、手机）或在电动工具领域，锂离子电池的应用已经非常普及。但是，我们不能忘记，电池在这些市场的使用和在汽车上的使用有着显著的差异（图 32.11），从而产生了新的需求，以及需要新的解决方案。

锂离子电池单体和电池在汽车业的发展应用不仅仅是一个成熟技术在新的应用

消费电子产品用电池单体：

- 高安全性
- 低成本
- 高能量密度或高功率
- 寿命 2~5年
- 小电池单体（<5A·h）

汽车用电池单体：

- 高安全性
- 低成本
- 高能量密度和高功率
- 长寿命 >10年
- 大电池单体（>>10A·h）

图 32.11　在消费市场中与在汽车业中使用的锂离子电池技术的基本差异

领域的适应性开发，而是基于锂离子电池已经存在的现有技术，再针对汽车业使用的特定产品的全新开发。

在这篇文章中的术语定义把电池描述为电动传动系统的一个组成部分。这里应当指出，是电池作为电动高压能量存储器（一般大约为 400V）的应用，对整个电池系统而言又是由各种部件组成的（图 32.12）。

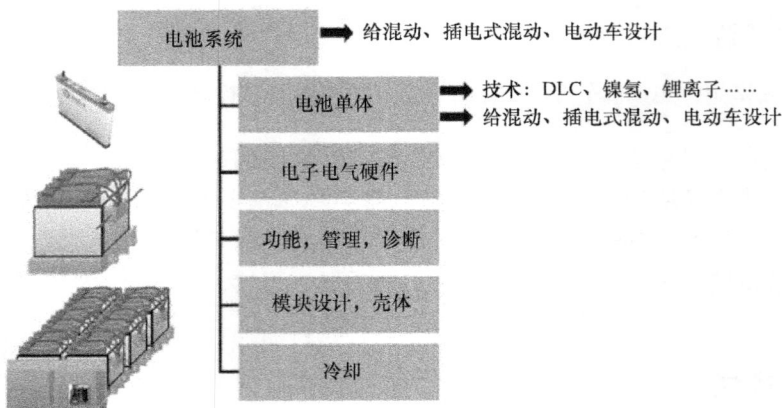

电池系统 ➡ 给混动、插电式混动、电动车设计

电池单体 ➡ 技术：DLC、镍氢、锂离子……
➡ 给混动、插电式混动、电动车设计

电子电气硬件

功能，管理，诊断

模块设计，壳体

冷却

图 32.12　车用电池的基本结构，整个电池系统由核心零部件锂离子电池单体以及其他几个子部件构成

最基础的技术还是锂离子技术，对于能量密度和功率密度来说，它是最核心的技术，有进一步发展的潜力使得其能够满足所有汽车应用的需求。

应该提到的是，锂离子技术的概念仅仅是一个通用术语，它包括不同的活性物质的使用，还有不同的电池单体设计以及不同的结构类型。可能的类型有，比如说，圆柱形或方形电池单体，使用钢或铝材的硬壳体，或者使用铝－聚合物复合薄膜的软包电池单体。而如今常用的基于碳的材料作为负极活性材料，而正极活性材料体现出了一定的多样性。比如，陶瓷氧化结构如钴酸锂（$LiCoO_2$）和锂镍锰钴化合物；或橄榄石型结构如磷酸铁锂（$LiFePO_4$）。

为了能满足在蛛网图 32.10 中体现的各个目标，面对如今已经开发出来并能够获得的各种材料来说，只能做一个折中的选择，因为没有哪个材料能同时满足所有要求，它们总是体现出不同的优点和缺点（图 32.13）。需要根据不同的应用和具体的需求来选择最有利的材料。当然，为了达到图 32.10 的目标，仍然需要持续的优化和进一步的开发需求。锂离子技术在第 3 章已经进行了详细的描述。

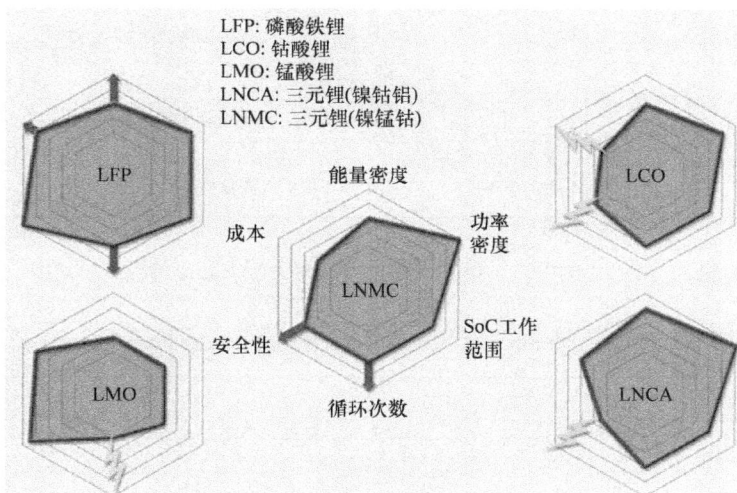

图 32.13　对于汽车业应用来说，如今锂离子电池各种正极活性材料的优缺点对比

32. 4. 2　安全性

对于汽车业来说，对车内驾乘人员和车外其他交通参与者（如行人）的安全保障是重中之重的任务。开发和生产汽车用的锂离子电池同样要遵循这一原则，从而通过分析和推导得出相应的措施来保证系统安全。对系统的验证一般会根据已知的认可的技术规范和相关的法规要求。这里包括功能安全相关标准和碰撞标准，它能确保车辆在使用过程中甚至出现碰撞情况下，电池系统的安全工作。在发生严重事故的情况下（车辆安全气囊会引爆、安全带会勒紧），而电池系统也可能造成损坏，锂离子电池会自动切断高压供电系统。在发生特别严重的事故情况下，这已经超出了法规和检验的范围之外，原则上，锂离子电池发生起火的情况也不能完全排

除。这也对应传统动力汽车等同的安全水平。

电池着火的可能，原理上讲，是因为锂离子电池单体里存储了化学能量。不受控制的能量释放最终就会导致电池单体着火，通常称为热失控。这其实是一个多步骤的过程（图 32.14），首先由某个外部事件激发开始（比如过充电、过热等），然后电解质和负极碳元素发生放热反应，接着电解质被分解，直到正极材料被溶解的过程。

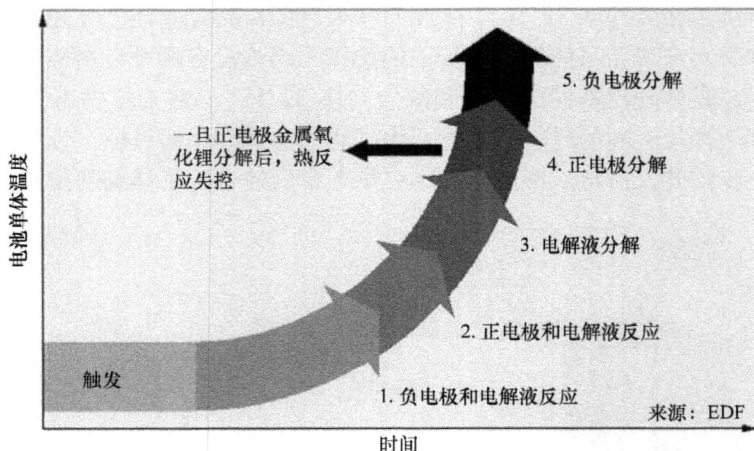

图 32.14　"热失控"以及锂离子电池着火的多阶段过程的示意图

根据所使用的材料的不同，发生能量释放的程度也显著不同。图 32.15 以不同

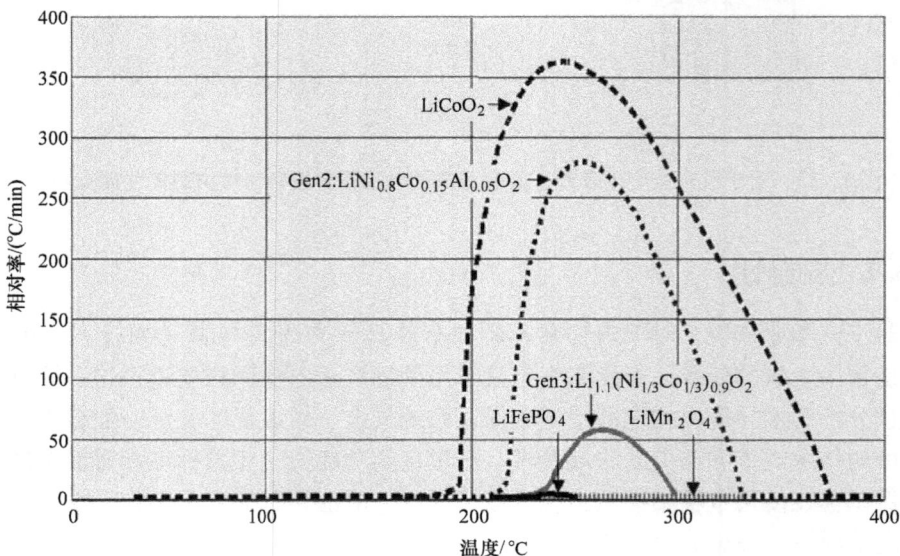

图 32.15　不同的正极材料，能量释放度和工作范围与温度的函数关系

正极材料为例。由此可以看到，正极材料使用磷酸铁锂和氧化锰的固有安全性具有明显优点。但另一方面，磷酸铁锂的能量密度和氧化锰的寿命相比其他材料就较为逊色（图 32.13）。而需求则往往要求有高的能量密度、高寿命以及低的能量活性（至少在高温下）相结合。一个可能的发展方向是基于磷酸铁锂的优化，并用锰、钴、镍来替代铁元素。这些材料继续保持了磷酸铁锂的橄榄石型结构，但电池单体的电压和能量密度却能够达到更高。

然而，对于电池单体的固有安全性不能一味地只聚焦在正极材料上。还有之前的很多步骤也都会对其产生影响。从策略上讲，需要尽可能早地阻止热失控的进程。这里既可以通过优化负极材料，加入石墨或利用其他含碳的化合物或完全不同的负极材料（如：钛酸锂）来阻止热失控，也可以通过使用改进后的电解液或者某种特殊的添加剂来抑制和降低上述的反应过程以及后果。

对于锂离子电池单体来说，可以明确描述很清晰的要求，并对于整个电池系统来说有很高的固有安全性，而其他几个指标，特别是能量密度、功率密度以及寿命并没有产生负面的影响。优化某一个单一材料的成分并不能最终达到目的，需要对整个锂离子电池系统进行优化。为了评估锂离子电池单体的固有安全性，一般会使用目前比较普遍接受的故障测试和已有的法定或行业标准（例如：ISO 12405-3）。这通常被认为是一个需求：必须满足在测试条件下的任何时间电池不会起火甚至发生爆炸。

锂离子电池单体的固有安全性只是一个基础，目标是为了实现电池包作为一个整体系统的产品安全需求。在整个电池包层面，主要的措施有：例如通过电压和温度的测量监控电池单体的状态，限制电压和充放电电流，以及保证单体成组成包、最后装车的结构安全（图 32.16）。除了车辆在事故工况下（碰撞测试）的测试外，其他大量与安全相关的问题也需要从部件层面（电池单体、模块、电池系统）有足够的验证评估（图 32.16）。所有这些应力和工况的测试都按照现行标准（IEC，ISO，DIN，SAE，PVGAP，UN/DOT 等）或企业内部标准执行。

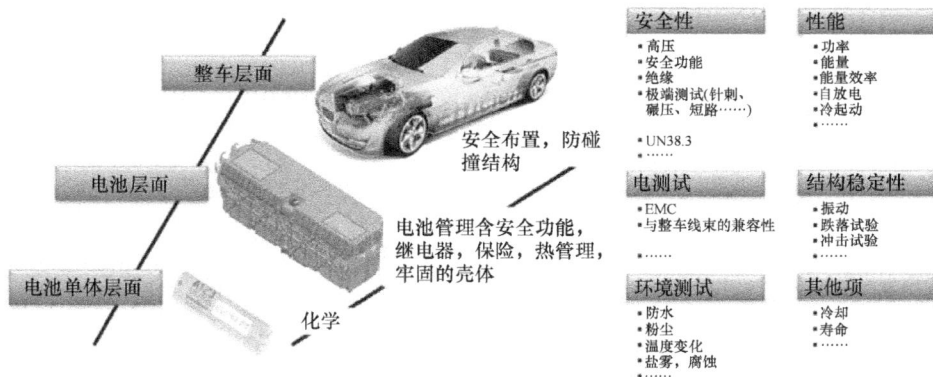

图 32.16　不同级别的集成度以确保电池产品的安全性，以及相关测试项概述

为了保证在任何情况下的人身安全，在电池层面甚至在整车层面的很多措施降低了对锂离子电池单体本体的固有安全性要求。当然未来的目标是，在保证系统安全性要求不变的前提下，在电池单体、模块、电池包以及整车各个层面的特性和安全措施达到一个最优的组合。

32.4.3　功能特征

电动汽车的兴起主要是由于锂离子电池技术在消费市场的工业化和该技术的功能特性所致。锂离子电池技术与现有其他所有的电池技术相比，具有最高的能量密度和功率密度。这也可以用功率能量比来解释。这个功率能量比的值是电池单体内部设计一个非常重要的判断依据，也是针对不同的汽车应用（如混动车型、插电式混动车型、纯电动车型或者特殊车型）需要明确的不同需求（图 32.17）。锂离子电池技术的这种灵活性可以满足上述所有类型的新能源汽车的使用。这是一个很显著的优势，因为这些不同车型对锂离子电池的统一应用使得在开发、采购和制造的全方位协同成为可能。

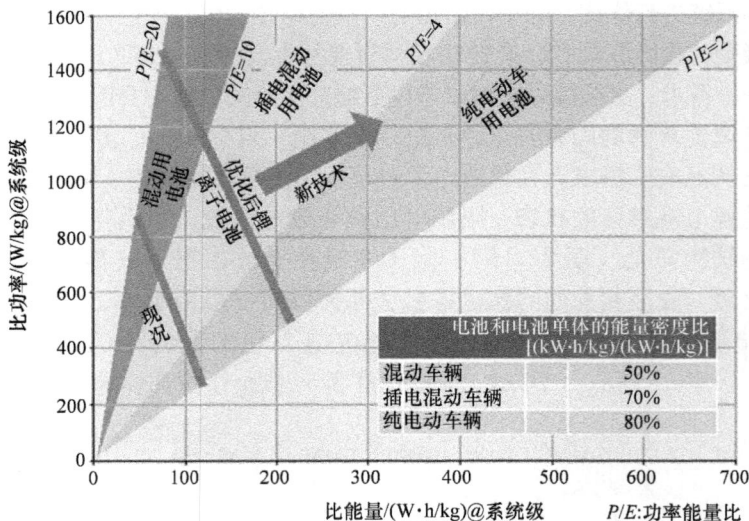

图 32.17　针对混动、插电混动、纯电动等不同车型应用下的不同需求，从功率能量比的角度确定电池设计方案（展示的值和范围仅为粗略参考）

对纯电动汽车来说，当前整个电池包的能量密度约为 $100W \cdot h/kg$ 的水平，可是对于锂离子电池单体技术来说，其能量密度就需要达到接近两倍的水平。在电池模块设计、电池包、子部件以及电池系统的集成上都还能对电池的重量和体积有很大的提升空间。与此同时，对于提升和优化锂离子电池单体的设计，特别是对正极和负极材料的优化（诸如使用硅或者碳化硅作为负极材料，使用开路电压能从 4V

提升到 5V 的正极材料）也可以实现能量密度的提升。

为了实现电动汽车可持续发展，上面描述的增加电池能量密度是绝对必要的工作，从而能够达到市场对电动汽车在续航里程上的要求。更进一步地拓展市场份额，就需要继续提高电池能量密度以及整车的纯电续航里程。这就需要靠全新的能量存储技术的发展来替代了。

当前电池可达到的功率密度值原则上能够满足用户对整车输出功率的需求。这主要适用于对混合动力汽车的需求。随着车型系列逐步向插电式混动汽车和纯电动汽车发展，特别是高档车型（宝马 7 系，戴姆勒 S 级等），也需要电池的功率密度有进一步的提升。同时提升能量密度和功率密度是技术层面的一大挑战。

除了考虑增加功率密度作为设计目标外，在优化功率与温度和充电状态之间的函数关系还有非常大的开发需求。对于锂离子电池输出功率的大小，有一个很重要的需要确定的量就是电池单体的内阻值。这个值取决于温度和充电状态（SOC）。如果 SOC 降低，温度也降低的话，电池单体内阻就会升高，电池输出功率也就会降低（图 32.18）。这个现象必须在功能开发的时候，特别是系统运行策略中加以考虑。然而，想要实现完全的补偿几乎是不可能的事情，通常在设计时就要考虑一定的功率预留，也就是把电池稍微过设计一些，从而保证用户在使用过程中，电池一直能够提供稳定的驾驶动力。反过来这又导致了成本的增加。

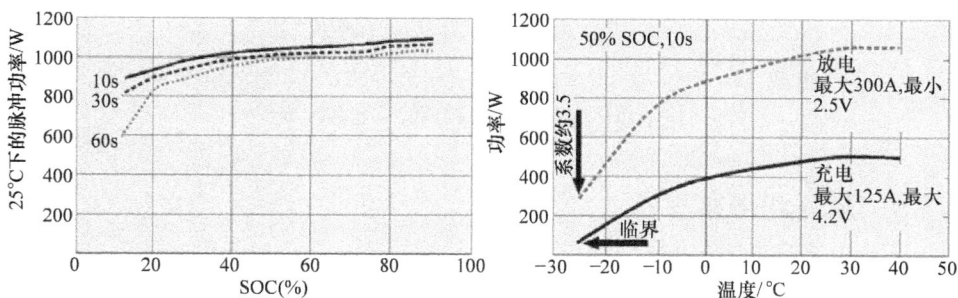

图 32.18　锂离子电池单体的功率与 SOC 和温度的函数关系。开发目标是降低这种关系的依赖性

因此，对锂离子电池单体的开发提出了明确的需求，作为锂离子电池的物理化学特性的一部分，要尽可能地减少上述这种对电池单体内阻的依赖关系。特别是功率跟温度的函数关系导致了非常严重的问题。这是今后在技术开发上必须要进步和解决的。

除此之外，不管功率需求如何，内阻的降低通常都是有利的。电池单体内电阻越低，电池的效率就越高，其生成的热也就越少，从而对电池冷却的工作量也就越低。不管从成本的角度，还是从重量和体积的角度都是有利的。

电池的热管理，尤其是锂离子电池单体的温度控制，是电池设计和开发的一个重要部分。有效的电池热管理首先保证了电池能在一个很宽广的工作范围内达到其能量和功率的最大能力，另一方面也实现所要求的设计寿命（锂离子电池的老化程度依赖于运行温度，见图 32.21）。因此，根据具体车型的要求不同，可以用不同的冷却方案作为冷却介质，如空气冷却、冷却液或制冷剂。在高功率需求的情况下，对冷却也提出了更高的要求，可采用制冷剂的冷却方案，这在技术上是最苛刻的，但在重量、空间和成本上考虑又是最有效的方法。有效的电池热管理的先决条件和开发目标是从锂离子电池单体内核到外表面的散热有尽可能好的热传导，并且在电池单体内部、模块以及整包电池有尽可能均匀的温度场分布。在确定锂离子电池单体的外部尺寸、所使用的材料和壳体壁厚需要特别引起重视。特别是电池单体的横向尺寸，即电池单体的厚度基本上决定了电池单体内部的温度场分布（图 32.19）。

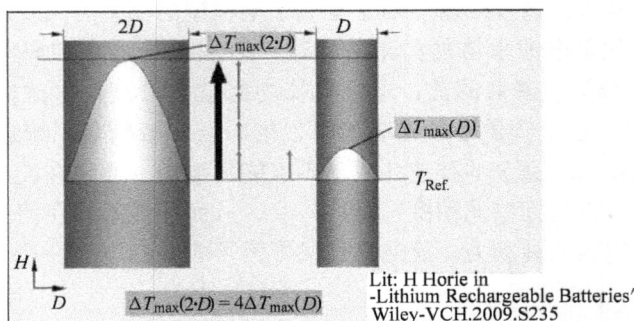

图 32.19 在给定的恒定功率并因此导致发热和热扩散的前提下，
电池单体内部温度场和不同尺寸的关系

32.4.4 质量和寿命

锂离子电池技术在汽车工业中应用的另一个主要的挑战和复杂的问题是对电池质量和寿命的要求。两者都是相互独立的要求，但它们又有着密切的联系。所使用材料的质量好坏和锂离子电池生产的质量好坏直接影响了电池系统偶发故障的概率以及随时间老化或退化的程度。

电池的可靠性，也就是故障率的高低以及随时间的功能特征的稳定性，是影响客户满意度和售后质保成本至关重要的因素。高的系统可靠性是电动汽车成功的必要条件。

质量的好坏一般来说是通过测量在一定时间内产品失效的累积数量来评估的。失效的意思是，电池内部一个或多个零部件的损坏导致整个电池的突发故障。这些损坏在整个使用周期，通常是按浴盆统计曲线分布的（在产品初期比如因为制造问题所导致的高的早期失效）。磨损和老化主要是在寿命周期的末端，导致产品报废（见图 32.20）。

图 32.20　电池故障率在整个过程中的示意图。在寿命末端主要是通过
锂离子电池特性的降低体现出来

　　导致锂离子电池系统故障，除了电池单体外，还有其他组件，例如控制器、熔丝、继电器、插接件、传感器等。整个电池的故障率是各个组件的故障率的函数关系。锂离子电池的故障率与其他电子电气部件的故障率原则上没有显著不同。虽然在消费电子市场还没有锂离子电池相关的故障率数据，在汽车行业的使用也没有足够多的统计数据，但仅通过目前的经验表明，如今在生产过程中以及售后的生产质量和质量保证措施是可以实现满足要求的产品可靠性的。电动车上的整个电池是由一个个单独的电池单体成组后构成的，插接件连接技术的可靠性起着非常重要的作用。在锂离子电池单体的结构设计和电池单体之间的连接可以通过激光焊接技术来实现。这样，不仅仅能够保证连接的可靠性，也可以通过机器人自动焊接技术实现较低的制造成本目标。

　　锂离子电池的制造质量水平也确定了其老化程度，也就是电池的特性随时间而下降的程度，即电池的使用寿命的长短。首先需要了解一下寿命这个概念的定义。寿命被定义为从锂离子电池（电池单体）供应的时间点（Begin of Life，BoL）开始到寿命结束的时间点（End of Life，EoL）的这个时间区间。寿命开始的时间点是指作为新状态的电池，它的产品特征满足技术需求上所定义的所有指标。寿命结束点的判据是电池的老化和性能的下降导致其特性不能满足技术需求定义的下限值。此时，电池作为按原预期的明确的使用用途被定义为不能再用或者说坏掉了。这个寿命结束的判据与具体电池使用的不同用途强相关，不存在普遍适用的标准。

举一个例子来说明的话，比如给电动车辆使用的电池的寿命结束点的判断标准可以是：当电池容量低于寿命开始点的电池容量的80%，就认为到了寿命结束点。因为电池功能特征的降低主要是由于锂离子电池单体导致的，所以下面主要就锂离子电池单体的寿命作进一步讨论。

即使电池在不使用的情况下，锂离子电池单体也会老化，电池单体内部在没有任何负载的情况下发生的化学变化过程称为日历老化。这个变化过程的快慢与温度的高低成正比（图32.21）。此外，还有在电池运行过程中的性能降低，也就是通过不断的充放电循环导致的老化被称为循环老化。当然，循环老化也与温度相关，但主要是由能量流（放电深度）来判断的（图32.21）。另一个影响电池单体老化的重要因素是电流（也就是充放电的速度）。为了达到电池需求的寿命目标，除了有目的性地对电池单体活性材料进行开发和优化，还需要对电池使用的控制策略以及运行边界做相应设计，从而避免电池的加速老化。另外，任何形式和种类的杂质以及例如水或水蒸气的痕迹，也都可能加速电池性能的降低。因此，除了上述已经提到的生产质量和电池单体技术路线的选择问题，电池壳体也要尽可能地做到好的气密密封。

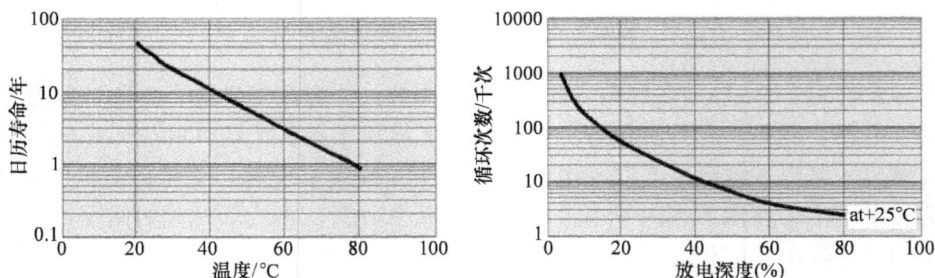

图32.21　日历寿命与温度的函数关系图示以及循环寿命与放电深度的函数关系图示

当然，对寿命需求的描述也不是一件简单的事情。现在常见的做法是：把寿命的需求和寿命结束的判据与具体的整车项目所对应的边界条件联系在一起。最主要的边界条件就是根据具体的驾驶工况所对应的负荷曲线以及对应的温度载荷谱。温度载荷谱又是环境条件和电池自生热叠加影响的结果。电池自生热的多少由与温度相关的电池单体内电阻和所使用的冷却系统的特性决定（图32.22）。特别是对电池有高功率要求的情况下，因为电池内部生热也很高，因此很有必要使用主动冷却系统来限制温度的升高，从而避免电池运行期间的快速老化。

汽车行业对整车的寿命一般要求是15年，对电池来说这是一个很高的值。在之前的消费品市场领域，锂离子电池的寿命需求普遍只有2～5年（除了少数严格要求的情况外）。对于汽车行业所需要的超长的使用寿命，目前电池行业的经验还很有限。出于这个原因以及锂离子电池技术的当前状态，在某些情况下，对锂离子

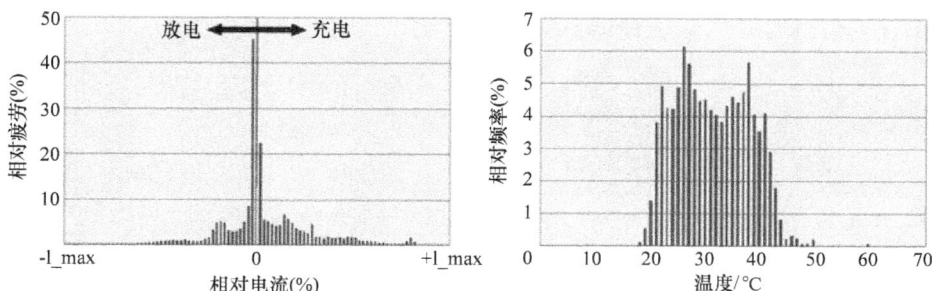

图 32.22　一个典型的电流和温度的载荷谱作为电池寿命设计和计算的基础（以混动应用为例）

电池的寿命需求有所降低。但是，10 年的寿命是市场能够接受的最低要求。

10 年或 15 年的寿命需求当然既包括了日历寿命，也包括了循环寿命，即它们的共同影响。而电池在规定寿命内的循环次数由驾驶功率以及电驱动下的能量消耗决定（取决于车辆、驾驶工况等）。对于混合动力汽车来说，控制策略还起着重要作用。因此也很难给出一个普遍有效的循环次数的值。粗略来说，对于纯电动车辆来说，至少需要约 2000 次的循环寿命的要求；对插电式混动车辆来说，则需要超过 4000 次循环。

即使是采用加速老化测试，如：对于日历老化来说，就把电池存放在更高的温度；对于循环老化来说，就加速循环时间，完成相关测试也需要几个月甚至数年的时间。开发出可靠的加速老化试验方法可以大大缩短测试时间，这是一项很迫切的开发目标，同时也具有很大的挑战性。在开发的早期阶段，电池寿命预估的工作以及不同变量的精度敏感性分析，最后到用户行为分析，都只能使用寿命模型才能够完成。而目前这些模型在很长时间范围内的可靠性尚未充分得到验证。今后研发的目标是，进一步有针对性地对这些寿命模型进行开发、优化和校对，把车辆应用中所出现的各种影响因素在模型中考虑周全，最后完成准确可靠的寿命预测。

32.4.5　成本

最后也是最重要的一点就是电池的成本问题。如今，使用锂离子电池的纯电动车型，能盈利的案例还少之又少。电驱动系统的成本结构说明，电池的成本在总成本中占据非常大的比例。而电池内部，电池单体的成本又是最主要的影响因素（图 32.23）。

锂离子电池在消费市场领域的价格发展清楚地表明，多年来通过技术和制造工艺流程的优化提升以及产量的增长，电池价格已经大幅降低（图 32.24）。特别是给笔记本电脑使用的 18650 型锂离子电池单体的表现尤为突出。它通过几何尺寸的统一标准创造了规模经济，从而大幅降低了电池在笔记本电脑上应用的成本。一般来说，通过锂离子电池在汽车行业的应用，其成本一定会进一步得到降低（图

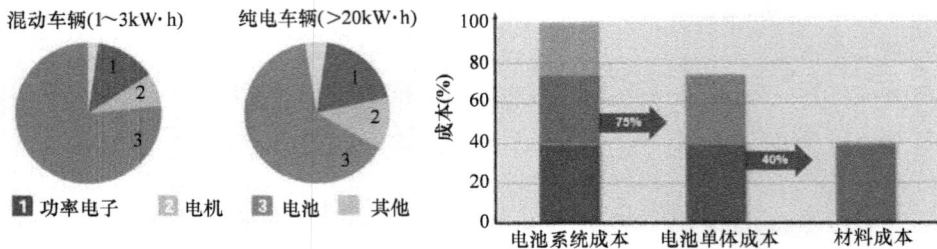

图 32.23　混动车辆和纯电动车辆电驱动系统的成本构成占比（左图）与
电动车辆电池系统中电池单体成本、材料成本的占比（右图）

32.24）。但其下降程度如何，主要取决于相关标准的制定、市场量的发展以及行业竞争情况。

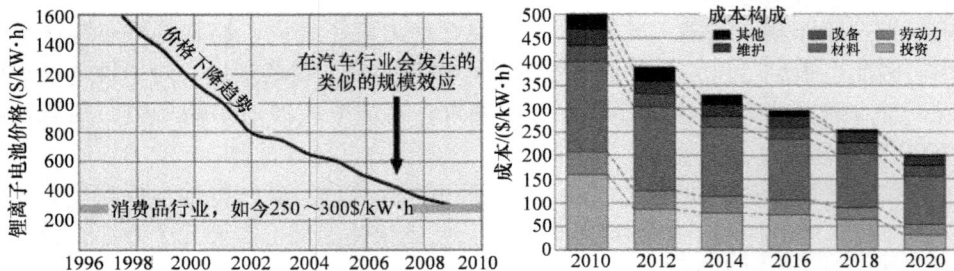

图 32.24　消费市场领域锂离子电池的价格发展（左图）和汽车行业用锂离子
电池的成本发展及预估（来源：罗兰贝格）（右图）

在汽车行业里，锂离子电池单体几何尺寸标准化的实施是整车成本控制的关键。只有实施了锂离子电池单体几何尺寸的标准化才能成功地开发出市场可接受的电动汽车。汽车行业的开发流程，特别是质保流程都无法使电池单体、模块和整个电池包在较短的产品开发周期内得到全新设计并集成到整车上。想要实现尽快分阶段且迅速地推出新的电动车型，并同时进一步优化和开发锂离子电池技术，必须要有一个标准化的电池单体尺寸和标准化的电池单体模块尺寸才能实现。

在此背景下，德国汽车工业已主动建立了一个 DIN 规范（DIN 规范 91252：2011 - 01 (D) 电动道路车辆 - 电池系统 - 锂离子电池的尺寸），并于 2011 年正式发布（图 32.25）。

目前，国际标准工作组正在制定电池单体几何结构的国际标准（ISO / IEC PAS 16898：电动道路汽车 - 次级锂离子电池的尺寸和命名）。虽然在国际层面的讨论因为各个国家的不同利益，比在一个国家层面内达成一致要困难得多，但是，对于汽车用电池单体几何形状的标准化的必要性已经取得广泛共识。

型号	尺寸	混合动力 5～6A·h	插电混动1 20～22A·h	插电混动2 24～26A·h	纯电动1 40～50A·h	纯电动2 60～70A·h
圆柱形	$D×h$ /(mm×mm)	37.8×136	没有定义	没有定义	没有定义	没有定义
方形	$W×h×T$ /(mm×mm ×mm)	120×85×12.5	173×85 ×21	148×91×26.5	173×115×32	173×115×45
软包 厚度T为变量	$W×h×T$ /(mm×mm ×mm)	121×243×T	165×227×T	没有定义	330×162×T	没有定义

图 32.25　德国标准 DIN 9 1252 关于电池单体尺寸规格的概述。对于混动、插电混动和纯电动以及关于电池单体容量的归类并非明确定义，只是一个近似的区分

　　只有在标准化的电池单体几何尺寸的前提下才能有标准化的模块，然后可以有不同配置的电池包对应不同的车型，因而安装空间才能够按配置设计。当各个部件：统一的电池单体模块和其他的子部件如电池单体和模块的连接、电池单体监控单元、开关盒和电池控制单元都是通用部件，才能达到最大的协同作用和成本优势。最好情况下作为行业通用标准件实现跨厂商的直接采购和应用（图 32.26）。

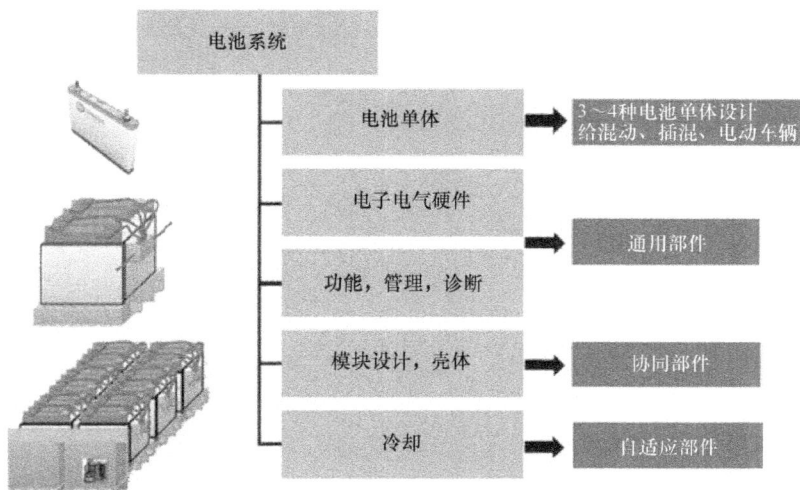

图 32.26　电池和子部件的结构演示图（请参阅图 32.12）与模块化原理以及通用部件和协同部件

　　电池单体模块组装以及与上述提及的子部件一起的电池包总装需要在很大程度上实现自动化。这必须在电池单体以及其他部件的设计阶段就充分考虑到。这意味着，除了电池单体和模块，还有很多单个的小部件需要尽可能地先装成各个子系统，然后再统一送到终端线上进行电池包的总装。

　　除了各个部件本身的成本降低外，上述措施是为了实现甚至低于德国国家电动交通平台（NPE）制定的整个电池包 250 欧元/kW·h 的成本目标所必要的先决条件。

32.5　总结

为了努力降低燃料消耗和二氧化碳排放，并提供长期可持续发展的交通出行工具，整个汽车行业除了致力于基于化石燃料的内燃机优化以外，更致力于不断优化各种形式的电动汽车的发展。电动汽车是这一战略规划最核心的支柱产品，尽管有市场风险，但其发展还是成为最主要的投资对象。

如今已有诸如各种混合动力汽车、插电式混合动力汽车和电动汽车可以提供。这种趋势在未来几年还会继续增加。这些车辆将大大降低二氧化碳的排放，并且在车辆安全和客户使用需求上达到和传统车相当的水平。这些车辆中使用的电能存储装置，除了个别例外，基本上都是使用的基于锂离子技术的电池。

为了实现电动车辆的持续增长和市场渗透，锂离子技术还需要进一步的改进和优化。这些改进意味着电池比能量的提升，具体体现在重量和体积上的变化，也就是车辆续航里程的提升。此外，通过优化电池单体材料、部件标准化、生产自动化以及规模经济效应都能够继续降低电池成本。

为了实现这一目标，需要整个价值链上的所有行业人员的共同努力。

第33章　电池系统在固定储能系统上的应用需求

Bernhard Riegel

33.1　导言

推进和提高可再生能源在发电总量中所占的比重以及导入并使用环保设备与公共供电系统的结构变化有着紧密的联系。日益增加的分布式能量转换设备（如光伏发电、风电）需要并入现有的配电网络。此外，已有的设备与新并网的分布式发电存储设备之间的相互影响对电网的管理和运营来说是一个巨大的挑战。因为分布式发电设备所产生的电能的稳定性较差，其发电量占整个电网比重的增加将会产生高昂的费用，因此，固定储能及储能系统在今后将扮演愈发重要的作用。而电化学存储设备（由电池单体或电池组成）将成为重要支柱。

固定储能及储能系统对于电网的作用要从不同的时间尺度去理解：一方面是平衡电网在短时期内的波动，另一方面是作为缓冲或缓存对电网提供长期的供电保障作用。因此，除了必须保证能够提供相应的存储容量外，还需要有很高的日历寿命和循环稳定性的要求。与之紧密相关的是光伏发电在未来直接并网使用和离网储存使用两种运行模式，以及使用可达1MW的大容量存储设备的方案。

电化学储能在传统的工业领域的应用范围包括能源的供应和备份、电信、信息和网络、铁路、应急和安保、医疗以及物流领域［1］。根据工业用电池的用途不同，其需求也不同，具体体现在对能量密度、功率、充放电倍率、可靠性、维护以及成本方面的不同要求。

基于铅酸电池技术的固定能量存储系统提供不间断供电或是太阳能发电的存储器，在市场上已经比较常见，并且针对其应用也进行了很多优化。它们的价格相对便宜，但是不能完全满足未来存储设备所期望的所有需求。

而且，对于铅酸电池来说需要注意的是，一方面，它的比能量较低，另一方面，其老化程度与使用的方式有着紧密关系。因此，如果长期处于半充电半放电的

B. Riegel (✉)

HOPPECKE Batterien GmbH & Co. KG, Bontkirchener Straße 1, 59929 Brilon, Deutschland

e-mail: bernhard.riegel@hoppecke.com

使用状态的话，就会导致硫酸盐化，电池容量就会快速下降，而这是锂离子电池不会出现的情况。因此锂离子电池在电化学储能技术中所表现出的有利特性使其得到广泛重视。

电化学储能是一项很关键的技术。这项技术不仅仅适用于电动汽车，同样也适用于可再生能源的并网集成。可再生能源的加速发展对电网带来极大的影响。因此，分布式发电和现有电网容量之间的系统性关系就显得尤为重要。电网容量将会因为分布式电池存储器的应用而得到提升。不过，前提是需要开发一套能源管理的运行策略，它不仅从设备操作员角度优化，还与电网所关注的各种问题紧密相关。如今看来，给能并网的光伏发电用的电池系统的种类主要有：锂离子电池、铅酸电池、高温系统或氧化还原液流系统等。相比其他技术来说，铅酸电池的成本优势使其多年来已经在各个领域广泛应用，包括在许多固定的和离网的系统应用中。锂离子电池由于其长寿命以及良好的充放电循环特性也成为一个很好的选择，当前主要在移动设备的应用中考虑较多。缺点就是较高的成本。

33.2 关于工业应用的能量存储系统的需求

电池的不同特性影响了在特定应用的情况下对电池系统的选择。特别是寿命、可靠性、性能、可用性、安全性和成本是选择储能设备的重要标准（图33.1）。

可再生能源的进一步扩展和相应需要的电网容量的大小与所创建的合适的储能容量紧密相连，在所有电化学能量储存设备里，锂离子电池无疑具有很高的潜力。这样的能量存储系统的应用针对不同时间维度的应力：短时间范围内，用于平衡电网的波动；在长达数小时的时间范围内，用于给太阳能或风能发电的缓冲和电力的中间存储。对于这些全新的需求来说，如今在市场上还找不到合适的锂离子电池，需要单独为之开发优化。

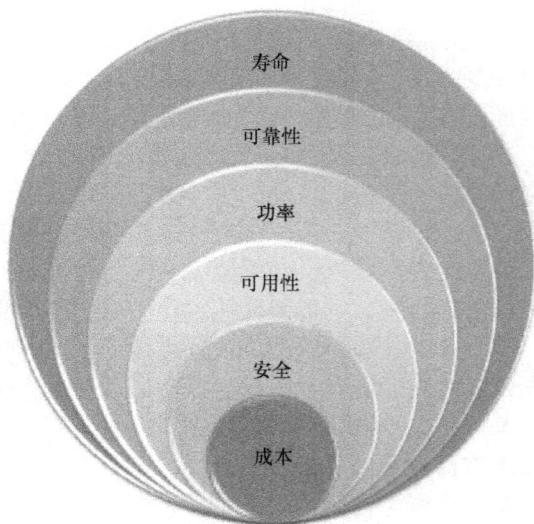

图33.1 电池特性

如今的锂电池系统已经能够提供相对高的能量和功率密度，通过各种不同的活性物质的使用还能进一步提高。同时，电池安全性和成本的改善（全生命周期成本）也在逐步发展。不同材料的组合所带来的变化还远没有得到充分的发挥。在新材料、纳米复合材料和全新的电池单体设计方面还有很大的改善和新的应用潜力。固定储能和储能系统最直接的要求就是高的能量传输、长的日历寿命和高的循环稳定性。

33.3　锂离子电池单体作为固定储能设备的应用

近年来，针对汽车行业的应用，各厂商在大容量的电池单体开发领域中均有所推进。电池单体容量在 10 ~ 400A·h 范围都有相关产品。由于电池单体在电动汽车领域的需求增加，这些电池单体已被专门用于这方面的应用。比如说，对于混动汽车来说，就需要开发高功率比的电池单体（功率型电池单体），而对于纯电动汽车来说，就需要开发高能量比的电池单体（能量型电池单体）。

如上已经提到的，这类电池单体主要侧重于对能量密度和功率密度的要求。图 33.2 中再次表示出了这种差异。图中，把对储能系统的各种不同需求，按比重展示出来。相比之下，开发固定储能用电池，无论是对短的充放电周期和低的放电深度（例如为了稳定电网使用），或者对于几个小时的长周期和大的放电深度（例如给光伏发电存储使用）都还需优化设计。此外，它们的寿命还必须大于 10 年甚至到 20 年的范围。

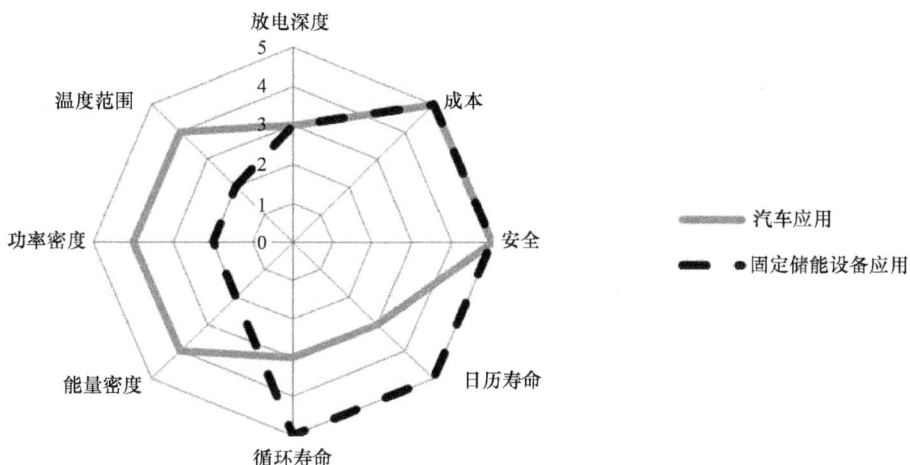

图 33.2　循环工况下，电池在车辆和固定储能应用的各个需求的定性比较。例如，不同车型和固定储能系统的不同放电深度的差异（给稳定电网使用的短和浅的充放电循环，给光伏发电存储使用就需要几个小时以及很深的充放电循环）

另外，固定储能在很多传统应用中，相对于给可再生能源的临时存储，也有一定的作用。一些很经典的应用包括：不间断电源、应急照明和发动机起动。其他应用还有在电信业、IT 业、发电厂应急保护和跨越铁路的固定应用（图 33.3）。

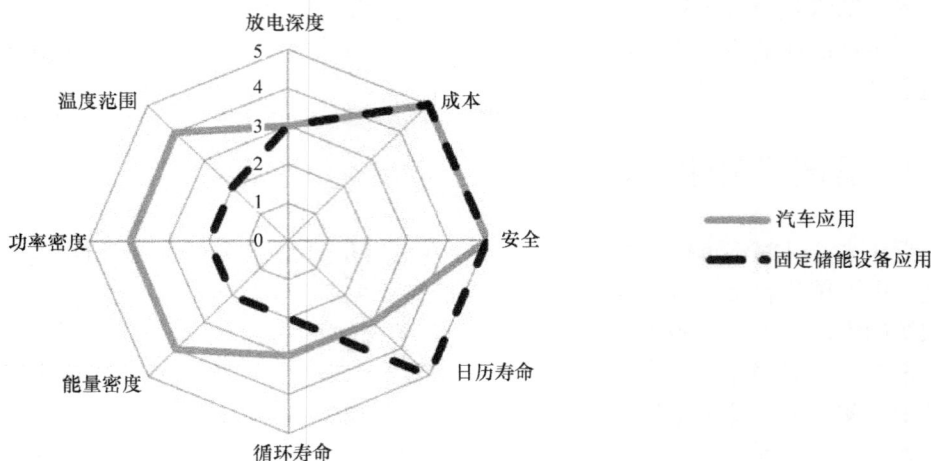

图 33.3　电力保障、备用供电工况下，电池在车辆和固定储能应用的各个需求的定性比较

33.4　固定储能应用中锂离子储能设备的正极材料

固定储能设备需要特别考虑功率相关的性能特征，这在其他的应用领域，特别是消费电子市场和移动设备上不那么突出。作为最重要的考虑因素，除了安全，就是电池的循环寿命和日历寿命、价格和存储效率。因此，为了实现在固定储能设备上使用的锂离子电池在整个寿命周期的经济性，必须要保证几千次的充放电循环和大于 10 年（甚至到 20 年）的寿命。所以，很有必要针对固定储能系统的特殊需求专门优化开发相应的电池单体，同时优化相应的运行策略。

33.5　正极材料的发展趋势

电池性能主要由正极材料影响。在消费电子领域使用的电池单体仍然使用的正极活性材料是钴酸锂（$LiCoO_2$）。最大可用比容量仅为 $130\sim150A\cdot h/kg$。另外，钴酸锂在充满电的状态下会表现出热活化分解（热失控），如果没有很好的控制措施的话，就可能导致电池单体的彻底损坏。因为层状结构的化合物，对钴酸锂来说，可以用其他过渡金属：如镍或锰来替代钴。这样生成的化合物的 $LiNi_{1/3}Mn_{1/3}Co_{1/3}O_2$（三元锂电池：NMC）的可逆比容量可以达到 $200A\cdot h/kg$。由镍和锰替代钴之后，导致热失控的耐受温度也会升高，因此电池单体的安全性也随之提高。

这种材料现已被广泛地应用于大容量锂离子电池，并用于汽车应用中。另外一种可能的替代化合物是 $LiMePO_4$（Me = 铁、镍、锰、钴），在短期内，它最有希望代替目前广泛使用的磷酸铁锂电池（LFP）。最近，采用磷酸铁锂的电池被吹捧为最有前途的技术。它是由美国得克萨斯大学的约翰·古德诺于 1996 年发明将其作为可充电锂电池的正极材料的。磷酸铁锂电池表现出非常好的稳定性，即使在高达300℃的温度下都不会导致热分解反应。其电势约为 3.2 V（对应石墨），可达容量在 160 ～ 170A·h/kg 范围。与金属钴比较，铁矿几乎取之不尽，用之不竭。在电池单体测试中，磷酸铁锂表现出全面卓越的循环稳定性。虽然磷酸铁锂的电池单体与钴酸锂的电池单体比较，其电压和能量密度都相对较低，但是，与其他锂离子电池（如 $LiCoO_2$ 和 $LiMn_2O_4$）比较，磷酸铁锂在整个寿命周期内容量衰减很低，从另一个角度讲，这也抵消了它电压和能量密度低的缺点。

33.6　负极材料的发展趋势

石墨所具有的特殊形态使其成为当今最常用的锂离子电池负极材料。相比金属锂来说，石墨的安全性更好，并且电化学反应的可逆性也很好。理论上，石墨与锂形成的化合物 LiC_6 的最大放电容量为 372A·h/kg。但是，在大电流的情况下，会生成枝状的锂颗粒，这会导致电池单体内部短路，最坏情况下，电池单体有热分解（热失控）的危险。

钛酸锂 $Li_4Ti_5O_{12}$ 是一个很有前途的替代方案。它也被称为零应变材料：因为在带电和不带电的情况下，它的体积变化量非常小。除此之外，由于这个属性，它的循环次数也是异常的高。然而，钛酸锂的缺点是：它的比容量较低，只有175A·h/kg；另外，它的嵌入电压较高，为 1.55V，这导致与它组成的电池单体电压会相对较低 [2]。对于固定储能的应用中，用作对电网的缓冲或所谓的离网应用，钛酸锂的长循环寿命就显得很重要了。所以，由于钛酸锂这种材料良好的特性以及原材料储备丰富，得到广泛青睐。

33.7　磷酸铁锂（LFP）和钛酸锂（LTO）系统

对于锂离子储能设备来说，有各种不同的电池单体化学组合可供选择。目前还没有很明确的定义，哪种材料应该针对哪个特定的应用。图 33.4 举例展示了一些材料的特征结果。以下正负极组合（三元 - 锂、磷酸铁锂 - 锂和磷酸铁锂 - 钛酸）的充放电曲线绘制在图 33.4a 中。对于分布式储能设备来说，可以选择正极为磷酸铁锂（LFP）、负极为钛酸锂（LTO）的新一代锂离子电池使用。

虽然磷酸铁锂 - 钛酸锂（LFP - LTO）组合的电池单体电压相对较低，但其稳定性和非常高的寿命正是固定储能应用所期望的结果。图 33.4b 表示的是磷酸铁锂 - 锂和磷酸铁锂 - 钛酸的相对容量与循环次数的函数关系。它说明了钛酸锂的容量衰减非常慢 [3]。

目前，德国慕尼黑工业大学的电化学家和电气工程师们在一个"用于可再生

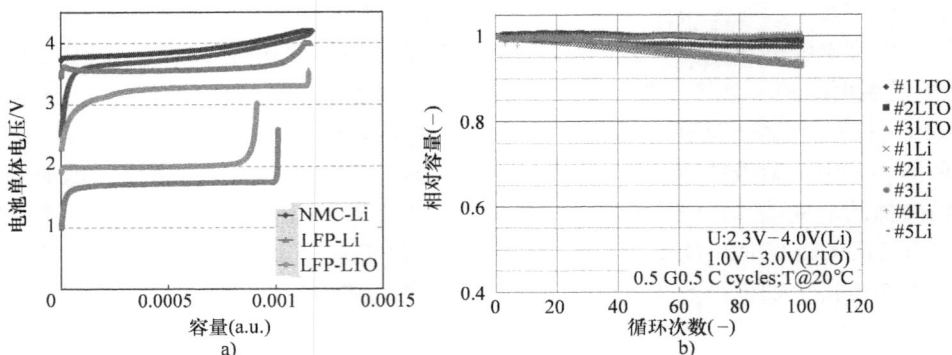

图 33.4　a）不同正负极组合的充放电曲线比较：三元－锂（NMC－Li）、
磷酸铁锂－锂（LFP－Li）和磷酸铁锂－钛酸（LTO）
b）磷酸铁锂－锂（LFP－Li）和钛酸锂（LTO）相对容量与循环次数的函数关系

能源系统的长寿命储能系统"的项目中研究这样的 LFP－LTO 电池，以能够到达超级高的充电循环，并且可以适合用于可再生能源的储能设备。测试电池单体已经达到了超过 20 000 次的循环寿命，而容量值没有任何明显的变化；而如今使用的锂离子电池大多只能达到 4000 个循环次数。

33.8　整个能量存储系统

储能设备的性能是由锂电池单体现有的技术水平决定的。随着新材料领域的创新和进一步的发展，在固定储能系统的应用中，电池单体层面循环寿命持续提高的需求可以实现，并且，这也是使用可再生能源是否经济的关键。

电化学电池单体只是整个能量存储系统的一个组成部分。整个系统由多个部件组成，例如电池管理和监控系统、冷却、插接件以及壳体。整个存储系统的设计最重要的是，充分利用电池技术的性能，并保证在能量密度和功率密度上的损失尽可能低。整个系统的寿命和安全性需要通过各个组件彼此的协同和优化来保证。

对于大型的锂离子固定储能设备，如今的方案是模块化的结构，就是把各个单独的电池单体通过并联和串联的方式连接起来，从而满足所需要的能量和功率的要求。这些模块必须满足高的电性能和热性能的要求。这就需要模块级的电池监控和系统级的运行管理，作为分布式的智能化（以及冗余设计）提供给大型储能设备使用。由于大型储能系统所需的高的电压等级（直流端电压 1500V），需要特别注意在模块和系统层面的结构设计需要考虑绝缘安全。另外，电功率达到兆瓦级别，对功率等级的要求也很高，这也需要在设计的时候充分考虑。

33.9 在一些新的应用领域的例子

一个有趣的应用实例是：基于《电化学能量储存器的可再生能源法》用于并网用光伏系统。在这种情况下，电池作为储能设备，在未来智能电网里满足光伏系统自身消耗的需要。在私人家庭使用上，未来的挑战是能源的自动化管理，这意味着如何使用自家发的电力。储能设备的作用是，把多余的光伏发电存储起来，直到需要用的时候。白天，特别是在中午，光伏能源发电功率最大的时候产生的电能要在其他任何时候可以被使用（图 33.5）。这样的话，既最大化地提供给本地用电消耗，又提升了光伏系统的效率。只有剩余电能会送入电网，从而，光伏系统的所有者可以在电网负载很高的时候，也就是电价最高的时间段把自家光伏系统发的电卖给电网。

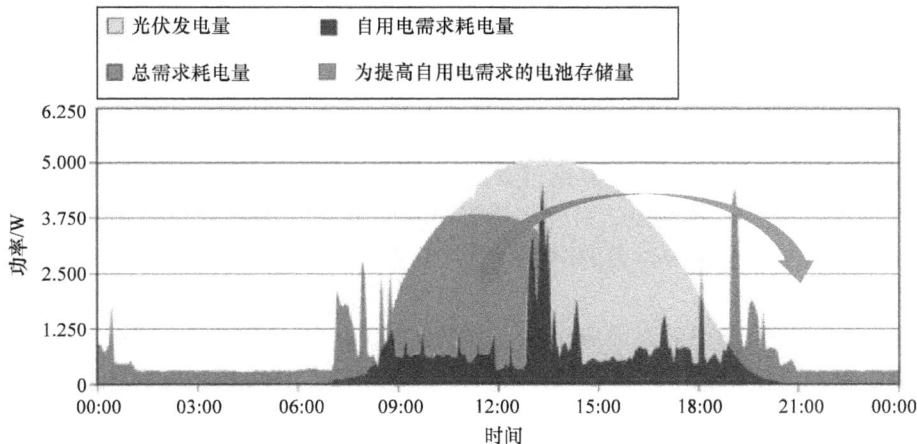

图 33.5　通过电池存储设备提高自身的用电消耗 [4]

扩大可再生能源发电已经是国家政府很明确的目标。如今，光伏发电设备在低压电网已经有很高的渗透比例，由于电网偶尔发生的峰值或者光伏发电自己关机等情况，偶尔会使低压电网的负载遇到瓶颈。而进一步扩大光伏设备会将问题进一步恶化，并蔓延到输电网络。通过储能设备能够将大量的光伏系统与现有网络实现整合并有效减少传统发电厂的备份发电量（图 33.6）。

分布式储能设备与中央储能设备比较，投资障碍很少，对于终端客户来说，存储下来的电能的经济价值也很高。可再生能源法也指出需要尽力提高业主自己对光伏系统的使用占比。

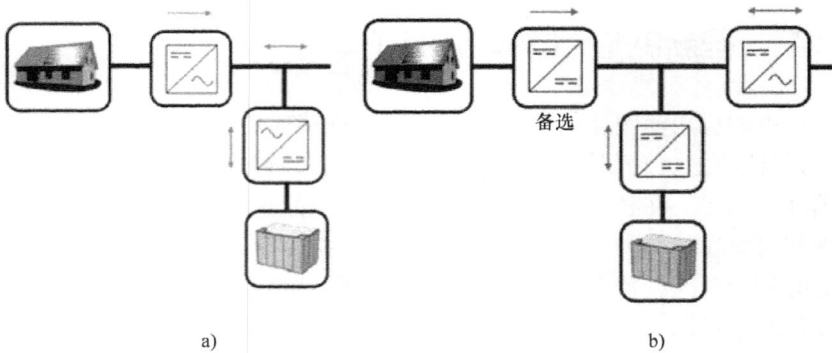

a)   b)

图 33.6   a）直流耦合的光伏电池系统和 b）交流耦合的光伏电池系统

33.10   固定大型储能设备

由于德国联邦政府大力推广可再生能源，未来几年，可再生能源的电力供应的占比将显著提高，固定储能设备在这里的作用也会越来越重要。而电化学的储能设备最得到青睐，因为它们不受到地理条件的限制，如压缩空气储能设备或抽水蓄能都受到地理条件的限制很大，另外，建设电化学储能只需要相对小的规划建设周期。正是因为它不受地理位置的限制以及良好的扩展性，电化学储能设备成为当今很有吸引力的选择。

电池在可再生能源的集成应用也是很重要的，比如，平滑风力发电厂电能的输入功率、分布式电源的原级和次级的控制电源的供应，在可再生能源比重很高的情况下的电力交易，即采用不同时间段的电力价差实现利润，以及对电网无功功率补偿和消除高阶谐波等。

33.11   已经投入运行的大型储能设备项目

基于铅酸电池的电池储能设备全球已经建立了很多，还将继续建设，主要是为了解决区域性的能源供应问题。这里，既有为了稳定电网输出功率的作用，也有为了维持频率和电压的稳定系统。迄今为止，在德国规模最大的已经投入运营的是德国柏林供电公司 BEWAG 的 17MW 的设备，于 1986 年在柏林建成，当时给完全被隔离的西柏林的电网作为频率和电压稳定系统使用。每天两次完整的充放电循环，每次的存储容量为 14MW·h。这个设备最终达到了 7000 次的额定充电循环，对于铅酸电池来说是一个很超出预期的长的使用寿命。后来，东西德统一后，西柏林的电网并入了整个欧洲电网，在柏林建设类似这样大型的储能设备就显得没有必要也不可能再实施了。

　　表 33.1 列出了其他一些电池储能系统的例子，最大功率达到 70MW，最大容量达到 40MW·h 的等级［5］。应当注意的是，这些电池储能系统的峰值功率受到电力电子的能力的限制，而不是由于电池本身的原因。铅酸蓄电池在短时间内能够提供非常高的功率。除了欧洲以外，目前有三个超大型铅酸电池储能设备一直在投入运行，它们分别在：波多黎各（20MW/14MW·h）、夏威夷（10MW/15MW·h）和加利福尼亚（10MW/40MW·h）。

表 33.1　已经投入运行的电池储能系统

公司	地点	功率/MW	能量/MW·h
柏林电力公司 BEWAG	德国，柏林	17	14
关西电力公司	日本，辰已	1	4
南加州爱迪生公司	美国，南加州，奇诺	10	40
瓦尔里夫斯公司	南非，金矿	4	7.4
夏威夷电力公司	美国，夏威夷	10	15
波多黎各电力公司	波多黎各，圣胡安港	20	14
楚加奇电力协会	美国，阿拉斯加，安克雷奇	20	10
黄金谷电力协会	美国，阿拉斯加，费尔班克斯	70	17

　　镍镉蓄电池比铅蓄电池的维护工作量更小，并且具有更长的使用寿命。阿拉斯加州的费尔班克斯的"电池储能系统"，达到了创纪录的 40MW 的输出功率，它一共由 13760 个电池单体模块构成。

　　此外，其他的大型电池储能系统也有使用氧化还原流电池或高温电池，如钠硫电池系统。

　　同时，基于锂离子电池的大型储能设备也在陆续兴建。劳雷尔山风力发电园，由阿灵顿的 AES 公司建设，已经于 2011 年 10 月投入运行。整个风电园区由 61 个风力涡轮机（风车）组成，分布在 12mile 的范围内，每个风车的功率为 1.6MW（共 97.6MW），总储能电量为在 32MW 的功率下能够持续 15min。该风电园每年提供 26 万 MW·h 的无污染天然能源。整个电池系统由多个储能设备的集装箱构成，共有 130 万个电池单体，由 A123 公司负责提供电池。

　　有一个新的项目是中国国家电网公司在河北省张北地区投入的一套系统。这套新能源发电系统一共有 140MW 的发电量，其中包括 100MW 的风电和 40MW 太阳能发电量，锂电储能设备达到 36MW·h 的容量，20MW 的功率下可以持续充放电 1.45h。

33.12　展望

　　可再生能源在全球能源供应上必将发挥日益重要的作用。在德国，目前对可再生能源的利用比例达到了 20%，到 2030 年将上升到 50%，2050 年达到 80%。太阳能和风能发电受到昼夜和季节的变化非常强烈。分布式存储电源，特别是在中低压电网的范围内的使用将日益增多。

在给固定储能设备应用的可再生能源的集成领域，铅酸电池因为其可用性、经济效益和已建立的回收体系等优势，在电化学储能的方式中，目前还是优选的技术。

在电动汽车应用领域，因为对能量和功率密度的高要求，只有锂离子电池技术是可以采用的。通过大批量生产的规模经济，以及电动汽车的普及，锂离子电池的成本目标是可以实现的，这使得今后可以应用到固定储能设备的应用当中去，并且具备强有力的竞争力。

此外，锂离子电池电极材料的新发展，特别是针对固定储能设备开发的成本优化的设计，必将为其发展和应用做出显著贡献。

参 考 文 献

1. Riegel B (2011) Elektrochemische Energiespeicher als Schlüsseltechnologie zur Erreichung der Klimaschutzziele. Solarzeitalter 1
2. Allen et al (2006) J Power Sources 159:1340–1345
3. Christensen et al (2006) J Electrochem Soc 153
4. Gewerblicher Eigenverbrauch von Solarstrom (2012) http://www.sma.de/de/produkte/knowledgebase/gewerblicher-eigenverbrauch-von-solarstrom.html. Zugegriffen: 6. Jan 2012
5. Sauer DU (2006) Optionen zur Speicherung elektrischer Energie in Energieversorgungssystemen mit regenerativer Stromerzeugung. Solarzeitalter 4